普通高等教育"十二五"规划教材

信息检索与利用

（第二版）

邹广严　王红兵　主编

科学出版社

北　京

内 容 简 介

《信息检索与利用》第一版于 2011 年出版，本书为第二版。本书按照高等教育应用型人才培养模式，以培养能力为目标，全面介绍数字信息资源、信息检索思路和方法，对国内外典型学术数据库进行重点、详细的介绍，侧重充分展示实践操作，以此来培养学生检索、获取、解读、利用和解决实际问题的能力。在内容安排上，密切结合网络信息资源最新动态。因此，本书具有新颖性、实用性和可操作性。

本书可作为普通高等院校和高职高专院校"信息检索与利用"课程的教材，对于需要学习信息检索的读者也是一本较好的参考书。

图书在版编目(CIP)数据

信息检索与利用 / 邹广严，王红兵主编. —2 版. —北京：科学出版社，2015.12

普通高等教育"十二五"规划教材
ISBN 978-7-03-046043-1

Ⅰ．①信…　Ⅱ．①邹…②王…　Ⅲ．①情报检索-高等学校-教材
Ⅳ．①G252.7

中国版本图书馆 CIP 数据核字(2015)第 248201 号

责任编辑：毛　莹　张丽花 / 责任校对：郭瑞芝
责任印制：徐晓晨 / 封面设计：迷底书装

科　学　出　版　社 出版
北京东黄城根北街 16 号
邮政编码：100717
http://www.sciencep.com
北京虎彩文化传播有限公司 印刷
科学出版社发行　各地新华书店经销

*

2011 年 6 月第　一　版　　开本：787×1092　1/16
2015 年 12 月第　二　版　　印张：18
2018 年 7 月第十二次印刷　　字数：449 000

定价：39.80 元
（如有印装质量问题，我社负责调换）

序

20 年前，美国著名学者尼葛洛庞帝在《数字化生存》一书中提出了："信息DNA"正在迅速取代工业经济时代的原子，成为人类生活的交换物。20 年后，数字化、网络化、信息化带来一种全新的生存方式，使人类面临一个虚拟的、数字化的生存活动空间，在这个空间里人们应用数字技术(信息技术)从事信息传播、交流、学习、工作等活动。这些发展变革了我们的学习方式、工作方式、娱乐方式。简言之，变革了我们的生活方式，这便是数字化生存，即应用数字技术，在数字空间工作、生活和学习的全新生存方式。

网络化、数字化所构建的现代信息环境已经深刻地改变着人们信息交流方式和信息行为。传统的学习模式已经基本上完成了历史使命，全新的基于网络化、数字化的学习模式呈现在每一个人面前。无论我们喜欢还是不喜欢，都将深刻影响着现在和未来。这样看来，在现代大学教育中，仅仅"用专业知识教育人是不够的"。信息素质教育已成为科学素质教育的重要内容。要培养学生充分利用数字化、网络化的多元知识功能，满足自身发展的信息资源的需求，培养人的个性和创新能力，具备数字化生存能力。

自 20 世纪 80 年代中期以来，我国高校普遍开设了"信息检索与利用"课程。1999 年国务院《关于深化教育改革全面推行素质教育的决定》再次强调指出：要"重视培养学生收集信息的能力，获取知识的能力"。多年来，该课程深受学生欢迎，教学水平也有了极大的提高，在学生素质教育中显现了十分重要的作用。进入 21 世纪，信息交流环境、信息技术日新月异。大学学习期间要重视学生创新能力培养，能够"站在巨人的肩上"创新，要具有密切关注国内外研究动态的意识，要能够及时充分地获取本学科领域的相关有效信息，才能够把握本学科的学术前沿和创新研究方向。信息意识的增强、信息检索技能的提高，有助于塑造良好的信息心理和价值观，掌握信息科学方法适应数字化生存，将伴随人生成长的全过程。

精品课程要有精品教材，对"信息检索与利用"的教材建设提出了更高的要求。《信息检索与利用》一书的主编和编者长期从事该课程的教学工作，担任过文科、理科、工科多专业的研究生、本科生教学工作，积累了丰富的教学经验。多年来他们根据本科学生的教学特点，有针对性地编辑出版的教材和参考资料在教学中取得了良好的教学效果，深受学生欢迎并得到同行专家的好评。本次再版，在内容上突出介绍现代信息环境下，信息获取、分析、评价和应用的理论和方法。理论知识深入浅出，具有很好的启发性和导向性。该书注重应用训练，体现科学方法课程的特点。该书知识结构清晰，语言简练，逻辑严谨，所用范例和素材均选自数据库近期更新界面，新颖适用。编者严谨、科学、兢兢业业的治学精神可见一斑。

感谢编者为本、专科学生提供"信息检索与利用"的优质教材，该书也是广大自学者学习信息检索的实用参考书，谨向广大读者推荐。

李秉严

2015 年 7 月 18 日于成都

前　言

　　《信息检索与利用》第一版于 2011 年出版，为满足信息时代高等学校培养应用型人才的需要以及提升本科生的信息素养，我们编写了《信息检索与利用》第二版。

　　《信息检索与利用》第二版在第一版的基础上进行了部分调整和改编，结合信息时代特点，增添了数字出版等新的知识点，教材内容更加新颖和清晰，使学生更容易领悟；同时，删掉了 Internet 应用基础等过时内容。

　　《信息检索与利用》第二版更加注重应用型人才培养教育思想的贯彻和实施，突出应用性、过程性和案例性，适当兼顾整体在理论上的系统性，注重内容在应用上的层次关系，容纳了应用型大学的教学目标和教学内容，体现了应用型人才培养的教育思想。

　　本书内容只展示了广域信息资源的极小部分，是个很小的窗口，学生通过它获得"渔"，提升信息检索的深度和广度，小小窗口的外面，是一个极其丰富的世界。

　　全书分 8 章：第 1 章介绍信息与信息源概述；第 2 章介绍信息检索原理与方法；第 3 章介绍网络信息资源的检索与利用；第 4 章介绍综合性学术信息检索；第 5 章介绍特种文献信息检索；第 6 章介绍数据、事实信息检索；第 7 章介绍学科信息检索；第 8 章介绍毕业论文(设计)写作。

　　本书特点概括如下。

　　(1)面向应用型高等院校，在保证信息检索与利用课程体系完整的基础上，不过度强调理论知识的深度，注重应用型人才的实践检索技能培养。

　　(2)在内容上，跟上信息时代发展，更新知识点；力求循序渐进，突出重点，触类旁通，通俗易懂，采用先介绍必备信息资源检索，后推荐学科信息检索，最后叙述毕业论文(设计)写作的脉络，来兼顾不同学习阶段、不同层次学习者的学习需要。

　　(3)在编写上，以大量典型学术型数据库和相关网络资源为案例，将章节重点、知识点和需要的信息板块融入，通过分解操作和梳理，介绍获取信息的思路和方法。

　　(4)在侧重点上，根据大学学习和对应专业的应用需求，重组适合大学学习需要的信息资源，并在本书中反映出来。

　　本书适合应用型各级各类高等院校本科生使用以及普通读者作为自学参考资料使用。

　　本书由四川大学锦城学院邹广严、王红兵担任主编，刘华、胡琳担任副主编，王红兵负责统稿。按照目录顺序，参编老师分工如下：第 1 章由韩梦(四川大学硕士，成都市工业经济发展研究中心)编写；第 2、3 章由胡琳(四川大学博士，四川大学图书馆)编写；第 4 章的相关知识、图书信息检索、报纸信息检索部分由舒予(四川大学硕士，四川大学图书馆)改编，期刊信息检索、会议论文信息检索、学位论文信息检索由王红兵(副研究馆员，四川大学图书馆)编写；第 5 章由刘鸿畅(成都中医药大学硕士，成都中医药大学)编写；第 6 章由舒予改编；第 7 章的社会科学类信息检索由刘婧(四川大学锦城学院艺术系)编写，中国科学引文数据库、自然科学、工程技术类典型网络资源由王红兵编写，自然科学、工程技术类信息检索的其余部分和综合性学科信息检索由胡琳编写；第 8 章由张向宇(四川大学硕士,四川大学锦城学院图书馆)编写。

　　在本书编写过程中得到原四川省高校图书馆情报工作委员会秘书长、原四川大学图书馆馆长李秉严研究馆员的悉心指导；参与本书文献资料收集和整理工作的有四川大学锦城学院图书馆张文娟、张盈盈、高玉、王凤梅、薛畔等,在此表示诚挚的谢意。

　　在编写过程中,我们力求精益求精,但难免存在不足之处,恳请各位读者批评指正。

编　者

2015 年 7 月

目　　录

第1章 信息与信息源概述

目前，人们已经进入移动互联网时代，人们很多生活和学习方式发生了改变。随着多屏时代的来临，人们对手机、PDA、PC 的使用有了更多的选择并且更加方便，无论学生、教师、科研人员，还是职员；无论在地铁、在路上、在办公室，还是在家里，检索无时无刻不在发生。检索几乎成了每个人每天在互联网上必须做的事情之一。

娴熟的检索技能方便了人们的学习和生活，而生疏的检索技能则给我们带来挫折和困扰。

对于检索体验者来说，如何能够精准、流畅、快速得到想要的信息，已经变得十分重要。所以，首先对于我们自己，很有必要进行清楚的认识。其次，我们如果对信息源不了解，检索的针对性就会大大减弱，其效果往往是对检索结果失望。

本章主要从三个维度来陈述：第一个维度是信息用户，帮助我们了解自己的知识和技能程度；第二个维度是信息，让我们清楚检索对象的属性；第三个维度是信息源，帮助我们认清不同类型的信息，便于有针对性地利用。本章为课程后续内容的学习奠定基础。

1.1 信 息 用 户

1.1.1 信息用户的类型

信息是供我们检索的资源，是利用信息来解决问题的关键。可是，我们往往忽略了自己是检索信息的主体，自己的知识和技能处于哪一水平上、哪一层面上很少被关注。本节提到的信息用户是指信息检索体验者。

我们有必要认清自己是哪类信息用户，尤其是要认清自己的知识和技能水平。例如，自己检索背后的认知过程是什么？是什么主导自己对信息的理解、记忆和选择？信息用户个体之间在学习、分析信息和处理问题时存在哪些差异？……了解这些有助于为后续学习的重点找到方向。本节从两个角度划分信息用户。

1. 从认知方式角度划分

我们利用互联网时，首先是从身体五官开始体验的。心理学家将五官分为 3 种感官状态：语言、视觉和动觉。

1）语言文字型信息用户

语言文字型信息用户对口头和文字信息相对敏感，更容易吸收和获取口头和文字表达的信息。因为绝大多数的信息用户是基于听课、听讲座或对话、交谈等口头方式和阅读、上网检索等文字方式来获取需求信息的。语言文字型信息用户获取信息的渠道、范围广泛。

2）视觉型信息用户

视觉型信息用户对图形信息相对敏感，更容易从图片、图表、地图等各种图像中获取和理解信息。但此类信息用户与语言文字型信息用户相比，获取信息的渠道和范围相对窄些。

3）动觉型信息用户

动觉型信息用户对自己亲自体验感兴趣，更容易从亲自参与中获取和理解信息，如瑜伽、武术、舞蹈等。

实际生活和学习中，往往不是以上描述的这样界限分明，而是介于 3 种类型之间的混合状态。我们可能因当时的需求或偏爱，在某一阶段或习惯，在某一方面相对凸显一些而已。

2. 从能力和专长角度划分

信息用户对信息有需求时，其自身的能力和专长在很大程度上影响了信息检索结果。例如，拍照时，如果我们(新手)选择快速、一般性画面拍照，那么手机拍照足矣；如果我们(专家)选择要自由调节光圈、焦距和曝光度等相关参数，那么单反相机才能解决问题。即无论新手或专家都会选择与自己能力相匹配的工具。

同样，进行信息检索时，也有新手用户和专家用户的区别，存在能力和专长的差异，即学科专长能力和技术专长能力的不同。

学科专长是指信息用户对某一学科领域事物熟悉程度的能力。例如，行为金融学课程教师在金融学领域有着较高的学科专长；再如，云计算、物联网课程教师在计算机领域有着较高的学科专长。

技术专长是指信息用户运用计算机、互联网、搜索引擎和检索系统等的能力。

只有将上述两个能力合并，信息用户的检索才是最有效的。学科新手在辨别信息的相关性和信息来源的可靠性上存在困难，但学科专家在这方面更自如；技术新手倾向于用广度方法检索信息，来避免因检索路径偏离起点太远而迷失，技术专家则会采用深度检索方法，按照链接路径直达需求信息的目的地。

从能力和专长角度划分，信息用户有 4 种类型。

1）学科新手/技术新手型信息用户

信息用户是学科和技术双重新手，在信息检索时困难重重，有 3 个特征。

(1) 频繁修改检索词。双重新手因提炼检索词困难而频繁修改检索词，造成检索次数增加而结果不准确的困扰。

(2) 频繁返回。双重新手因担心离开检索路径太远，偏离起点太多而频繁返回搜索页面，造成检索速度慢的困扰。

(3) 效率低。双重新手因频繁修改检索词和返回，因而得到需求信息时所花的时间长。

2）学科新手/技术专长型信息用户

信息用户是学科新手，提炼检索词困难，但因具备技术能力，会利用检索系统提供的专家检索系统来进行深度信息检索，效率高但评价信息的相关性较低。

3）学科专家/技术新手型信息用户

信息用户是学科专家，有能力自如提炼有效检索词，但技术能力偏低、返回频繁，因而得到需求信息所花的时间长、效率低。

4）学科专家/技术专家型信息用户

信息用户具备学科和技术双重能力，具备检索的准确性和高效特质，有 3 个特征。

(1) 使用更多、更准确的学科检索词。双重专家信息用户会使用更多更准确的学科检索词来把握检索起点的准确性和全面性。

（2）使用专家检索手段。双重专家信息用户具备灵活使用检索系统提供的"与或非"等语法来快速缩小检索范围和提高检索精度。

（3）效率高。双重专家因学科背景知识丰富，同时具备技术能力，因而检索时间短，更重要的是需求信息的相关度高。

上述表明，信息用户类型的划分是多样化的。认清了不同类型，便于我们更清楚地了解自己是哪一类型或介于中间状态的信息用户，在学习课程时，有针对性地弥补和提高自己的学科知识和检索技能。

1.1.2　信息素质和信息道德

在信息社会中，人们每天都在不停地制造、传播、消费和利用信息。因此，本节特别强调信息用户的信息素质重要性。无论信息用户是信息制造者、开发者、传播者、消费者，信息用户均需要具备信息素质，不违背信息道德。

1. 信息素质

1）定义

1974 年，信息素质由美国信息工业协会会长 Zurkowski 首次提出，其定义是：利用大量的信息工具及主要信息源使问题得到解答的技术和技能。

随着信息技术的发展，在信息素质定义上有了更多不同提法，很难达成完全的共识。对信息素质最广泛的解释是：作为具有信息素质的人，必须具有一种能够充分认识到何时需要信息，并有能力有效地发现、检索、评价和利用所需要的信息，解决当前存在问题的能力。

2）核心内容

2009 年 10 月，美国总统奥巴马宣布该月为信息素养宣传月。他宣读的公告大意是：

我们每个人被大量的信息淹没。24 小时新闻、全球电视和广播网络，再加上丰富的在线资源，挑战了我们的长期持有信息管理看法。

我们必须学习获取、整理、检索和评估信息的能力。这种新型的素养需要通信技术的能力，包括使用计算机和移动设备来帮助我们的日常决策。虽然我们可能知道如何找到需要的信息，但我们还必须知道如何评估它。

在过去的十年中，任何人都可以发表自己的意见或观点，无论是不是真的。同时，美国人获得了前所未有的多样化和独立的信息来源，以及图书馆和大学可以帮助区分事实和虚构的信息。

我们国家的教育工作者和教育机构必须了解和适应这些新的现实。学生除了基本的阅读、写作和数学外，同样重要的是有必要向他们提供信息工具来寻找、发现和评估信息，并应用到无数人生决定中。

我们将致力于提高信息素养意识，使全体公民了解它的重要性。我鼓励全国各地的教育和社区机构帮助美国人找到并评估他们所寻求各种形式的信息……

由此可见，奥巴马总统的这份公告中不仅给出了信息素养的核心内容，而且强调了公民信息素养的重要性。

信息素养的核心内容如下。

（1）信息意识。信息意识是指人们对信息的感受力、注意力及对信息价值的判断力和洞察力，是对客观存在的信息及信息活动过程的能动反映，是主观上对信息的感知活动，是开发信息资源与实现信息资源价值的原动力，直接影响我们对信息获取的行为和能力。

(2)信息知识。信息知识是指人们熟悉与信息技术相关的常用术语和符号；了解相关的文化及其背景；熟知与信息获取和使用有关的法律、规范等。

(3)信息能力。信息能力是指人们具有发现、检索、评价、利用和交流信息的能力，主要包括信息挑选、获取与传输能力，信息处理、信息免疫和批判能力，信息技术的跟踪能力，环境的学习和工作能力。

(4)信息品质。信息品质主要包括信息道德、信息需求、信息伦理和信息观念等。

2. 信息道德

随着信息化社会进程的不断深入，计算机技术的飞速发展，多媒体技术和网络应用的日益广泛，云计算、物联网的发展，信息呈爆炸式增长，在滚滚而来的信息洪流中，接踵而至的各类信息不断充斥着我们的视野。在如此庞大的信息中，有价值的信息与垃圾信息并存，急剧增长的信息总量早已超过我们能承受的信息处理能力。这种信息量的激增缺乏相关部门的监控，致使被一些具有很高信息技术应用能力但没有良好信息道德的人所利用，一些负面、荒谬、淫秽的垃圾信息被恶意制造和传播，使个人隐私、财产安全受到侵害。

哪些信息是我们可以制造、开发的？哪些信息是可以传播的？哪些信息是可以消费和利用的？哪些信息是我们应该摒弃的？此类问题是我们必须面对并正确处理的。

因此，我们必须搞清楚信息道德及其主要内容，从而树立正确的信息意识，培养信息道德。

1)概念

道德是关于对或错的信念习惯。一般的观点认为，道德是自律，法律是他律。社会和道德的发展通常很难跟上技术革命的迅猛步伐。在信息时代中，信息为我们创造了巨大的物质财富和精神财富，如果使用不当，会给社会造成一定程度的混乱。

信息道德是指在信息的采集、加工、存储、传播和利用等信息活动各个环节中，用来规范其间产生的各种社会关系的道德意识、道德规范和道德行为的总和。它通过社会舆论、传统习俗，使我们形成一定的信念、价值观和习惯，从而使我们自觉地通过自己的判断来规范自己的信息行为。

2)核心内容

信息道德主要涉及隐私问题、正确性问题、产权问题和存取权问题等内容。

(1)隐私问题。涉及在什么安全保障条件下，个人或单位的什么信息必须由个人或单位自己发布；个人或单位自己可以保存什么样的信息，什么情况下个人或单位的信息不被强迫发布等内容。

(2)正确性问题。涉及谁有责任保证信息的权威性、可靠性和正确性，谁来统计错误并解决问题等内容。

(3)存取权问题。涉及什么人对什么信息有正常权利，在什么条件有什么安全保障等内容。

(4)产权问题。涉及谁拥有这些信息，信息交换的公平价值，谁拥有传输信息的渠道，怎样合理使用信息而不会造成侵权等内容。

3)信息道德的原则

信息道德涉及信息制造者、开发者、信息服务者、管理者、信息使用者/消费者和利用者的信息活动各个环节。

(1)作为信息制造者、开发者的信息道德原则。

该原则是对为增加信息量、丰富信息资源或为信息活动提供新手段、方式等的各种行为、活动中的道德要求。例如，发掘新信息、构造新信息通道、研制新信息产品等，都属于信息制造和开发。主要信息道德原则如下。

第一，维护公共利益原则。这一原则要求信息的制造和开发要促进公共利益的发展，不能造成对公共利益的危害。对公共利益有促进的信息制造和开发行为是正当行为；对公共利益造成损害的信息制造、开发行为是不正当行为。

第二，尊重个人权利原则。这一原则要求信息制造和开发者在行使自己权利的同时应对别人的权利给予足够尊重，不应侵犯别人的正当权利。

第三，纯洁、健康和向上原则。这一原则要求信息制造和开发者应有良好的道德素养，所研制的信息产品应有助于社会道德水平的提高，而不是对社会道德状况造成腐蚀和毒化。

(2)作为信息管理者的信息道德原则。

该原则是对信息进行收集、加工、组织等引向预定目标的行为活动中的道德要求。信息管理者在信息管理三要素(人员、技术、信息)中具有核心与能动作用。信息道德主要原则如下。

第一，确保只向授权用户开放信息系统。

第二，谨慎、细致地管理和维护信息系统，防止因工作疏漏给信息用户带来损害。

第三，及时更新信息系统的安全软件。

第四，确保信息服务的有益性。

(3)作为信息传播者的信息道德原则。

该原则是对信息的发布和扩散活动的道德要求。对于信息传播，依凭信息技术，我们在信息传播中享有高度自由。然而，若要维护网上的基本秩序，保证我们的自由权利，就必须对网上自由给予一定限制，把自由限制在合理的道德范围内，以防止演变为肆无忌惮的任性妄为。信息道德原则如下。

第一，信息传播者的自我道德限制。自我道德限制是指信息传播者基于其内在的道德价值观和道德规范，自觉按照有关道德要求正当地行使信息传播自由的权利。信息传播者的自我道德限制，能最充分地体现出道德的主体性、自觉性和自律性特点。

然而并非每个信息传播者都能够对自己的行为自觉地进行道德限制。有些信息传播者可能没有真正完成道德内化，或道德内化程度不够，良心机制未完全建立。由于这种现象普遍，因此，除了信息传播者自我道德限制外，还需设定外在的道德限制。

第二，信息传播者行为的外在道德限制。外在道德限制是指利用各种信息技术手段，对信息传播者发送到公共信息通道的信息进行过滤，清除其中某些不道德信息，强制将信息传播自由权利的行使限制在道德范围内。过滤是外在道德限制的主要功能。故将信息传播者行为的外在道德限制又称为道德过滤。

(4)作为信息消费者的信息道德原则。

该原则是对在利用信息或以信息为消费对象的活动中的道德要求。在信息消费领域，接收什么样的信息，进行什么样的信息消费和利用信息往往是经过信息消费者和利用者自主的选择。信息消费者和利用者的自主选择过程是指信息消费者和利用者权衡自己的经济理性和道德理性来满足其利益偏好和道德偏好的过程。信息道德主要原则如下。

第一，信息消费和利用应有利于消费者和利用者自身道德品质提升。

第二，信息消费者和利用者不应利用信息来造成对国家、社会和他人的危害。

第三，信息消费者和利用者不应在未经授权的情况下，使用信息资源和信息产品。

1.2 信　息

1.2.1 信息的概念

信息是信息检索中一个非常重要的概念，也是信息用户在信息检索和利用中最重要的、最有价值的资源。在信息检索过程中，信息的质量贯穿于检索全过程，是决定有效利用的关键。

我们每天与信息打交道，却无法给出它的完整的定义。

国内钟义信教授提出本体论，称信息是事物运动状态及其变化方式的自我表述或显示，认识论称信息是主体所感知或表述的事物运动状态及其变化方式，包括其形式、含义及效用，并把认识论信息相应地分为语法、语义及语用信息（合称为全信息）；赖茂生教授认为，信息是反映事物运动状态和方式，以文本、数值或多媒体等形式存在的数据、事实或见解。

国外 Shannon（香农）在《通信的数学理论》一文中指出，信息是"熵的减少，就是能够用来消除不确定性的东西"；1948 年 Wiener（维纳）在《控制论——动物和机器中的通信与控制问题》中认为，"信息就是信息，不是物质，也不是能量"，"信息是人和外界相互作用的过程中相互交换的内容的名称"；Brookes（布鲁克斯）认为，信息是改变知识结构的那部分东西，在等式 $K[S] + \Delta I = K[S + \Delta S]$ 中的 ΔI 就是信息；Drucker（德鲁克）认为，信息是有目的性及关联性的数据；OMB（美国联邦政府管理与预算局）在 A-130 号法律文件中定义信息是任何传播内容或知识的表示，如任何媒体或形式存在的事实、数据或见解，包括文本型、数字型、图片式、声视频形式等。

综合国内外有关信息概念的数种典型定义，相应学者研究领域包括信息科学、经济学和信息资源管理等，其定义角度差异较大，诸多学者研究领域不同，看待信息的视角也不同，因此，提出的信息定义虽在其研究领域具有说服力，但缺乏广适性。至今仍未形成信息概念的公认或统一定义。

本书从文化的角度来定义信息。信息是指事物相互作用的表现形式，是事物联系的普遍形式，是被反映的物质属性。

1.2.2 信息的属性

1. 事实性和中介性

事实性是信息的核心价值。不符合事实的信息不仅没有价值，而且可能其价值为负，俗话说"输入的是垃圾，输出的一定也是垃圾"，即输入的数据是错误的或没有经过处理的，那么输出的信息一定没有参考价值。因此，信息是基于正确数据的处理结果，具备事实性。

中介性是指信息同时来源于精神世界，例如，人的思维状况就是一种信息，我们思考问题的方法、思想、意志、情绪等都是各种各样的信息，信息不限于精神领域，普遍存在于物质世界和精神意识之中，具有中介性。

2. 知识性和时效性

知识性是指信息之所以成为一种社会资源为我们所用，就在于它具有知识性。信息的有用性使得我们不断接收信息、增长知识，从而达到认识世界、改造世界的目的。

时效性是指信息既然是事物存在方式和运动状态的反映，对于不断变化的客观事物，信息必然会发生变化，因此，信息只有在一定时间、地点、条件下才有存在的价值。

3. 扩散性和传递性

扩散性是信息的本性，通过多种渠道和手段向四面八方传播。信息的浓度越大，信息源和接收者之间的梯度越大，信息的扩散能力越强，传播得越快，扩散面就越大。"没有不透风的墙"正是说明信息扩散性的威力。信息的扩散性有 3 种表现。

(1) 可复制性。信息可从一个载体复制到另一个载体、从一种形态转换成另一种形态。

(2) 可传递性。传输的渠道越多，传输的技术越精，信息越能迅速扩散。

(3) 可流动性。信息有从浓度大的地方向浓度小的地方流动的趋势，并且与距信息源的通信距离成反比，形成信息梯度。

信息扩散存在两面性：一方面它有利于知识的传播，加快信息的扩散；另一方面扩散可能造成信息的贬值，不利于保密，可能危害国家和企业利益。

传递性是指信息可以在时间或空间中从一点传递到另一点。例如，通过报纸、杂志等传统手段进行传递，也可通过网络、视频等进行传递。信息的传递性加快了信息交流和社会变化。

4. 依附性和多态性

依附性是指信息不能单独存在于某种物质外壳，必须借助某种物质载体才能存在、存储和传递，信息伴随着物质的存在及运动发生。皮之不存，毛将焉附？

多态性是指信息一方面来自载体的多样性，如文件、书刊、广播、电影、电视、录音、视频等，造成信息的不同形态；另一方面是我们对信息描述语言的选择等。例如，同样是文本形式，但可以用不同的修辞手法来叙述。并且，信息可进行分类、加工、整理、概括、归纳，取其精华并加以浓缩，也可进行压缩，还可加密、伪造和掺假。因此，我们对接收到的信息要进行认真分析和评估。

5. 处理性和共享性

处理性是指信息是事物存在方式和运动状态的反映，这种反映并非总是正确的，有时可能是错误的或表象的歪曲反映，我们要正确处理它、利用它，需要对其进行加工整理、抽象概括，通过筛选去粗取精、去伪存真、由此及彼、由表及里，对信息进行转化，实现信息的有效利用。

共享性是指信息可复制和共享。

6. 聚变效应和繁衍性

聚变效应和繁衍性是指信息的作用有一条特殊的规律，即全部大于部分之和。可简单地用公式"1+1>2"来表示。一方面，人们进行决策时，收集到的信息越多，汇集起来比分别应用的作用更大，越容易作出正确的决策。进行科学研究时，在信息集中的地方，更容易出成果。另一方面，人们通过互相交流，认识会得到深化，知识会得到增长。这些都是因为信息是可以聚变和繁衍的。信息收集得越多，所繁衍出的信息就越多，信息内容的深度随之增加，越容易剔除无用或错误的信息，提高信息的质量。"兼听则明"就是这个道理。这一特性要求人们在进行决策前，应当集思广益，才能避免或减少失误。

7. 不完全性和滞后性

不完全性是指由于我们对事物本身认识的局限性导致信息总是不完全的。

滞后性是指任何信息都需要进行加工处理，因此信息总是落后于发生的时间。信息用户进行信息检索与利用时必须考虑这种滞后效应，特别是对于需要的及时信息，应通过合理选用载体和通道来控制这种滞后性。

以上这些属性是信息的主要性质。了解信息的性质，一方面有助于对信息定义的进一步理解，另一方面有助于信息用户更有效地利用信息。

1.2.3 信息的维度

要利用信息进行工作、学习、决策或解决问题，信息用户必须了解信息的维度，以便获取正确的信息。一般来说，信息的有效性和价值性很大程度上取决于信息需求的维度。本节主要从信息需求角度来描述信息的维度。

1. 时间维度

信息的时间维度包括及时性、阶段性和新颖性。及时性是指在信息用户需要信息时，能够及时获得信息；阶段性是指信息用户需要某个阶段(初期、中期、后期)的信息；新颖性是指信息用户要求的信息应是最新的相关信息。

2. 空间维度

信息的空间维度包括便利性、安全性、保密性、来源性和层次性。便利性是指信息用户能够方便地获得信息；安全性与保密性是指信息可靠性，不被破坏和丢失；来源性是指信息来源于系统内部还是系统外部；层次性是指信息来源于或服务于哪个管理层次(高层、中层、基层)，不同管理层次的信息，其精度、寿命、频率及其加工方法等均不相同。

3. 形式维度

信息的形式维度包括详尽性和呈现性。详尽性是指详尽的适当的信息；呈现性是指通过纸质媒介或互联网形式来表达信息的方式(如文字、图形、声频、视频、网页等)。

4. 内容维度

信息的内容维度，包括准确性、相关性和完整性。准确性是指无差错性信息；相关性是指与要做的事或工作密切相关的信息；完整性是指为了最大限度地减少不确定性，需要信息用户掌握更多更完整的信息。

综上，对信息用户而言，获得满足需求的信息是了解信息维度的关键。

1.2.4　数据、信息、知识、智慧及其相互关系

为了进一步认识和理解信息的含义、属性和维度，我们将信息与另外三个常见的概念——数据、知识和智慧进行比较。

1.　数据与大数据

1）数据

这里的数据是已有数据。

数据是载荷或记录信息的按照一定规则排列组合的物理符号。简单地说，数据是不包括任何评价、不带关联的客观事实，它是信息的载体，是信息的具体表现形式。

例如，加油站的付费收条，它只简简单单地告诉我们何时何地以何单价加了多少何种类型的燃料。这样的数据既不是信息，也不是知识，只不过是罗列事实。数据只是个描述，没有特定的背景和意义。

数据的表现形式多种多样，不仅有数字、数值和文字形式，还有图形、图像和声音或计算机代码等形式。

我们对信息的接收始于对数据的接收，对信息的获取通过对数据背景和规则的解读实现。即当信息用户了解物理符号序列的规律，并知道每个符号或符号组合的含义时，便可获取数据载荷的信息，即将数据转化为信息。总之，想要赋予数据实用价值，信息用户必须将它们归类、分析、总结并确立相互关联。只有这样才能使数据转化为信息。

2）大数据

这里的大数据是未来数据。

云计算、物联网、社交网络等新兴服务促使人类社会的数据种类和规模正以前所未有的速度增长，大数据时代正式到来。

"大数据"是一个含糊不明确的词语，经常被我们信手拈来又随手抛去。大数据可以是名词、动词、形容词……2012 年至今，经过铺垫、酝酿、炒作、质疑，"大数据"渐渐走下神坛，轮廓更加清晰，界限更加明确。

（1）概念。

大数据单从字面来看，它表示规模庞大的数据，但是仅仅数量上的庞大显然无法看出大数据这一概念和以往的"海量数据""超大规模数据"等概念之间有何区别。目前，对于大数据尚未有一个公认的定义，不同的定义基本是从大数据的特征出发，通过这些特征的阐述和归纳试图给出其定义。在这些定义中，较有代表性的是 3V 定义，即认为大数据需满足规模性、多样性和高速性 3 个特点。除此之外，还有学者提出 4V 定义，即在 3V 的基础上增加一个新特性。关于第 4 个 V 的说法也不统一，较典型的国际数据公司认为，大数据还应当具有价值性，大数据的价值往往呈现出稀疏性的特点；而 IBM 则认为大数据必然具有真实性。因此，大数据定义很难达成完全共识，我们在面对实际问题时，不必过度地去要一个完整的、具体的定义。本书认为，在把握 3V 定义基础上适当地考虑 4V 特性即可。

(2)数据科学与大数据的区别。

数据科学是关于数据的科学，定义为研究探索数据界奥秘的理论、方法和技术，既研究数据本身，又为自然科学和社会科学研究提供一种科学研究的数据方法。

而大数据是一个时代的产物，是数据从量变到质变的过程。可把大数据看成名词、动词、形容词，但不能是量词或副词。如果只把它看成一个量词，那么称"大数"即可。之所以叫大数据，是因为"据"很重要，有根据的数才更有用。量大是因为周围的环境在发生变化，所有的上网行为都被记录下来，产生海量的数据。但这些海量数据有些有价值，有些没价值，有些价值密度高，有些价值密度低，就看谁在看、怎么看、用什么样的心态看、用什么样的维度看等。

数据有太多维度，没有任何人或者任何技术能涵盖，是一个不断完善的过程。有学者认为，数据从简单的处理对象开始转变为一种基础性资源；清华大学数据科学研究院韩亦舜博士认为，数据可看作资产。数据既具有一般资产的价值，又具备一般资产不具备的属性。一般资产你有了，我就没有。但数据不一样，把我的数据给了你，我的数据还在，大数据时代，1 加 1 产生的价值将会被无限放大，远远大于 2，数据的叠加会发生化学反应。

(3)大数据亟待完善之处。

目前，大数据理论体系还没有真正建立，如数据的权属、个人隐私、数据开放等方面。例如，上海跨年夜(2014 年 12 月 31 日)发生的踩踏事件，从技术手段角度来说是完全可以预警、预防的，悲剧的发生直接关系着数据伦理问题。

总之，我们通过大数据来发现未来信息，通过结构化模型来预测未来，从众多碎片化数据中合成信息。

2. 信息

前面已提到，在此不再赘述。

3. 知识

知识是一切人类总结归纳，并认为正确真实，可以指导解决实践问题的观点、经验、程序等信息。知识的定义需要几个关键点：一是拿来就用，需要具备立马可以指导实践、行动的作用，用得是否高妙、正确，在一定程度上取决于用的人；二是表达表现，须表达、表现出来，具备传承性。表达的形式可以多种多样，但必须能够让人们理解，表达的过程也会产生一定的信息损耗。

换言之，知识是信息接收者通过对信息的提炼和推理而获得的正确结论，是人通过信息对自然界、人类社会及思维方式与运动规律的认识与掌握，是人的大脑通过思维重新组合的、系统化的信息集合。知识告诉我们"这组数据意味着什么"。还有的专家学者把知识称为补充了经验、判断和价值观的信息。

4. 智慧

智慧是人们对事物能迅速、灵活、正确地理解和解决的能力。智慧由智力体系、知识体系、方法与技能体系、非智力体系、观念与思想体系、审美与评价体系等多个子系统构成的复杂系统。智慧包括遗传智慧与获得智慧、生理机能与心理机能、直观与思维、意向与认识、情感与理性、道德与美感、智力与非智力、显意识与潜意识、已具有的智慧与智慧潜能等众多要素。

5. 数据、信息、知识和智慧四者相互联系

在实际使用中,数据、信息、知识和智慧有时难以辨别。数据、信息、知识和智慧是四个不同的概念,四者之间层次也不同。

1)数据不等于信息

数据是记录信息的一种形式,信息的表现形式是数据;数据指的是一个原始的数据点(无论数字、文字、图片,还是视频等),信息则直接与内容挂钩,有资讯性;数据越多不一定代表信息越多,更不代表信息就会成比例增多。

例如,多个社交网站上的信息。很多人在多个社交网站上活跃,随着我们登录的社交网站越多,获得的数据就会成比例地增多,获得的信息虽然也会增多,但不会成比例地增多。这不单单因为我们会互相转发微博,更因为很多内容类似,有些微博虽然具体文字不同,但表达的内容相似。

2)信息不等于知识

知识是由信息抽象出来的产物,是一种具有普遍性和概括性的信息,是信息的一个特殊的子集。也就是说,知识就是信息,但并非所有的信息都是知识。

3)知识不等于智慧

亚里士多德(古希腊)的名言"智慧不仅仅存在于知识之中,而且还存在于运用知识的能力中"。智慧是指对事物认知、辨析、应对、创新的聪明才智和应用能力。

综上所述,我们可以这样理解:

数据是感性认识阶段的产物,而信息、知识和智慧是理性认识阶段的产物。

数据与信息、知识和智慧三者的区别主要在于它是原始的,彼此分散孤立的、未被加工处理过的记录,它不能回答特定的问题;信息与知识的区别主要在于它们回答的是不同层次的问题,信息可由计算机处理而获取,知识很难由计算机创造出来;智慧与其余三类的不同主要在于其余三类与过去有关,涉及已经有了什么或已知什么。只有智慧与未来有关,借助智慧,人们能创造未来。智慧是以知识为基础而产生的,与数据、信息和知识并不在同一主干上,智慧强调分析和解决问题的能力,要回答的问题层次更高。

上述表明:数据、信息、知识、智慧有 4 个层次等级。其中,数据等级最低。数据生成信息,信息生成知识,知识上升到智慧。智慧比知识更高级,更宝贵。

我们如果处理不当,就会出现有知识,没智慧;有信息,没知识;有数据,没信息的状况。

1.3 信 息 源

1.3.1 信息源的概念

20 世纪后半叶,世界进入信息时代后,人们开始考虑信息与财富之间的关系。

如今,我们已进入大数据时代,没有人能游离于大数据之外。大数据发展最突出的变化就是大数据思维的观念得到普及,更多人在探索如何应用大数据。探索中,学术界认定大数

据未来的发展方向是"顶天立地"："顶天"即大数据的技术和前沿，"立地"即大数据的应用和创新。

作为信息用户个人而言，能了解的数据和信息非常有限，大数据时代对工作速度和效率的要求不允许我们掌握足够的数据和信息后再开展工作。因此，较好的办法不是简单地设法积累数据和信息，而是学会到哪里寻找自己需要的信息，并利用技术处理和应用信息。因此，了解信息源变得十分重要。

信息源，顾名思义，即信息的来源。信息源的含义十分宽泛，不同需求的人、不同学科背景的人有不同的理解。例如，有研究者认为，在通信领域，信息源就是消息的来源，可以是人、机器、自然界的物体等；在传播领域，传播的来源是指生成、制作和发送信息的源头或起点，传播的来源可以是某个具体的制作、传递信息的个体，也可以是发生信息的部门或机构群体；在图书情报领域，信息源是人们在科研活动、生产经营活动和其他一切活动中所产生的成果和各种原始记录，以及对这些成果和原始记录加工、整理得到的成品等。

联合国教科文组织出版的《文献术语》中，将信息源定义为：个人为满足其信息需要而获得信息的来源，称为信息源。

1.3.2　信息源的类型

较早的文献中把信息源分为两大类：第一类是现实的客观世界信息源，是人们在参与客观世界活动过程中直接获得的信息，如研究者从实验中掌握的各种数据，这些都表现为客观世界的直接反映，称为第一手资料；第二类是经人们和机构收集、整理、加工、积累的信息源，如图书、报刊、调查报告、研究报告、统计材料等，这些信息是对客观世界的间接反映，称为第二手资料。第二手资料不如第一手资料那样能直接感受客观世界的本来面貌，但由于第二手资料经过必要的加工、整理，能更清晰、更深刻地反映客观世界的本质，所以第二手资料在研究者或研究机构中往往占的比例很大。

随着大数据时代的到来，博客、社交网络、基于位置的服务(Location Based Service，LBS)为代表的新型信息发布方式的涌现，以及云计算、物联网技术的兴起，数据和信息正以前所未有的速度不断增长和积累。目前，对信息源的定义维度越来越多，角度越来越广，没有一个十分完全的界定。本书认为，无论怎样界定，对信息用户来说，看清各种信息源轮廓显得更加实际和重要。

1. **按表现方式维度划分**

1)口语信息源
口语信息源是指以口头语言表现方式表述出来的、未被记录下来的信息源，如唱歌、谈话、讲话、报告、演讲、授课、讨论等，是较典型的口语信息源表现形式。其特点如下。

(1)根据人们接触时的语气、暗示等，领会其他文献信息所不能包含的东西，从而信息用户易于对这类信息进行利用或评价。

(2)获取此类信息的速度快，交流、传递及时。

(3)信息直接获取。

(4)信息的选择性和针对性较强。

2)体语信息源
体语信息源是指以手势、表情、姿势等表现方式表述的信息源，如舞蹈、杂技、瑜伽、武术等是较典型的体语信息源表现形式。这类信息源的特点是直观性更强，更具感染力。

3) 实物信息源

实物信息源是指以实物的表现形式表述的信息源，如产品样本、模型、标本、碑刻、雕塑等，是较典型的实物信息源表现形式。这类信息源的特点是直观、真实、易分析、易模仿。

4) 文献信息源

文献信息源是指以文字、符号、图形、图像、音频、视频等表现形式，记录在各种媒体上的信息，由此而形成的记录统称文献信息源。

其表现方式多种多样，如过去的手抄本、印刷本、缩微品、磁盘、磁带、录音带、录像带、光盘到全媒体文献等。这类信息源的特点是历史悠久、数量巨大、应用广泛，便于长期保存、积累和反复使用，构成文献信息源的主体，也是本书中信息检索的主要对象。

2. 按互联网和移动互联网维度划分

这里的信息源是基于互联网、移动互联网和计算机技术的各种信息源，即指以信息技术为基础和互联网为依托条件，用数字化形式记录、以全媒体形式表达，存储并分布在互联网中，通过计算机设备及网络通信方式进行传递，具有"检索特点"的各种信息集合的总称。

1) 大众类信息源

此类信息源主要按照在互联网上信息用户（大众类）的普通信息需求来划分，主要包括新闻类信息源、网页类信息源、音乐类信息源、视频类信息源、地图类信息源、文库、文献类信息源等。

2) 移动互联网类信息源

此类信息源主要按照在移动互联网上信息用户的信息需求来划分，主要包括手机地图类信息源、各种 App 类信息源、手机浏览器类信息源、手机输入法类信息源、手机微课程类信息源、掌上美图类信息源、手机卫士类信息源、手机翻译类信息源等。

3) 社区交流类信息源

此类信息源主要按照在互联网上信息用户的交流需求来划分，主要包括贴吧类信息源、文库类信息源、百科类信息源、论坛类信息源、金融类信息源、旅游类信息源、经验类信息源、阅读类信息源、众测类信息源等。

4) 软件类信息源

此类信息源主要按照在互联网上信息用户的应用软件需求来划分，主要包括影音应用软件类信息源、浏览器类信息源、杀毒软件类信息源、输入法类信息源、阅读器类信息源等。

5) 导航类信息源

此类信息源主要按照信息用户在互联网上根据领域类别、专业类别多样化需求来划分，主要包括网址、网站导航类信息源和团购导航类信息源等。

6) 游戏类信息源

此类信息源主要按照信息用户在互联网上的游戏需求来划分，主要包括各种各样的游戏软件等。

7) 综合类信息源

此类信息源主要按照信息用户在互联网上的一般需求来划分，主要包括广告类信息源、统计类信息源、公益类信息源、预测类信息源等。

1.3.3　文献信息源的类型

网络时代,我们理解的文献信息源包括印刷型文献信息源和数字型文献信息源。本节提到的文献信息源类型就是从传统和数字化两个维度来划分的。

1.　按照传统维度划分

1)图书

"图书"二字有"图"和"书"两层含义。"图"表示绘画,"书"表示记录的文字。现在所说的图书的萌芽,就是泛指古代的人们用图画或文字记录事物。由于社会的发展,人们逐渐体会到图画只能表达具体的、个别的事物,而文字不仅比图画简单,而且能够表达图画所不能表达的抽象的思想、语言等。因此,人们在实践中重视文字,使用文字,以至于现在文字成为积累、传播知识的重要符号。我们常见的图书就是采用文字符号来表达知识内容的。

(1)定义。

对图书的定义多种多样,典型的有如下 5 种。

①《联合国教科文组织统计年鉴》中对图书的定义:图书是在某一国家出版并使公众可以得到、不算封皮页数至少有 49 页的非定期印刷出版物。

②《简明不列颠百科全书》(第 18 卷)中对图书的定义:一本书是手写的或印刷的,有相当长度的信息,用于公开发行。信息记载在轻便耐久的材料上,便于携带。它的主要目的是在人与人之间传递信息,因其便于携带与耐久而能达到此目的。它不受时间与空间的限制,行使宣告、阐述、保存与传播知识的职能。

③《中国书史简编》(刘国钧著)对图书的定义:图书是以传播知识为目的而用文字或图画记录于一定形式之上的著作物。

④ 我国文献标准技术委员会拟定的国家标准草案对图书的界定:图书是 49 页以上构成一个书目单元,以多份出版并广泛发行的文献。它与联合国教科文组织的定义基本相同,但它更强调文献。

⑤ 图书是根据社会需要,以存储为目的,通过一定的物质材料,用文字、图像、符号和声音,按照一定的结构、体系,集中地记录某种思想、文化、科学技术,便于个人携带使用的,非定期连续出版物。

对图书定义内涵的认识是随着历史的发展逐步理解的。图书的本质是知识内容。因此,图书的定义只有包括知识内容和形式两部分才能揭示它的内涵,体现其本质属性。

以上 5 种定义是从不同角度、不同用途来界定图书的。本书倾向于第五种定义。

(2)国际标准书号。

图书上一般标有国际标准书号(International Standard Book Number,ISBN),是国际通用的图书或独立出版物代码。我们可以通过国际标准书号来辨认文献,将它与其他文献区别开来。一个国际标准书号只有一个相应的出版物。

2007 年以前的国际标准书号由 10 位阿拉伯数字组成,分 4 部分,即组号、出版者号、书名号和校验号,数字间用连字符或空格隔开,书号前均有 ISBN 字样。例如:

ISBN 7-108-02294-X《天朝的崩溃——鸦片战争再研究》

　　2004 年，位于柏林的国际 ISBN 机构（International ISBN Agency）出版了《13 位国际标准书号指导方针》（Guidelines for the Implementation of 13-Digit ISBNs），描述了在 2007 年启用 13 位的 ISBN 的概况。 2007 年至今，新的 ISBN 实际上就是现在的欧州商品号（European Article Number，EAN）。现在，我们看到的图书上的 ISBN 是一个 13 位的号码，就是 EAN，即在 ISBN 后加 978（代表图书）。例如：

　　ISBN 978-7-111-35889-3　《奇点临近》

　　2）连续出版物

　　连续出版物是指一种载有卷期号或年月顺序号，计划无限期地连续出版发行的出版物，主要有期刊和报纸。

　　（1）期刊。

　　① 定义。

　　目前，国内外专家对期刊还没有一个公认的确切定义，它的概念和范围往往随着各国的传统习惯而有所不同。期刊和其他类型文献相比较，有如下特征。

　　第一，期刊是一种定期或不定期的连续出版物，并计划无限期地出版；具有表示各期连续关系的年卷期号、年期号、年月日号、连续序号，或者同时具有两三种序号；出版周期不超过一年。

　　第二，期刊长期使用固定的统一刊名，版面、篇幅、内容、栏目、价格等基本稳定。

　　第三，期刊每期的内容新颖、详细，即不是以前发表过的作品重复、修订或者全部的辑录与转载。

　　第四，每期期刊中的作者若干，至少两人以上，每期至少载两篇以上稿件，稿件既可是文字的，又可是图表的。

　　第五，期刊有一个较稳定的编辑部，编辑人员有一定水平，有较明确的编辑原则和指导思想。

　　本书的定义：期刊是指由一个稳定编辑部编辑的一种定期或不定期连续出版、具有固定统一的名称，每期具有一定的序号、发表多作者新作的出版物。

　　② 国际标准连续出版物号与中国标准连续出版物号。

　　期刊一般标有国际标准连续出版物号（International Standard Serial Number，ISSN），有国际标连续出版物号者为正式期刊。ISSN 的编号形式如下。

　　国际标准连续出版物号由前缀 ISSN 和 8 位数字组成。ISSN 与 8 位数字之间空半个汉字空。8 位数字分为两段，每段 4 位数字，中间用半字线"-"隔开。

　　中国标准连续出版物号是国家出版管理部门批准注册的出版者所出版的每一种出版物的代码标识。由国际标准连续出版物号和国内统一连续出版物号（以中国国别代码 CN 为标识）两部分组成。其格式如下：

国际标准连续出版物号　　国内统一连续出版物号
|　　　　　　　　　|
ISSN XXXX-YYYY　　CN XX-YYYY/ZZ

　　其中，国内统一连续出版物号的前面部分由前缀 CN 和 6 位数字组成。6 位数字由国家出版管理部门负责分配给连续出版物。

(2)报纸。

① 定义。

报纸是指以刊载新闻和时事评论为主的定期向公众发行的出版物，是大众传播的重要载体，具有反映和引导社会舆论的功能。

② 类型。

第一，依照出刊期间不同，分为日报、周报、双周报或更长时间的报纸。

第二，依照出刊时间不同，分为日报、早报、晚报。

第三，依照收费与否，分为收费报章、免费报章。

第四，依照媒体形态不同，分为印刷报章、网上版报章、电子报章等。

3) 会议文献

会议文献是指在各种学术会议上宣读的论文、会议记录等形式的文献，主要包括会议前的论文文摘、会议上宣读的论文、会议讨论问题和交流经验等经整理而出版的正式出版物。

4) 学位论文

学位论文是指高等院校和科研院所的学生在结束学业时，为取得博士、硕士、学士学位而撰写的学术性研究论文。

5) 研究报告

研究报告是指在科技工作中，各种科学研究报告、技术研究报告、科技推广应用报告等的总称。报告的形式可以是研究项目的立项报告、试验中间的中试报告或结题报告。许多最新的研究成果，尤其是尖端学科的最新探索往往出现在研究报告中。

6) 标准文献

标准文献是指为在一定的范围内获得最佳秩序，经协商一致制定并由公认机构批准，共同使用的和重复使用的一种规范性文件。

7) 专利文献

专利文献是指包含已经申请或被确认为发现、发明、实用新型和工业品外观设计的研究、设计、开发和试验成果的有关资料，以及保护发明人、专利所有人及工业品外观设计和实用新型注册证书持有人权利的有关资料的已出版或未出版的文件(或其摘要)的总称。

2. 按照数字媒介维度划分

近年来，受数字媒介迅猛发展影响，数字出版物急剧增加。因此，人们对数字化出版物的阅读也越来越多。2014年4月，中国新闻出版研究院公布的第11次全国国民阅读调查数据显示，2013年我国成年国民数字化阅读方式接触率持续增长。

第一，数字化阅读方式接触率持续增长。受数字媒介影响，网络在线阅读、手机阅读、电子阅读器阅读、PDA/MP4/MP5阅读等的数字化阅读方式接触率达50.1%，超过半数。

第二，超9成有数字化阅读行为是49周岁以下群体。18～29周岁人群占45.1%，30～39周岁人群占29.1%，40～49周岁人群占18.4%，50周岁及以上人群占7.4%。可见，数字化阅读者中92.6%是18～49周岁人群。

第三，数字阅读优势凸显，超6成数字阅读者因获取便利选择数字阅读。超6成(60.3%)数字阅读者表示"获取便利"是选择数字阅读的首要原因。显而易见，纸质出版物在购买方面明显不如数字出版物"便利"。"方便随时随地阅读"也是转向数字阅读的一个重要因素，比例达到 46.0%。此外，有 33.4%的数字阅读者认为"方便检索信息"是选择数字阅读方式的原因，与数字阅读方式相比，传统的纸质出版物不具备信息检索优势。

上述表明，在我国，互联网上的数字出版物越来越受到人们关注和青睐，在线阅读、手机阅读越来越普遍。

关于什么是"数字出版"，新闻出版总署于 2010 年发布的《关于加快我国数字出版产业发展的若干意见》中定义：利用数字技术进行内容编辑加工，并通过网络传播数字内容产品的一种新型出版方式。其主要特征为内容生产数字化、管理过程数字化、产品形态数字化和传播渠道网络化。

数字出版产品形态主要包括电子图书、数字报纸、数字期刊、网络原创文学、网络教育出版物、网络地图、数字音乐、网络动漫、网络游戏、数据库出版物、手机出版物等。

由此看出，数字出版在表现形态、传播介质、制作流程等方面与传统出版相比，两者有了较大差异。张大伟等学者认为，数字出版和传统出版的本质区别在于信息组织方式发生了革命性变革。

本书依据的数字媒介文献信息源是基于新闻出版总署界定的数字出版产品形态。随着数字技术的发展，数字出版产品形态还会不断增加。

1) 电子图书

第 11 次全国国民阅读调查数据显示：国民阅读电子图书：2010 年 0.73 本，2011 年 1.42 本，2012 年 2.35 本，2013 年 2.48 本。可见，阅读电子图书呈逐年上升趋势。

(1) 概念。

关于电子图书的概念，文献中有很多界定，随着信息技术的发展，电子图书的内涵还将不断完善。

第一种说法：电子图书又称 e-Book，泛指人们所阅读的数字化出版物，从而区别于以纸张为载体的传统出版物。

第二种说法：电子图书是指利用计算机技术将文字、图片、声音、影像等信息，通过数码方式记录在以光、电、磁为介质的设备中，借助网络或特定设备来读取、复制和传输的电子文献。

第三种说法：百度百科中这样定义，所谓的电子书是必须透过特殊的阅读软件 (Reader)，以电子文件的形式，透过网络连接下载至一般常见的平台，如个人计算机 (PC)、笔记本电脑 (Note-book)，甚至是 PDA、手机，或是任何可大量存储数字阅读数据 (Digital Reading Material) 的阅读器上阅读的书籍，是一种传统纸质图书的可选替代品。

第四种说法：学者孙微巍定义，电子图书是以数字技术加工制作编辑，以电子技术存储发布，以数字电子技术展示传播，有国家承认的国际标准书号标志，可以在计算机、手机、移动终端等设备的一种或几种上阅读的，以已经出版和将要出版的图书为主要内容的产品。

本书认可第四种说法。

(2) 类型。

① 数字化图书。数字化图书是指将纸质图书扫描后的数字电子图书。数字化图书出版时间较早。数字化图书与电子书在内容格式和编辑加工流程上完全相同，可通过 PC 终端实现阅读。

② 电子书。电子书是指将纸质图书的排版文件转换加工成可以全文检索的数字电子图书，也有些图书没有出版成纸质图书而直接出版成电子书。2000 年 3 月，美国恐怖小说家史蒂芬·金在网上首发电子书《骑弹飞行》，成为电子书发展史上的里程碑。目前，方正阿帕比、中文在线、中国移动、淘宝、京东、当当等都已进入电子书领域。

③ 电子书包。电子书包是指将文字、图形、图像、声音、动画、影像等多媒体素材在时间和空间进行集成，使它们融为一体并赋予交互特性的多媒体应用软件产品。电子书包融合软件和硬件技术，发挥互动教学的特长，将内容与载体融合成电子化"书包"，是一种新型数字教育服务产品。

④ 电子书 App。电子书 App 是指以电子书为主要内容的网络应用程序，例如，苹果公司的阅读和购买书籍应用(iBooks)、各家公司基于苹果系统开发的以图书为主要内容的网络应用。

其中，有以单本书为内容的应用，有集合若干种图书并设置多种软件功能的应用。

⑤ 手机书。手机书是指以手机为载体的数字电子图书产品，其内容有原版原始的纸质图书电子版；有网络原创文学或纯粹为手机阅读编制的手机读物。

手机书的移动式、碎片式阅读特性，更适应现代快捷的生活节奏，可更好地满足读者的个性化需求。

⑥ 阅读客户端。阅读客户端是指基于移动终端上的阅读类客户端应用软件。基于智能手机和各类移动可上网设备。

阅读客户端可进行不同格式和内容的阅读，可用于阅读电子杂志、图书、报纸、音乐、视频等，如掌阅读书、91 熊猫看书、超星手机客户端等。

然而，享有"电子技术倡导者" 美誉的美国前副总统戈尔 2011 年推出了《我们的选择》电子书，该电子书与传统电子书最大的区别在于：它结合了书籍、音频、动画、图形和视频等各种传播手段，让读者身临其境。其特点是将文字与多媒体结合得天衣无缝，此书被公认为重新定义了电子图书。有评论家认为它让阅读成为一种具有互动性的、给人以满足感的，乃至精神上的享受。有学者预言，将来此类电子图书将普及。

几年后，上述分类的电子图书产品形态将会有新的名称，被新的产品形态所取代。通过智能化、互动性、社交化、移动互联、科技融合的不断发展，电子图书产品将会有新的形态诞生。

2) 数字报纸

数字报纸又称为网络报纸、电子报纸，是利用网络数字技术二次成型的。数字报纸保持了纸质报纸的版式，它继承了纸质报纸的优势，有专业化的内容原创和公信力，同时结合互联网快速方便的特性。因此，数字报纸可看成纸质报纸(文字)、广播和电视(视频)的结合体。在网络上看报纸已成为我们获取新闻信息的日常活动。

(1)概念。数字报纸是指在排、印、投送等诸多方面实现电子化的一种信息载体。数字报纸最初指纸质报纸的电子版。后来数字报纸逐渐演变成信息量更大，服务更充分的网络新闻媒体。

(2)特点。数字报纸与纸质报纸相比有许多优势。

① 内容新。数字报纸的内容不以天数来作为更换新闻计算单位，而是一有新消息就立即上网发布；通过超链接，我们可查到该事件的背景资料及相关报道等。

② 多媒体化。数字报纸集合各种形式的媒体，如写作、音频、图像、视频。有了技术支撑，我们可随时上网获得这些信息。

③ 交互性。新闻信息一旦公布，该新闻很快就可得到阅读者反馈，收到对新闻内容发布的建议和评论等。

④ 搜索功能。数字报纸具有检索新闻的功能。

3) 数字期刊

数字期刊的发展与硬件、互联网和移动互联网的技术发展密不可分。早期互联网应用开发的重点在于海量信息、超链接与即时性，第一代数字期刊便是利用这几大特点，将纸质内容进行原文扫描，以数据库形式进行整合。例如，1992 年，中国科技信息研究所西南信息中心将其开发的中文科技期刊数据库软盘形式改为光盘形式发行，将模拟信号转化为数字信号进行传播，这种对期刊内容的数字化加工与传播便成为我国数字期刊的发端；伴随数字终端的快速发展与互联网、移动互联网的应用普及，期刊数字化也因此开始走向富媒体阶段，即在单纯的文字与图片内容基础上插入音视频文件，赋予数字期刊一种多媒体的阅读体验，这一阶段可以归结为期刊数字化发展的第二阶段。2005 年后，尤其是近两年，社交网络迅速崛起，互动分享与网民自组织逐渐成为互联网发展的新趋势，数字期刊开始探索一种新形态，即社交化阅读平台，阅读脱离既有的内容为主架构的建构模式，以人为架构主体，以自组织作为内容生成方式，以人际传播带动期刊内容的社交内容传播形态。

(1) 概念。数字期刊是指以数字化方式存储，通过终端设备读取的连续出版物。

(2) 特点。

① 及时。数字期刊不再依赖纸质介质，一旦征稿审稿评议完毕，就立即发行。因而，我们能及时阅读最新数字期刊内容。

② 多样。在通信网、互联网、物联网高度协同和融合基础上，我们可通过 PC、iPad、手机等连接有任意网络设备上获取并阅读数字期刊。

③ 成本低。数字期刊管理系统为征稿、审稿、评审以及人员沟通提供了方便且经济的条件，更主要的是作为信息产品，数字期刊成本低。

(3) 类型。

发展到今天，我国数字期刊主要有权威数据库、自办网站、期刊的网络发行三种形式，我国多数数字期刊是把已出版的纸质期刊、PDF 等文件发送到网站。而国际意义上的数字期刊是指直接网络投稿、审核、发表和认证的数字出版物。

目前，社会各界对数字期刊的分类很多，较典型的有如下方式。

① 按照途径不同划分。

第一类，期刊社自己开发的有自主版权的数字期刊。期刊的编辑、发行和传播等借助网络进行。这类数字期刊一般对应有印刷版期刊同步发行。

第二类，依靠主办单位网站或其他合作，实现上网的期刊，这类数字期刊只有电子版。

第三类，通过权威信息机构，整合期刊社各期期刊内容，有检索功能的数字期刊。

② 按照存在方式划分。

第一类，印刷版期刊的电子版。这类数字期刊是指传统纸质期刊利用网络技术与功能，在互联网上发布自己编辑的电子版，即将印刷版的内容原封不动地搬上网络。

腾讯网对此的定义是：一种将传统杂志完整、真实、快速、方便地转移到网站，供读者在线阅读的电子杂志。

第二类，原生型数字期刊。此类数字期刊就是直接的网页和网站，无须传统印刷过程，发布周期比传统杂志更精细更准确快捷。出版周期短，信息速度传递快。

第三类，整合型数字期刊。这类数字期刊对各学科印刷版期刊进行整合，表现为在原有内容基础上添加适当的原创信息；在形式上有所突破，或利用多媒体技术展示印刷版期刊无法达到的效果。这种类型就是上述的权威数据库，例如，中国知网的"中国学术期刊网络出版总库"。

4）其他数字文献

本书所称的其他数字文献，是指除上述的电子图书、数字报纸、数字期刊常见的数字出版物外，还包括互联网上的数字化会议文献、数字化研究报告、数字化专利文献和数字化标准等数字出版物。

5）网络教育出版物

伴随着全面落实《国家中长期教育改革和发展规划纲要(2010～2020年)》有关"加快教育信息基础设施建设，加强优质教育资源开发与应用，建立开放灵活的教育资源公共服务平台，促进优质教育资源普及共享"的总体要求，近年来，网络教育出版物越来越多，呈现方式也越来越多元化。

（1）概念。关于什么是网络教育出版物，从目前的文献报道看，更多学者将其称为数字教育出版物。目前学术界对其定义的文献报道很少。贺子岳等学者认为：数字教育出版是指在数字出版和数字教学及学习逐渐兴起的过程中，为适应新时代用户的需求，将传统教育出版物按照数字出版生产方式加工出版，提供知识增值服务，并借助网络传播或借助传统出版物渠道发行(如光盘版)等发行，用户使用个人计算机或移动终端阅读设备等阅读的出版活动。本书认为，由此按照数字出版生产方式加工出版的数字教育产品称为"数字教育出版物"。

（2）类型。

① 立体化教材。也有学者称为"一体化教材"或"多元化教材"。立体化教材是通过提供多种教学资源，将教材立体化以最大限度地满足教师教学和学生学习的需要。它不仅包括纸质教材和教辅，还包括数字化教案、教学课件、网络课程等，从而实现教材、教师参考书、学生指导书等不同内容出版物的横向立体化配套，以及纸质、视频、音频等多种媒体出版物的纵向立体化配套。

② 移动教材。移动教材是教材教辅等教育资源在移动阅读器上的应用。这里说的移动阅读器主要有四类，即计算机、PDA、手机和其他电子阅读设备。

③ 电子书包。电子书包是一个组合概念，包含三方面内容：一是硬件上，电子书包阅读终端多采用平板电脑、笔记本电脑，具有读写和上网等功能；二是内容上，电子书包提供了丰富的数字化教育资源，包括教材教辅、声频视频、测试系统等；三是配套提供网络平台，该平台不但为学生提供数字资源，还对学生进行管理，促进家庭和学校、学生和老师以及学生与学生之间的沟通。

较之移动教材，电子书包不是简单的"一本教材"或者"一个书包"，它同时是数字化的移动课堂。

④ 开放式教材。在这种模式下，网络平台向教师、作者开放权限，允许其随时提交、编辑、更新教材内容，供学习者免费阅读。

⑤ 电子教材租赁。电子教材租赁模式目前主要出现在美国，是指网络平台向学习者提供电子教材租赁服务商业模式。租赁平台商与版权方签约合作后，对教材进行数字化加工，嵌入多媒体、超文本及互动模块，并与纸质教材一样可评注圈点，其学习效果优于纸质教材，租金则低于购买纸质教材的金额。

⑥ 在线教育。2012 年开始，以数字技术为代表的教育变革得到迅猛发展，在线教育越来越受到青睐。在线教育平台是指网络学习和培训平台，是一套完整的网络化教学体系，包括在线课堂教学、教学互动、课下辅助系统、课后成绩测评等一系列教学环节。

如今，学习者可在整个教学过程中不使用任何教科书，全部基于计算机或 iPad 等设备进行学习，使过去以老师为中心的课堂颠倒为以学生为中心的课堂，国际上将这种教育变革的结果称为"颠倒课堂"（也被译为翻转课堂）。

目前，慕课、微课、翻转课堂成为三大热点。

MOOC（Massive Open Online Courses）意为"大规模网络公开课"，称为慕课。慕课有三个特点：第一是大规模，不是个人发布的一两门课程；第二是开放课程；第三是基于网络的课程。即慕课是大规模、开放式、在线学习课程，如中国大学 MOOC、高等教育云课堂、MOOC 中国、北大慕课、超星慕课、慕课网等。

微课是针对某个主题或知识点而展开的微型视频教程，讲授内容呈"点"状、碎片化，易于学习者自学，它是慕课的基本组成部分，"微教学资源"包括微教案、微课件、微练习、微反思、微点评、微反馈等。可以说微课是点，慕课是线。

翻转课堂是随着慕课和微课的兴起应运而生的，是为将 MOOC 与传统课堂教学相结合，应用慕课、微课教学资源而出现的一种课堂教学模式，其实施过程是学生课前按老师要求学习微课，课堂上讨论、解惑和完成作业，学生课前或课后通过互联网使用其他优质教育资源，不局限于老师的要求，课堂上教师更多的责任是理解学生的问题和引导学生运用知识。

综上所述，慕课和微课是本节要强调的数字教育资源，而翻转课堂是一种新的课堂教学模式。

6) 网络地图

(1) 概念。

网络地图又称为数字地图，是指在网络环境中制作、使用和传播的数字地图及其可视化产品，其数据形式包括空间数据和非空间数据，以分布并行方式进行存储，并且可以通过对网络数据库的访问，按照用户的需要提供不同的可视化产品及地理信息服务。简言之，网络地图就是通过互联网为用户提供地理信息查询与分析的地图。

网络地图与一般常规电子地图有一定区别，主要在于它的交互制图功能，能给用户提供个性化服务，如美国国家地图集网站为用户提供在浏览器上实时制作地图的功能。基于 Web 的网络地图因其具有快速存取显示、三维动画功能、要素分层分级显示以及利用虚拟现实技术将地图立体化、动态化等功能，目前越来越受到关注。

目前，我国比较有代表性的网络地图有百度地图、有图盟 Mapabc、Gsuo、E 都市新概念三维仿真地图、灵图 UU 等。

(2) 类型。

① 导航电子地图。导航电子地图在生活中被大量使用，给我们的出行带来了便利。导航电子地图是将电子地图与导航技术综合运用，导航图可以任意放大和缩小，大到可以由地图确立交通工具所在城市中的具体方位，小到可以通过电子地图寻找城市中的每一个交叉路口和每一幢建筑物。

② 多媒体电子地图。多媒体电子地图集文本、图形、图表、图像、声音、动画和视频等多媒体于一体，是电子地图的进一步发展。它除具有电子地图的优点外，还增加了地图表达空间信息的媒体形式，以听觉、视觉等多种感知形式直观、形象、生动地表达空间信息。与传统地图相比，多媒体电子地图的空间信息可视化更加直观、生动，信息表现更加多样化，信息内容更丰富，信息更新快捷，使用方便。无论用户是否有使用计算机和地图的经验，都可以从多媒体电子地图中得到所需要的信息。用户不仅可以查阅全图，而且可随意将其缩小、放大、漫游、测距、图层控制、模糊查询、保存地图、调出地图、下载地图和打印地图等。

③ 网络电子地图和三维电子地图。随着网络技术的迅速发展，产生了基于互联网技术的 Web GIS，于是地图被赋予先进的可视化信息技术及网络技术，可通过网络高速传输地图数据，任地图在互联网或内联网上自由驰骋。

Web GIS 可广泛应用于土地和地籍管理、水资源管理、环境监测、数字天气预报、灾害监测与评估、智能交通管理、跟踪污染和疾病的传播区域、移动位置服务、现代物流、城市设施管理、数字城市、电子政务等诸多领域。

三维数字地图是采用先进的数字高程模型技术，将地貌信息立体化，非常直观、真实、准确地反映地貌状况，并可查寻任意点的平面坐标、经纬度和高程值。在地物信息方面，除提供空间数据外，还可根据用户的要求提供丰富的属性数据。三维数字地图由于可直观地观察某一区域的概貌和细节，快速搜索各种地物的具体位置，所以在土地利用和覆盖调查、农业估产、区域规划、居民生活等诸多方面具有很高的应用价值。目前三维数字地图已经开始出现在网络上，有卫星实景三维地图和人工虚拟三维地图。

7) 数字音乐

数字音乐泛指通过数字技术制作而成的音乐作品。

数字音乐主要分两种形式：一种是在线音乐，即在网络上传播的音乐；另一种是无线音乐，即利用手机无线网络和终端设备传播的音乐，如库客数字音乐出版物。

本书定义的数字音乐出版物是指按照数字出版生产方式加工出版的数字音乐产品。

8) 网络动漫

动漫是动画和漫画的缩略称谓。我国近年提出的"动漫"概念，是对西方国家近百年来发展起来的漫画、动画、游戏、电影动画等整体的概括性描述。网络动漫又称数字动漫。

本书认为，网络动漫（数字动漫）出版物是指以"创意"为核心，以动画、漫画为表现形式，包含动漫图书、报刊、电影、电视、音像制品、舞台剧和基于信息传播技术手段的动漫新品种等动漫直接产品开发而生产的出版物。

9) 网络游戏

不同学科从不同角度定义游戏。概括来说，生物学家和生理学家认为，游戏是生物和人生来的本能，其主要功能是锻炼和培养技能；人类学家倾向于把游戏看成幼儿学习求生本领的过程；社会学家把游戏看成幼儿社会化的必备条件；历史学家把游戏看成文化发展的动因等。

例如，历史学家约翰·赫伊津哈认为"游戏是在特定的时间和空间中开展的活动，游戏呈现明显的秩序，遵循广泛接受的规则，没有时事的必需和物质的功利"。在他看来"游戏即文明"，游戏是文化本质的、固有的、不可或缺的成分。

媒介理论家马歇尔·麦克卢汉在其著作《理解媒介》中有专门论"游戏"章节，他认为人类在游戏中追求和补足"人性的整全"，游戏是"人性的延伸"，就如武器是人体的延伸一样。一切媒介均是人的感觉延伸。具有希望、动机属性的"货币"和内心生活属性的"游戏"与心理的整体延伸相关联。

哲学家伯纳德·苏茨对游戏下的定义最为言简意赅：玩游戏，就是自愿尝试克服种种不必要的障碍。本书认为此定义最本质、全面地概括了游戏的特征。

进入信息时代，网络游戏应运而生。一般采用的定义有两种。

(1) 从行业内部游戏设计角度定义：网络游戏是指发掘、调动并满足目标玩家精神欲望的网络互动型精神产品。

(2) 从技术描述角度定义：网络游戏又称"在线游戏"，简称"网游"，指以互联网为传输媒介，以游戏运营商服务器和用户计算机为处理终端，以游戏客户端软件为信息交互窗口的旨在实现娱乐、休闲、交流和取得虚拟成就的具有相当可持续性的个体性多人在线游戏。此定义主要针对 PC 网游，是区别于单机游戏的联机而言的，强调玩家必须通过互联网连接来进行多人游戏。

本书定义，网络游戏出版物泛指为满足网络游戏玩家精神娱乐需求而开发的一类文化产品。

网络游戏的文化内容极其丰富，融合文学、美术、戏剧、音乐、电影、舞蹈等艺术表现形式。网络游戏作为一种数字出版产品形态受到年轻人的追捧。

10) 数据库出版物

数据库出版物是本书阐述的重点。

数据库出版物概念至今无文献报道。本书认为，数据库出版物主要针对数字学术信息，数字学术信息只有经过专业化的选择、筛选、整理和系统化编辑后才成为"学术知识数据库"。因此，本书所称的"学术知识数据库"产品形态统称数据库出版物。

百度百科定义：数据库出版物是按照一定的数据结构存储和管理内容的检索型出版物，主要供我们检索查询和阅读。

数据库按照数据模型的不同，分为网状数据库、层次数据库和关系型数据库，其主要集中在人文社会科学、自然科学和工程技术等学术出版领域。

学术专业领域的数据库出版物，如中国知网、超星数字图书馆、Elsevie 等数据库出版物。

11) 手机出版物

手机出版物是指以手机为媒介，通过互联网、网络、蓝牙等信息传播途径，将图文、图画、音频、符号等多种媒体形式的内容数字化，通过有线、无线等数据传输技术发送到手机移动用户终端，供用户阅读、浏览、使用及互动的实时传播的一类数字产品。

第2章 信息检索原理与方法

2.1 信息检索概述

2.1.1 信息检索的概念

信息检索(Information Retrieval)是指将信息按一定的方式组织起来，并根据信息用户的需要找出有关信息的过程和技术。狭义的信息检索就是信息检索过程的后半部分，即从信息集合中找出所需信息的过程，也就是人们常说的信息查寻(Information Search/Information Seek)。

2.1.2 信息检索的类型

1. 按照检索手段不同，分传统信息检索(手工检索)和现代信息检索(计算机检索)

1)传统信息检索

传统信息检索(手工检索，简称手检)是一种传统的检索方法，即以手工翻检的方式，是指利用工具书(包括图书、期刊、目录卡片等)来检索信息的一种检索手段。手工检索不需要借助特殊设备，方法简单灵活，易于掌握。但是，手工检索费时费力，特别是进行专题检索和回溯性检索时，需要翻检大量的检索工具反复查询，花费大量的人力和时间，而且很容易造成误检和漏检。

2)现代信息检索

现代信息检索(计算机检索，简称机检)是通过计算机来模拟人的手工检索过程。计算机将检索者输入检索系统的检索提问(检索标识)与系统文档(机读数据库)中的存储标识进行类比、匹配运算，通过"人机对话"检索出所需要的文献，继而由终端设备显示或打印。计算机检索包括光盘数据库检索、互联网信息检索和网络数据库检索。计算机检索方便快捷、范围广泛、功能强大，是目前信息检索的主要方式。

2. 按照检索目的和对象的不同，分书目信息检索、全文信息检索、数据事实信息检索和多媒体信息检索

1)书目信息检索

书目信息检索是以馆藏书目数据库和文摘/索引型数据库为检索对象，以获取文献的标题、作者、摘要、来源出处、收藏处所等与课题相关的一系列二次文献信息为检索目的。书目信息检索是一种相关性检索，检索结果并不直接解答用户提出的问题本身，只提供与全文文献相关的信息和线索供参考。在网络条件下，这类数据库发展很快，其最大的特点是所收录的来源出版物及文献具有很大的学科覆盖面。通过检索文摘/索引数据库，用户可以全面掌握某一专题或研究领域文献状态及最新研究成果，可以获得更多相关的检索结果。通过检索联合目录，用户可获得本地区、国内甚至全球的馆藏文献信息，并可通过全文链接或馆际互借服务等途径获取原文。

2）全文信息检索

全文信息检索是以全文电子期刊、电子图书、学位论文、会议文献、电子报纸、政府出版物、技术标准、科技报告、专利等所有可以一步到位获取原文的数据库为检索对象，以获取全文为检索目的，检索结果是与课题相关的论文或专利说明书等的全部文本。全文信息检索也是一种相关性检索，因为检索结果严格来说并不能直接解答用户提出的问题本身，它只是在书目信息检索基础上更深层次的内容检索。用户通过对全文的阅读，可进行技术内容及技术路线的分析，为研究课题提供参考与借鉴。

3）数据事实信息检索

数据事实信息检索是以科技手册、百科全书、电子词典、统计年鉴等各类电子工具书为检索对象，以具体数据或事实为检索目的，检索结果是经过测试、评价过的各种数据或有关某一事物的具体答案。因此，数据事实信息检索是一种确定性检索。

4）多媒体信息检索

多媒体信息检索是对图像、音频、视频等多媒体信息进行基于特征的相似度搜索的信息检索类型。

随着信息技术的不断发展，各类数据库资源呈现相互整合、逐渐融合的趋势，不同信息检索类型之间的界限也日渐模糊。

2.2　信息检索原理

无论光盘数据库检索、互联网信息检索还是网络数据库检索，其检索系统都由数据库和系统软件构成，其中核心部分是可供检索的数据库（Database），它是基础，是用户所需信息的来源，并且决定了信息资源系统的内容及学科特色。数据库由若干记录（Record）组成，记录中的最小单元为字段（Field），它表述的是文献的不同特征，包括题名（Title）、文摘（Abstract）、关键词（Keyword）等。

系统软件由系统维护软件和检索软件构成，它们共同实现对网络信息资源系统的管理。用户能否方便有效地从数据库中检索到所需要的信息主要取决于检索软件的功能是否强大。

随着现代信息技术的发展，各种类型的数据库日益丰富，用户需要面对的检索系统日渐多样化，但由于检索软件的原理、检索方法、功能有其共通性，所以掌握好检索软件的基本使用方法对于很好地利用这些资源就显得尤为重要。

2.2.1　检索点与检索字段

检索点（Access Point）是检索的出发点，也称检索途径（Approach）。在数据库中每一个可检索的字段为一个检索点，两者属于相互呼应的概念。例如，已知作者的姓名，查其著作，即可选择作者字段进行检索；已知文献篇名，则可选择题名字段进行检索。

检索字段（又称为检索入口或检索项）可分为基本检索字段和辅助检索字段，基本检索字段是指反映文献内容特征的字段，如题名、文摘、主题词等；辅助检索字段是指反映文献外部特征的字段，如作者机构、来源出版物、出版年等。不同的数据库还会根据自身文献信息、功用等特点添加一些特殊的检索字段，如 SciFinder Scholar 中的化学物质登记号、化合物结构、分子式等。

用户对于检索字段或检索途径的选择需要根据自己的已知信息以及具体的检索目的来确定。各基本检索字段的含义和用法如下。

1. 题名字段

题名字段泛指各种文献名称，包括论文篇名、图书题名、专利名称等。如果已知文献题名，则利用题名字段进行检索最快捷。

2. 文摘/关键词字段

该检索方式提供用户检索在文摘或关键词字段中含有符合检索式的文献。

3. 主题词字段

该检索方式提供通过对反映文献内容特征的主题词进行检索，从而将论述相同主题的文献检索出来。

4. 全部字段(全文字段)

该检索方式提供用户在系统所有可供检索的字段中查找与检索式相匹配的内容。

2.2.2　检索语言

检索语言又称标引语言、索引语言、概念标识系统等，是用于描述检索系统中信息的内部或外部特征和表达用户信息提问的一种专门语言。它对文献检索用语的概念加以人工控制和规范，把自然语言中的各种同义词、多义词、近义词、同形异义词等进行规范化处理，使每个检索词只能表达一个概念。检索语言承担了文献信息存储与检索之间的桥梁，是数据库生产中文献标引人员与信息检索中用户双方的共同语言。

从文献的不同特征出发来揭示文献就形成了不同的检索语言，包括分类语言和主题语言。分类语言包括体系分类语言、组配分类语言和混合分类语言。主题语言包括标题词语言、单元词语言、叙词语言和关键词语言。在信息的标引存储和检索应用过程中，目前应用得最广泛的是体系分类语言、叙词语言和关键词语言。

1. 体系分类语言与分类法

体系分类语言是按照一定的观点，以学科分类为基础，用逻辑分类的原理，结合信息的内容特征，运用概念划分的方法，按知识门类从总到分，从上到下层层划分，逐级展开组成分分类表，并以分类表来标引、存储和检索信息。

体系分类语言的特点是：能较好地体现学科的系统性，反映事物的平行、隶属和派生关系，适合于人们认识事物的习惯，有利于从学科或专业的角度进行族性检索，能达到较高的查全率；采用国际上广泛使用的拉丁字母和阿拉伯数字作为概念标识的分类号比较简明，便于组织目录系统。但是，由体系分类语言编制的体系分类表，由于受自身结构特点的限制，存在某些明显的不足之处，主要表现为以下几点。

(1)体系分类表具有相对稳定性，难以随时增设新兴学科的类目，不能及时反映新学科、新技术、新理论方面的信息，对检索结果的查全率和查准率有一定的影响。

(2)体系分类表属直线性序列和层垒制结构,难以反映因科学技术交叉渗透而产生的多维性知识空间,给检索结果的查准率带来一定的影响。

尽管如此,体系分类语言仍然广泛应用于信息的存储与检索方面。目前,国际通用的体系分类表有《国际十进分类法》(UDC),国内通用的体系分类表有《中国图书馆图书分类法》(简称《中图法》,分为 22 个基本大类),如表 2-1 所示。

表 2-1　中国图书馆图书分类法的五级类目示例

F　经济	一级类目
F4　工业经济	二级类目
F42　中国工业经济	三级类目
F423　工业计划与管理	四级类目
F423.1　工业计划	五级类目

2. 主题语言

主题语言是采用表达某一事物或概念的名词术语用于标引、存储、检索的一种检索语言。主题语言分自然语言和人工语言两大类。人们常用的关键词语言属于自然语言,而主题词则是人工语言,属于规范词,确定检索词时需要借助特定的词表或索引。根据选词原则、词的规范化处理、编制方法和使用规则的不同,主题语言又可分为标题词语言、关键词语言、单元词语言和叙词语言。

1)标题词语言

标题词语言是主题语言中使用最早的一种类型。标题词语言是一种规范化的检索语言,标题词是从自然语言中选取的、经过规范化处理的、表示事物概念的词、词组或短语。标题词按字顺排列,词间语义关系用参照系统显示,并以标题词表的形式体现。例如,美国工程信息公司编制的《工程主题词表》(SHE)就是其主要代表之一。

由于使用标题词语言编制的标题词表中的主、副标题词已事先固定组配,标引和检索时,只能选用已"定型"的标题词作为标引词和检索词,所反映的主题概念必然受到限制。尤其是代表现代科技主题的内涵与外延越来越复杂,几乎不可能用一对主、副标题词完全、确切地表达出来,就需补充其他主、副标题词,结果不仅增加了标引和检索的工作量,而且降低了标引和检索的准确性,直接影响检索系统存储信息、所得检索结果的质量以及检索效率。因此,标题词语言已不适应现代信息检索系统的发展,著名的标题词语言——《工程主题词表》于 1993 年已由《工程索引叙词表》取代。

2)关键词语言

关键词语言是直接从原文的标题、摘要或全文中抽选出来的、具有实质意义的、未经规范化处理的自然语言词汇,作为信息存储和检索依据的一种检索语言。运用关键词语言编制的关键词索引,其关键词按字顺排列构成索引款目,所抽选的关键词都可以作为标引词在索引中进行轮排,作为检索"入口词"进行检索。但关键词索引不显示词间关系,不能进行缩检和扩检,对提高检索效率有一定的限制。由于关键词表达事物、概念直接、准确,不受词表控制,能及时反映新事物新概念。目前,关键词语言已被广泛应用于手工检索和计算机检索系统中的索引编制,并采取了编制禁用词表和关键词表等方法,以提高关键词抽取的准确性,并对词间关系进行控制,以提高检索效率。关键词索引的主要类型有题内关键词索引、题外关键词索引、普通关键词索引、词对式关键词索引、双重关键词索引等。其中,常见的有题内关键词索引和普通关键词索引,如美国《化学题录》(CT)中的"题内关键词索引"、《化学文摘》(CA)中的"关键词索引"就是其主要代表。

3) 单元词和叙词语言

单元词语言是在标题词语言基础上发展起来的一种规范化检索语言。单元词又称元词，是能表达主题最小的、最基本的、字面上不能再分的词汇单位(如计算机、软件)，作为主题概念的标识。单元词具有相对独立性，词与词之间没有隶属关系和固定组合关系，检索时根据需要进行组配。由于单元词的专指度较低，词间无语义关系，对查准率有较大的影响，现已被叙词语言取代。

叙词语言是以自然语言为基础，以概念组配为基本原理，并经过规范化处理，表达主题的最小概念单元，作为信息存储和检索依据的一种检索语言。叙词语言吸收了其他检索语言的优点，并加以改进。例如，叙词语言吸收了体系分类语言的等级关系，编制了词族表；吸收了标题词语言的规范化处理方法和参照系统，达到了一词一义，发展了词与词之间的逻辑关系，形成语义网络，编制了叙词表；吸收了单元词语言的组配原理，并取代了单元词语言；吸收了关键词语言的轮排方法，编制了各种叙词索引。因而，叙词语言在直观性、单义性、专指性、组配性、多维检索性、网络性、语义关联性、手检与机检的兼容性、符合现代科技发展的适应性等诸多方面，都较其他检索语言更加完善和优越。

2.2.3　检索效率

检索效率是评价一个检索系统性能优劣的质量标准，它贯穿信息存储和检索的全过程。衡量检索效率的指标主要有查全率和查准率。

1. 查全率

查全率(R)是测量检索系统检出相关文献能力的一种尺度，指系统检出的相关文献数(w)与系统信息库中存储的相关文献总数(x)之比。用公式可表示为

$$R=w/x$$

2. 查准率

查准率(P)是检测检索系统拒绝非相关文献能力的一种尺度，指系统检出的相关文献数(w)与检出的文献总数(m)之比。用公式可表示为

$$P=w/m$$

需要引起注意的是，查准率必须与查全率结合使用才能说明系统的检索效果。有研究表明，通常情况下两者成反比，即提高查准率会降低查全率，反之亦然。所以用户在实际检索过程中应注意根据具体的检索要求，合理调整查全率和查准率，以保证检索效果。

2.3　信息检索方法

2.3.1　检索技术

在进行网络资源检索的时候，单独用一个检索词往往无法准确而完整地表达用户的检索意图，为此需要使用系统提供的一些运算方法和检索算符来编制比较复杂的检索式，以表达检索词之间的逻辑关系或位置关系，实现较复杂的检索需求。

1. 布尔逻辑算符

利用布尔逻辑算符(Boolean Logic Operator)进行检索词的组配，是所有网络资源系统都支持的一种常用检索技术。

1)布尔逻辑算符的形式及含义

(1)逻辑与。

逻辑与是一种具有概念交叉或概念限定关系的组配，用"*"或"AND"算符表示。例如，要检索"计算机管理"方面的信息，它包含"计算机"和"管理"两个主要的独立概念。"计算机"、"管理"可用逻辑与组配，即"计算机 AND 管理"表示两个概念应同时包含在一条记录中。使用逻辑与组配技术可以缩小检索范围，增强检索的专指性，提高检索信息的查准率。图 2-1 为逻辑与组配含义图。

(2)逻辑或。

逻辑或是一种具有概念并列关系的组配，用"+"或"OR"算符表示。例如，要检索"手机"方面的信息，考虑到"手机"的概念可由"移动电话"这个同义词来表达，于是应采用"逻辑或"组配，即"手机 OR 移动电话"表示这两个并列的同义概念分别在一条记录中出现或同时在一条记录中出现。使用"逻辑或"检索技术可以扩大检索范围，提高检索信息的查全率。图 2-2 为逻辑或组配含义图。

(3)逻辑非。

逻辑非是一种具有概念排除关系的组配，用"−"或"NOT"算符表示。例如，要检索"不包括核能的能源"方面的信息，"能源"、"核能"采用"逻辑非"组配，即"能源 NOT 核能"，表示从"能源"检索出的记录中排除含有"核能"的记录。使用"逻辑非"检索技术可以排除不需要的概念，能提高检索信息的查准率，但也易将相关信息剔除，影响检索信息的查全率。因此，使用"逻辑非"检索技术时要慎重。图 2-3 为逻辑非组配含义图。

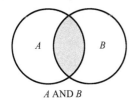
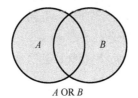
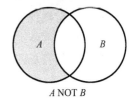

图 2-1　逻辑与组配含义图　　　图 2-2　逻辑或组配含义图　　　图 2-3　逻辑非组配含义图

2)布尔逻辑算符的运算次序

在大多数检索系统中，用布尔逻辑算符组配检索词构成的检索提问式，逻辑算符 AND、OR、NOT 的运算优先次序为 NOT→AND→OR。在有括号(包括多重括号)的情况下，括号内的逻辑运算先执行。

2. 位置算符

位置检索主要用于英文电子资源的检索，是以数据库原始记录中检索词之间的实际物理位置关系为对象的运算，它利用位置算符(Proximity Operator)来限定两个检索词之间的邻近位置关系。这种检索技术可弥补布尔检索技术只是定性规定参加运算的检索词在检索中的出现规律满足检索逻辑即为命中结果，不考虑检索词词间关系是否符合需求，而易造成误检的不足。当检索式中同时使用了逻辑算符和位置算符时，系统先执行位置算符，但可以通过使用括号来改变检索的优先顺序。需要注意的是，在不同的检索系统中，位置逻辑算符的种类和表达形式不完全相同，例如，Web of Science 数据库的位置算符是 NEAR 和 SAME；Ei Compendex 数据库的位置算符是 NEAR 和 ONEAR。这里以著名的 Dialog 联机检索系统为例，其常用的位置逻辑算符有(W)与(nW)、(N)与(nN)。

1)(W)与(nW)算符

两词之间使用(W)表示其相邻关系，即词与词之间不允许有其他词或字母插入，但允许有一个空格或标点符号，且词序不能颠倒。即使用(W)算符连接的检索词，已构成一个固定的词组，显然(W)算符具有较强的严密性。例如，GAS(W)CHROMATOGRAPH 表示检索结果为 GAS CHROMATOGRAPH 和 GAS-CHROMATOGRAPH 形式的才为命中。(nW)由(W)衍生而来，如在两词之间使用(nW)，表示两词之间可插入 $n(n=1,2,3,\cdots)$ 个词，但词序不能颠倒，它与(W)的唯一区别是，允许在两词之间插入 n 个词，因而，严密性略逊于(W)。例如，LASER(1W)PRINTER 表示检索结果中具有 LASER PRINT、LASER COLOUR PRINTER 和 LASER AND PRINT 形式的均为命中记录。

2)(N)与(nN)算符

两词之间使用(N)也表示其相邻关系，两词之间不能插入任何词，但两词词序可以颠倒。例如，WASTEWATER(N)TREATMENT 表示检索结果中具有 WASTEWATER TREATMENT 和 TREATMENT WASTEWATER 形式的均为命中记录。(nN)除具备(N)算符的功能外，不同之处是允许两词之间可插入 n 个词。

3. 截词算符

截词检索主要用于英文电子资源的检索，在检索词具有不同拼写方法、多种扩展名或拼写不完整的情况下使用截词算符，能避免因罗列检索词的各种词形变化使得检索式过于复杂冗长，避免漏检以提高查全率。需要注意的是，不同的检索系统使用的截词符的种类和功能有所不同，使用前应注意查阅系统的使用规则。

根据截词算符(Wildcard/Truncation Symbol)在检索词中的位置，可分为前截词、中截词和后截词。

1)前截词

截词算符在检索词的词首，如输入 "*physics"，就可以检索出包括 physics、astrophysics、biophysics、chemophysics 等所有以 physics 结尾的单词。

2)中截词

中截词也称屏蔽词。一般来说，中截词仅允许有限截词算符 "?"，主要用于英、美拼写不同的词和单复数拼写不同的词。例如，organi?ation 可检索出含有 organisation 和 organization 的记录。

3)后截词

(1)有限后截词。

有限后截词主要用于词的单复数、动词的词尾变化等。例如，books 可用 "book?" 代表，其中有限截词算符 "？" 可以用来代替 0 个或 1 个字符，因此，"book?" 可检索出包含 book 或 books 词的记录；"acid??" 可检索出含有 acid、acidic 和 acids 的记录。

（2）无限后截词。

绝大多数检索系统用"*"表示词尾的无限截词，如输入"tan*"，就可以检索出包括 tan、tanned、tanning、tannin、tannage 等所有以 tan 开头的单词。

2.3.2　检索方式

考虑到用户个人能力的差别，大多数现代信息检索系统（数据库）都提供基本检索、高级检索、专业检索、出版物浏览 4 种检索方式供用户选择。基本检索与高级检索多为菜单式检索，专业检索多为指令式检索。

1. 基本检索

基本检索又称为初级检索、简单检索或快速检索。系统通常仅提供 1 个检索行，可检字段默认为全文或主题等少数常用的检索字段。检索框内的检索词可以是单词、词组或用检索算符连接的多个词（组）。它适合于检索经验不足的初级用户或构建比较简单的检索式。图 2-4 为 CNKI 的基本检索界面。

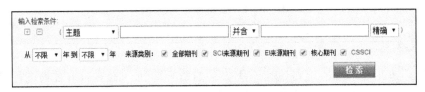

图 2-4　CNKI 的基本检索界面

2. 高级检索

高级检索通常有多个检索行，检索行之间的逻辑关系一般默认为逻辑与，可用行间下拉菜单指定。系统提供更加丰富的可检字段和更多限定检索范围的条件。检索框内的检索词可以是单词、词组或用检索算符连接的多个词（组）。它适合于有一定检索经验的熟练用户或构建较复杂的检索式，能获得较高的查全率和查准率。图 2-5 为 CNKI 的高级检索界面。

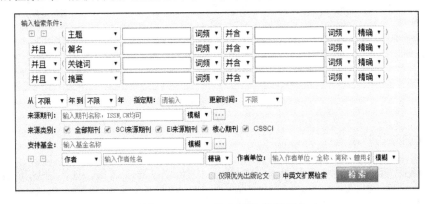

图 2-5　CNKI 的高级检索界面

3. 专业检索

专业检索又称为专家检索，系统通常只提供一个检索窗口，需要输入一个由检索词、检索算符、字段代码或其标识符构造的具有完整逻辑关系的复合检索式。它适合于熟悉检索命令并有检索经验的熟练用户,适合于在检索具有多个检索词且逻辑关系较复杂的课题时使用。专业检索可以构建极其复杂的检索式,可以获得较高的查全率和查准率。图 2-6 为 CNKI 的专业检索界面。

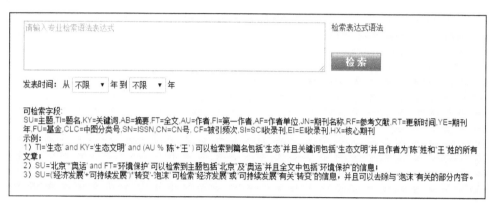

图 2-6　CNKI 的专业检索界面

4. 出版物浏览

出版物浏览功能可以实现对数据库所收录的所有期刊、图书等出版物进行单本浏览,其浏览方式通常有按题名的字母顺序、按学科主题浏览、按个人喜好浏览以及刊名检索等。图 2-7 为 CNKI 期刊导航界面。

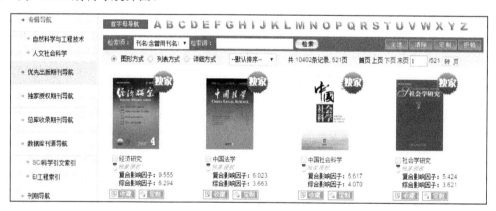

图 2-7　CNKI 期刊导航界面

2.3.3　检索策略的制定

检索策略是指为达到检索目标而制定的具体检索方案或对策。现代信息检索的流程如图 2-8 如示。

1. 信息需求分析

需求分析要求用户在实施检索操作之前对自己所要检索的课题有比较全面的认识,确切了解自己对该特定研究课题所需信息的要求,这是检索信息的基本出发点,也是评价检索效果的主要依据。具体来说，检索要求包括所需信息的类型、语种、数量、学科范围和时间范围等。

2. 选择检索工具

检索工具选择恰当与否直接关系到检索效率的高低，选择的基础是对检索工具的了解，包括检索工具的类型、文献收录范围等，同时需要结合检索课题的具体要求进行综合考虑。一般来说，检索大众化的主题可以选择普通的搜索引擎，而查找学术信息则更适合选用专业数据库。需要注意的是，各种专业数据库收录文献的学科范围和文献类型也各不相同，如 Elsevier SDOL、ProQuest Digital Dissertations、ISI Conference Proceedings Citation Index 和 Derwent Innovations Index 主要分别用于查找期刊论文、学位论文、会议论文和专利文献。

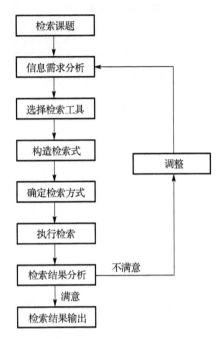

图 2-8 现代信息检索流程图

3. 构造检索式

检索式(Query)也称检索提问表达式，是检索策略的具体体现，是信息检索的核心，它的合理与否将对检索结果产生重要影响。构造检索式包括确定检索词、确定检索词对应的检索字段以及编写检索式 3 个步骤。

(1)检索词包括关键词和各种文献外部特征检索词，前者指那些出现在文献的标题、关键词、摘要或正文中，对表达文献主题内容具有实质意义的词语；后者如刊名、作者、作者单位、出版年和专利号等。因为人们更多的是从主题的角度搜索所需资源，所以关键词是最常用的检索词。关键词又分为核心词和辅助词，核心词是反映课题重点概念的词语，是必不可少的检索词；辅助词可以反映一定的课题概念，如表示方法、性质、特征等，但因为并不涉及课题的核心内容，只是在检索中起调节作用。某些检索课题可以直接选用课题名称中的主要概念作为关键词，但大多数检索课题需从专业、技术的角度对研究内容进行仔细分析，才能找出课题名称中所隐含的能全面确切表达主题概念的关键词。应尽量选用专指词、特定概念或专业术语作为关键词，避免冷僻词和含义太宽泛的词，如国家、世界等。确定关键词时还要注意同义词和近义词、全称与缩写、上位词与下位词等的选择与使用，以及它们对检索结果的影响。

(2)根据用户自己的检索经验及预判，将不同检索词按其对检索课题的重要性的不同匹配合理的检索字段。就关键词而言，常用的检索字段有篇名、关键词、摘要、主题、全文等，一般认为主题字段兼顾了查全率和查准率的要求，可以作为第一选择。

(3)利用布尔逻辑算符、位置算符、截词算符等连接符号将多个检索词按照其内在的逻辑关系连接起来构建成一个完整的检索式。例如，要查找有关"超细氮化钛的合成方法研究"方面的文献，根据对课题所涉及研究内容的分析，要得到较全面且兼顾准确性的检索结果，合理的检索式应为：(题名=氮化钛 OR 题名=TiN) AND (题名=合成 OR 题名=制备) AND (主题=超细 OR 主题=纳米)。

4. 确定检索方式

对于简单的课题，选择初级检索或者高级检索就能获得理想的结果。但在面对具有多个检索词且逻辑关系较为复杂的课题时，使用专家检索更有利于准确表达检索词之间的逻辑关系以及便于对检索式进行调整。

2.3.4 检索策略的调整

对于一个较复杂的课题，往往很难一次检索就获得令人满意的结果，这就需要在实际检索的过程中根据已经获得的检索结果的情况对检索策略进行调整，直到查到满意的结果。检索策略的调整本质上是对检索范围的调整，重点是对检索式的修订，其中主要包括检索词以及检索字段的调整两种途径，另外还涉及对各种限制条件的修改。

1. 扩大检索范围

当检索结果为零或太少时，需要扩大检索范围，其方法如下。

(1)在检索词方面，可以使用布尔逻辑"或"连接表达某一概念的同义词、近义词或相关词；降低检索词的专指度，如使用较普遍的词代替不常用的词，或改用上位词；减少用布尔逻辑"与"连接的辅助词；使用截词算符；利用检索工具提供的"自动扩检"功能。

(2)在检索字段方面，可以逐渐放宽检索词对应的检索字段，但核心词对应的检索字段不宜放得过宽，否则准确性无法得到保证。

(3)取消或放宽各种检索范围限制条件，包括文献类型、学科类型、出版时间、语种等。

2. 缩小检索范围

当检索结果太多或相关度不高时，需要缩小检索范围，其方法如下。

(1)在检索词方面，可以使用布尔逻辑"与"连接更多的检索词；使用布尔逻辑"非"排除不需要查找的检索词；提高检索词的专指度或改用更相关的下位词；使用位置算符。

(2)在检索字段方面，可以逐渐缩小检索词对应的检索字段，但辅助词对应的检索字段不宜缩得过窄，否则很容易查不到结果。

(3)缩小各种检索范围限制条件，包括文献类型、学科类型、出版时间、语种等。

通常缩小检索范围能提高查准率但同时会降低查全率；扩大检索范围能提高查全率但同时会降低查准率，两者互为悖论。所以，用户在实际检索过程中需要注意权衡调整检索范围的尺度，以获得理想的结果。

2.3.5 检索结果的显示与处理

1. 检索结果的显示与排序

信息检索系统通常都默认以题录方式列表显示检索结果，即提供文献题名、作者、来源等主要信息，每个题录下又有进一步查看文摘、详细记录或全文的超链接，用户可根据需要自主选择。

常见的检索结果排序方式有按相关度(Relevance)、按文献发表日期(Publication Date)、按引用次数(Times Cited)排序等，其中按相关度排序的方式应用最普遍，但不同的信息检索系统对相关度的算法各有不同，其主要标准如下。

（1）所有的检索词可能作为一个完整的短语被检索到，也可能作为独立的单词在一条文献记录中被分别检索到，作为短语的文献排列靠前。

（2）若是作为单词被分别检索出来，则各检索词的位置越接近，相应的文献记录排序越靠前。

（3）检索词或短语在文献记录中出现的频率越高越靠前。

2. 检索结果的输出

信息检索系统通常都为用户提供下载（Download）、保存到文件夹（Save to Folder）、打印（Print）电子邮件（E-mail）发送和输入到参考文献管理软件等检索结果输出方式，输出格式包括目录、题录、文摘、全文或自定义等。用户需要先对自己需要的记录做标记（Mark），而后形成被标记文献列表，再对已标记记录进行输出。

全文文献的打印与保存主要利用各个全文阅读软件自身的打印与保存功能来实现。

3. 检索结果的精炼

信息检索系统通常都提供二次检索功能（Search Within Results），用来进一步缩小查询范围，提高查准率。此外，有些还可以将检索结果按作者（Author）、作者单位（Author Affiliation）、主题（Topic）、文献类型（Content Type）、出版物名称（Source Title）、出版时间（Year）、语种（Language）等限定字段组成不同的集合进行聚类显示（Refine Results）。

第 3 章　网络信息资源的检索与利用

随着现代信息技术、网络技术和数字化信息技术的发展，网络上的各类信息资源呈几何级数增长。面对浩如烟海的网络信息资源，如何快捷准确、及时有效地获取和利用信息资源，尤其是学术资源，是网络时代对信息检索提出的新要求，也是人们在信息化社会必须具备的基本信息素养。本章重点讨论非商业数据库类网络信息资源的检索与应用。

3.1　网络信息资源概述

3.1.1　网络信息资源的概念

网络信息资源是指借助网络环境可以利用的各种信息资源的总和。

(1) 网络信息资源是指以数字化形式记录，以多媒体形式表达，存储在网络计算机磁介质、光介质以及各类通信介质上的，通过计算机网络通信方式进行传递的信息内容的集合。

(2) 网络信息资源是指在网络上蕴藏着的各种形式的知识、资料、情报、消息等集合。

(3) 网络信息资源是指通过计算机网络利用的各种信息资源的总和，包括馆藏电子文献、数据库、数字化文献信息、数字化书目信息、电子报刊等。

(4) 网络信息资源是指以电子数据的形式将文字、图像、声音、动画等多种形式的信息存放在光盘等非印刷型的载体中，并通过网络通信、计算机或终端方式再现的信息资源。

(5) 网络信息资源是指为满足人类需求，借助计算机等设备共同开发、生产和传递，人类可以通过网络获取的信息的集合。

3.1.2　网络信息资源的类型

1. 按所采用的传输协议划分

按这种方式划分，网络信息资源包括万维网(WWW)信息资源、电子邮件信息资源、FTP信息资源、Telnet 信息资源、用户服务组信息资源、对等传输(P2P)信息资源、Gopher 信息资源、Blog 信息资源等。

2. 按信息交流的方式划分

按这种方式划分，网络信息资源包括正式出版的信息(如各种数据库、联机杂志和电子杂志、电子版工具书、报纸、专利信息)、半正式出版的信息(如从各种学术团体和教育机构、企业和商业部门、国际组织和政府机构、行业协会等单位的网址或主页上所查到的"灰色"信息)、非正式出版的信息(包括电子邮件、专题讨论小组和论坛、电子会议、电子布告板、新闻等)。

3. 按信息资源的分布划分

按这种方式划分，网络信息资源包括企业和公司站点、大学和科研院所站点、信息服务机构站点、行业机构站点等。

4. 按信息内容的表现形式和内容划分

按这种方式划分，网络信息资源包括全文型信息(各种网上报纸、专在网上发行的电子期刊、印刷型期刊的电子版、网上出版的学术会议论文、标准全文等)、事实型信息(城市或景点介绍、工程实况及记录、企事业机构名录、指南、字典、词典、百科全书、年鉴、手册等)、数值型信息(产品或商品的规格及价格、各种统计数据等)、数据库信息(各种网络数据库)、实时活动型信息(各类投资行情和分析、娱乐、聊天、网络新闻讨论组、邮件讨论组、BBS、网上购物等)以及其他类型的信息(图片、动画、音乐、影视、广告等)。

5. 按信息资源是否收费划分

按这种方式划分，网络信息资源分为收费类信息资源和免费类信息资源。

3.1.3　网络信息资源的特点

网络信息资源是将文字、图像、声音、动画等多种形式的信息以数字化形式存储，并借助计算机与网络通信设备发布、收集、组织、存储、传递、检索和利用的信息资源。与传统的信息资源相比，网络信息资源在数量、结构、分布、传播范围、类型、载体形态、内涵、控制手段、传递方式等方面都显示出新的特点。这些特点赋予了网络信息资源新的内涵，可按照一定的标准从不同角度来阐述。

1. 内容角度

(1)海量化。网络信息资源在数量上呈几何级增长，具有海量化的特征。据称，网络上向公众开放的网页每天以 TB 量级速度在增长。

(2)类型多样。网络信息资源多种多样，包罗万象，覆盖了不同学科、不同领域、不同地区、不同语言的信息资源；在发布形式上，包括文本、图像、音频、视频、软件、数据库等，堪称多媒体、多语种、多类型信息的集合体。

(3)更新速度快，代谢频率高。在互联网上，信息内容处于不断的变动之中，信息资源的更替、消亡无法预测。

(4)复杂性。网络信息资源的各种信息质量良莠不齐，政府、机构、企业、个人都可以在网上自由发布信息，真伪难辨，给选择、利用信息带来了障碍。

2. 形式角度

(1)数字化存储、传递。网络信息资源由印刷文字变为磁介质上的电磁信号或者光介质上的光信息，所存储的信息密度高、容量大，可以无损耗地被重复使用。

(2)动态性。信息技术的低成本以及信息发布的随意性，网络中各种信息、各类网站网页、各信息源等都处于经常性的变动之中，使网络信息资源具有明显的动态性和不稳定性。

(3)开放性。互联网是一个面向全球的开放系统，网络信息的分布、传递交流都具有开放性。

(4)组织无序，稳定性差。各网站虽然实现了对本站点信息组织的局部有序化，但从整体上来看，互联网上的信息仍然处于无序的混乱状态。

(5)非线性。网络信息的组织不是简单的线性编排，而是网络化组织的。

3. 效用角度

(1)共享性。互联网除具备一般意义上的信息资源共享外，网页上的信息可供所有互联网用户快速和随时登录访问，不存在传统信息资源由于副本数量的限制以及信息机构服务时间、场所的限制而产生信息不易获取的现象。

(2)时效性。网络信息资源的更新速度和频率都是非常快的，内容时刻在更新，具有很强的时效性。

(3)交互性。交互性是网络信息传播的一大特点，具体体现在网络传播中，受众与传播者或者受众与受众之间可以在一定程度上进行直接双向交流。

4. 检索角度

(1)网络信息通道的双向性和信息检索的网络性。

(2)网络信息关联度强，检索快捷。

3.1.4　网络信息资源的评价

1. 网络信息资源机构的权威性和可信度

网络信息资源机构的权威性和可信度是利用网络信息重要和首要的选择标准。首先，要看网页主办者的声誉、网站及其建站机构的权威性与知名度，一般来说，权威机构或者知名机构(人士)发布的信息在质量上比较可靠，尤其是政府机构、著名研究机构或大学发布的信息，在可信度上来说是比较好的。其次，要看网络文献作者的个人情况，如作者的声誉与知名度，作者的 E-mail 地址、电话、能否与作者取得联系等。通常某领域的著名专家、学者或者社会知名人士发布的信息可信度较高，更能赢得用户的信任。

2. 网络信息资源的内容

1)科学性和客观性

科学性和客观性是评价和选择网络信息的一个重要方面。首先，网络信息的内容要具有科学性，有一定的科学研究价值，并采用科学的方法和形式进行阐述。其次，网络信息要具有客观性，需列出可供核查事实的信息来源、数据和依据，同时要看网络信息是否公正，提供的事实中是否有带倾向性的宣传和评论，并且在介绍有争议的观点时是否持中立立场，并提供公正的评判。最后，要看其行文是否流畅、有无明显错误、有无错别字等。

2)独特性和新颖性

人们通常利用发布时间较新且比较独特、有参考价值的信息，对于网络信息资源的利用更是如此。网络信息所反映的主题是否特别、是否还有其他提供方式(如是否有印刷形式或者其他电子形式)、网络信息创建或发布的日期以及最近的更新日期、更新间隔周期等，都会影响其利用效果。只有信息内容独特，观点新颖，才能提升网络资源的价值，提高利用效率。

3. 网络信息资源的覆盖面和针对性

网络信息资源所涵盖的范围是否广泛，是否针对相关领域或专业；本网页制作的目的，有何针对性，是否面对特定的用户；所提供信息的广度、深度如何；包括哪些网络资源类型，是书目、索引、文摘，还是网络期刊或者网上图书等。据调查，80%以上的用户在检索学术资料时，更加倾向于利用专业网站或专题数据库。特别是用户在利用虚拟图书馆时，更多的是通过查询书目、索引和文摘等工具检索信息，其次是利用相关专业的网络期刊查找最新最全的信息，对于网络图书，其利用率就要低得多。

4. 网络信息资源的检索途径

通常人们查阅某一主题的网络资源时，习惯链接到其相关主题的信息，扩大检索范围，以防漏检所需信息。因而，网络信息的超链接将位于不同页面的各种信息(文字、图像、表格等)有效地连接起来，具有很大的灵活性，以方便用户检索相关信息。显然，用户所需要的信息是否具有易检性，检索途径是否方便，利用起来是否顺畅等，都会影响用户对文献质量的选择和评价。总的来说，用户访问和点击率越高的网站，信息资源的价值在某种程度上越大，用户的评价越高，其利用率也就越高。

3.1.5　网络信息资源的检索方法

1. 直接访问法

直接访问法就是已经知道要查找的信息可能存在的地址(URL)，利用浏览器直接连接到其主页上进行浏览查找。其优点是目的性强、节省时间，缺点是信息量少。

2. 漫游法

漫游法是指从一个网页上通过感兴趣的条目链接到另一个网页上，在整个互联网上无固定目的地进行浏览。其优点是不需要特定的网址，通过多个链接在网上可能发现一些意想不到的信息；缺点是用户在漫游过程中往往会失去方向，花费大量时间、精力之后可能最终却一无所获。

3. 检索法

检索法是指依靠专业的网络信息检索软件，将网络上的信息与用户选定的检索词相匹配，以快速获取相关信息的方法。有效的检索需要学会怎样使用检索软件和相关技能，才能取得令人满意的结果。

3.1.6　网络信息资源的检索工具

网络信息资源检索工具多种多样，按照其检索机制可分为主题指南(目录型检索工具)、图书馆的网络导航(学科导航)、搜索引擎等。从功能上来看，主题指南和图书馆的网络导航类似图书中的目录，而搜索引擎更像索引。

1. 主题指南

主题指南是在广泛搜集网络资源及进行加工整理的基础上，按照某种主题分类体系编制的一种可供检索的等级结构式目录。在每个类目及子类下提供相应的网络资源站点地址，并给以简单的描述，通过浏览该目录，在目录体系的导引下检索到有关信息，主题指南因此也称目录型检索工具。此类检索工具比较适合于对不熟悉领域的一般性浏览或检索概况性强、类属明确的主题，检索质量较高，但因为人工操作成本较高使得内容相对较少，收录不全面，新颖性不够。在互联网发展早期，以 Yahoo 为代表的网站分类目录查询非常流行，而现在，此类主题指南往往与计算机检索软件结合，以等级式主题指南类搜索引擎的形式提供检索服务。

2. 图书馆的网络导航

许多图书馆从协调整个网络资源的角度出发，对互联网上的相关学术资源进行搜集、评价、分类、组织和有序化整理，并对其进行简要的内容揭示，建立分类目录式资源组织体系、动态链接学科资源数据库和检索平台，发布于网上，为用户提供学科信息资源导航和检索服务。与其他网上导航工具相比，图书馆的网络导航具有专业性、易用性、准确性、时效性和经济性等优势，所含内容切合主题，学术价值较高。不足之处是所建立的数据库规模较小，在某些类目下收集的文件数量有限，更新滞后。

3. 搜索引擎

搜索引擎使用自动索引软件来发现、收集并标引网页，建立索引数据库，以 Web 形式提供检索界面。当用户输入某个关键词的时候，所有在页面内容中包含了该关键词的网页都将作为搜索结果被搜索出来。在经过复杂的算法进行排序后，这些结果将按照与搜索关键词的相关度高低依次排列。搜索引擎强调检索功能，而非主题指南那样的导引、浏览。搜索引擎适合于检索特定的信息及较为专深、具体或类属不明确的课题，信息量大且新，搜索速度快，但检索结果准确性相对较差，其代表有 Google、百度等。

3.2　搜　索　引　擎

3.2.1　搜索引擎的本质

搜索引擎是指自动从互联网搜集信息，经过一定整理以后，提供给用户进行查询的系统。它是为满足用户对网络信息搜索需求应运而生的网络工具，既是互联网信息查询的导航，也是用户与网络信息沟通的重要桥梁。从本质上看，搜索引擎是收录网页全文索引的数据库，当使用搜索引擎时，实际上是在检索这些被搜索到的网页的数据库，而不是检索互联网本身。搜索引擎也不能真正理解网页上的内容，它只能机械地匹配网页上的文字。

有权威研究报告指出，即使功能最完善的搜索引擎也只能找到互联网上不到 1/3 的网页。通过搜索引擎无法找到的网络信息包括各类商业数据库、政府、银行等机构的内部数据库，以及个人邮件、聊天记录等。

3.2.2　搜索引擎的工作原理

1. 从互联网上抓取网页

搜索引擎利用被称为网络蜘蛛(Spider)的网页抓取程序自动访问互联网，并顺着网页中的超链接连续抓取网页。由于互联网中超链接的应用很普遍，理论上，从一定范围的网页出发，就能搜集到绝大多数网页。

2. 建立索引数据库

搜索引擎整理信息的过程称为建立索引，它由分析索引系统程序对收集的网页进行分析，提取相关网页信息（包括网页所在 URL、编码类型、页面内容包含的所有关键词、关键词位置、生成时间、大小、与其他网页的链接关系等），根据一定的相关度算法进行大量复杂计算，得到每一个网页针对页面文字中及超链接中每一个关键词的相关度（或重要性），然后用这些相关信息建立网页索引数据库。

3. 在索引数据库中搜索排序

用户输入关键词进行检索，搜索系统程序从网页索引数据库中找到匹配该关键词的所有相关网页并向用户返回信息。因为所有相关网页针对该关键词的相关度早已算好，所以只需按照现成的相关度数值排序，相关度越高，排名越靠前。为了便于用户判断，搜索引擎除了提供网页标题和网页链接外，还会提供一段来自网页的摘要信息。

4. 定期更新索引数据库

搜索引擎的网络蜘蛛一般要定期重新访问所有网页（各搜索引擎的周期不同，可能是几天、几周或几个月，也可能对不同重要性的网页有不同的更新频率），更新网页索引数据库，以反映网页文字的更新情况，增加新的网页信息，去除死链接，并根据网页文字和链接关系的变化重新排序。这样，网页的具体文字变化情况就会反映到用户查询的结果中。

3.2.3　搜索引擎的类型

搜索引擎按其工作方式主要可分为以下三种。

1. 全文搜索引擎（Full Text Search Engine）

全文搜索引擎是通过从互联网上提取各个网站的信息（以网页文字为主）而建立的数据库中检索与用户查询条件匹配的相关记录，然后按一定的排列顺序将结果返回给用户，具有代表性的有 Google、百度等。该类搜索引擎的优点是信息量大、更新及时、不需要人工干预，缺点是返回信息过多，有很多无关信息，必须从结果中进行筛选。

2. 垂直搜索引擎（Vertical Search Engine）

垂直搜索引擎是针对某一个行业的专业搜索引擎，是搜索引擎的细分和延伸，是对网页库中的某类专门的信息进行一次集成，定向分字段抽取需要的数据进行处理后再以某种形式返回给用户。垂直搜索是相对通用搜索引擎的信息量大、查询不准确、深度不够等提出的新的搜索引擎服务模式，通过针对某一特定领域、某一特定人群或某一特定需求提供的有一定价值的信息和相关服务。具有代表性的有百度图片搜索、互联统计网等。

3. 元搜索引擎（Meta Search Engine）

元搜索引擎又称集合型搜索引擎，它没有自己的数据，而是将用户的查询请求同时向多个独立的搜索引擎递交，并将结果返回给用户，具有代表性的有 InfoSpace、Dogpile 等。在搜索结果排列方面，有的直接按来源引擎排列搜索结果，有的按自定的规则将结果重新排列组合。这类搜索引擎的优点是返回结果的信息量更大更全，缺点是只能提交简单的检索，不能传送使用布尔逻辑或其他运算符来限制或改进结果的高级检索提问式，搜索结果的准确性不高，用户需要更多的筛选。

3.2.4　搜索引擎的检索功能

1. 基本检索功能

(1)逻辑与功能。多个搜索字词之间用一个空格隔开(系统默认逻辑与的关系，不需要添加 AND)进行搜索，搜索引擎会返回包含所有搜索字词的网页。要进一步限制搜索，只需加入更多字词。

(2)逻辑或功能。如果几个搜索字词中任意一个出现在结果中就满足搜索条件，可在搜索字词之间使用 OR 连接符(百度用"|"连接符)。注意，连接符与搜索字词之间必须有空格。

(3)逻辑非功能。在某搜索字词前紧靠该字词加一个减号，表示不希望搜索结果中出现包含该字词的网页。前一个字词和减号之间必须有空格，否则减号会被当成连字符处理，而失去减号逻辑非功能。

(4)词组搜索。如果输入的搜索字词很长，搜索引擎在经过分析后，可能会拆分搜索字词。若需要得到精确、不拆字的搜索结果，可在搜索字词前后加上双引号。

(5)大小写。搜索引擎不区分大小写，输入的所有字母都会被视为是小写的。

(6)禁用词。为提高查准率，搜索引擎将常用的一些介词、冠词、数字和单个字母等高频词作为禁用词，在检索时自动忽略，必须使用禁用词时可用+或" "。

2. 高级检索功能

(1)限定搜索的文件类型(filetype)。很多专业文档在互联网上存在的方式往往不是普通的网页格式，而是 Office 文档或者 PDF 文档。搜索引擎支持对 Office 文档(包括 Word、Excel、PowerPoint)、Adobe PDF 文档、RTF 文档进行全文搜索。要搜索这类文档，只需要在普通的搜索字词后面加上"filetype："来对文档类型进行限定。"filetype："后可以跟 DOC、XLS、PPT、PDF、RTF 等文件格式。

(2)将搜索范围限定在特定站点中(site)。如果要指定搜索结果必须来自特定网站，可以在搜索字词的后面加上"site：站点域名"。注意，"site："后面的站点域名不要带"http://"。

(3)将搜索范围限定在 URL 链接中(inurl)。网页 URL 中的某些信息常常有某种有价值的含义，如果对搜索结果的 URL 作某种限定，可获得良好的效果。其方法是用"inurl："，后跟需要在 URL 中出现的关键词。

(4)将搜索范围限定在网页标题中(intitle)。网页标题通常是对网页内容提纲挈领式的归纳，将搜索内容限定在网页标题中，有时能获得良好的效果。其方法是用"intitle："，后跟需要在网页标题中出现的关键词。

(5)将搜索范围限定在网页正文中(intext)。即只搜索网页正文部分中包含的文字，而忽略标题、URL 等的文字。其方法是用"intext："，后跟需要在网页正文中出现的关键词。

3.2.5　搜索引擎的搜索技巧

使用搜索引擎查找不到结果一般有两种原因：①该搜索引擎的网页索引数据库里恰好没有存储有相关的网页文字信息，这种情况发生的概率较小；②搜索引擎的网页索引数据库里包含相关信息，只是因为搜索方法的问题没有找到。因此，学习并掌握一定的搜索技巧以提高搜索能力是很有必要的。

1．分析搜索的主题

在开始搜索之前，要确切了解所要查询的目的和要求，包括确定需要的信息类型（文本、图片、音频、视频等）、查询方式（分类检索、关键词检索等）、查询范围（所有网页、新闻、论坛等）、查询语言（中文、外文）等。

2．选择合适的搜索引擎

各搜索引擎由于其偏好，所抓取的网页数据有所不同，但更重要的是排序算法的差别，它直接影响到搜索引擎的搜索准确性及用户体验。"内事问百度，外事问谷歌"，但就笔者的个人经验，即使是在中文信息领域，Google 在搜索准确性上仍然是有优势的，理应成为首选。另外要注意的是，不同搜索引擎之间的网页数据重叠率一般在 70%以下，当使用某搜索引擎搜索结果不佳时有必要尝试更换搜索引擎。

3．提取恰当的搜索字词

搜索字词代表要搜索主题的特征，选择恰当的搜索字词是搜索成功的关键。应该避免出现错别字等输入错误；避免概念宽泛的词，尽量选用规范的专指词、特定概念或专业术语等具体的搜索字词，还要注意同义词、近义词、相关词或同一术语的不同表达方式；可以通过使用多个关键词来提高查准率，但要注意它们之间的逻辑关系是否合理。

4．根据搜索结果及时调整搜索策略

如果在前几页结果页没有满意的结果，就应该考虑调整搜索策略重新搜索，而不是无谓地继续翻页。要善于从返回的结果当中发现与目标信息密切相关的、有价值的线索，然后调整组成新的提问继续搜索，如此持之以恒地追踪下去才可能得到满意的结果。当搜索结果数量太多且准确性不高时，可以通过增加密切相关的搜索词来对结果进行进一步提炼；当所得搜索结果数量太少时，可以通过使用同义词、近义词来扩大搜索范围。

5．相关搜索

搜索结果不理想，可能是因为搜索词选择不恰当，这时可以借鉴搜索引擎提供的"相关搜索"功能。"相关搜索"提供了和搜索主题很相似的一系列查询词，位于搜索结果页的下方，按搜索热门度排序。

6．使用高级搜索或高级搜索语法，提高搜索效率

大多数搜索引擎都提供高级检索功能，它在默认值、灵活性、定位精确性、条件限定以及检索词间的逻辑组配等方面都优于普通搜索功能，特别适合不熟悉信息检索技术的新手或者遇到限定条件繁多的复杂主题时使用。高级搜索语法可以对搜索范围站点、文件类型、主题信息范围进行精确控制。两种方法有一定的共通性，均可以显著提高搜索效率。

7. 直接到信息源查找

在搜索诸如政府工作报告、政策白皮书等信息时，如用搜索引擎搜索无法得到满意的结果，可尝试直接到信息源网站查找。可先查发布相关信息的机构名称，再检索得到该机构的官方网站地址，然后利用"site：站点域名"高级搜索语法或用该机构网站提供的站内搜索、主题分类等途径查找相关信息。

8. 网页快照

针对每个被收录的网页，搜索引擎都会自动生成临时缓存页面，称为网页快照。因为临时缓存页面是保存在搜索引擎自己的数据库里，所以当遇到网站服务器暂时故障或网络传输堵塞时，访问网页快照要比常规链接的速度快很多。而在搜到访问不了的"死链网页"或过期文件时，往往通过网页快照还能查阅到其文本内容。另外，符合搜索条件的词语会在网页快照上以加亮的形式突出显示（百度的网页快照还提供关键字精确定位功能），以便快速查找到相关资料。网页快照只会临时缓存网页的文本内容，图片、音乐等非文本信息仍存储于原网页。

9. 对搜索结果进行适当的筛选、鉴别

检索只是手段，最终目的是找到真正有价值的信息。在检索结束之后，应对检索结果进行筛选、鉴别。因为即使是与目标密切相关的结果仍然有优劣之分，而搜索引擎按照自己的规则排列的优先次序也许与需求并不一致，所以适当的筛选必不可少。一般来说，可以通过综合比较排序、网址链接、文字说明等来进行分析判断。

3.2.6　综合型搜索引擎简介

1. Google（www.google.com）

谷歌（Google）是斯坦福大学的研究生拉里·佩奇（Larry Page）和塞吉·布林（Sergey Brin）于 1996 年共同开发的一个全新在线搜索引擎，原名为 BackRub。到 1998 年，他们的工作正式启动并创办了 Google 公司。此后，Google 飞速发展，从最初只提供一种语言的搜索服务发展到现在提供支持多种语言的数十种产品和服务。

Google 是目前公认的全球规模最大、最受欢迎的搜索引擎，在全球搜索市场的市场占有率一直稳定在 80%以上（NetMarketShare 数据）。Google 开发了自己的服务基础结构和具有突破性的 PageRank™ 技术，该技术主要通过查看有哪些网页链接至该网页并分析其他数据来确定该网页的"重要性"。现在，Google 使用包括 PageRank 在内的 200 多种指标为网页排序，而且每周都会更新这些算法。

从 2014 年全球搜索引擎市场占有率可以看出，在全球范围内（数据来自 NetMarket Share），Google 依旧占据着搜索引擎市场占有率第一（约 68%）的位置。而比较 Google 退出中国后的 4 年中，其在全球的搜索引擎市场的占有率也在持续下降，从 2010 年的 84.88%降低到了 2014 年的 67.6%。在中国市场的份额也由 2010 年的 26.3%降低到了不到 2%。

2. 百度（www.baidu.com）

2000 年 1 月 1 日，百度（Baidu）由两位北京大学校友李彦宏、徐勇创立于北京中关村。

当时百度的启动资金是美国的风险投资，美资在百度中占有 51%以上的份额。百度分为海外部分和中国部分。海外部分一家在英属开曼群岛注册(Baidu.com.Inc)，一家在英属维尔京群岛注册(Baidu Holdings Limited，百度控股有限公司)，这两家公司均为美资。随后百度在中国注册了两个子公司——百度在线网络技术公司(BaiduOnline Network Technology(Beijing)Co.Ltd.，简称百度在线)和百度网络科技公司(Baidu Netcom Science and Technology Co.Ltd.，简称百度网络)，其中后者为中资公司。

　　2000 年 5 月，百度首次为门户网站硅谷动力提供搜索技术服务，之后迅速占领中国搜索引擎市场，成为最主要的搜索技术提供商之一。2001 年 10 月 22 日，百度搜索引擎正式发布，专注于中文搜索。CNZZ 数据中心最新统计数据显示，百度在 2014 年中国搜索引擎市场的占有率超过 50%，紧随其后的是 360 搜索和搜狗搜索。而在全球的搜索引擎市场份额中，百度落后于谷歌排在第二位，见图 3-1。

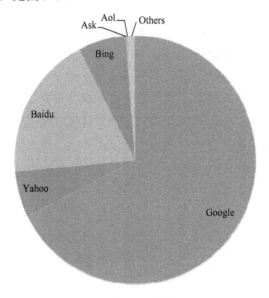

图 3-1　2014 年全球搜索引擎市场占有率(NetMarketShare 数据)

3. 雅虎(www.yahoo.com)

　　雅虎(Yahoo!)由美国斯坦福大学电机工程系博士生杨致远和大卫·费罗于 1994 年开发，依托其具有独创性的雅虎搜索技术(YST 技术)，是目前全球使用率最高的搜索引擎之一。Yahoo!具有全球第一的海量数据库，根据一些网络流量分析公司的数据，Yahoo!曾经是网络上被访问最多的网站，有 4.12 亿的独立 IP 用户访问者，网站每日平均有 34 亿个网页被访问。

3.2.7　学术型搜索引擎简介

1. 谷歌学术搜索(scholar.google.com)

　　谷歌学术搜索是 Google 公司于 2004 年推出的一个专门面向学术资源的免费搜索工具，资料来源于学术著作出版商、专业性社团、预印本、各大学及其他学术组织的经同行评论的文章、论文、图书、摘要和文章等。谷歌学术搜索主页如图 3-2 所示。

图 3-2　谷歌学术搜索主页

2. 微软学术搜索(academic.research.microsoft.com)

微软学术搜索于 2009 年 11 月启用，是微软研究院开发的免费学术搜索引擎，它为研究员、学生、图书馆馆员和其他用户查找学术论文、国际会议、权威期刊、作者和研究领域等提供了一个更加智能、新颖的搜索平台，同时是一个对象级别垂直搜索、命名实体的提取和消歧、数据可视化等许多研究思路的试验平台。微软学术搜索主页如图 3-3 所示。

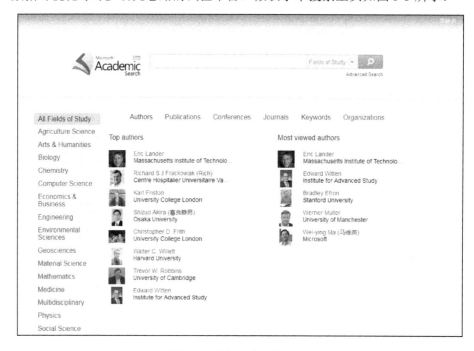

图 3-3　微软学术搜索主页

3. 全球科学门户网站(www.worldwidescience.org)

全球科学门户网站由美国能源部、英国图书馆以及其他 8 个参与国于 2007 年 6 月 22 日在华盛顿共同开启，目前可同时对 70 多个国家的近 100 个数据库及门户进行跨语言搜索。它可以为普通市民、研究人员以及任何对科学感兴趣的人提供科学信息的搜索入口，以便他们能够轻松访问那些使用普通搜索技术不能访问的网站。

3.3　开放获取学术资源

网络免费学术资源是指可以在线免费获得的、具有学术研究价值的信息资源，能极大地方便网络用户对学术信息的获取，降低科研创作成本。随着广大网络用户对免费学术信息资源日益深入的了解和开发利用，免费学术信息资源的意义和价值得到了前所未有的凸显。网络免费学术资源归纳起来主要有 4 类：开放获取学术文献、政府出版物、公共版权资源以及其他免费资源。其中开放获取作为一种新兴的学术交流方式受到了学术界越来越多的关注。

3.3.1　开放获取概论

开放获取（Open Access，OA）是一种学术信息共享的自由理念和出版机制，在这种出版模式下，学术成果可以无障碍地传播，任何研究人员可以在任何地点和任何时间不受经济状况的影响平等免费地获取和使用学术成果。

开放获取运动自 20 世纪 60 年代起伴随着数字化产品的产生而开始，兴起于 20 世纪 90 年代末，它的快速发展主要基于两大背景：一是订阅的传统学术期刊出版模式严重阻碍了学术交流的自由；二是网络的运用使学术期刊出版和传播的成本大大降低。

按照布达佩斯开放获取先导计划（Budapest Open Access Initiative，BOAI）中的定义，科学和学术信息的开放获取是指将科研成果在互联网上公开发布，允许公众免费阅读、下载、复制、分发、打印、查找，或者链接到文章的全文，抓取文章进行索引，以数据方式传递到软件中，或者用于任何其他合法目的的使用，而没有财政、法律或者技术方面的障碍，复制和分发中唯一的限制以及版权在这个领域中的唯一角色，是保持作品的完整性以及给作者正确承认和引用的权利。

开放获取学术文献（Open Access Literature）具有以下 4 个特点：①数字化；②网络存档；③免费，几乎没有授权的限制；④使用者以免费方式存取信息，作者保留被存取之外的权利。

3.3.2　开放获取实施机制

1.　开放获取期刊

开放获取期刊（Open Access Journals，OAJ），即基于开放获取出版模式的期刊，其期刊论文发表后通过互联网可立即免费阅读。开放获取期刊既可能是新创办的电子版期刊，也可能由已有的传统期刊转变而来。开放获取期刊大都采用作者付费，读者免费的获取方式。开放获取期刊分为立即开放、延时开放（如第二年论文才开放）和新内容开放（如第一年内容开放）。国际开放期刊多为立即开放，我国开放期刊存在多种情况。目前，国际上开放出版的学术期刊已超过 10000 种，我国以不同形式开放出版的科技期刊已有 600 多种。

开放获取期刊常常会被质疑发表的论文水平较低，但是根据 ISI 的研究，开放获取期刊和非开放获取期刊的影响力并无本质区别，如著名的开放获取期刊 *PLoS Biology* 在生物学领域就非常有影响力，其 2013 年影响因子达到了 11.8。

2. 开放存档

开放存档(Open Repositories and Archives)，即研究机构或作者本人将未曾发表或已经在传统期刊中发表过的论文作为开放式的电子档案存储。开放存档的类型包括电子印本系统、机构知识库、开放获取课件等。

3.3.3 开放获取学术资源简介

1. 开放获取期刊

1) 开放获取期刊目录(www.doaj.org)

开放获取期刊目录(Directory of Open Access Journal，DOAJ)创立于 2003 年，是由瑞典隆德大学图书馆(Lund University Libraries)主办、OSI 和 SPARC 协办的一份开放获取期刊目录检索系统。DOAJ 目前提供来自 134 个国家超过 10470 种期刊的篇目检索和 6350 多种期刊的全文检索，收录论文约 191 万篇，是 OA 资源中最有影响的热点网站之一。学科范围涵盖农业与食品科学、生物与生命科学、商业与经济学、化学、健康科学、语言与文学、数学与统计学、物理与天文学、技术与工程学、一般工程、艺术与建筑学、地球与环境科学、历史与考古学、法律与政治学、综合类目、哲学与宗教学、社会科学等 17 个主题。图 3-4 为 DOAJ 主页。

图 3-4　DOAJ 主页

2) Socolar(www.socolar.com)

Socolar 是中国教育图书进出口公司开发的一个 OA 资源一站式服务平台，旨在通过对世界上重要的 OA 期刊和 OA 仓储资源进行全面的收集和整理，为用户提供 OA 资源的统一检索和全文链接服务。Socolar 目前包含超过 11730 种 OA 期刊、1040 多个 OA 仓储，总计 2389 多万篇文章。学科范围涵盖农业和食品科学、艺术和建筑、生物学和生命科学、商学与经济学、化学、地球与环境科学、综合类目、健康科学、历史与考古、语言和文学、法律和政治学、数学与统计、哲学和宗教、物理学和天文学、一般科学、社会科学、工程与技术、图书情报学等 18 个主题。图 3-5 为 Socolar 主页。

图 3-5　Socolar 主页

3）HighWire Press（home.highwire.org）

HighWire Press 是全球最大的提供免费全文的学术文献出版商之一，于 1995 年由美国斯坦福大学图书馆创立。数据库目前收录超过 3000 种期刊、图书、参考书和会议论文集，有 234 万篇以上论文全文可免费获取，其学科范围涵盖生命科学、医学、物理学、社会科学等主题。

4）科学公共图书馆（www.plos.org）

科学公共图书馆（Public Library of Science，PLoS）创立于 2001 年，是美国一家非营利性组织出版商，致力于使全球范围科技和医学领域文献成为可以免费获取的公共资源。PLoS 目前共出版了 7 种生命科学与医学领域的开放获取期刊。

5）生物医学中心（www.biomedcentral.com）

生物医学中心（BioMed Central，BMC）创立于 2000 年，是生物医学领域一家独立的非营利性学术出版机构，致力于提供生物医学文献的开放获取。BMC 目前共出版了超过 280 种生物医学开放获取期刊，内容涵盖生物学和医学的所有主要领域。

6）Hindawi 出版公司（www.hindawi.com）

Hindawi 出版公司创立于 1997 年，是继 PLoS、BMC 之后的第三大开放获取出版商，目前出版了超过 430 种开放获取期刊，涵盖科学、技术、医学等主要学科领域。

7）公共医学中心（www.ncbi.nlm.nih.gov/pmc）

公共医学中心（PubMed Central，PMC）是美国卫生研究院（National Institutes of Health，NIH）与美国国立医学图书馆（National Library of Medicine，NLM）联合建立的一个生命科学期刊文献全文免费检索系统。PMC International 是一个致力于促进国际间资源共享的合作项目，已有英国、加拿大两国的 PMC 加入，通过同一个检索系统实现数据共享。目前该系统共收录超过 5100 种开放获取期刊、340 万篇以上论文全文。

8）HINARI（www.who.int/hinari/en）

Health InterNetwork Access to Research Initiative（HINARI）是世界卫生组织与主要出版商于 2002 年启动的向发展中国家提供生物医学与卫生文献的项目，目前包括 13000 多种期刊和 29000 多种电子图书。

9）Free Medical Journals（www.freemedicaljournals.com）

Free Medical Journals 于 1997 年由 Amedeo 创建，致力于通过因特网免费提供生物医学期刊论文的全文，目前包括 4670 多种期刊。

2. 电子印本系统（e-Print Archive）

电子印本是指以电子方式复制学术文献，一般包括预印本（Preprints）和后印本（Postprints）。预印本是指科研人员在其研究成果未在正式出版物上发表之前，出于和同行交流的目的自愿先在学术会议上或通过互联网发布的科研论文、科技报告等文献。后印本是指内容已经经过出版部门审核达到出版要求的文献。

1）中国预印本服务系统（prep.istic.ac.cn）

中国预印本服务系统是中国科学技术信息研究所与国家科技图书文献中心联合建设的以提供预印本文献资源服务为主要目的的实时学术交流系统，是国家科学技术部科技条件基础平台面上项目的研究成果，于 2004 年 3 月 18 日正式开通服务。该系统主要收录国内科技工作者自由提交的预印本文章，可以实现二次文献检索、浏览全文、发表评论等功能。系统的收录范围按学科分为五大类：自然科学，农业科学，医药科学，工程与技术科学，图书馆、情报及文献学。除图书馆、情报及文献学外，其他每个大类再细分为二级子类，如自然科学又分为数学、物理学、化学等。

2）arXiv（cn.arxiv.org）

arXiv 是美国国家科学基金会和美国能源部资助的于 1991 年 8 月由美国洛斯阿拉莫斯（Los Alamos）国家实验室建立的一个电子预印本文献库，2001 年后转由美国康奈尔（Cornell）大学维护和管理，是世界上最大的电子预印本库。数据库内容涵盖物理、数学、计算机科学、数量生物学、数量金融学、统计学等 6 个学科，超过 103 万篇预印本文献。我国在中国科学院理论物理研究所设有镜像站点。图 3-6 为 arXiv 主页。

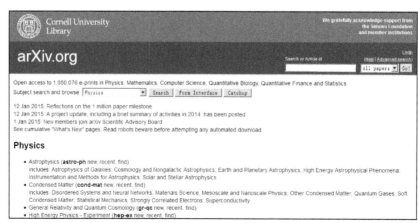

图 3-6　　arXiv 主页

3)中国科技论文在线(www.paper.edu.cn)

中国科技论文在线是教育部科技发展中心建立的一个电子印本系统,旨在为科研人员提供一个方便、快捷的交流平台,提供及时发表成果和新观点的有效渠道,从而使新成果得到及时推广,科研创新思想得到及时交流。

4)认知科学电子预印本(cogprints.org)

认知科学电子预印本是由英国南安普敦大学电子与计算机系于 1997 年开发的认知科学开放存储库,收录包括生物学、计算机科学、神经科学、语言学、医学、人类学、数学、哲学、心理学、社会科学等学科领域相关期刊论文或作者自己的学术研究。

5)e-Print Network(www.osti.gov)

e-Print Network 是由美国能源部(Department of Energy,DOE)科技信息局建立的电子印本档案搜索引擎,可供检索存放在学术机构、政府研究实验室、私人研究组织以及科学家和科研人员个人网站的 e-Print 资源。e-Print Network 选取内容的基本原则与 DOE 研究相关,完全开放使用电子印本科学信息资源,目前提供 35000 多个电子印本站点的一站式检索和超过 550 万篇电子印本的全文检索。

6)科学哲学存储库(philsci-archive.pitt.edu)

科学哲学存储库(PhilSci Archive)是一个由美国科学哲学学会、彼得堡大学的科学哲学中心和图书馆合作创办的科学哲学(Philosophy of Science)的学科预印本库,目前该库共收录科学哲学相关主题文章超过 4460 篇。

3. 机构知识库

机构知识库(Institutional Repository,IR)在国内又被称为学术典藏库、机构库或机构仓储,是存储、组织、保存和提供存取服务的学术型、数字化信息系统,其中的内容由学术机构定义、收集,提供开放式的服务,目的是提高学术机构的透明度和学术成果的使用率。

机构知识库的建设伴随着开放获取运动的发展兴起于 20 世纪 90 年代末,在 2002 年 11 月美国麻省理工学院图书馆和惠普实验室共同开发的 Dspace 正式面世之后,拉开了全球范围内大规模建设机构知识库的序幕。目前被开放获取知识库名录(Directory of Open Access Repositories,OpenDOAR)收录的知识库已超过 2860 个,其中美国有 466 个,排名第一,其次是英国、日本和德国,中国有 39 个。图 3-7 为最新全球开放获取知识库统计。

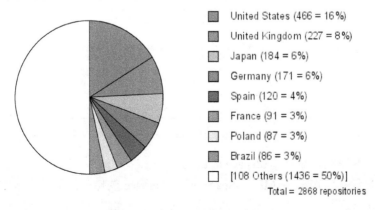

图 3-7　全球开放获取知识库统计

1) 国家科学图书馆机构知识库(ir.las.ac.cn)

中国科学院国家科学图书馆总馆机构知识库(NSL OpenIR)创立于 2009 年，以发展机构知识能力和知识管理能力为目标，快速实现对本机构知识资产的收集、长期保存、合理传播利用。机构库收录期刊论文、学位论文、会议论文、研究报告、PPT、专著、文集等文献资料，能够直接下载利用。机构库平台基于 DSpace 软件开发，按照研究部门、主题类型、内容类型、题名、作者、日期等方式浏览和检索。图 3-8 为国家科学图书馆机构知识库主页。

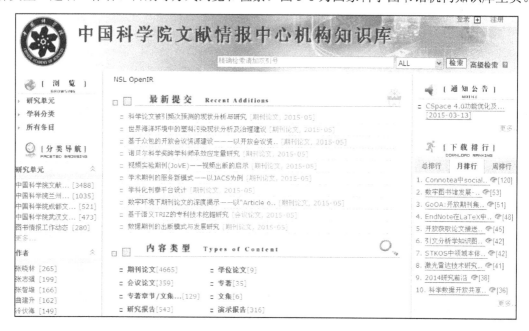

图 3-8　国家科学图书馆机构知识库主页

2) 香港科技大学机构知识库(repository.ust.hk)

香港科技大学机构知识库创建于 2003 年，是由香港科技大学图书馆用 DSpace 软件开发的一个数字化学术成果存储与交流知识库，收录该校教学科研人员和博士生提交的论文(包括已发表的和待发表的)、会议论文、预印本、博士学位论文、研究与技术报告、工作论文和演示稿。图 3-9 为香港科技大学机构知识库主页。

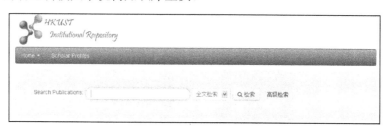

图 3-9　香港科技大学机构知识库主页

3) 麻省理工学院机构知识库(dspace.mit.edu)

麻省理工学院机构知识库(MIT DSpace)是用 DSpace 软件开发的一个数字化学术成果存储与交流知识库，该库收录了麻省理工学院教学科研人员和研究生提交的论文(包括已发表的和待发表的)、会议论文、预印本、学位论文、研究与技术报告、工作论文和演示稿全文等。

4)剑桥大学机构知识库(www.dspace.cam.ac.uk)

剑桥大学机构知识库(Cambridge DSpace)创建于 2003 年,是剑桥大学图书馆与计算机服务中心合作,加入 MIT 的 DSpace 联盟项目建立的 DSpace@Cambridge 存储库。此系统用于存储剑桥大学图书馆自己数字化的资料和本校其他机构产生的数字资源,如学术交流资料(论文和预印本)、学位论文、技术报告、各个学部和大学档案等,以不同的格式如多媒体、交互式课件、数据集、数据库等形式存储。

4. 开放获取课件(Open Access Courseware)

随着开放获取运动的发展,国内外教育界出现了一些开放教学内容的项目,这对于促进全球教育乃至知识资源的共享起到了积极的作用。日益丰富的开放课程资料是专业研究人员宝贵的参考资料。

1)国家精品课程资源网(www.jingpinke.com)

国家精品课程资源网是由国家教育部主导推动的国家级精品课程集中展示平台,是全国高校依照"资源共建,成果共用,信息共通,效益共享"的原则合作建设,服务于全国广大高校教师和学生的课程资源交流、共享平台。国家精品课程资源网汇集了海量国内外优质教学资源,博览全球众多高校、企业开放课程,拥有来自 2000 多所国内高校的注册会员,目前已形成国内覆盖学科、专业最完整,课程资源数量最大的教学资源库,并初步建成了适合各类优质教学资源存储、检索、运营的共享服务平台。网站目前包含本科课程 14300 多门、高职课程 5920 多门、教学课件 33.9 万份以上、教学录像 34500 多个。图 3-10 为国家精品课程资源网主页。

图 3-10 国家精品课程资源网主页

2)MIT OpenCourseWare(www.ocw.mit.edu)

MIT OpenCourseWare 是麻省理工学院公开发布其课件的专门网站,由 William and Flora

Hewlett Foundation、Andrew W. Mellon Foundation 和 MIT 共同创办于 2002 年 9 月。该网站旨在为全世界教师、学生和自学者提供免费、开放的服务,使其能够直接获取和使用 MIT 的各种课件,同时建立可供其他大学仿效的发布课件的有效的、标准化模式。MIT 课件可免费使用、复制、分享、翻译和修改,但仅限于非商业化的教育目的,并且必须免费供其他使用者使用。网站目前提供 2200 多门课程的相关课件,包括讲义笔记、课程提纲、教学日程、阅读书目和专业课程分配表等内容。图 3-11 为 MIT OpenCourseWare 主页。

图 3-11　MIT OpenCourseWare 主页

3) JOCW(www.jocw.jp)

Japan Opencourseware Consortium(JOCW)创建于 2006 年,目前有大阪大学、庆应义塾、东京大学、早稻田大学等 23 个正式成员(大学),除了提供网页和文本课件之外,还有不少大学将教师的讲课录制下来,利用播客进行发布。

5. 大规模开放在线课堂(Massive Open Online Course,MOOC)

1)概念

大规模开放在线课堂又称为慕课,是一种针对大众人群,通过网络来学习的在线课堂。慕课是远程教育的最新发展,其本质是通过在全球范围开放在线优质课程资源,最大限度地实现名校名师最优质课程资源的大规模学习共享。这不仅为促进传统学校教育优化课程结构,改革教学方法,建立混合式教学体系创造了条件,更为无数难以进入校园接受优质教育的人获得高品质的学习机会提供了可能。

慕课的课程设计和课堂参与类似于大学课堂,通常包括每周一次的讲授、研讨问题以及阅读建议等,课程中还有各类小测试及考试。除少数提供学位或者学分认证的慕课,绝大多数慕课课程都是免费的,学完可以获得认证证书。

2）特点

（1）开放共享：慕课参与者不必是在校的注册学生，也不要求学费，它是共享的。

（2）可扩张性（Scalability）：许多传统课堂针对一小群学生对应一位老师，但慕课里的"大规模"课堂是针对不确定的参与者来设计的。

3）现状

自 2008 年加拿大爱德华王子岛大学的 Cormier 与 Alexander 联合提出慕课概念以来，目前已形成了哈佛大学与麻省理工学院的 EDX、斯坦福大学的 Coursera 和 Udacity 三大知名慕课平台。国内比较知名的慕课网站包括 MOOC 学院、学堂在线、中国大学 MOOC、ewant 育网、Share Course、Proera 等。

3.4　其他免费学术资源

3.4.1　政府出版物

政府出版物又称官方出版物，是由政府部门及其专门机构根据国家的命令出版的文献资料。其内容比较广泛，主要可分为 3 类：① 政府颁布的法律、法令、行政法规、条例等；②政府公文；③政府的机关报纸、刊物及其他统计资料和科技资料等。政府出版物多数属于非出售品，仅极少数作为商品进入不同范围的社会市场，据估计全世界每年的政府出版物有几百万种之多。政府出版物是了解各国政治经济情况的重要文献资源。

1. 中国国家统计局（www.stats.gov.cn）

中国国家统计局是国务院直属机构，在该网站可以查阅各种反映社会与经济发展情况的统计公报、统计数据及相关分析。

2. 联合国数据（data.un.org）

联合国数据是由联合国经济和社会事务部统计司推出的一个基于互联网的数据服务系统，在这个网站可以检索和下载全球最新、最可靠的统计数据，涉及贸易、农业、就业、环境、工业、教育、旅游等诸多领域。目前该网站包含 34 个数据库，超过 6000 万条数据。图 3-12 为联合国数据网站主页。

图 3-12　联合国数据网站主页

3.4.2　学科信息门户

学科信息门户将特定学科领域的信息资源、工具和服务集成为整体,为用户提供方便的信息检索和服务入口,用以满足用户对科研和教育的信息需求。

1. 化学学科信息门户(chin.csdl.ac.cn)

化学学科信息门户是中国科学院知识创新工程科技基础设施建设专项"国家科学数字图书馆项目"的子项目,化学学科信息门户的建设目标是面向化学学科,建立并可靠运行 Internet 化学专业信息资源和信息服务的门户网站,提供权威和可靠的化学信息导航,整合文献信息资源系统及其检索利用,并逐步支持开放式集成定制。

2. 经济学论文库(repec.org)

经济学论文库(Research Papers in Economics,RePEc)是由全球 84 个国家的数百位志愿者共同建立的可以公开访问的网站,致力于促进经济学及相关学科研究成果的广泛传播与交流,从而促进经济学研究。目前,数据库从 84 个国家的 1750 多个 OA 仓储中收集了 2100 种期刊及超过 170 万篇研究论文。

3. 社会科学研究网(papers.ssrn.com)

社会科学研究网(Social Science Research Network,SSRN)由大量社会及人文科学研究分支网络组成,致力于快速在世界范围内传播社会科学的研究成果。SSRN 目前收录超过 60 万条摘要、50 万篇全文以及 28 万名作者信息。

4. 丁香园(www.dxy.cn)

丁香园成立于 2000 年 7 月 23 日,是专业的生命科学专业网站,一直致力于医药及生命科学领域的互联网实践,是目前行业规模最大、极具影响力的社会化媒体平台。丁香园用户超过 400 万,并且正尝试将服务范围扩展到大众健康领域。

3.4.3　参考工具书

1. 维基百科(www.wikipedia.org)

维基百科(Wikipedia)由维基媒体基金会负责维持,是一个自由、免费、内容开放的百科全书协作计划,参与者来自世界各地。维基百科大部分页面都可以由任何人使用浏览器阅览和修改,是一个动态的、可自由访问和编辑的全球知识体。因为维基用户的广泛参与共建、共享,维基百科也被称为创新 2.0 时代的百科全书。目前维基百科几乎包含世界上所有语言的条目,其中英文版创建于 2001 年,目前条目超过 485 万条;中文版创建于 2002 年,目前条目超过 82 万条。图 3-13 为维基百科中文版主页。

维基百科倡导中立、公平、共享和开放原则,但其自诞生之日起就伴随着巨大争议,其中主要的质疑是:维基百科人人可编辑,缺乏权威,不够可靠。维基百科创始人吉米·威尔士一直坚称,读者和供稿人的自我检查就能维系该站的准确度,同时也通过优秀的编辑以及更有效的工具来控制和管理质量。

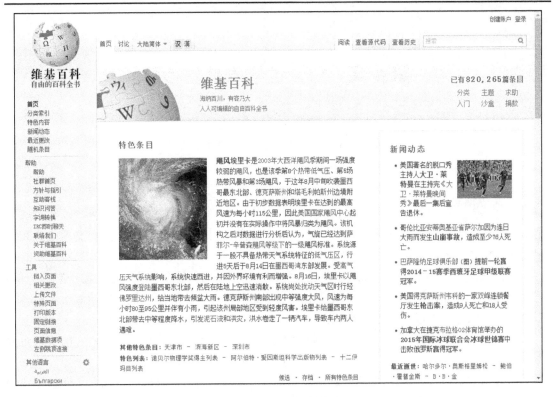

图 3-13　维基百科中文版主页

2. Bartleby 免费参考工具（www.bartleby.com）

Bartleby 是美国最大的免费网上参考工具书网站，收录包括《哥伦比亚百科全书》（第六版）、《罗杰氏同义词辞典》、《美国传统英语词典》等众多经典参考工具。

3.4.4　学术论坛

1. 小木虫（emuch.net）

小木虫创建于 2001 年，是学术信息交流性质的综合科研服务个人网站，管理团队致力于把它打造成国内学术科研第一站，为中国学术科研免费提供动力。其内容涵盖化学化工、医学、物理、材料、地学、食品、信息科学等学科，除此之外还有基金申请、论文投稿、出国考试、考研、考博、招聘信息等实用内容。

2. 科学网论坛（bbs.sciencenet.cn）

科学网是由中国科学院、中国工程院和国家自然科学基金委员会支持的中文综合性科学网站，于 2007 年 1 月 18 日正式上线，目标是构建全球华人科学社区，目前在华人科学界有一定的影响力。

第4章　综合性学术信息检索

4.1　相　关　知　识

4.1.1　文献信息的常用格式

数字化文献资源的文件格式种类丰富，按存储格式划分主要有图像格式、文本格式和图像与文本格式三大类。

图像格式：对传统的纸本文献资源进行扫描，以图像格式存储。这种格式图示制作简单，适合于古籍文献和以图片为主的文献制作。这种文献资源现实的速度较慢，检索手段单一，图像清晰度偏低，阅读效果不甚理想。

文本格式：用相应的应用程序将文献资源内容做成文本进行存储。这种格式的文献资源的应用程序提供高清晰度的阅读界面，检索手段多种多样，阅读效果理想。

图像与文本格式：提供"便携文档格式"，这种格式的文件集成图像和文本两种格式的优势，可包含图形、声音等信息，其文件内容可在任何机器、任何操作系统上还原原貌。

文件格式主要有以下几种。

1. 电子图书的文件格式

面对众多的电子图书，有必要介绍几种常用电子图书文件格式的知识。在 PC 上常用的电子图书文件格式如下。

1) PDG 文件格式

PDG（图文资料数字化）格式是超星数字图书馆推出的一种图像存储格式，具有多层 TIFF 格式的优点，由于采用小波变换算法，图像压缩比很高。超星公司将 PDG 格式作为其数字图书馆浏览器的专有格式。

阅读软件：超星阅读器 SSReader 4.1.4。超星阅读器是超星公司推出的一款超星网电子书阅读及下载管理的客户端软件。通过软件可以方便地阅读超星网的图书，并可以下载到本地阅读，软件集成书签、标记、资源采集、文字识别等功能。

2) PDF 文件格式

PDF（可移植文档格式）是由 Adobe Systems 发明的一种开放式电子文档交换标准，现在由国际标准化组织（ISO）来维护。这种文件格式几乎可在任何平台上查看 PDF 文件并与之交互，包括 Windows、Mac OS 和移动平台，后者包括 Android 系统和适合 iPhone 和 iPad 的iOS。这一特点使它成为在 Internet 上进行电子文档发行和数字化信息传播的理想文档格式。越来越多的网络文献、产品说明、公司文告、网络资料、电子邮件使用 PDF 格式文件。事实上 PDF 格式文件目前已成为数字化信息的一个工业标准。

阅读软件：Adobe Acrobat XI Pro、Adobe Reader 11.0 等。

3) CEB 文件格式

CEB 即 Chinese eBook，是由北京方正阿帕比技术有限公司开发的电子图书阅读工具。它能够保留原文件的字符、字体、版式和色彩的所有信息，包括图片、数字公式、化学公式、表格、棋牌以及乐谱等，同时，该格式会对文字图像等进行压缩，文件的数据量小。

CEB 文件的应用如下。

(1) CEB 文件可直接通过免费的 Apabi Reader 阅读器浏览，并可直接嵌入 IE 浏览器使用。

(2) 可通过移动设备阅读，通过掌上电脑、PDA、阅读器实现移动办公。

(3) CEB 文件可直接打印出纸质文件。

(4) CEB 文件可直接发排到印刷机、数码印刷机，输出纸质文件。

(5) CEB 文件通过标引工具生成 XML 公文要素，实现文件信息交换。

(6) CEB 文件可通过 CEB SDK 导出 TXT 文本文件，实现文件的检索、再利用。

阅读软件主要有以下几款。

Apabi Reader for iOS 不仅保留了传统阅读器的各项经典功能，还有版面重排效果，更增加了支持扫描二维码借书功能。

Apabi Reader 是免费电子文档阅读软件，集电子图书阅读、下载、收藏等功能于一身，既可看书又可听书，还兼备 RSS 阅读器和本地文件夹监控功能。可用于阅读 CEBX、CEB、PDF、HTM、HTML、TXT 格式的电子图书及文件。

Apabi Maker 是 CEB/CEBX 生成器，可将多种排版软件生成文件转换成 CEB/CEBX 文件的一种转换软件。它提供许多领域的电子出版服务，将传统的印刷图书做成电子图书 (eBook)，供人们在 PC 上阅读或者下载到手机上。

Apabi Writer 是用来对 CEB 文件及方正 Apabi 电子图书进行阅读和编辑处理的工具。

Apabi Carbon 是电子文档编辑加工软件，可对 CEBX 文档进行添加、删除、替换页面，可智能识别编辑版心信息，生成逻辑结构信息；可进行图书目录制作，并设置目录和页码连接的显示模式，可同时打开多个文件，进行阅读和制作；Apabi Carbon 与 Apabi Maker、Apabi Reader 一起形成由转换生成到编辑再到阅读组成的 CEBX 应用链。

4) TXT 文件格式

这是目前比较流行的电子读物文件格式，这种格式的制作工具也是最多的。它最大的特点就是阅读方便，制作简单，制作出来的电子读物精美，这种格式电子图书中内嵌阅读软件，不需要安装专门的阅读器就可以阅读，对运行环境无很高要求。

TXT 文件格式的电子图书，在 2004 年以前主要应用于文本型的图书阅读，但是这种电子图书也有一些不足之处，如多数相关制作软件制作出来的 TXT 文件都不支持 Flash 和 Java 及常见的音频视频文件，需要 IE 浏览器支持等。但是 2004 年以后，电子杂志和数字报纸开始流行，无一例外地都采用了 EXE 这种格式，并支持 Flash、多媒体甚至脚本语言，展现的内容更加丰富，制作相当精美，成为目前最流行的电子杂志的格式。目前，方正阿帕比的飞阅、XPLUS、ZCOM 等厂商提供的数字电子书报、刊、书都采用这种格式。

阅读软件：内嵌阅读器。

5) SEP 文件格式

SEP 文件格式由北京书生公司制作。SEP 文档转换系统 (SEP Writer) 是一种通用工具，可将 Word、Excel、PowerPoint、RedOffice、Visio、AutoCAD、WPS、TIFF、BMP、HTML、

S2、S72、PS2、S92 等各种格式的文档统一转换成 SEP 安全版式文件。转换后的 SEP 文件完整地保留转换前的版式，嵌入相关的字库和图片，使原始文件中的图片、表格、色彩、补字、艺术字等复杂的版式与内容都能被准确地保留，并在不同的计算机环境下版式也不会发生变化。同时，SEP 文件只能进行浏览、打印、盖章等限定操作，而不能随意编辑与修改，从而对文档信息的内容进行保护。

阅读软件：书生阅读器支持 SEP、GW、GD、IFR、S2/S72/S92、PDF、JPG/TIF/GIF/BMP 等常见的电子文档格式，以及书生手机阅读器 PSP Windows Mobile 5.0 for Pocket PC 版。

6) XPS 格式

XPS 是 XML Paper Specification(XML 文件规格书)的简称，是一种电子文件格式，它是微软公司开发的一种文档保存与查看的规范。以前的开发代号为 Metro。这个规范本身描述了这种格式和分发、归档、显示以及处理 XPS 文档所遵循的规则。XPS 是一种版面配置固定的电子文件格式，可保存文件格式，且具有档案共享的功能，使用者不需拥有编写该文件的软件就可以浏览或打印该文件。在线检视或打印 XPS 档案时，可确保其格式与使用者希望的一样，而且其他使用者无法轻易变更档案中的数据。Word、Excel、PowerPoint、Access、Publisher、Visio、OneNote 及 InfoPath 等应用程序所保存的档案都可以保存成 XPS 格式。

阅读软件：Xps viewer。

7) NLC 文件格式

NLC 格式是中国国家图书馆的电子图书格式，它把扫描的图书图像以 JBIG 标准压缩(无损压缩)为很小的 NLC 文件。NLC 文件是 JBIG 格式的一种变种。

8) CHM 文件格式

CHM 是英文 Compiled Help Manual 的简写，即已编译的帮助文件。CHM 文件格式是微软推出的基于 HTML 文件特性的帮助文件系统，与网页浏览器有着高度的相似性及众多优点。

2. 电子期刊等文件格式

CAJ(Chinese Academic Journal)是清华同方公司提出的文件格式，中国知网提供这种文件格式，可进行期刊、学位论文、会议论文、报纸等全文的下载和阅读。

阅读软件：CAJViewer 7.2 等。

4.1.2　阅览器的基本概念

目前，随着网络的普及，网络书籍越来越流行。网上的书籍或文章往往是以电子文档的格式发布的，而且格式有多种(如 PDF 格式、CAJ 格式等)，每种格式都需要专门的工具软件才能打开阅读。电子文献信息的文件格式分别对应的阅读软件，用于电子文献信息的阅读、下载。

阅览器是针对电子文献信息(电子图书、电子期刊等)的阅览、下载、打印、版权保护等的阅读工具。

阅览器提供多种文字图像处理功能，包括在电子文献信息上标注、划线、添加书签、文字获取、区域选择、知识元查找、图书朗读和与其他读者在线交流等功能。

4.2　图书信息检索

图书信息检索就是运用各种载体形态的信息检索工具，按照一定的方法、步骤，利用各种检索途径，根据各类图书的内外部特征，如书名、作者、出版社、ISBN、语种、关键词、摘要、分类等，查找读者所需图书相关信息和全文的过程，一般有两大类型。

(1) 可以获得图书全文的数据库，如超星数字图书馆、方正数字图书馆等电子图书数据库。

(2) 可通过各图书馆网站提供的目录获得图书的相关目录信息，通过目录信息进而获得原文。包括各种信息机构的图书馆馆藏目录数据库、地区性或国际性的联合目录，以及专业出版机构的图书书目查询系统，如网上书店、网站的读书栏目、书评网站等。

本节重点介绍国内主要电子图书全文数据库，尤其是电子图书的阅读方式、使用方法、图书书目信息检索以及网上典型免费电子图书网站。

4.2.1　超星数字图书馆

超星数字图书馆(www.sslibrary.com和 www.chaoxing.com)是由北京世纪超星信息技术发展有限责任公司制作的，联合中国社会科学院、中山图书馆、深圳图书馆、美国加州大学、电子工业出版社等几十家单位共同于 2000 年 1 月正式推出电子图书。学科涉及经典理论、哲学、宗教、社会科学总论、政治、法律、军事、经济、文化教育、语言、文字、文学、艺术、历史、地理、自然科学总论、数理科学和化学、天文学、地球科学、生物科学、医药、卫生、农业科学、工业技术、交通运输、航空航天、环境科学、安全科学、综合性图书等。

主要数据库如下。

(1) 电子图书。读者可阅读、下载全文。

(2) 读秀学术搜索。读秀学术搜索是由海量中文图书资源组成的知识库系统，该数据库以超过 300 万种中文图书资源为基础，为读者提供深入图书内容的章节和全文检索、部分文献的全文试读，以及通过 E-mail 方式获取文献资源，是一个真正意义上的知识搜索及文献服务平台。通过它读者可进行图书每一页的搜索，而后根据需要可阅读图书片段、相关信息、文献传递以及网上购书等。

(3) 学术视频。该学术视频由超星名师讲坛委员会审核，汇集国内大学的 5850 名大师、知名学者、专家的课程、学术讲座以及访谈的视频，是高校学生学习的学术性数据库。目前视频已更新至 98000 余集，专题、课程近 8000 门。

(4) 慕课。超星慕课包括"大学物理"、"中国近代任务研究"、"中国传统思想"、"东方电影"等来自理学、历史学、哲学、文学、经济学、法学、教育学、工学、农学、医学、军事学、管理学等多个学科的课程。

(5) 超星发现。超星发现系统由超星公司于 2012 年推出，旨在全面、准确地发现中文资源，并且为用户提供信息挖掘分析和知识发现的功能。超星发现系统的用户界面类似 Google 的单一检索框，检索结果提供包含检索词的电子书、学术期刊、博硕士论文、学术视频、课件、慕课、报纸文章、专利、标准等不同类型的文献资源。此外，检索结果中的学术辅助分析系统按照相关性提供与检索词相关的知识点、作者，以及逐年统计相关图书、期刊、会议文献等，从而向用户展示相应的学术发展趋势。

本节重点介绍电子图书的阅读和读秀学术搜索的使用。

1. 阅读图书全文

超星数字图书馆主要有两个页面：包库主页（www.sslibrary.com）和公共网站（www.chaoxing.com），如图 4-1 所示。如果是团体读者，可直接进入包库主页；如果是个人读者，可进入公共网站。阅读图书全文，需要下载并安装该数据库的专用阅读器（超星阅读器）。

(a) 包库主页

(b) 公共网站

图 4-1　超星数字图书馆主页

1)下载、安装阅读器

超星数字图书馆的图书资源提供"阅读器阅读"和"网页阅读"两种在线阅读方式。"网页阅读"方式提供文字摘录、打印等功能,如要使用下载图书、标注、截图等更多功能需要下载并安装专用阅读工具——阅览器(超星阅读器)。下面介绍利用阅读器阅读超星网站图书的方法。

下载阅览器步骤如下。

(1)直接单击主页上的"阅读器下载"栏目。

(2)下载。选择适合的镜像站下载。例如,读者可自由选择是从"电信镜像下载"或是"教育镜像下载",单击后,在弹出窗口中选择"保存"命令即可。

(3)安装阅览器。下载完毕后,双击安装程序将进入自动安装向导,向导会引导读者完成阅览器的安装。

注意:①阅读许可协议后,要单击"我接受"按钮;②关于阅览器安装路径的选择,阅览器不能安装到中文路径下;③检查上网方式,如果安装阅览器后无法阅读图书全文,首先确认自己是直接上网方式(如电话拨号上网、ISDN上网、ADSL上网和网关路由上网等方式)还是代理服务器上网(如小区代理服务器上网、多人共享上网和公司代理上网等。主要为代理方式和使用配置脚本方式。使用 ISA 作为代理服务器上网的网络,因为 ISA 具有防火墙功能,限制过多无法使用阅览器。若是后者,则要进行代理服务器设置。

2)检索图书

检索方式有三种:关键词检索、分类检索和高级检索,如图 4-2 和图 4-3 所示。

关键词检索:提供书名、作者、目录和全文检索四种字段检索选择。3 步完成关键词检索:输入关键词→查看检索书目→阅读全文。

分类检索:提供按照中国图书馆图书分类法 22 个基本大类的分学科检索。

高级检索:给读者提供更加精确的检索方式,如书名、作者、主题词、年代等限制条件,如图 4-2 所示。

图 4-2 检索方式:关键词检索、分类检索和高级检索

图 4-3   高级检索

3) 阅读、下载图书

(1) 阅读图书。单击书目信息下方的"阅读器阅读"即可在线阅读图书全文。

(2) 下载图书。打开图书全文后,在"图书"菜单中单击"下载"按钮,自定义下载路径,如图 4-4 所示。

在弹出框中单击"存放路径"按钮,选择路径后,单击"确定"按钮开始下载。完毕后,可在自己选择的路径中找到下载的图书,进行离线阅读。

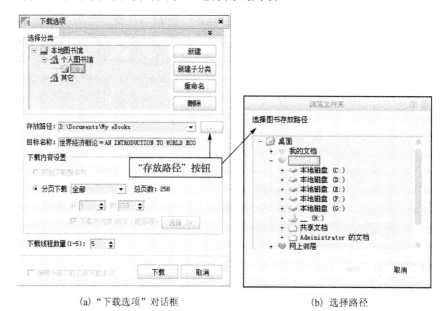

(a) "下载选项"对话框   (b) 选择路径

图 4-4   选择路径

4) 阅读器的常用功能

在阅读全文时,可以利用阅读器提供的功能来满足不同的需要。

(1) 阅读并翻页:每本书都有封面、版权页、目录和正文,阅读时可以逐页浏览,也可以直接到任意章节页面或目标页面浏览,以满足读者的阅读需求。

(2) 文字识别(OCR):在阅读书籍时,在书籍阅读页面右击,在弹出的快捷菜单中选择"文字识别"命令,在所要识别的文字上画框,框中的文字即会被识别成文本显示在弹出的面板中,选择"加入采集"命令可以在编辑中修改识别结果,选择"保存"命令即可将识别结果保存为 TXT 文本文件。

(3) 标注:单击工具栏中的标注,将会弹出标注工具栏;阅读图书时,也可通过鼠标右键快捷菜单选择标注工具,共有 6 种标注工具供选择,分别是批注、铅笔、直线、圈、高亮、链接。

　　(4)添加书签：每次阅读的图书关闭后，下次再看，需要重新检索，比较麻烦，因此，该阅读器提供了"添加书签"的功能。在书籍阅读窗口单击工具栏中的"添加书签"命令即可在指定位置添加书签，在书签菜单中选择"书签管理器"选项可以打开、修改已保存书签。

　　(5)书评：读者可对阅读图书发表书评并与其他读者交流。在书籍阅读页面右击，从弹出的快捷菜单中选择"发表评论"命令，可以弹出发表书评的信息栏，在其中输入读后感单击"提交"按钮即可。

　　2. 读秀学术搜索(www.duxiu.com)

　　1)概况

　　读秀学术搜索是超星数字图书馆的产品之一，是由海量全文数据及资料基本信息组成的超大型数据库，为用户提供深入图书章节和内容的全文检索，部分文献的原文试读，高效查找、获取各种类型学术文献资料的一站式检索以及参考咨询服务，是一个学术搜索引擎及文献资料服务平台。

　　2)检索功能

　　(1)基本检索。

　　该系统的基本检索功能提供在检索框内输入关键词，可在检索频道提供的知识、图书、期刊、报纸、学位论文、会议论文、专利、标准、视频和讲座等多维检索频道中任意搜索，如图 4-5 所示。

图 4-5　读秀学术搜索的基本检索

　　(2)二次搜索。

　　该系统提供的二次搜索，是指在完成第一次搜索后，可在输入框中再次输入另一个关键词，单击"在结果中搜索"链接，可在第一次的搜索结果中再次进行精确搜索，如图 4-6 所示。

图 4-6　读秀学术搜索的二次搜索

　　3)主要检索频道

　　(1)"图书"检索频道。

　　在"读秀学术搜索"界面中选择"图书"检索频道后，进入图书搜索功能，如图 4-7 所示。

图 4-7　读秀学术搜索"图书"检索频道

在输入栏中输入关键词，单击"中文搜索"按钮即进入书目检索结果页面，如在检索结果标题后有"包库全文"按钮，或者信息页面中有"包库全文"标记，可单击该链接直接在线阅读全文或下载，若显示"阅读部分"则该书只能进行部分阅读，如图 4-8 所示。

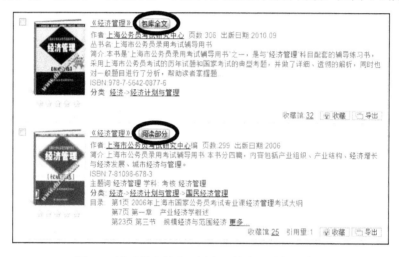

图 4-8　读秀学术搜索"图书"检索频道书目信息

单击"包库全文"按钮，可直接在线阅读或下载电子图书全文。通过书目可获取相关信息，单击"阅读部分"按钮，可获取如下图书信息。

① 了解某书的书名页、版权页、前言页、目录页、试读页等信息。

② 进行"图书馆文献传递"。在图书详细信息页面单击"图书馆文献传递"按钮，进入"图书馆参考咨询服务"页面，直接将所需信息的页码内容传递到自己邮箱里，如图 4-9 所示。

③ 通过高校文献保障系统借阅纸质图书。

④ 通过朗润数字书店购买纸质图书。

（2）"知识"检索频道。

读秀学术搜索的"知识"检索频道，运用全文检索手段，深入图书内容和章节来进行直接查找、阅读相关知识点。

在"读秀学术搜索"界面中选择"知识"检索频道，进入全文搜索功能，如图 4-10 所示。

输入关键词，单击"中文搜索"按钮，得到相关知识点的章节检索结果页面。

单击"章节知识点"标题或"阅读"选项，即可进入该章节知识点的全文检索结果页面。

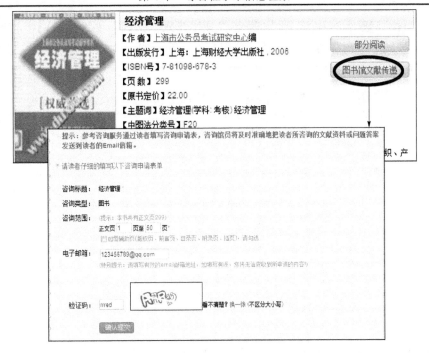

图 4-9　读秀学术搜索图书频道图书馆文献传递

图 4-10　读秀学术搜索"知识"检索频道

该页面提供了"资料来源",使检索者知道该页来源于何种图书,如图 4-11 所示。

图 4-11　读秀学术搜索知识检索频道的全文"本页来源"

通过该页面可进行"文字摘录"。单击"文字摘录"按钮可圈选摘录文字的范围。单击"确定摘录"按钮可将图片格式的文字转换成文本格式，如图 4-12 所示。

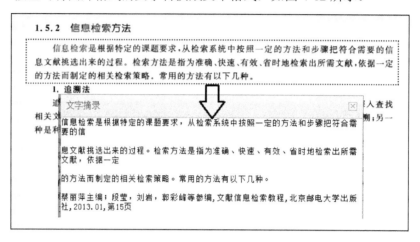

图 4-12　读秀学术搜索知识检索频道的全文"文字摘录"

（3）一站式搜索。

读秀学术搜索的一站式检索技术，整合了图书馆各种资源及网络资源，可扩大知识搜索范围。通过多面检索，检索者在一次搜索后，可同时获得围绕该知识点多角度、不同文献类型的学术信息，包括该关键词有关的词条、人物、期刊、报纸、学位论文、会议集、网页、视频等内容。

（4）超星阅读器下载。

超星阅读器下载包括 Windows 版、iPad 版和 AndroidPad 版。其中超星阅读 AndroidPad 版是超星公司推出的针对安卓平板电脑专门定制的图书阅读软件，内嵌超星网全部图书供读者阅读。图 4-13 为超星手机版"移动图书馆"。

图 4-13　超星手机版"移动图书馆"

3. 学术视频搜索

学术视频搜索是超星数字图书馆的另一款主要产品，主要有国内各高校知名大师、学者的学术讲座、访谈视频，内容主要涉及大师风采、治学方法、哲学、文学、经济学、历史学、法学、工学、理学、医学、管理学、农学、教育学、军事学等。检索界面如图 4-14 所示，检索方法同读秀学术搜索。

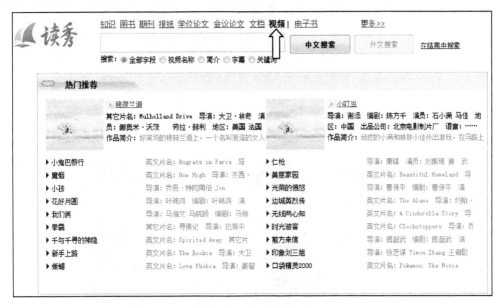

图 4-14 学术视频检索界面

4.2.2 Apabi 数字资源平台

Apabi 数字资源平台（www.apabi.cn）是由北京大学图书馆和北大方正电子有限公司联合推出的产品。数字资源平台以数据库方式收录了新中国成立以来大部分图书全文资源、全国各级各类报纸及年鉴、工具书、图片等特色资源产品。为读者提供全文检索、知识检索、在线阅读、离线借阅、移动阅读、下载、打印等数字内容和知识服务。

电子书：主要由阿帕比电子书资源全文数据库、教参全文数据库、企鹅英文原版书库、阅读中国-当代文学精品库、中小学"教与学"精品书库、文渊阁四库全书等组成。

数字报：主要有中国报纸资源全文数据库、报纸行业剪报库等。

工具书：主要有中国工具书资源全文数据库。

年鉴：主要有中国年鉴资源全文数据库。

特色资源：主要有艺术博物馆图片数据库、国学要览、中医古籍、北京周报、民国期刊等。

移动阅读：主要有 U 阅迷你书房。

该平台有包库主页和公共网站两种方式，如图 4-15 所示。

1. 阅读器下载和安装

登录www.apabi.cn，在"下载专区"里找到 Apabi Reader，它集电子书阅读、下载、收藏等功能于一身，既可看书又可听书，还兼备 RSS 阅读器和本地文件夹监控功能，可用于阅读 CEBX、CEB、PDF、HTM、HTML、TXT 格式的电子图书及文件。

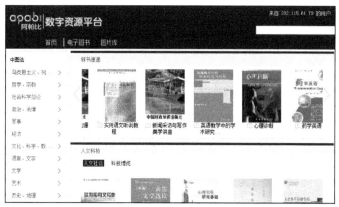

(a) 包库主页

(b) 公共网站

图 4-15　包库主页和公共网站两种方式

2. 图书浏览与检索

图书查找分分类检索、简单检索、高级检索等方式。

(1)分类检索：单击"分类浏览"目标图书的学科类目，逐级查找直至检索目标图书。

(2)简单检索：提供书号、书名、作者、出版社、出版日期、主题或关键词、摘要七个检索字段进行检索，快速查找到目标图书。读者还可在结果中检索。

(3)高级检索：提供五组检索行进行组合检索，每一检索行提供书名、作者、出版社、ISBN、目录、正文六个检索字段进行检索，检索行之间可用逻辑与和逻辑或关系连接，并提供出版时间的限制条件。

4.2.3　书生之家数字图书馆

书生之家数字图书馆(edu.21dmedia.com)由北京书生数字技术有限公司于 2000 年创办，目前可提供超过 10 万种图书全文在线阅读，图书内容涉及各学科领域，侧重教材教参与考试类、文学艺术类、经济金融与工商管理类图书。

1. 阅读器的下载

阅读书生之家数字图书馆电子图书全文之前，需按照说明安装书生阅读器。下载完阅读器后(一般选择在当前位置运行该程序)，要对阅读器进行本地安装。书生阅读器用于阅读、打印书生电子出版物，包括电子图书、电子期刊、电子报纸等。

书生阅读器具备显示、放大、缩小、拖动版面、提供栏目导航、顺序阅读、热区跳转等高级功能，可打印黑白和彩色复印件。

书生阅读器还提供拾取文本功能，当读者需要对某段文字进行摘录时，可以选中"工具"菜单中的"基本工具"→"选择工具"选项，或在工具条中单击带有斜箭头样式的按钮，此时鼠标指针变为 I 形状，拖动光标选中相应的文字，被选中的文字显示为黑色，其文本已被自动存入剪贴板，可粘贴到其他字处理程序文档中。

2. 图书浏览与检索

1) 图书分类浏览

书生之家数字图书馆将全部电子图书按中图法分成 31 大类，包括：文学艺术 A、文学艺术 B、计算机及通信与互联网、经济金融与工商管理 A、经济金融与工商管理 B、语言文化教育体育、教材参考与考试 A、教材参考与考试 B、生活百科、少儿图书、综合性图书与工具书、法律、军事、政治外交、社会科学、哲学宗教、历史地理、科普知识、知识信息传媒、自然科学、农业科学、医药卫生、一般工具技术、矿业工程、冶金与金属、石化与能源动力、电工技术、轻工业与手工业、电子及电信与自动化、其他工业技术、建筑及交通运输与环境。

每个大类下又有若干小类目，逐级细分，共有四级。例如，在社会科学类下细分为社会科学理论、社会学、社会生活与社会问题、人口学、管理学、咨询学、民族学、人才学、劳动科学、统计学等 10 个子类；在自然科学下又细分为总论、非线性科学、系统科学、数学、力学、物理学、化学等 14 个子类。

利用分类进行浏览时，首先根据所要查找的图书内容确定其所属类别，然后按分类体系逐级选择相应类目，会出现该类目所包含的全部图书。单击对应于某本书右侧的"阅读器阅读"按钮，此时阅读器启动，读者就可以实现在线看书。单击具体某一本书名，可进入有关这本书的简要介绍页面，单击图书下面的"全文"按钮，阅读器启动进行阅读。

2) 图书检索

该数据库提供按图书名称、作者、主题、丛书名称、摘要、全文检索等多种检索方式查阅图书。

4.2.4　网络免费图书资源简介

1. 国内典型免费图书网站

1) 人民网读书频道(book.people.com.cn)

读书频道设文化、名人文化库、人民日报读书、新书、连载、书评、书摘、作家、出版社、文化新知、博客、微博、人民读书会等栏目。

2) 中国图书对外推广网(www.cbi.gov.cn)

该网站由中华人民共和国国务院新闻办公室和中华人民共和国新闻出版总署主办，设有新闻中心、版权贸易案例、作家档案、出版单位、数字阅读、书业排行、专题新闻、CBI 报导、翻译名家、出版人物、图书信息、书评书摘、中国之窗、文件下载、在线答疑、供需服务等栏目。

3) 当当读书 (e.dangdang.com)

该读书频道下设小说、文学、青春、励志/成功、童书、生活、社科、管理、科技、教育等栏目。另外可在该读书频道购买相应图书的数字图书，通过网页提供的 PC、iOS、安卓等系统对应的当当读书客户端下载购买的数字商品，并在读书客户端打开阅读。

4) 中华读书网 (reader.gmw.cn)

该读书频道由光明日报社主办，设有要闻、新书推荐、资讯、阅读、悦读汇、文摘、名人堂、作家、书评等栏目。

5) 新浪读书 (book.sina.com.cn)

新浪读书频道为读者提供最及时全面的图书资讯，第一时间奉献最新图书连载，为文学爱好者搭建中文最具影响力的网络原创平台和交流社区，设有热点、悦读汇、书库、书摘、书评、文化、作家、书业、书讯、活动、深度访谈、专题策划、文化组图、好书榜等栏目。

6) 凤凰网读书 (book.ifeng.com)

凤凰网读书频道设有电子书、图书库、影视文学、剧本库、好书榜、读书会、文青周刊、书讯、书评、书摘等版块。另外提供安卓和苹果系统对应的凤凰读书客户端，可以下载已购电子图书并阅读。

7) 新华网读书频道 (www.xinhuanet.com/book)

新华网是中国主要重点新闻网站，新华通讯社主办。读书频道含悦读馆、原创、专题、资讯、文化、新书上架、悦荐好书等栏目。

8) 潇湘书院 (www.xxsy.net)

潇湘书院是汇集原创、武侠、言情、古典、当代、科幻、侦探等公益性综合小说的阅读网站，设有穿越、架空、历史、都市、青春、魔幻、玄幻等栏目。

9) 纵横中文网 (www.zongheng.com)

该网站是中文原创阅读网站，设有本奇幻·玄幻、武侠·仙侠、历史·军事、都市·娱乐、竞技·同人、科幻·游戏、悬疑·灵异、唯美·言情、纵横书库、纵横动漫、小说排行、纵横书讯、作者专区等栏目。

10) 起点中文网 (www.qidian.com)

起点中文网创立于 2002 年，是国内最大的原创网络文学网站，作品内容多元，已形成了完善的创作、培养、销售为一体的电子出版机制。该网站设有书库·精品、出版·图书、玄幻·奇幻、武侠·仙侠、都市·言情、历史·军事、游戏·竞技、科幻·灵异、美文·同人、全本·剧本、漫画·三江等栏目。

2. 国外典型免费图书网站

1) 德国的施普林格 (www.springer.com)

施普林格出版社于 1842 年在德国柏林成立，是自然科学、工程技术和医学 (STM) 领域全球最大的图书出版社，每年出版新书 6500 余种。目前包括 2900 种期刊以及超过 19 万种图书。施普林格出版社在电子出版方面占有领先地位，拥有全球最大的 STM 电子图书系列。施普林格出版社电子图书是全球最大的科学、技术和医学在线电子图书数据库，提供全文访问服务，产品包括专著、教科书、手册、图解集、工具书、丛书等。通过施普林格出版社电子图书数据库可以访问所有施普林格出版社电子版书籍，数据库中包含超过 4 万种电子图书、电子丛书系列和电子参考工具书,并每年递增多达 4000 种。SpringerLink 所有资源划分为行为科学、生物医学和生命科学、商业和经济、化学和材料科学、计算机科学、地球和环境科学、工程学、人文、社科和法律、数学和统计学、医学、物理和天文学、计算机职业技术与专业计算机应用等学科。

2)美国的 NAP(www.nap.edu)

NAP(National Academies Press)是美国国家科学院下属的学术出版机构,主要出版美国国家科学院、国家工程院、医学研究所和国家研究委员会的报告。

目前通过其主站点可以免费在线浏览 5300 多种电子图书,按照图书内容不同将图书分为农业、行为和社会科学、传记和自传、生物学和生命科学、计算机和信息技术、冲突和安全问题、地球科学、教育、能源和节能、工程和技术、环境和环境研究、食品和营养、健康和医疗、工业和劳动、数学、化学和物理、科学技术政策、航空航天、交通运输等主题,每个主题下又细分为若干小专题。

电子图书采用 PDF 文档格式,保持图书的原貌,并提供网上免费浏览,还可进行全文检索、打印(一次一页)。访问不需要账号和口令,也不需要下载电子图书专用阅读软件。

进入后可以按主题以及主题下的小专题分类浏览,也可以输入检索词,在书名、主题和 ISSN 中检索。在每一本书中可以像阅读印刷本图书一样按目录和章节阅读,也可输入检索词进行全文检索,然后直接单击进入有关的章节或页面。

3)美国的 eScholarship Editions (publishing.cdlib.org/ucpressebooks)

eScholarship Editions 是加利福尼亚数字图书馆(California Digital Library, CDL) eScholarship 课题的子项目。作为加利福尼亚大学的图书馆之一,CDL 为加州大学图书馆和一些社团提供全球的学识和相关的知识,并支持利用这些资源进行的汇集和创新工作。

eScholarship Editions 包含近 2000 种学术出版社的电子图书,图书内容覆盖艺术、科学、历史、音乐、宗教和小说等诸多领域。除提供加州大学师生利用外,eScholarship Editons 项目特别提供其中的 700 多种电子图书免费在线浏览(以 public 标识)。

4)古腾堡工程(www.gutenberg.org)

该工程由 Michael Hart 于 1971 年启动,致力于文化作品的数字化和归档,并鼓励创作和发行电子书。其中大部分书籍都是公有领域书籍的原本,古腾堡工程确保这些原本自由流通、自由文件格式,有利于长期保存,并可在各种计算上阅读。发布格式除纯文本文件外,还包括其他格式,如 HTML、PDF、EPUB 等,大多数版本为英文,但也有许多非英语的作品。

提供超过 46000 本免费电子书:可从免费的 EPUB 书籍、Kindle 电子书等中选择,并下载或在线阅读。

4.2.5　各类图书书目信息检索

图书书目信息检索主要利用书目数据库进行,书目数据库一般是指存储二次文献信息的数据库,也称二次文献数据库,可分为题录数据库、目录数据库、索引与文摘数据库,可查找关于指定学科(主题)有哪些出版物、指定著者有哪些著作、指定书的书名、著者、出版商以及如何获得等信息,具有便捷高效、检索功能强大等优点,是当前查询图书信息最重要的手段。

1. 馆藏书目信息检索

近年来，国内外的许多图书馆在互联网上提供基于网络的"联机公共目录查询系统"（Online Public Access Catalogue，OPAC）。读者可在网络上进行基于一个图书馆或多个图书馆的馆藏印刷版图书的查找和借阅。馆藏目录包括以下两种。

（1）某一个图书馆"馆藏目录"，指某个图书馆提供的基于该馆印刷版文献的馆藏目录，揭示该馆文献信息收藏情况及其提供检索功能，读者通过检索来了解该馆的馆藏文献信息。例如，四川大学锦城学院图书馆的"馆藏目录"、四川大学图书馆"馆藏目录"、清华大学图书馆"馆藏目录"等。下面推荐给读者典型的国家图书馆和大学图书馆：

中国国家图书馆（www.nlc.gov.cn）

美国国会图书馆（www.loc.gov/index.html）

大英图书馆（portico.bl.uk）

澳大利亚国家图书馆（www.nla.gov.au）

欧洲各国家图书馆（search.theeuropeanlibrary.org/portal/en/index.html）

哈佛大学图书馆（hul.harvard.edu）

（2）多个图书馆"联合目录"，指多个图书馆联合编制的，将某地区或多个图书馆印刷版文献集成在一起，提供多个图书馆收藏情况的联合目录，典型的如下。

1）联合目录公共查询系统（opac.calis.edu.cn）

联合目录公共检索系统（CALIS）是教育部高等教育文献保障中心提供的全国高校系统的联机目录查询系统。数据按照语种划分可分为中文、西文、日文、俄文四个数据库，按照文献类型划分，可分为图书、连续出版物、古籍，采用 Web 方式提供全国高校图书馆的馆藏信息的查询与浏览。

2）中国科学院联合目录系统（union.csdl.ac.cn）

中国科学院联合目录系统以联机联合编目数据库（包括全国中西日俄文期刊联合目录数据库、中国科学院中西文图书联合目录数据库）和电子资源知识库为底层支持，实现印本资源和电子资源的集成揭示。联合目录集成服务系统独特的情景敏感功能，可以使用户方便地获取许可电子资源的全文，同时了解中国科学院所属图书馆关于该资源印本和电子的收藏情况，及国内 400 余家图书馆关于该资源印本的收藏情况。

联合目录数据库中的全国期刊联合目录数据库创建于 1983 年，由中国科学院文献情报中心（中国科学院国家科学图书馆的前身）牵头研建，曾荣获中国科学院科技进步二等奖，是科技部、中国科学院"九五"攻关项目的成果。截至 2008 年年底，全国中西日俄文期刊联合目录数据库共收录西文印本期刊 5.4 万种，馆藏 26.8 万条，收录日文印本期刊 7000 余种，馆藏 2.5 万条；收录俄文印本期刊 6500 余种，馆藏 1.8 万条；收录中文印本期刊 1.9 万种，馆藏 8.3 万条。学科范围覆盖数学、物理、化学、天文、地理、生命科学、农业、医药、信息科学、工业技术、社会科学等。联合目录数据库中的图书联合目录数据库于 2002 年正式启动，2004 年 5 月全面开通提供服务。截至 2008 年年底，共收录西文印本图书 38.3 万种，馆藏 50 万条；收录中文印本图书 47.5 万种，馆藏 77.8 万条；收录西文电子图书 9500 种；收录中文电子图书近 9 万种。

2. 网上书目信息检索

1) 北发图书网(www.beifabook.com)

北发图书网汇集了全国 60 万种优秀出版物，是以图书、音像制品及电子出版物销售为主，集网上购书、在线阅读、行业信息发布等功能于一体的大型国有图书销售专业网站。北发图书网下设北京图书大厦、王府井书店、中关村图书大厦、亚运村图书大厦网上书店等 8 家分网站。

2) 亚马逊网上书店(www.amazon.com)

亚马逊公司(纳斯达克代码：AMZN)总部位于美国华盛顿州的西雅图，创立于 1995 年，目前为全球商品品种最多的网上零售商。除图书书目搜索外，还可搜索影视、音乐和游戏、数码下载、电子和计算机、家居园艺用品、玩具、婴幼儿用品、食品、服饰、鞋类和珠宝、健康和个人护理用品、体育及户外用品、玩具、汽车及工业产品等。

卓越亚马逊(www.amazon.cn)为亚马逊旗下公司，成立于 2000 年 5 月，总部位于北京，提供包括书籍、音乐、音像、软件、数码 3C、家电、玩具、家居、个人护理、化妆美容、钟表、珠宝首饰、鞋靴、箱包、体育健康用品、食品、母婴产品及办公用品等产品的搜索。

3) WorldCat(www.oclc.org)

WorldCat 是 OCLC 公司(联机计算机图书馆中心)的在线编目联合目录，是世界范围图书馆和其他资料的联合编目库，同时是世界上最大的联机书目数据库。WorldCat 目前可以搜索 112 个国家的图书馆，包括近 9000 家图书馆的书目数据，可以搜索书籍、期刊、光盘等的书目信息和馆藏地址。

4) 当当图书(book.dangdang.com)

当当网于 1999 年 11 月正式开通，目前产品包括图书音像、家居、母婴、服装和 3C 数码等几十个大类。

4.3　期刊信息检索

期刊信息检索是指运用各种载体形态的检索工具，按照一定的方法、步骤，利用各种检索途径，根据期刊及期刊论文的内外部特征，如篇名、著者、刊名、ISSN、关键词、摘要等，查找所需期刊相关信息和全文的过程。

期刊信息检索包括：①对期刊刊物信息的检索；②对期刊内容信息即论文(文章)和引文信息的检索。

本节重点介绍国内主要电子期刊数据库，主要介绍电子期刊数据库的使用方法以及网上典型免费电子期刊网站。

4.3.1　中国知网

1. 文献资源及服务平台概况

中国知网(www.cnki.net)是集知识资源大规模整合出版、原创性学术文献出版、多媒体出版和专业化、个性化数字图书馆为一体的数字出版平台，它全面整合了我国 90% 以上的学术文献、海外重要的学术文献数据库资源，以网络出版和数字图书馆相结合的优势，实现知识资源的增值服务和学术文献的个性化与专业化实时出版，面向全社会提供知识管理服务。

国家知识基础设施(National Knowledge Infrastructure，CNKI)工程始建于 1999 年，是以实现全社会知识信息资源传播共享与增值利用为目标的国家信息化重点工程，由清华大学发起，中国学术期刊(光盘版)电子杂志和同方知网(北京)技术有限公司建设，是"十一五"国家重大出版工程项目。目前，已建成中国知识资源总库及 CNKI 网格资源共享平台，通过产业化运作为全社会知识资源共享提供知识信息资源和知识传播与数字化学习平台。数据库内容涵盖数学、物理、力学、天文、地理、生物、化学、化工、冶金、环境、航空、交通、水利、建筑、能源、农业、医药卫生、文史哲、政治军事与法律、教育与社会科学、电子技术与信息科学、经济与管理等学科领域。数据库数据高度整合，可实现一站式检索，同时具有引文连接功能，除了可以构建成相关的知识网络外，还可用于个人、机构、论文、期刊等方面的计量与评价。中国知网对机构用户采用 IP 地址控制使用权限，任何用户不需要账户登录即可访问并免费检索获取文摘题录信息。

CNKI 的中国知识资源总库的产品体系主要包含丰富的文献资源(数据库)和知识服务平台两大类。

1) 文献资源总览

(1) 源数据库。

① 中国学术期刊网络出版总库。

② 中国学术辑刊全文数据库。

③ 中国博士学位论文全文数据库。

④ 中国优秀硕士学位论文全文数据库。

⑤ 世纪期刊。

⑥ 商业评论数据库。

⑦ 中国学术期刊网络出版总库_特刊。

⑧ 中国重要会议论文全文数据库。

⑨ 中国重要报纸全文数据库。

⑩ 国际会议论文全文数据库。

(2) 行业知识库。

① 人民军医出版社系列。

② 中国高等教育期刊文献总库。

③ 中国基础教育文献资源总库。

④ 中国城市规划知识仓库。

⑤ 中国法律知识资源总库。

⑥ 中国政报公报期刊文献总库。

⑦ 中国党建期刊文献总库。

(3) 特色资源。

① 中国年鉴网络出版总库。

② 中国经济社会发展统计数据库。

③ 中国经济信息文献数据库。

④ 中国法律知识资源总库法律法规库。

⑤ 中国科技项目创新成果鉴定意见数据库(知网版)。

⑥ 中国工具书网络出版总库。

⑦ 中国专利文献数据库(知网版)。

⑧ 海外专利摘要数据库(知网版)。

⑨ 国家标准全文数据库。

⑩ 中国行业标准全文数据库。

(4)国外资源。

① 施普林格公司期刊数据库。

② Wiley(期刊/图书)。

③ Taylor & Francis 期刊数据库。

④ ProQuest 期刊数据库。

⑤ 剑桥大学出版社数据库。

⑥ PubMed 期刊。

⑦ 美国数学学会期刊。

⑧ EBSCO ASRD-学术研发情报分析库。

⑨ EBSCO BSC-全球产业(企业)案例分析库。

下面重点介绍几种主要的数据库。

第一,中国学术期刊网络出版总库。

中国学术期刊网络出版总库(China Academic Journal Network Publishing Database,CAJD)是世界上最大的连续动态更新的中国学术期刊全文数据库,是"十一五"国家重大网络出版工程的子项目,是《国家"十一五"时期文化发展规划纲要》国家"知识资源数据库"出版工程的重要组成部分。

收录内容:以学术、技术、政策指导、高等科普及教育类期刊为主,内容覆盖自然科学、工程技术、农业、哲学、医学、人文社会科学等各个领域。收录国内学术期刊 8000 余种,全文文献总量 4300 余万篇。

专辑专题:基础科学、工程科技Ⅰ、工程科技Ⅱ、农业科技、医药卫生科技、哲学与人文科学、社会科学Ⅰ、社会科学Ⅱ、信息科技、经济与管理科学。十大专辑分为 168 个专题。

收录年限:1915 年至今出版的期刊,部分期刊回溯至创刊。

出版时间:①日出版,包括中心网站版、网络镜像版,每个工作日出版,法定节假日除外;②月出版,包括网络镜像版、光盘版,每月 10 日出版。

下载方式:全文下载、在线浏览。

检索字段:主题、篇名、关键词、摘要、作者、第一作者、全文、参考文献、基金、单位、刊名、年、期、中图分类号、ISSN、统一刊号。

第二,中国学术辑刊全文数据库。

中国学术辑刊全文数据库是以学术辑刊为收录对象的全文数据库。

收录对象:学术辑刊是指具有相对稳定、统一的题名,以分册形式,以年、季度、双月、月、半月、双周、周定期出版,并有年、卷期等标识序号,计划无限期出版,具有正式刊号,通常有同行评议制，辑刊编者的学术素养高，论文质量好，专业特色强。辑刊具有较强的学术辐射力和带动效应，能反映当前我国科学技术、社会科学各个学科领域最新研究成果的连续出版物。

文献总量：截至 2015 年初共收录国内出版的重要学术辑刊 500 余种，累积文献总量 16 万余篇。

收录年限：1979 年至今出版的论文集。

导航体系：主办单位导航、CSSCI 辑刊导航。

第三，中国博士学位论文全文数据库。

中国博士学位论文全文数据库（China Doctoral Dissertations Full-text Database，CDFD）是国内内容齐全、出版迅速、数据规范、高质量的博士学位论文全文数据库。

收录范围：收录全国 985 和 211 工程等重点高校、中国科学院、社会科学院等研究院所的博士学位论文。学科覆盖基础科学、工程技术、农业、医学、哲学、人文、社会科学等各个领域。

十大专辑：同中国学术期刊网络出版总库。

文献总量：截至 2015 年年初，收录来自 423 家培养单位的博士学位论文 25 万余篇。

收录年限：1984 年至今的博士学位论文。

更新频率：每日更新。

下载方式：章节下载、整本下载、分页下载、在线浏览。

检索字段：主题、题名、关键词、摘要、作者、作者单位、学位授予单位、学位授予单位代码、导师、第一导师、全文、参考文献、导师单位、论文级别、学科专业名称、论文提交日期、目录、中图分类号、学位年度、网络出版投稿人、网络出版投稿时间。

第四，中国优秀硕士学位论文全文数据库。

中国优秀硕士学位论文全文数据库（China Master's Theses Full-text Database，CMFD）是精选国内优秀硕士论文、内容齐全、数据规范、高质量、出版迅速的硕士论文数据库。

收录范围：重点收录 985 和 211 高校、中国科学院、社会科学院等重点院校高校的优秀硕士学位论文、重要特色学科如通信、军事学、中医药等专业的优秀硕士论文。以优先保证文献质量为基本原则。学科覆盖基础科学、工程技术、农业、医学、哲学、人文、社会科学等各个领域。

文献总量：截至 2015 年年初收录来自 654 家培养单位的优秀硕士学位论文 220 万余篇。

十大专辑：同中国学术期刊网络出版总库。

收录年限：1984 年至今硕士学位论文。

更新频率：每日更新。

下载方式：章节下载、整本下载、分页下载、在线浏览。

检索字段：主题、题名、关键词、摘要、作者、作者单位、学位授予单位、学位授予单位代码、导师、第一导师、全文、参考文献、导师单位、论文级别、学科专业名称、论文提交日期、目录、中图分类号、学位年度、网络出版投稿人、网络出版投稿时间。

第五，中国年鉴网络出版总库。

中国年鉴网络出版总库是通过年鉴编辑单位合作建设、全面系统整合年鉴资源的全文数据库。该库是根据各类年鉴的内容信息特点，经过文献分类汇编、特征信息著录标识，形成的年鉴文献检索工具。文献来自中国国内的中央、地方、行业和企业等各类年鉴的全文文献。

收录范围：内容覆盖基本国情、地理历史、政治军事外交、法律、经济、科学技术、教育、文化体育事业、医疗卫生、社会生活、人物、统计资料、文件标准与法律法规等各个领域。

文献总量：截至 2010 年年底收录各类年鉴 2000 余种，共 1.2 万余册，条目 1200 万篇。

收录年限：1949 年至今。

出版周期：中心网站每周更新，镜像站点每月更新。

导航体系：行业导航、地域导航、专辑导航、单刊种导航。

检索字段：按条目检索项题名、作者、单位、地域、正文、年鉴中文名、年鉴英文名、卷、出版日期、主编、主编单位、出版者、ISSN、CN、ISBN。

按整刊检索项：年鉴中文名、年鉴英文名、关键词、地域、类型、年鉴年份。

第六，中国重要会议论文全文数据库。

中国重要会议论文全文数据库(China Pro Conference Database，CPCD)收录了国内重要会议主办单位或论文汇编单位书面授权，投稿到中国知网进行数字出版的会议论文，是我国较重要的会议论文全文数据库。

收录范围：重点收录 1999 年以来，中国科协系统及国家二级以上的学会、协会、高校、科研院所、政府机关举办的重要会议以及在国内召开的国际会议上发表的文献。其中，全国性会议文献超过总量的 80%，部分连续召开的重要会议论文回溯至 1953 年。

文献总量：截至 2015 年年初已收录出版 15000 余次国内重要会议投稿的论文，累积文献总量超过 180 万篇。

十大专辑：同中国学术期刊网络出版总库。

收录年限：1953 年至今。

更新频率：每日更新。

检索字段：主题、题名、关键词、摘要、论文作者、作者机构、会议录名称、第一责任人、全文、参考文献、基金、主办单位、学会、主编、编者、出版单位、会议地点、年、中图分类号、统一书刊号、ISSN、ISBN、网络出版投稿时间、网络出版投稿人。

第七，中国重要报纸全文数据库。

中国重要报纸全文数据库(CCND)是以重要报纸新闻、学术性、资料性文献为主要内容，收录 2000 年以来中国国内重要报纸刊载的学术性、资料性文献的连续动态更新的全文数据库。

收录范围：国内公开发行的 500 多种重要报纸。

文献总量：截至 2012 年 10 月，累计报纸全文文献 1000 多万篇。

收录年限：2000 年至今。

更新频率：每日更新。

检索字段：主题、标题、关键词、作者、第一作者、全文、报纸名称、日期、版号、栏目、统一刊号。

第八，中国科技项目创新成果鉴定意见数据库(知网版)。

中国科技项目创新成果鉴定意见数据库主要收录正式登记的中国科技成果，按行业、成果级别、学科领域分类。每条成果信息包含成果概况、立项、评价、知识产权状况、成果应用、成果完成单位、完成人等基本信息。核心数据为登记成果数据，具备正规的政府采集渠道，权威且准确。每项成果的知网节集成了与该成果相关的最新文献、科技成果、标准等信息，可以完整地展现该成果产生的背景、最新发展动态、相关领域的发展趋势，可以浏览成果完成人和成果完成机构更多的论述以及在各种出版物上发表的文献。可以通过成果名称、成果完成人、成果完成单位、关键词、课题来源等检索项进行检索。

收录范围：从 1978 年至今的科技成果，部分成果回溯至 1920 年。

收录年限：1978 年至今。

收录数量：共计收录科技成果超过 64 万项。

更新频率：每月更新。

2) 知识服务平台

(1) 检索、搜索平台。

(2) 数字化研究平台。

(3) 数字化学习平台。

(4) 文献计量评价研究平台。

(5) 投稿与采编平台。

2. 检索方式

下面重点介绍知识服务平台的检索、搜索平台的使用方法。

1) 文献检索

(1) 下载阅读器。

在 CNKI 首页的"常用软件下载"栏目中下载、安装 CNKI 的专用阅读器 CAJViewer 或者通用阅读器 AdobeReader。CAJViewer 全文浏览器支持 CAJ、NH、KDH、CAS、CAA 和 PDF 格式文件，可在线浏览、下载阅读期刊全文。主要功能有浏览页面、提取页面、查找文字、切换显示语言、文本和图像摘录、打印及保存等。在软件下载页面选择阅览器最新版本，依据向导完成下载安装。建议读者使用 CNKI 的专用阅读器 CAJViewer。当阅读器下载安装成功后，阅读、打印全文就做好了准备。

(2) 检索。

中国知网首页如图 4-16 所示，页面最上方为一个框式检索平台，用户只需要在文本框内直接输入检索词即可检索。检索框上方的标签栏默认为"文献"，在此状态下进行文献检索属于跨库检索，包含文献类数据库期刊、博士、硕士、国内重要会议、国际会议、报纸和年鉴七个库。可以通过切换标签，在相应的数据库进行单库检索。

中国知网提供了 168 个学科为基础的文献导航，通过使用文献导航可控制检索的学科范围，提高检索准确率及检索速度，还可直接查看/浏览每个导航类目下的文献。采用鼠标滑动式逐层打开学科各个子类，直到出现某子类下全部文献目录，单击文献名称获取文献信息。

下面以中国学术期刊网络出版总库为例介绍 CNKI 单库检索的方法，跨库检索与之类似。单击中国知网首页一个框式检索平台右侧的"高级检索"选项或下方的"期刊"选项即可进入中国学术期刊网络出版总库的检索页面，如图 4-17 所示。

图 4-16 中国知网首页

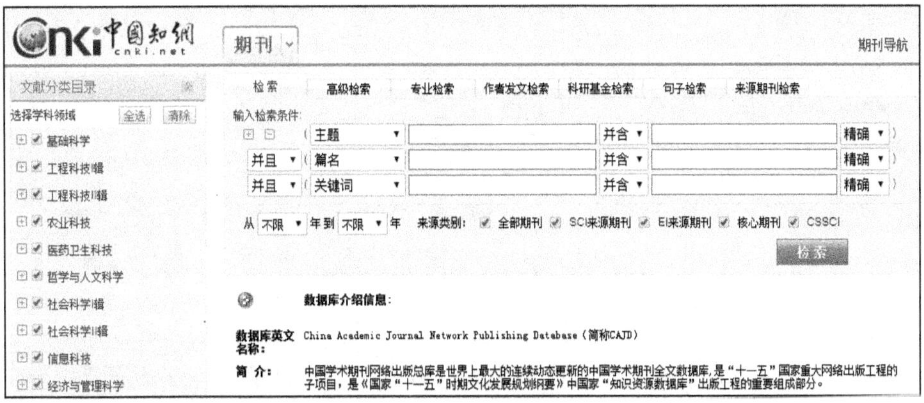

图 4-17 中国学术期刊网络出版总库的 7 种检索方式

中国学术期刊网络出版总库提供检索、高级检索、专业检索、作者发文检索、科研基金检索、句子检索和来源期刊检索 7 种检索方式(不同数据库检索方式略有不同),通过页面上方的功能导航栏可在这 7 种检索方式中进行切换。页面左侧为学科领域选择区,系统默认为全部学科,可以根据实际需要勾选一个或多个学科,界面中部为检索区。

检索:检索区分两部分。①输入检索控制条件,系统提供"期刊年限"和"来源类别"两种限定选项。②输入内容检索条件,系统默认提供一个检索行,通过前方的"+"和"-"按钮可以增加和减少检索行,每一检索行的检索字段由左侧的下拉菜单选择,提供"主题"、"篇名"、"关键词"、"作者"、"单位"、"刊名"等,每一检索行分左右两个检索框,通过框间下拉菜单可以指定其逻辑关系,通过检索行右侧的下拉菜单实现精确检索或模糊检索。检索字段如图 4-18 所示。

高级检索:通过两个步骤检索文献。

第一步,输入检索控制条件。它包含指定"期刊年限"、"期"、"更新时间"、"来源期刊"、"来源类别"、"支持基金"、"作者"和"作者单位"等多个限制条件。

第二步,输入内容检索条件。检索框里有主题、篇名、关键词、摘要、全文、参考文献、中图分类号七个检索字段,对检索词进行限制,还可进行"词频"和"精确与模糊"限制等,如图4-19所示。

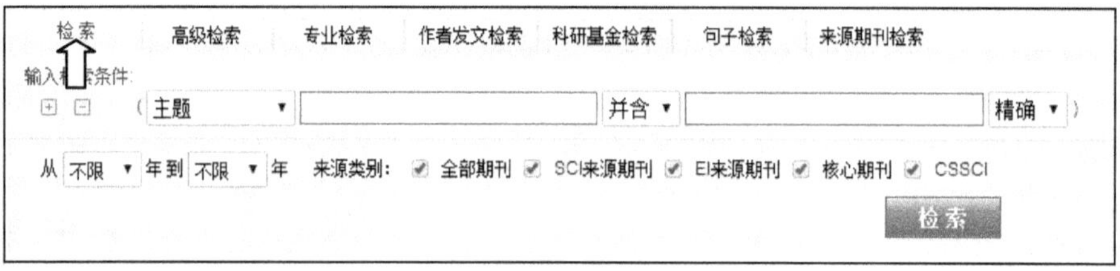

图 4-18　中国学术期刊网络出版总库的检索方式

图 4-19　中国学术期刊网络出版总库的高级检索

　　专业检索:专业检索是所有检索方式里面比较复杂的一种检索方法,需要用户自己使用逻辑运算符和18个检索字段相对应的关键词构造检索表达式来检索,并且确保所输入的检索式语法正确,这样才能检索到想要的结果。专业检索页面检索框下方有各检索字段对应的代码以及检索示例,详细语法可以单击右侧的"检索语法表达式"参看详细的语法说明。提供的检索字段为主题、题名(篇名)、关键词、摘要、全文、作者、第一作者、作者单位、期刊名称、参考文献、发表时间、期刊年、基金、中图分类号、ISSN等,如图4-20所示。

图 4-20　中国学术期刊网络出版总库的专业检索

作者发文检索：用于检索某作者的发表文献，通过作者姓名、单位名称查找作者发表的全部文献的检索方式。在检索框输入相应作者姓名、单位进行检索，如图 4-21 所示。

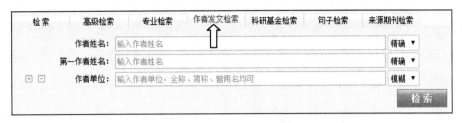

图 4-21　中国学术期刊网络出版总库的作者发文检索

科研基金检索：通过输入科研基金名称查找获其资助的文献。可直接在检索框中输入基金名称进行检索，也可通过单击检索框右方的　　按钮选择基金，如图 4-22 所示。

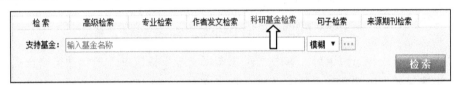

图 4-22　中国学术期刊网络出版总库的科研基金检索

句子检索：通过输入两个关键词查找两个检索词同时在"同一句"中或"同一字段"中出现的检索结果。可在全文的同一句话或同一段话中进行检索，"同一句"是指两个标点符号之间，"同一段"是指 5 个句子之内，如图 4-23 所示。

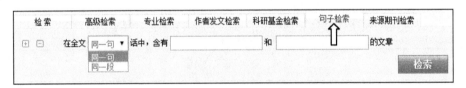

图 4-23　中国学术期刊网络出版总库的句子检索

来源期刊检索：通过"来源类型"选择，如可选择全部期刊、SCI 来源期刊、EI 来源期刊或核心期刊；输入"来源期刊"名称和选择"期刊年期"来查找包含相关期刊的检索方式，如图 4-24 所示。

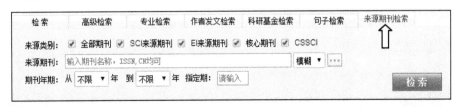

图 4-24　中国学术期刊网络出版总库的来源期刊检索

(3)检索结果处理。

利用上述检索方式均可获得相关文献信息，读者可查看、保存、下载题录或全文。

① 保存"题录信息"。

题录是指文献的基本信息，包括题名、作者、关键词、作者机构、文献来源和摘要等。

题录保存是指当获得检索结果后，需要将结果的题录信息导出保存以备他时使用，所采取的选择条目予以保存的过程。具体步骤为选择题录→导出→选择导出格式→预览→打印或复制保存。

第一步，全选或针对性选择。在检索结果的页面上通过全选、针对性选择两种方式选择相关条目。前者是单击检索结果页面全选按钮全部选中当前页的题录，后者是在篇名前的序号前的方框内勾选，如图 4-25 所示。

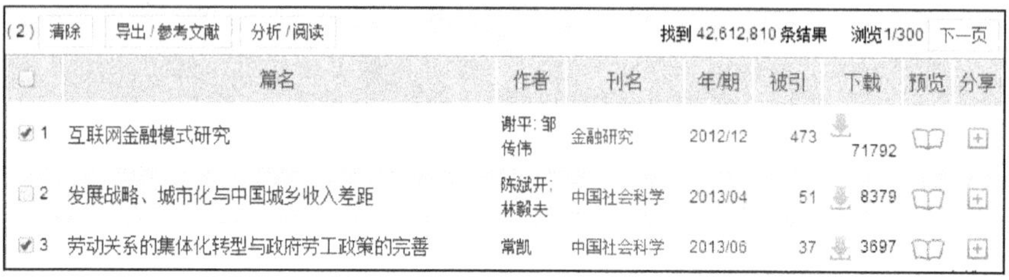

图 4-25　中国学术期刊网络出版总库的检索结果处理

第二步，存盘。勾选题录后，单击"导出/参考文献"按钮进入检索结果组合页面，在该页面进一步选择要导出的文献，单击"导出/参考文献"按钮进入存盘页面。提供 CAJ-CD 格式引文、查新（引文格式）、查新（自定义引文格式）、CNKI E-Learning 格式、RefWork、EndNote、NoteExpress、NoteFirst 和自定义等 10 种存盘格式，如图 4-26 所示。

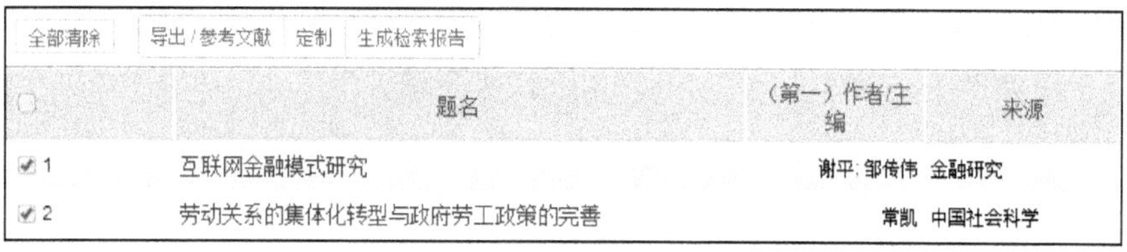

（a）检索结果组合页面

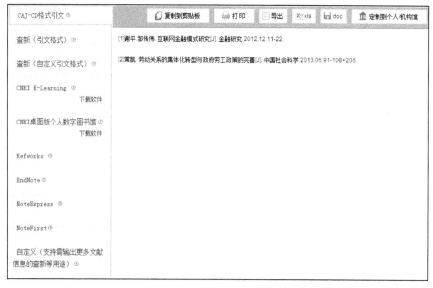

（b）存盘页面

图 4-26　检索结果导出题录信息

第三步，预览。单击格式标题查看输出格式。

第四步，保存。单击“复制到剪贴板”按钮，可直接将内容粘贴到 TXT、Word 等文本编辑器中；单击“导出”按钮可将内容存入 TXT 文档中。

② 查看、下载记录。

查看记录：结果列表显示每条记录的篇名、作者、来源刊名、年/期、被引用次数和下载量。单击单条记录的篇名链接进入该篇文献的详细信息页面，可查看作者、单位、摘要、引文网络、参考文献、同引文献等信息。

下载记录：CNKI 提供了 CAJ 下载和 PDF 下载两种下载格式，推荐使用 CAJ 下载。在节点文献页面即可下载全文，系统提供在线浏览和下载阅读两种方式，如图 4-27 和图 4-28 所示。

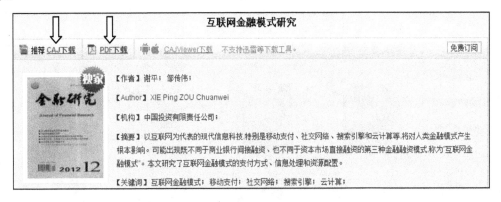

图 4-27　中国学术期刊网络出版总库的检索结果处理 CAJ 或 PDF 下载

互联网金融模式研究

谢　平　邹传伟

（中国投资有限责任公司，北京　100010）

摘　要：以互联网为代表的现代信息科技，特别是移动支付、社交网络、搜索引擎和云计算等，将对人类金融模式产生根本影响。可能出现既不同于商业银行间接融资、也不同于资本市场直接融资的第三种金融融资模式，称为“互联网金融模式”。本文研究了互联网金融模式的支付方式、信息处理和资源配置。

关键词：互联网金融模式；移动支付；社交网络；搜索引擎；云计算

JEL 分类号：G29，G14　**文献标识码**：A　**文章编号**：1002 - 7246(2012)12 - 0011 - 12

一、引　言

金融服务实体经济的最基本功能是融通资金，是将资金从储蓄者转移到融资者手中。但在一般均衡定理的经典表述中（Mas - Colell *et al.*，1995，p547，p585），金融中介是不存

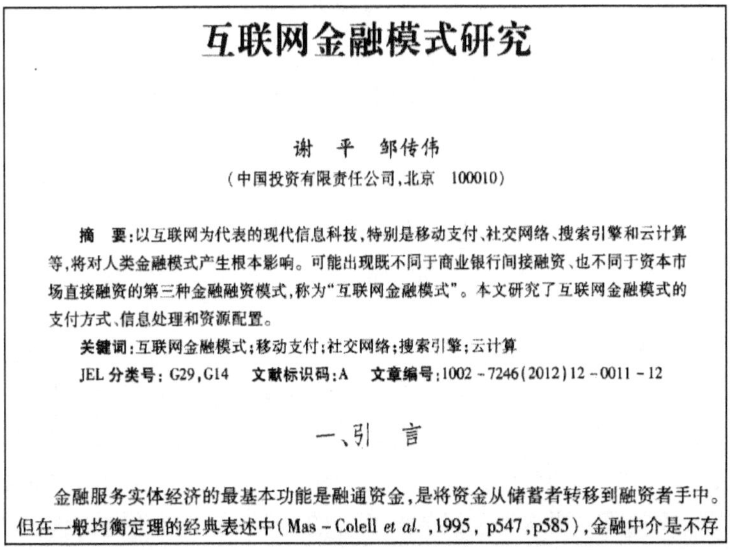

图 4-28　中国学术期刊网络出版总库的检索结果处理——下载的“全文信息”

③ 排序、分组、相关搜索。

排序：检索结果可以按照主题、发表时间、被引次数和下载量四种方式进行排序，默认采用“主题排序”降序排序。

分组：系统将检索结果按学科、发表年度、基金、研究层次、作者、机构、文献来源、关键词等限定字段组成不同的集合进行聚类显示。不同的数据库排序和分组方式略有不同。

相关搜索：在检索结果的下端提供了相关搜索的功能，根据用户输入系统提供与此相关的词。

（4）期刊导航。

期刊导航是以浏览期刊为目的的直接检索方式。根据期刊的不同属性分类，共有首字母导航、专辑导航、优先出版期刊导航、独家授权期刊导航、总库收录期刊导航、数据库刊源导航、刊期导航、出版地导航、主办单位导航、发行系统导航、期刊荣誉导航、核心期刊导航和中国高校精品科技期刊导航等共 14 个分类导航库。所有导航均提供刊名、ISSN、CN 作为检索字段，直接输入相关检索词即可进行检索，如图 4-29 所示。

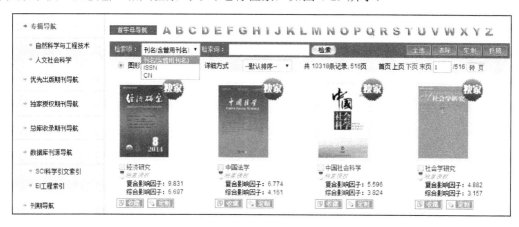

图 4-29　　中国学术期刊网络出版总库的期刊导航

2）CNKI 指数

CNKI 指数是以中国知网文献为基础的数据分析服务，它能形象地反映不同关键词在过去一段时间里的变化趋势，并反映该关键词的关注度，包括学术关注度、媒体关注度、学术传播度和用户关注度，以及相应的热点文献、学科分布、机构分布等信息。通过科学、标准的运算，以直观的图形界面展现，帮助用户检索、发现和追踪学术热点话题，以最大化地获取有价值的信息。

3）学术定义

学术定义的内容全部来源于 CNKI 全文库，涵盖文、史、哲、经济、数理科学、航天、建筑、工业技术、计算机等所有学科和行业。只需简单的输入和单击操作就可以得到想要查询词汇的准确定义，并且可直接查询定义出处。其特点是不同于一般的网页和文献搜索等参考型搜索引擎系统，它是一部不断更新的海量 CNKI 知识元术语解释，CNKI 知识元的电子词典又是一个从海量文献中搜索有意义的知识点的检索平台，提供最权威、最准确的 CNKI 知识元概念。例如，读者写论文需要引用权威的术语定义，可直接查找 CNKI 学术定义频道来解决术语定义问题，检索结果包括术语的英文对照、在工具书中的介绍以及查看来源文献、相关学术图片、研究与该术语相关问题的学者等。

4）翻译助手

翻译助手频道不同于一般的英汉互译工具，该翻译助手以 CNKI 总库所有文献数据为依据，不仅为读者提供英汉词语、短语的翻译检索，还可以提供句子的翻译检索。不但对翻译需求中的每个词给出准确翻译和解释，同时给出大量与翻译请求在结构上相似、内容上相关的例句，方便读者参考后得到最恰当的翻译结果。

翻译助手频道汇集从 CNKI 系列数据库中挖掘整理出的 800 余万个常用词汇、专业术语、成语、俚语、固定用法、词组等中英文词条以及 1500 余万个双语例句、500 余万个双语文摘，形成海量中英文在线词典和双语平行语料库。数据实时更新，内容涵盖自然科学和社会科学的各个领域。

5）数字搜索

数字搜索频道以"一切用数字说话"为理念，向读者提供数字知识和统计数据搜索服务，以数值知识元、统计图片/表格和统计文献作为基本搜索单元。数值知识元是描述客观事物或者事件数值属性（如时间、长度、高度、重量、百分比、销售额、利润等）的知识单元（如 2006 年全国高考人数、中国经济总量、QQ 用户数、2006 年外资投资额、四川移动用户数等）。

数字搜索覆盖各学科领域，从科学知识到财经资讯，从大政方针到生活常识均包括。除来自 CNKI 五大全文数据库外，CNKI 数字搜索还实时采集中央和各地方统计网站和中央各部委网站，每条搜索结果均有权威出处。

6）工具书搜索

工具书搜索频道也称为中国工具书网络出版总库，简称 CNKI 工具书库。该库集成近 200 家知名出版社的近 7000 余部工具书，类型包括语文词典、双语词典、专科辞典、百科全书、图录、表谱、传记、语录、手册等，约 2000 万个条目，100 万张图片，内容涵盖哲学、文学艺术、社会科学、文化教育、自然科学、工程技术、医学等各个领域。

CNKI 工具书库是传统工具书的数字化集成整合，按学科分十大专辑 168 个专题，不但保留了纸本工具书的科学性、权威性和内容特色，而且配置了全文检索系统，大大突破了传统工具书在检索方面的局限性；同时通过超文本技术建立了知识之间的链接和相关条目之间的跳转阅读，使读者在一个平台上能够非常方便地获取分散在不同工具书里的、具有相关性的知识信息。此外，除了实现了库内知识条目之间的关联外，每一个条目后面还链接了相关的学术期刊文献、博士硕士学位论文、会议论文、报纸、年鉴、专利、知识元等，帮助读者了解最新进展，发现新知，开阔视野，如图 4-30 所示。

图 4-30　工具书搜索频道

7）图片搜索

CNKI 学术图片知识库是一个学术类图片的知识库产品，采用同方知网自主研发的智能挖掘技术，从各类学术文献中提取千万量级的图形、图像等内容，加以规范化编辑整理，提供相似图表的检索、对比和分析功能等知识发现功能，提高学术文献知识传播和应用效果。该产品根据图片语义和视觉信息，使用户可以准确方便地检索到所需要的图像素材，进而快速获取到相关的知识与信息，其结果按照科学合理的方式进行分类和组织并提供丰富图片的知网节信息，进而实现"同类图片比较，相关图片参考"等帮助用户提高学习和研究效率的功能。CNKI 图片搜索提供图片学科导航、关键词检索、高级检索、图片对比等功能。CNKI 学术图片知识库所有图片资源均来源于 CNKI 中国文献资源总库，主要包括中国学术期刊网络出版总库、中国优秀硕士学位论文全文数据库、中国博士学位论文全文数据库、中国重要会议论文全文数据库、中国工具书网络出版总库、中国专利全文数据库。图片知识库是通过对上述资源的分析，挑选出其中最有价值的学术类图片整合而成的知识库，现有图片 2600 万余张。

8）表格搜索

表格搜索提供各个行业的专业表格数据，它不同于一般意义的文字、网页或是图表搜索，所有表格数据都出自 CNKI 全文库收录的优秀期刊、论文、报纸等，内容涵盖文、史、哲、经济、数理科学、航天、建筑、工业技术、计算机等所有学科和行业。

9）规范术语检索

该数据库是中国知网和全国科学技术名词审定委员会的合作项目，根据名词委历年审定公布并出版的数据制作，供读者免费查询。本库旨在帮助专业工作者规范、正确地使用本领域的专业术语，提高专业水平。可以按不同学科查询各学科的专业术语，也可以在检索框输入想查询的术语进行查询。

10）数字化研究平台

数字化研究平台是基于 CAJViewer 的 CNKI 数字化研究平台，提供全新的文献浏览体验，深层挖掘知识间的联系，提供便捷、准确、及时的研究信息，激发无限创造思维。其主要功能包括文献检索、知识元搜索、选题论证、课题研究计划、文献研读、项目跟踪、创新点论证、论文讨论、论文撰写、选刊投稿等。全新的 CNKI 数字化学习平台展现知识的纵横联系，帮助查询者洞悉知识脉络，突破未知领域，扫除学习障碍。

CNKI 还有其他一些服务平台，读者在熟悉上述检索方式的基础上，可自行开发并利用这些服务平台。

4.3.2　人大复印报刊资料全文数据库

人大复印报刊资料全文数据库（ipub.zlzx.org）是人大数媒科技（北京）有限公司以中国人民大学书报资料中心的复印报刊资料系列数据库为内容基础，辅以先进的检索方式、优质的期刊、论文推荐而成的人文科学、社会科学资料库。目前出版的有"复印报刊资料"全文数据库、"复印报刊资料"专题目录索引数据库、中文报刊资料摘要数据库、中文报刊资料索引数据库、专题研究数据库和数字期刊库等六大系列数据库产品。收录 1978～2004 年的文摘、题录和 1995 年至今的全部全文资料，部分专题回溯到创刊，累计文献记录 14 余万条，其信息源涵盖人文社科领域国内公开出版的 3000 多种核心期刊和报刊，形成了学科涵盖人文社科各个领域、分类精当、信息详尽的社科信息数据库体系，填补了人文社会科学数字出版领域的空白，具有重要思想文化和科学研究价值。

该库提供全文文献检索、分类导航检索、期刊导航检索、高级检索四种方式，全文文献检索和高级检索提供二次检索。

4.3.3　龙源电子期刊

目前全文在线的综合性人文大众类期刊品种已达 3000 种，内容涵盖时政、党建、管理、财经、文学、艺术、哲学、历史、社会、科普、军事、教育、家庭、体育、休闲、健康、时尚、职场等领域。龙源电子期刊(www.qikan.com.cn)数据库面向传统阅读人群的原貌版；有以 3000 种期刊的数据库内容加工的知识库；而且有针对不同客户的文本版、语音版等多媒体版。根据移动互联网和 3G 时代的特点，推出了手机版和手持阅读器版，2010 年全面推出了 iPad、iPhone 等手持终端的阅读服务。个人或机构用户可以通过计算机、手机或手持阅读器直接访问，不用下载任何浏览器充分优化读者的阅读体验。

4.3.4　万方数据"中国学术期刊数据库"

中国学术期刊数据库(www.wanfangdata.com.cn)是万方数据知识服务平台的重要组成部分，收录了自 1998 年以来国内出版的各类期刊 7300 余种，其中核心期刊 2300 余种，论文总数量近 2200 万篇，每年约增加 200 万篇，每周更新两次。内容涵盖语言文学、哲学、历史、新闻、社会学政治、经济金融与管理、教育、法律、数学、物理、化学化工、信息科学、技术科学、材料、环境科学、生命科学、医学等学科领域。

4.3.5　网络免费期刊资源简介

1.　国家科技图书文献中心(www.nstl.gov.cn)

国家科技图书文献中心(National Science and Technology Library，NSTL)是于 2000 年 6 月 12 日成立的一个基于网络环境的科技信息资源服务机构。NSTL 由中国科学院文献情报中心、中国科学技术信息研究所、机械工业信息研究院、冶金工业信息标准研究院、中国化工信息中心、中国农业科学院农业信息研究所、中国医学科学院医学信息研究所、中国标准化研究院标准馆和中国计量科学研究院文献馆组成。

该网站可查询中国科学院文献情报中心、工程技术图书馆、中国农业科学院图书馆、中国医学科学院图书馆、中国标准化研究院等 9 家图书馆和信息机构收藏的理、工、医、农学科领域 1986 年以来的中外文期刊论文摘要信息。

读者可使用"字顺浏览"和"分类浏览"两种方式查询期刊，同时提供外文期刊现期目次信息。所有的检索结果都提供收藏馆信息，读者可采用 4 种付费方法，直接通过网络提交获取原始文献的请求，或者通过本地图书馆的馆际互借服务代为索取原文。

该网站的开放获取期刊集成检索系统是集期刊浏览、期刊检索两种功能为一体的开放式期刊集成揭示与检索系统。提供刊名字顺浏览、学科分类浏览两种浏览方式，且浏览过程中可通过期刊的一般信息与详细信息切换提示，进一步了解某个期刊的全部信息，其中包括刊名、ISSN、主题、学科分类、期刊内容揭示层次等 15 种相关信息。同时用户可对刊名、ISSN、主题、出版者及全部字段进行期刊检索。为了便于系统维护及更新，从而更好地为用户提供服务，系统特设互动热线栏目，用户可借助新资源推荐功能向系统推荐好的开放获取期刊，也可借助意见与建议功能及时与系统进行交流与反馈。为了更加便于用户使用，系统集一个界面于一体。开放获取期刊集成检索系统所收录的期刊资源主要来源于 DOAJ、Socolar、

CnpLinker、Open Science Directory 等网络免费开放获取的科技期刊,学科涵盖范围涉及农业、林业、工业、商业、医学等 17 个领域,目前收录期刊数据 6000 余种,如图 4-31 所示。

图 4-31　国家科技图书文献中心学术期刊检索界面

2.　中国高等教育数字图书馆(www.calis.edu.cn)

该网站提供"书刊联合目录"查询和"外文期刊网"查询,其中的"外文期刊网"收录了 13.5 万种以上西文期刊的篇名目次数据,其中有 4 万种现刊的篇名目次每星期更新一次。该系统主要实现以下功能。

(1)通过该系统查询 CALIS 高校图书馆的纸本馆藏和电子资源馆藏。

(2)该系统将各图书馆馆藏纸本期刊和图书馆购买的全文数据库,包含电子期刊与篇名目次集成在一起,读者能直接通过系统的资源调度得到电子全文。

(3)实现文献传递。系统连接了 CALIS 馆际互借系统,读者可把查找到的文章信息直接发送文献传递请求获取全文。

(4)其他服务。该系统还为成员馆提供多种用户使用查询统计报告、成员馆馆藏导航数据下载、成员馆电子资源维护等服务,如图 4-32 所示。

3.　中国科学文献服务系统(sdb.csdl.ac.cn)

中国科学文献服务系统主要有 3 个数据库,分别是中国科学引文数据库、中国科学文献计量指标数据库和中国科技期刊引证指标数据库,如图 4-33 所示。

1)中国科学引文数据库

中国科学引文数据库课题组利用中国科学引文数据库(Chinese Sciences Citation Database,CSCD)和美国的 Science Citation Index 数据库,对我国的科技论文进行了详细的统计,力图多角度地展现我国科学研究的成果。本指标数据库自 1999 年开始,运用科学计量学和网络计量学的有关方法,统计了省市地区、机构、基金、著者论文产出及影响力和科技合作论文的计量指标,显示我国各学科领域的研究成果,揭示不同学科领域中研究机构的分布状态,可以辅助科研管理部门、科学研究人员了解我国的科技发展的动态。

(a) 网站首页

(b) 外文期刊网

图 4-32　中国高等教育数字图书馆首页及外文期刊网

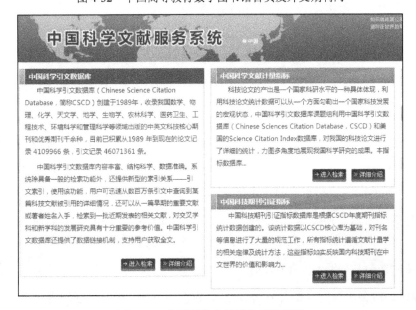

图 4-33　中国科学文献服务系统首页

2) 中国科技期刊引证指标

该数据库是根据 CSCD 年度期刊指标统计数据创建的，该统计数据以 CSCD 核心库为基础，对刊名等信息进行规范，所有指标统计遵循文献计量学的相关定律及统计方法，这些指标如实反映国内科技期刊在中文世界的价值和影响力。该指标数据库的特点如下。

(1) 指标数据翔实。一是 1999~2003 年的期刊影响因子、总被引次数等指标数据；二是 2004 年至今的期刊论文发文量、基金论文量、发文机构数、篇均参考文献数、自引率、引用半衰期、影响因子、即年指数、总被引频次、自被引率、被引半衰期等指标数据。

(2) 从不同角度揭示期刊影响力，尤其是从学科论文引用角度定位期刊影响力。

(3) 非来源期刊可查找到总被引频次或学科被引频次，在"被引频次总排行和"学科引用排行中，可查找到总被引频次或者学科被引频次具有一定显示度的非来源期刊。

(4) 采用信息可视化技术。信息可视化技术可以帮助用户快速理解特定指标数值的含义及意义，并迅速了解期刊指标的年度变化。

通过该数据库，读者可查询期刊质量评估的指标、获得期刊竞争情报分析的参考资料、查询核心期刊研究、期刊学科影响研究的第一手资料等。

3) 中国科学文献计量指标数据库 (CSCD ESI Annual Rreport)

"中国科技期刊引证指标"被誉为"中国的 SCI"。该数据库创建于 1989 年，收录我国数学、物理、化学、天文学、地学、生物学、农林科学、医药卫生、工程技术、环境科学和管理科学等领域出版的中英文科技核心期刊和优秀期刊千余种，目前已积累论文记录 400 余万条，引文记录 4700 余万条，该数据库除具备一般的检索功能外，还提供新型的索引关系——引文索引，使用该功能，用户可迅速从数百万条引文中查询到某篇科技文献被引用的详细情况，还可以从一篇早期的重要文献或著者姓名入手，检索到一批近期发表的相关文献，对交叉学科和新学科的发展研究具有十分重要的参考价值。中国科学引文数据库还提供了数据链接机制，支持用户获取全文。

4. 台湾学术文献数据库 (www.airitilibrary.cn)

台湾学术文献数据库由台湾科学期刊库和台湾科学学位论文库组成。

台湾科学期刊库：收录 1991 年起的台湾出版的学术文献，以 A&HCI、SCI、SSCI、EI、CSSCI、CA、Medline 为依据，涵盖自然科学、应用科学、医学与生命科学等，期刊文献超过 35 万篇。

台湾科学学位论文：以中文为主要语言类别，参与学校包括国立台湾大学、国立交通大学、国立中兴大学、国立台北科技大学、国立清华大学等 49 所优秀大专院校的博士、硕士学位论文，超过 8 万篇。

5. PMC (PubMed Centeral) (www.ncbi.nlm.nih.gov)

PMC 是美国国家生物技术信息中心 (NCBI) 建立的数字化生命科学期刊文献集，现收录 1668 种期刊，其中来自美国国立卫生研究院的 305 种期刊，一共 340 万篇文献。

6. 统计软件杂志 (www.jstatsoft.org)

由美国统计协会出版的《统计软件杂志》提供 1996 年至今 20 卷的内容，可以免费获取全文。

7.　中国科技论文在线（www.paper.edu.cn）

中国科技论文在线由教育部科技发展中心主办，在该网站的"科技期刊"栏目收录了提供全文的学术性电子期刊 172 种，学科涵盖自然科学、工程技术、医药卫生、农业科学、人文社科五大领域。

8.　Emerald 管理学、经济学、工程学数据库（www.emeraldinsight.com）

该数据库是外文免费网站，主要包括：①Emerald 全文数据库，含 160 多种期刊；对世界顶尖的 400 多种期刊的每篇文章进行独立评论；案例集、访谈录等丰富的辅助资源；②Emerald 回溯库，含 130 多种、7 万篇文章；③4 个文摘库，包含土木工程、计算机安全、图书馆情报等领域。

9.　Taylor & Francis Online Journals（www.informaworld.com）

该网站是外文免费数据库网站，涵盖人类学与考古学、艺术与人文、行为科学、商务、管理与经济、犯罪学与法律、教育、地理、规划、城市与环境、图书馆与信息科学、媒体、文化与传播研究、政治、国际关系与区域研究、公共卫生与社会保健、社会学与相关学科、体育、休闲与旅游、战略、防御与安全研究等学科领域。

10.　HighWire Press（www.highwire.org）

该网站是免费全文学术文献出版商之一，由美国斯坦福大学图书馆创立，收录生命科学、医学、物理学、社会科学等领域的重要研究报告，收录 3000 余种期刊、书籍、参考文献和会议文献，710 多万篇文献，能够免费检索超过 230 万篇全文。

4.4　会议论文信息检索

随着科学技术的发展，国内外各种学会、协会、研究机构及学术组织越来越多。为加强研究人员的相互联系、促进学术交流和共享研究成果，这些学会、机构或组织定期或不定期地召开学术会议。许多新发现、新进展和新成就在学术会议上进行宣读，并以会议论文的形式向公众首次发布。它具有比其他文献更能及时反映研究水平和最新动态的特点。

会议论文信息检索是指运用各种载体形态的检索工具，按照一定的方法、步骤，利用各种检索途径，根据会议及会议论文的内外部特征，如会议论文篇名、会议名称、会议主办单位、关键词、摘要等，查找所需会议相关信息和全文的过程。

4.4.1　会议文献概述

1.　定义

会议文献是指在各种学术会议上宣读的论文、会议记录等形式的文献，主要包括会议前参会者预先提交的论文文摘、会议上宣读的论文、会议讨论的问题和交流的经验等经整理而出版的正式出版物。

2.　类型

1)按召开地域范围、组织形式和规模划分

会议文献按照召开的地域范围、组织形式和规模可分为国际性会议文献、区域性会议文献、国家级会议文献、地区性会议文献和基层性会议文献。

就技术内容和学术上的成熟性、可靠性和概括性而言，国际性会议文献价值最高。

2）按会议时间先后划分

（1）会前文献（Pre-Conference Literature）：指会议进行前印发的会议论文预印本和会议论文文摘等。会前文献大多是会议上宣读的学术论文预印本，学术价值较大。

（2）会中文献（Literature Generated During the Conference）：指会议进行中印发的相关文献、开幕词、讲演词、讨论记录和会议决议等。会中文献大多为事务性材料，学术价值不大。

（3）会后文献（Post Conference Literature）：指会议结束后正式出版的会议论文集，它是会议文献中的主要构成部分。会后文献经过会议讨论和作者的修改和补充，内容比会前文献更准确和成熟。会后文献一般包括会议录（Proceedings）、专题会议论文集（Symposium）、专题论文集（Colloquium Papers）、会议论文汇编（Transactions）、会议记录（Records）、会议论文集（Papers）和会议纪要（Digest）等。

3. 特点

会议文献内容新颖、针对性强、学术价值较高、能及时传递科技信息，反映某一学科领域的新进展和新成果，是重要的学术信息源。它与期刊文献、专利文献等文献相比，特点如下。

1）内容新颖专深、专业性强

很多新发现、新进展和研究成果都以会议文献形式公布，其内容专深，针对性强，往往反映某一学科或专业的发展水平和最新趋势。

2）出版无规律，收集难度大

因会议文献大多由会议主办机构根据会议日期来确定出版时间，随意性大，故会议文献与图书文献和期刊文献相比，无确定的出版日期或按照一定周期出版，收集较困难。

4.4.2 中国会议文献信息检索

1. 国内外重要会议论文全文数据库（www.cnki.net）

1）概况

国内外重要会议论文全文数据库重点收录 1999 年以来中国科协系统及国家二级以上的学会、协会，高校、科研院所、政府机关举办的重要会议以及在国内召开的国际会议上发表的文献。

2）检索功能

详见 4.3.1 节。

2. 中国学术会议文献数据库（www.wanfangdata.com.cn）

1）概况

中国学术会议文献数据库重点收录国家级学会、协会、研究会组织、部委、高校召开的全国性学术会议论文，"中文版"所收会议论文内容为中文；"英文版"主要收录在中国召开的国际会议的论文，论文内容多为西文。内容涵盖人文社会、自然、农林、医药、工程技术等学科领域。

2）检索功能

（1）快速检索。设有学术会议分类和会议主办单位分类。

（2）高级检索。提供标题、作者、关键词等七个检索字段。

检索入口有主题、题名或关键词、题名、创作者、作者单位、关键词、摘要、日期、DOI、会议-会议名称、会议-主办单位、会议-会议 Id 共 12 个。检索者可根据不同的已知条件选择不同检索入口，来提高文献的检准率。

检索结果分简单信息、详细信息和查看全文三层。

3. 中外会议论文（www.nstl.gov.cn）

1）概况

中外会议论文是国家科技图书文献中心（NSTL）数据库产品之一。

中文会议：主要收录 1985 年以来我国国家级学会、协会、研究会以及各省和部委等组织召开的全国性学术会议论文文摘，重点收藏自然科学领域。

外文会议：主要收录 1985 年以来世界各国主要学会、协会和出版机构出版的学术会议论文文摘，重点收藏工程技术和自然科学领域。

2）检索功能

从该网站首页可直接进入"中文会议"和"外文会议"检索，检索界面如图 4-34 所示。

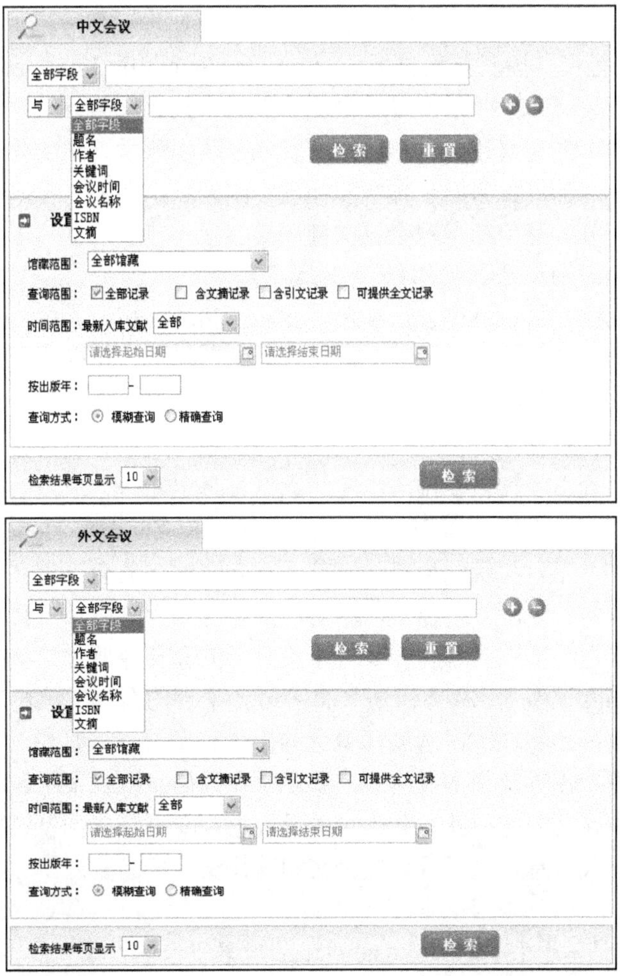

图 4-34　国家科技图书文献中心会议文献检索界面

检索字段有题名、作者、关键词、会议时间、会议名称、ISBN 和文摘等。检索结果分简单信息列表和文摘信息两层。

4. 中国专业会议论文题录(上海图书馆)(www.library.sh.cn)

该数据库主要收录 1986 年以来国内各科学技术机构、团体和主管机关举办的专业性学术会议,这些会议资料集中反映科技最新成果和发展趋势,是重要的科技情报来源。可通过题名、作者、分类、会议名称、平片号和索取号等途径进行检索,并提供全文服务。

5. CALIS 学术会议论文库(opac.calis.edu.cn)

CALIS 学术会议论文库主要收录"211 工程"的 61 所重点学校每年主持的国际会议的论文,其中大多数会议提供有正式出版号的会议论文集。可向 CSDL 馆际互借和原文传递系统发出申请获取全文。

4.4.3　国外会议文献信息检索

1. ISI Proceedings(isiknowledge.com)

1)概况

ISI Proceedings 是由美国科技信息所(Institute for Scientific Information,ISI)编辑出版的数据库之一。ISI Proceedings 收录世界上最新出版的科技领域会议录,包括专著、丛书、报告、预印本以及期刊上的会议论文。学科涉及农业、环境科学、生物化学与分子生物学、生物技术、医学、工程、计算机科学、化学和物理学等领域。在 ISI Proceedings 中期刊论文和会议录论文占主要部分,还包括专题会议文摘。

(1)ISI Proceedings 有两个数据库(或称为版本)。

① 科技会议录索引(Index to Science & Technical Proceedings,ISTP),创建于 1978 年,收录自然科学与工程技术领域的会议论文,包括数学、物理、化学、生物学、医学、农业科学、环境科学、生物化学与分子生物学、生物技术、计算机科学和工程技术等领域会议;专著、期刊、报告、增刊及预印本等形式出版的各种会议、座谈、研究会和专题讨论会的会议录文献或出版商的系列出版物以及预印本等。数据每月更新。

② 社会科学与人文会议录索引(Index to Social Science & Humanities Proceedings,ISSHP),创建于 1994 年,收录社会科学、艺术与人文领域的会议论文,包括心理学、社会学、公共健康、管理学、经济学、艺术、历史、文学与哲学等领域的会议;专著、期刊、报告、增刊及预印本等形式出版的各种会议、座谈、研究会和专题讨论会的会议录文献。

(2)ISI Proceedings 是基于 ISI Web of Knowledge 平台的会议文献检索工具。

(3)利用 ISI Proceedings:①了解最新概念的出现和发展,掌握某一学科的最新研究动态和趋势;②通过主题、作者、学术机构或组织以及会议信息查找某一领域的研究,在创新的想法和概念正式发表在期刊之前就在会议录中发现它;③可链接到 Web of Science,从而获得引文数据库中的相关信息,进而可连接全文和其他学术信息资源。

2)检索功能

ISI Proceedings 是基于 ISI Web of Knowledge 检索平台的检索工具,其检索功能和检索方法将在第 7 章进行详细介绍。

2. OCLC 的会议论文和会议录索引（OCLC-PapersFirst 数据库）

OCLC-PapersFirst 数据库由 OCLC（Online Computer Library Center, Inc）创建，涵盖 1993 年至今的会议文献，包含大英图书馆文献提供中心（British Library Document Supply Center，BLDSC）收集的已出版的会议论文，包括世界范围的会议、座谈会、博览会、研讨会、专业会、学术报告会上发表的论文索引等。

OCLC FirstSearch 检索系统中有两个数据库：①PapersFirst（国际学术会议论文索引）；②Proceedings（国际学术会议录索引）。PapersFirst 中的每条记录对应 Proceedings 数据库的某个会议记录，Proceedings 是 PapersFirst 的相关库，收录世界范围内举办的各类学术会议上发表论文的目次，利用该库可以检索"大英图书馆资料提供中心"的会议录。

2）检索功能

OCLC-PapersFirst 高级检索界面如图 4-35 所示。

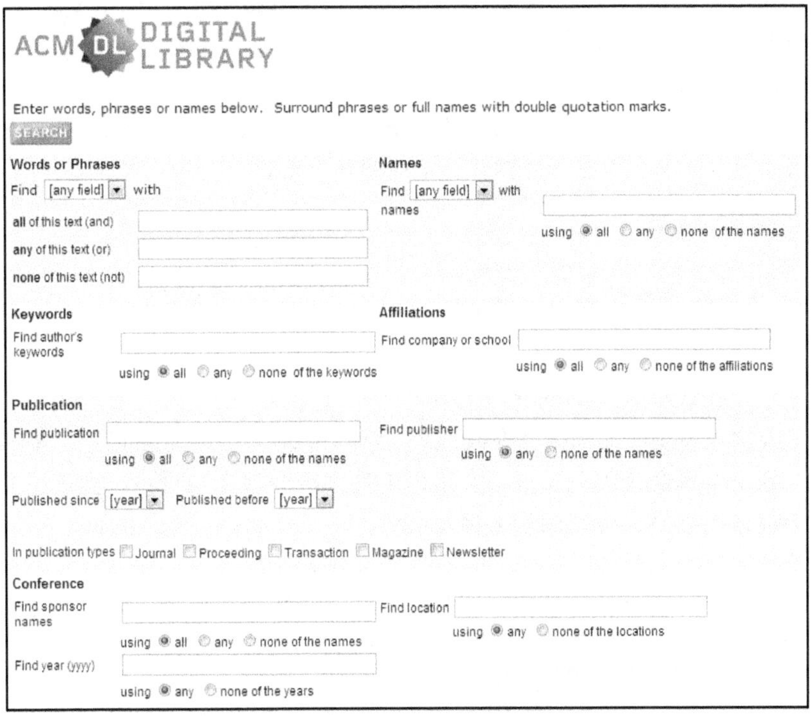

图 4-35 OCLC-PapersFirst 高级检索界面

3. 其他会议文献信息数据库

1）ACM Digital Library（1985 年至今）

该数据库主要收录美国计算机协会（Association for Computing Machinery，ACM）的会议录全文。该库还可查到 ACM 的各种电子期刊和快报等文献。ACM Digital Library 高级检索界面如图 4-35 所示。

2）AIAA Electronic Library（1963 年至今）

该数据库主要收录美国航空航天学会（American Institute of Aeronautics and Astronautics，AIAA）每年出版的 20～30 个会议的会议论文全文，目前可通过高级检索方式查看。

3）AIP Conference Proceedings（2000 年至今）

该数据库主要收录美国物理联合会（American Institute of Physics，AIP）的会议录全文 。

4）ASCE Proceedings（2003 年至今）

该数据库主要收录美国土木工程师学会（American Society of Civil Engineers，ASCE）会议录全文。

5）IEEE/IET Electronic Library（IEL）全文数据库（1988 年至今）

该数据主要收录美国电气电子工程师学会（Institute of Electrical and Electronics Engineers，IEEE）和英国工程技术学会（Institution of Engineering and Technology，IET）出版的会议录全文，以及德国电气工程师协会（VDE）的英文会议论文全文。此外，该库还可以查到 IEEE/IET 的期刊和标准全文。

6）SAE Digital Library（1990 年至今）

该数据库主要收录美国汽车工程师协会（Society of Automotive Engineers，SAE）的部分会议录全文。此外，该库还可查到 SAE 的技术报告。

7）SPIE Digital Library（1998 年至今）

该数据库主要收录国际光学工程学会（International Society for Optical Engineering，SPIE）的所有会议录全文。该库还可查到 SPIE 的 4 种期刊全文。

4.4.4　免费会议信息简介

1.　中国学术会议在线（www.meeting.edu.cn）

1）概况

中国学术会议在线经教育部批准，由教育部科技发展中心主办。它利用现代信息技术手段，分阶段实施学术会议网上预报及在线服务、学术会议交互式直播/多路广播和会议资料点播三大功能，提供学术会议信息预报、会议分类搜索、会议在线报名、会议论文征集、会议资料发布、会议视频点播、会议同步直播等服务。

2）会议检索

该网站提供模糊检索、会议检索、视频检索和会议论文摘要检索，见图 4-36。

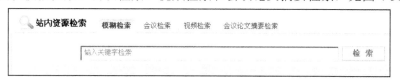

图 4-36　中国学术会议在线检索界面

2.　中国学术会议网（conf.cnki.net）

中国学术会议网由 CNKI 主办，是会议主办方、作者和参会者获取学术会议信息的网站，该网站提供关键词搜索和高级搜索，主要功能如下。

（1）免费服务。提供创建会议网站、在线投稿、审稿、在线注册参会等免费信息。

（2）会议办会方案。

（3）会议推广服务。让会议被更多作者发现，并将会议网站链接推广到百度等主流搜索引擎。

（4）获取最新信息。获得所关注会议发布的最新通知、公告信息、审稿录用及注册情况。

3．国际学术会议信息网（www.conferencealerts.com）

该网站按学科专业分类，可按此类别检索国际学术会议信息。

提供关键词搜索和高级搜索两种检索途径。

4．其他免费会议文献信息

（1）IPTPS（International workshop on Peer-To-Peer Systems）提供 2002 年以来会议论文全文。

（2）World Nuclear Association 提供世界核协会 1997 年以来的会议论文全文。

（3）Institute of Pure and Applied Physics of Japan 提供日本纯物理和应用物理学会 2000 年以来的会议论文全文。

（4）Engineering Conferences International Symposium Series 提供国际工程会 2002 年以来专题会议论文的全文。

（5）Electronic Publishing 提供电子出版会议 1997 以来的会议论文全文。

（6）Registry of Open Access Repositories（ROAR）提供不同国家已经登记的电子印本系统或者机构收藏库，收录该机构研究人员的学术成果，其中包括部分会议论文全文。

4.5　学位论文信息检索

学位论文是伴随着世界上学位制度的实施而产生的，它是高等院校或研究机构的学生为取得学位资格而提交的学术性研究论文。学位论文中有研究经过的详细介绍、实验的详细记录与分析、对问题的系统详细阐述等。目前，许多授予学位的院校和研究机构把学位论文放在网站上发布或专门机构进行系统收集并发布。因此，学位论文作为较重要的文献信息，其参考价值越来越受到重视。

学位论文信息检索是指运用各种载体形态的检索工具，按照一定的方法、步骤，利用各种检索途径，根据学位论文的内外部特征，如博士（硕士）论文题名、导师、学位授予机构、关键词、摘要等，查找所需学位论文相关信息和全文的过程。

4.5.1　学位论文概述

1．含义

学位论文是指高等院校和科研院所的学生在结束学业时，为取得博士、硕士、学士学位而撰写的学术性研究论文。

2．层次和特点

1）层次

从学位论文的含义可以看出，学位论文分学士论文、硕士论文和博士论文三层。这几种论文在程度上是一种由浅入深的关系，因而学术水平的程度也不同。

（1）学士学位论文。学士学位论文是高等院校本科生毕业前进行的全面综合学术训练。学士学位论文要反映作者掌握该学科的基础理论、专门知识和基本技能，具有从事科学研究或专门技术工作的初步能力。具体地，学士学位论文是本科毕业生提交的一份有一定学术价值的论文，是完成学业的标志性作业，是从事科学研究的最初尝试，也是检验掌握知识的程度、分析问题和解决问题基本能力的一篇文章。因此，学士学位论文有一定的参考价值。

（2）硕士学位论文。硕士学位论文要反映作者坚实的基础理论知识和系统的专业知识；具有独立从事科学研究工作或担负专门技术工作的能力；反映作者对该专业的基本问题和疑难问题有独立的见解，对该专业的学科建设和学术水平的提高起推动作用。

硕士学位论文在一定程度上反映出作者广泛而深入地掌握专业知识，对所研究的题目有新的独立见解，论文具有一定的深度和较高的科学价值，对本专业水平的提高有积极作用。因此，优秀的硕士学位论文参考价值较大。

（3）博士学位论文。博士学位论文要反映作者在该学科上拥有坚实宽广的基础理论和系统深入的专业知识；具有独立从事科学研究工作的能力；在科学和专门技术上取得创造性的成果。博士学位论文是完整和系统的科学著作，具有发表价值。因此，博士学位论文参考价值最大。

2）特点

学位论文是一种特殊的科研论文，其格式不同于一般的科研论文。学位论文写作过程更复杂，写作格式更严谨，如论文写作之前要写开题报告，写作格式符合学位论文规范等。学位论文与其他文献相比，特点如下。

（1）内容上具有学术性、创造性和科学性。

学位论文是对本科生或研究生多年学习成果及科研能力的检验，体现学生一定的科研水平。它不是概况介绍、调查报告或总结一类的论文，而是侧重于对事物进行抽象概括的叙述或论证，对形成和引用的材料进行认识上的深入加工，形成自己的学术观点。

在学术性上，学位论文以学术问题作为论题，以学术成果作为表述对象，以学术见解作为论文的核心内容，运用科学的原理和方法，对社会科学、自然科学或工程技术领域的某一课题进行抽象和概括的论述、具体翔实的说明、严密的论证和分析，揭示事物内在本质和发展规律。

在创新性上，学位论文是为交流学术新成就，发表新理论、新设想、新方法、新定理而写的，所以学术论文的创新性较突出。

在科学性上，学位论文反映的科研成果是客观存在的自然现象及其规律的反映，并能为他人提供重复实验，具有较好的实用价值；学位论文中运用分析与综合、比较与分类、归纳与演绎、抽象与概括、移植与开拓等科学方法进行论证；学位论文结构严谨清晰，表述准确而全面。

（2）不公开出版，版式和收藏特殊，难以系统收集。

学位论文一般不公开出版，某些专业的学位论文在一段时间内涉及保密性问题，产权专属性强，原始文献不易获得。

学位论文在版式上有严格要求，如必须严格按照学位论文的格式进行写作、参考文献的引用和论文的装订等；一般不通过出版社正式出版，而是以打印稿和电子版的形式收藏在学位授予单位或国家法定的学位论文收藏单位。

因学位论文一般在各授予单位或指定地点才有收藏，所以收集较困难。

从学位论文的特点不难看出学位论文的参考价值，既有理论价值，在理论上能有所创新，又有实践价值，对解决实际问题提出可行策略或解决办法。归纳总结起来，其价值因素大致包括八方面：新现象、新事实的揭示；新概念的提出或概念的新界定；新观点的提出或既有观点的新表述；对原有结论或实践方法的新论证；新方法的提出和应用；新工具、新手段的发明和采用；新政策、新策略的提出和实施；建立新的理论体系和策略体系等。

4.5.2　中国学位论文信息检索

1. CNKI 的学位论文全文数据库（www.cnki.net）

CNKI 的学位论文全文数据库有两个子库：①中国博士学位论文全文数据库收录 1999 年至今全国 370 家博士培养单位的博士学位论文；②中国优秀硕士学位论文全文数据库部分收录 1999 年以前的论文，收录 1999 年至今全国 510 家硕士培养单位的优秀硕士学位论文。

2. 万方数据的学位论文全文数据库（www.wanfangdata.com.cn）

万方数据的学位论文全文数据库分全文库和文摘库两类。

中国学位论文全文数据库收录近几年我国的博硕士论文，学科涵盖自然科学、数理化、天文、地球、生物、医药、卫生、工业技术、航空、环境、社会科学、人文地理等领域。

3. CALIS 的高校学位论文库（www.calis.edu.cn）

CALIS 的高校学位论文库是 CALIS 在博硕士学位论文文摘数据库基础上建设的一个集检索、分布式全文获取的 CALIS 高校博硕士学位论文文摘与全文数据库，提供中文、外文语种检索，检索字段有题名、作者、导师、摘要、关键词等，研究人员可根据不同的已知条件选择不同的字段，如图 4-37 所示。

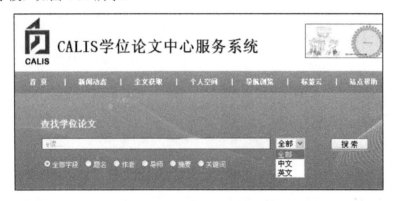

图 4-37　CALIS 学位论文中心服务系统

4. 国家科技图书文献中心的学位论文数据库（www.nstl.gov.cn）

国家科技图书文献中心（NSTL）的学位论文数据库（图 4-38）包括"中文学位论文"和"外文学位论文"。中文学位论文收录 1984 年以来中国高等院校、研究生院及研究院所发布的硕士、博士和博士后的论文。学科范围涉及自然科学各专业领域，并兼顾社会科学和人文科学。外文学位论文收录美国 ProQuest 公司博硕士论文资料库中 2001 年以来的优秀博士论文，学科范围涉及自然科学各专业领域，并兼顾社会科学和人文科学。

5. 国家图书馆的博士论文库（www.nlc.gov.cn）

国家图书馆的博士论文全称为"馆藏博士论文与博士后研究报告数字化资源库"。目前从书目数据、篇名数据、数字对象为内容，提供 20 万余种博士论文全文前 24 页的浏览，如图 4-39 所示。

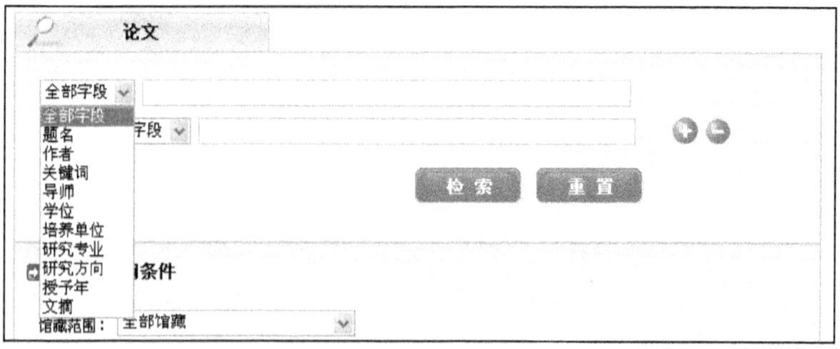

图 4-38　国家科技图书文献中心的检索界面

图 4-39　国家图书馆博士论文检索界面

该系统提供题名、责任者、学位级别、专业、授予单位、导师、研究领域、关键词检索字段。

检索结果按列表方式显示，单击题名可浏览文摘信息。在文摘信息页面，提供"在线阅读"、"目录"、"相关资源"、"文献传递"等栏目。

4.5.3　国外学位论文信息检索

国外学位论文信息检索重点介绍美国 UMI 公司出版的博硕士论文数据库（PQDD），PQDD 的网址为 proquest.umi.com，需要订购才能使用。

1. 概况

ProQuest Digital Dissertations（PQDD）是美国 ProQuest 公司出版的博硕士论文数据库，收录了欧美 1000 余所大学自 1861 年以来的博硕士学位论文，学科范畴包括自然科学、工程技术和社会科学等各个领域，是学术研究中重要的参考信息源，如图 4-40 所示。

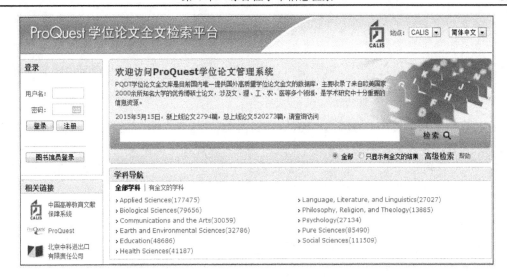

图 4-40　ProQuest 学位论文全文检索平台首页（CALIS 镜像）及基本检索界面

2. 检索方式

1）基本检索

基本检索界面有三个检索框，检索框中可输入单词、词组或使用逻辑算符构建的检索提问式，并可通过下拉菜单选择检索字段及三个检索框之间的布尔逻辑组配，可选择的字段包括论文标题、作者、摘要、学校、导师等，在检索框下方可对论文发表时间进行限定。

2）高级检索

高级检索分两部分，如图 4-41 所示，上方是检索提问式输入框，可直接输入一个由布尔逻辑算符、字段等标识组配的完整检索提问式；下方是组合输入框辅助工具，在某字段后的检索框输入检索词后，单击增加按钮，检索词与相应字段自动进入检索提问式输入框组成检索提问式，另可通过下拉菜单选择并自动生成两个检索框之间的布尔逻辑组配。

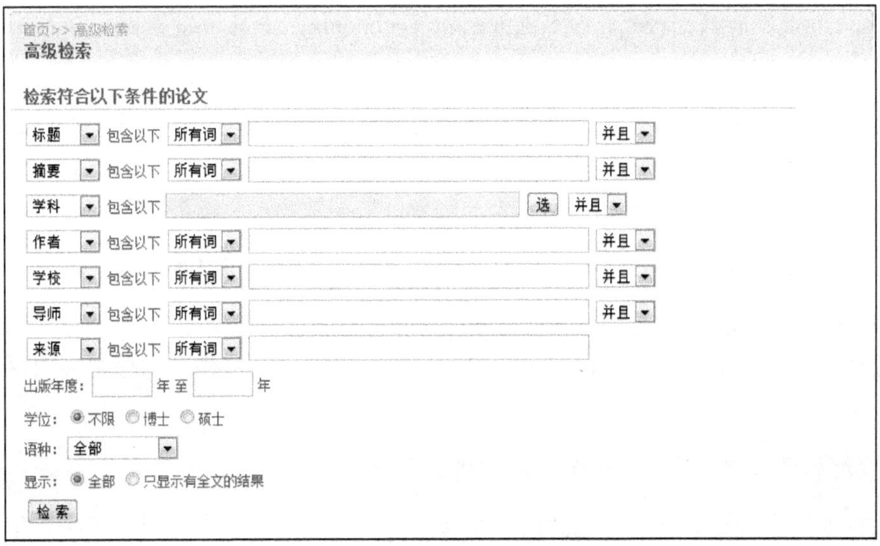

图 4-41　ProQuest 高级检索界面

3）论文分类浏览

论文分类浏览检索按照 11 个大类 33 个小类显示树状结构目录，单击每个分类前的"+"图标可以查看该分类所包含的各级子学科，直至列出最末层子学科所包含的全部文献题名。

3．检索结果的显示及处理

在检索结果显示页，上方列出完整的检索提问式及检索命中的记录数，下方显示检索结果的记录列表，单击记录中的"索引+文摘"链接可以看到某篇论文的全记录（较详细的文摘索引信息）以及 PDF 全文下载链接。在记录列表上方提供了一个二次检索输入框，可用来对检索结果作进一步查询，从而提高查准率。

4．检索实例

检索课题：电力系统瞬态稳定性分析研究。

1）分析课题，确定检索词

电力系统：Power System。

瞬态稳定性：Transient Stability。

分析：Analysis。

2）构造检索提问式

Abstract=Power System AND Abstract=Transient Stability AND Abstract=Analysis

3）使用基本检索方式的检索过程

（1）在检索框中输入检索提问式，选择摘要字段，单击查询按钮，显示检索命中的记录信息。

（2）单击"索引+文摘"链接可阅读或下载全文。

4.5.4　网络免费学位论文信息简介

从学位论文的特点可以看出，从网络上获取学位论文全文较困难，本节仅简单介绍一些学位论文获取网站。

1. The Hong Kong University of Science and Technology Electronic Theses Database（香港科技大学电子论文数据库）

该数据库提供香港科技大学 1994 年以来博士、硕士论文，涵盖会计、海洋、生化、生物、化工、化学、土木、计算机、经济、电子、金融、人文、工业工程、信息管理、组织管理、营销、数学、机械、物理、纳米科学、社会科学等领域，英语界面，部分全文。

2. The Hong Kong University Theses Online（香港大学学位论文数据库）

该数据库提供香港大学自 1941 年以来的博士、硕士学位论文 1.75 万余篇，涵盖艺术、人文、教育、社会科学、医学、自然科学等领域。主要以英文写作，部分中英双语，英语界面，部分全文。

3. 台湾联合大学博硕士论文全文影响检索系统

该数据库提供台湾联合大学包括国立交通大学、国立中央大学、国立清华大学及国立阳明大学四校自 1962 年以来的博士、硕士论文，繁体字界面，部分全文。

4. ProQuest Dissertations & Theses Open（PQDT 学位论文开放数据库）

PQDT Open 免费提供部分开放获取 ProQuest 国外学位论文全文。检索者可简单迅速地搜索与学科相关的学位论文，并浏览完整的 PDF 格式全文，英文界面。

5. Networked Digital Library of Theses and Dissertations（NDLTD）（网络数字图书馆学术论文数据库）

提供 80 万份学术论文，多语种资源，英语界面，部分论文可浏览全文。

6. Texas Digital Library Theses and Dissertations（得克萨斯数字图书馆学位论文数据库）

该数据库提供得州农机大学、得州大学、得州理工大学、得州大学奥斯汀分校、得州大学阿灵顿分校共五所高校自 2002 年以来的博士、硕士学位论文，英语界面，可查阅全文。

7. Massachusettes Institute of Technology Theses（麻省理工学院学位论文数据库）

该数据库提供麻省理工学院自 19 世纪中叶以来的部分学位论文共 2 万余篇，以及自 2004 年以来所有的博士、硕士学位论文，英语界面，部分全文。

4.6　报纸信息检索

报纸是指有固定名称、刊期、开版，以新闻报道为主要内容，每周至少出版一期的散页连续出版物。报纸与期刊相比，时效性更强。

报纸种类主要从以下角度划分。

1）按办报方针分

政治性报纸：出于政治目的和政治需要而创办的，有较强的政治倾向性，报纸上多以政治、经济、法律等新闻为主并重视言论，多由政党、政府主办，如我国的《人民日报》、法国的《人道报》等。

商业性报纸：以营利为主要目的。这种报纸面向社会及大众，一般以人情世态内容为主，报道面广，注意趣味性、知识性和人情味，写作上比较生动。有时为迎合读者，刊登一些奇闻等带有刺激性的内容，往往不重视言论及政治观点。

政商合一报：既追求政治利益又追求赢利。其政治目标明确，政治立场比较坚定，如美国的《纽约日报》、《华盛顿邮报》，英国的《泰晤士报》，法国的《费加罗报》，日本的《朝日新闻》、《读卖新闻》等。西方国家的大报往往是这种政商合一报纸。

2）按报纸内容分

综合性报纸：面向整个社会，以最普通的读者为对象，内容涉及政治、经济、法律、军事、文化、体育、卫生、教育等各方面新闻和言论。我国各省、市党的机关报属于综合性报纸，《人民日报》也属这一类。

专业性报纸：以报道一个专业、一个行业、一个阶层的新闻为主，面向特定的读者，如《图书馆报》、《中国体育报》、《中国文化报》等。

3) 按影响范围分

世界性报纸：面向全世界发行，在世界上具有一定的影响，如美国的《纽约时报》、《华盛顿邮报》，英国的《泰晤士报》等。

全国性报纸：面向全国发行，在全国具有广泛的影响，如我国的《人民日报》、《经济日报》等。

地方性报纸：主要面向当地发行，多刊登反映当地的新闻和言论，如中国各省、市、地的报纸等。

4) 按出版时间分

日报：每日出版一次，一般上午送到读者手中，主要刊登昨日的新闻。

晨报：每天早晨出版发行，主要供读者在早餐时阅读。

午报：每天中午出版发行，供人们午餐时阅读。

晚报：每天下午出版，供人们晚饭阅读，刊登当天发生的重大新闻和一些社会新闻。

周报：每周出版一次，多为地方小报、文摘报等，还有周二、周三、周五及星期刊等形式的报纸。

以上只从四个不同角度对报纸进行了划分，实际上报纸的类型还有许多，如按所用文字不同可分为外文报纸、中文报纸；按资本来源和所有制可分为官方报纸、半官方报纸、民间组织报纸、宗教机构报纸等。报纸的类型不是单一的，而是交叉的。例如，《人民日报》既是政治性报纸，又是综合性报纸、日报和全国性报纸。报纸的类型不是固定的，随着社会生产力水平的提高以及读者需要的多样化，报纸也必将朝着多类型、多样式、多层次的方向发展。

报纸信息检索是指运用各种载体形态的检索工具，按照一定的方法、步骤，利用各种检索途径，根据报纸的内外部特征，如文章名、作者、出版日期、关键词、摘要等，查找所需报纸的相关信息和全文的过程。

4.6.1　全国报刊索引数据库

1. 概况

全国报刊索引（bksy.clcn.net.cn:8080）创立于 1955 年，是中文报刊文献检索工具，它已由最初的《全国报刊索引》月刊发展成集印刷版与网络服务平台于一体的综合性知识服务体系。目前，全国报刊索引有全文数据库、索引数据库、专题数据库和特色资源数据库四种类型。

全国报刊索引的近代全文数据库有晚清期刊全文数据库（1833～1911 年）和民国时期期刊全文数据库（1911～1949 年）；有跨度从 1833 年至今的索引数据库晚清期刊篇名数据库（1833～1911 年）、民国时期期刊篇名数据库（1911～1949 年）以及全国报刊索引数据库（目次库）和全国报刊索引数据库（篇名库）；有社会热点和读者需求的近代民国中医药专题库、音乐戏剧戏曲专题库等十几种专题数据库；还有特色数据库，如全国报刊索引数据库（会议库）和家谱数据库等。

2. 检索功能

全国报刊索引数据库的检索功能有普通检索、高级检索、专业检索三种。

1) 普通检索

全国报刊索引普通检索页面如图 4-42 所示。

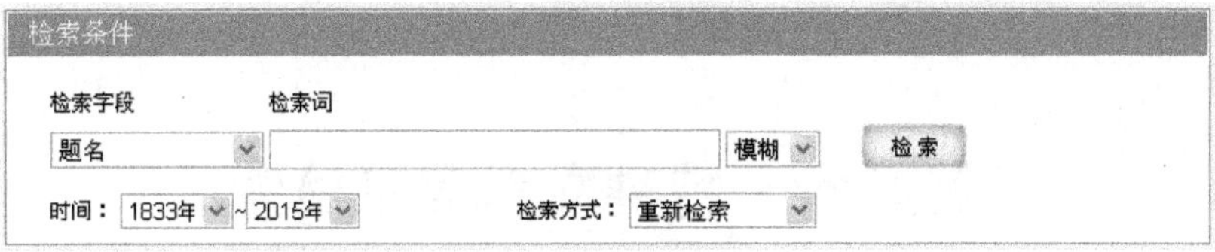

图 4-42　全国报刊索引普通检索页面

2）高级检索

全国报刊索引高级检索页面如图 4-43 所示。

图 4-43　全国报刊索引高级检索页面

3）专业检索

全国报刊索引专业检索页面如图 4-44 所示。

图 4-44　全国报刊索引专业检索页面

4.6.2　中国知网的"中国重要报纸全文数据库"

该数据库是以重要报纸新闻及学术性、资料性文献为主要内容的连续动态更新的全文数据库。通过该数据库可了解最新国家方针、行业政策和社会热点；及时知晓行业科技动态、市场动态、各类媒体报告和媒体评价；了解行业专家的深度评论、行业重大事件研究报告等。

4.6.3　网络免费报纸信息

（1）360 报纸大全（hao.360.cn/baozhi.html）。

（2）上海图书馆电子报纸导读（newspaper.digilib.sh.cn/website）。

（3）中国 21（www.china21.com/Media_News/Newspaper/Other_Newspaper.htm）。

第5章　特种文献信息检索

特种文献是指不公开发行或不定期出版、来源特殊、技术性强和使用价值较高的文献。本章介绍典型的特种文献，主要包括专利文献、标准文献和科技报告等。

特种文献信息检索是指运用各种载体形态的检索工具，按照一定的方法、步骤，利用各种检索途径，根据特种文献的内外部特征，查找读者所需相关信息和全文的过程。

5.1　专利信息检索

专利信息检索是指运用各种载体形态的检索工具和数据库，按照一定的方法、步骤，利用各种检索途径，根据专利文献的内外部特征，如专利名称、国际专利分类号、专利号、申请号、发明人、专利权人、关键词、摘要等，查找所需专利信息、专利文献摘要和专利说明书全文的过程。本节重点介绍专利文献及专利信息检索方法。

专利文献是伴随着专利制度的形成而产生的。在介绍专利文献及其检索前，先介绍知识产权的含义。

"知识产权"一词源于西方，其英文是 Intellectual Property，原意为智慧的财产权。知识产权的含义有狭义与广义之分。狭义的知识产权是指公民、法人和其他社会组织依法对其在科学技术或文学艺术领域的智力成果所享有的权利，包括专利权、商标权和著作权。广义的知识产权是一切基于智力成果所产生的权利的总称。

随着科学技术的发展，越来越多的新内容被纳入知识产权的保护范围，目前提到的知识产权一般包括专利权、商标权、著作权、技术秘密权、植物新品种权、集成电路布图设计权等。本节重点介绍与专利有关的专利文献及其检索。

5.1.1　专利文献概述

1. 专利

专利一般有三个含义：①专利权；②取得专利权的发明创造；③记载发明创造的专利文献。从法律角度来说，专利指专利权，是指专利权人在法律规定的有效期限内，对其公开发明创造享有的独占权。人们通常所说的专利就是这一含义。从技术角度来说，专利指的是取得专利权的发明创造。从文献角度来说，专利指的是记载发明创造的专利文献。

这里强调专利权人的权利：①对专利享有的独占权，任何人未经专利权人许可都不得实施其专利，即不得以生产经营为目的制造、使用或销售其专利产品或使用其专利方法；②专利权人有权许可他人实施其专利技术并收取专利使用费，被许可方无权允许合同规定以外的任何人实施该专利；③专利权人有权转让其专利权，转让专利权必须订立书面合同，并经国家知识产权局专利局登记和公告后生效。

我国《专利法》将专利分为三种类型。

1) 发明专利

发明是指对产品、方法或者其改进所提出的新的技术方案。其特点包括：①发明是一项新的技术方案，是利用自然规律解决生产、科研、实验中各种问题的技术解决方案，一般由若干技术特征组成；②发明分为产品发明和方法发明两大类型，产品发明包括所有由人创造出来的物品；方法发明包括所有利用自然规律通过发明创造产生的方法，方法发明又可以分成制造方法和操作使用方法两种类型；③专利法保护的发明是对现有产品或方法的改进。发明专利保护期限为 20 年。

我国对授予专利权的发明要求具备新颖性、创造性和实用性。

(1) 新颖性是指在申请日以前没有同样的发明或者实用新型在国内外出版物上公开发表过、在国内公开使用过或者以其他方式为公众所知，也没有同样的发明或者实用新型由他人向国务院专利行政部门提出过申请并且记载在申请日以后公布的专利申请文件中。

(2) 创造性是指同申请日以前已有的技术相比，该发明具有突出的实质性特点和显著的进步，该实用新型具有实质性特点和进步。

(3) 实用性是指该发明能够制造或者使用，并且能够产生积极效果。

2) 实用新型专利

实用新型是指对产品的形状、构造或者其结合所提出的适于实用的新的技术方案。

(1) 产品的形状是指产品所具有的、可以从外部观察到的确定的空间形状。对产品形状所提出的技术方案可以是对产品的三维形态的空间外形所提出的技术方案，如对凸轮形状、刀具形状作出的改进；也可以是对产品的二维形态所提出的技术方案，如对型材的断面形状的改进。

(2) 产品的构造是指产品的各个组成部分的安排、组织和相互关系。产品的构造可以是机械构造，也可以是线路构造。机械构造是指构成产品的零部件的相对位置关系、连接关系和必要的机械配合关系等；线路构造是指构成产品的元器件之间的确定的连接关系。

实用新型与发明的不同之处主要有两点：①实用新型只限于具有一定形状的产品，不能是一种方法，也不能是没有固定形状的产品；②对实用新型的创造性要求不太高，而要求实用性较强。实用新型专利保护期限为 10 年。

3) 外观设计专利

外观设计是指对产品的形状、图案或者其结合以及色彩与形状、图案的结合所作出的既富有美感又适用于工业应用的新设计。

外观设计与发明或实用新型完全不同，外观设计不是技术方案。实际上，外观设计专利的保护对象是产品的装饰性或艺术性外表设计。外观设计专利保护期限为 10 年。

2. 专利文献、专利信息和专利引文

1) 专利文献

1988 年世界知识产权组织在《知识产权教程》中将专利文献定义为：专利文献是包含已经申请或被确认为发现、发明、实用新型和工业品外观设计的研究、设计、开发和试验成果的有关资料，以及保护发明人、专利所有人及工业品外观设计和实用新型注册证书持有人权利的有关资料的已出版或未出版的文件(或其摘要)的总称。该教程指出：专利文献按一般的理解主要是指各国专利局的正式出版物，如专利说明书、专利公报、专利文摘、专利索引、专利分类表等。

本书的专利文献，从狭义上讲是指由国务院专利行政部门公布的专利说明书和权利要求书；从广义上讲专利文献还包括说明书摘要、专利公报、各种检索工具书、与专利有关的法律文件等。

目前，世界上绝大部分国家和地区建立了专利制度，并且有许多国家和组织用官方文字出版专利文献。据世界知识产权组织统计，世界上 90%～95%的发明能在专利文献中查到，并且许多发明只能在专利文献中查到。专利文献记载了人类取得的每一个新技术成果，是最具权威性的世界技术的百科全书。

专利文献著录项目包括技术信息、法律信息和文献外在形式信息。

专利的技术信息是通过专利文件中的说明书、附图等文件部分详细展示出来的。为便于人们从各个角度便捷地了解该发明创造信息，通过发明创造名称、专利分类号、摘要等专利文献著录项目来揭示专利的技术信息。

专利法律信息包括专利保护的范围、专利的权利人和发明人、专利的生效时间、专利申请的标志等。有关专利保护的范围的法律信息是通过专利文件的权利要求书展示出来的，能够表示专利保护范围信息特征的专利文献著录项目主要是专利分类号。其他法律信息则以法律信息特征的方式反映在专利文件的扉页上，用申请人、发明人、专利权人、专利申请号、申请日期、优先申请号、优先申请日期、优先申请国家、文献号、专利或专利申请的公布日期、国内相关申请数据等专利文献著录项目来揭示不同法律信息特征。

表示专利文献外在形式信息特征的专利文献著录项目主要有文献种类的名称、公布专利文献的国家机构、文献号、专利或专利申请的公布日期。

为了消除人们在浏览各国专利文献时的语言困惑，WIPO 制定了《ST.9 关于专利及补充保护证书著录项目数据的建议》和《ST.80 工业品外观设计著录数据推荐标准》，这两个标准规定了专利文献著录项目识别代码，即 INID。

2) 专利信息

现在专利文献已进入信息化时代，人们更多地研究专利信息的传播与利用。究竟什么是专利信息？专利文献与专利信息有何区别？目前还很难说清楚。从两者的关系上说，专利信息是指以专利文献作为主要内容或以专利文献为依据，经分解、加工、标引、统计、分析、整合和转化等信息化手段处理，通过各种信息化方式传播而形成的与专利有关的各种信息的总称，主要有两大信息内容。

(1)技术、法律和经济信息。在专利说明书、权利要求书、附图和摘要等专利文献中披露的与该发明创造技术内容有关的信息，以及通过专利文献所附的检索报告或相关文献间接提供的与发明创造相关的技术信息；在权利要求书、专利公报及专利登记簿等专利文献中记载的与权利保护范围和权利有效性有关的信息。其中，权利要求书用于说明发明创造的技术特征，清楚、简要地表述请求保护的范围，是专利的核心法律信息，也是对专利实施法律保护的依据。其他法律信息包括与专利的审查、复审、异议和无效等审批确权程序有关的信息；与专利权的授予、转让、许可、继承、变更、放弃、终止和恢复等法律状态等有关的法律信息；在专利文献中存在一些与国家、行业或企业经济活动密切相关的信息，这些经济信息反映了专利申请人或专利权人的经济利益趋向和市场占有欲。例如，有关专利的申请国别范围和国际专利组织专利申请的指定国范围的信息；专利许可、专利权转让或受让等与技术贸易有关的信息等；与专利权质押、评估等经营活动有关的信息，这些信息都可以看作经济信息。竞争对手可通过对专利经济信息的监视，获悉对方的经济实力及研发能力，掌握对手的经营发展策略以及可能的潜在市场等。

(2) 著录信息。著录信息指与专利文献中的著录项目有关的信息，主要包括：专利文献著录项目中的申请人、专利权人和发明人或设计人信息；专利的申请号、文献号和国别信息；专利的申请日、公开日和/或授权日信息；专利的优先权项和专利分类号信息；专利的发明名称和摘要等信息。著录项目源自图书情报学，用于概要性地表现专利文献的基本特征。专利文献著录项目既反映专利的技术信息，又传达专利的法律信息和经济信息。

(3) 战略信息。战略信息指经过对技术、法律和经济信息进行检索、统计、分析、整合而产生的具有战略性特征的技术信息和经济信息。

3) 专利引文

专利引文是指在专利文件中列出的与该专利申请相关的其他文献，如专利文献，科技期刊、论文、著作、会议文献等非专利文献。根据引用目的不同，专利引文可分为引用参考文献和审查对比文件。

(1) 引用参考文献。专利发明人在完成专利申请所述发明创造过程中参考引用过并被记述在申请文件中的文献称为引用参考文献。对于大多数国家的专利说明书来说，引用参考文献主要记述在专利文件的说明书部分中，通常由申请文件转写者以文字描述方式写入"背景技术"部分。

(2) 审查对比文件。专利审查员在审查专利申请时，根据申请的权利要求等文件进行专利性检索，找到的文献称为审查对比文件。

3. 专利文献的特点

专利文献数量巨大，反映发明创造最新技术内容，其实用参考价值、技术参考价值和法律参考价值较高。专利文献与其他文献如图书、期刊、科技报告、会议文献、学位论文、标准文献等相比，其特点如下。

1) 提供最新发明创造技术内容

为防止竞争对手抢占先机，申请人在发明创造完成后通常以最快的速度提交专利申请。同时在专利制度的保护下，各国专利局将审批合格后的专利及时公开其发明创造技术，以此利用法律和经济手段推动技术进步和社会发展。因此，研究人员通过专利文献可获得最新发明创造的技术信息。

2) 发明创造技术内容完整、详细

专利申请文件一般都依照专利法规中关于充分公开的要求对发明创造的技术方案进行完整而详尽的描述。故研究人员可在专利说明书、权利要求书、附图等细节中获取详细说明该发明创造与现有技术不同的发明点和具体实施方案等完整而详细的信息。

3) 发明技术内容广、博，集技术信息、法律信息和经济信息于一体

专利文献几乎涉及人类生活的各个领域，从小到大，从简到繁。故研究人员通过专利说明书中详细技术内容，如发明名称、摘要、附图、申请人、专利权人、发明人或设计人、申

请号、申请国别、申请日、公开日或授权日、优先权等获取专利的技术信息、法律信息和经济信息。

4)分类体系和文献格式统一，查找、阅读方便

世界各国专利局出版的专利文献均采用国际专利分类体系对专利文献进行分类；同时专利文献采用国际统一的 INID 识别代码著录专利文献。故研究人员可通过国际专利分类体系对所需的发明技术内容进行分类，获取世界各国的同族专利或相关专利，且阅读内容格式大致统一。

4. 专利文献的作用

(1)专利文献是技术信息的来源。专利文献公开发明技术和如何实施细节，提供最新发明信息。

(2)专利文献提供解决方案。专利文献能提供技术问题的解决方案。

(3)专利文献可识别替代技术。专利文献可用来识别可替代的技术，解决技术问题。

(4)在产品开发的早期阶段，识别研发的可专利性潜力。专利文献可用来确定研发内容是否是新的、可专利的，当商业化时它是否对现有专利存在侵权。

(5)避免重复研发的风险。研发活动一开始就需要查询专利信息，以便找到新的创造发源于何处。

(6)监控研发活动的走向。专利信息可以用来监测技术的发展趋势和竞争对手的研发活动，还可用来对技术领域的未来发展趋势提供预警。

(7)监测研发投资的成功与否。专利申请或者专利授权数是衡量一个特定的研究项目成功与否的绩效指标。

(8)实施逆向工程。

5. 相关概念和知识

1)同族专利与基本专利

同族专利：由至少一个共同优先权联系的一组专利文献，称为一个专利族(Patent Family)。在同一专利族中每件专利被称为专利族成员(Patent Family Member)，同一专利族中每件专利互为同族专利。

基本专利：在同一专利族中拥有最早优先权的专利。

例如：专利族 FR 2476232(最早优先权)

   JP 51198572 A

   GB 4761753 A

   US 45761178 A

FR 2476232 为基本专利；FR 2476232、JP 51198572 A、GB 4761753 A、US 45761178 A 四件专利互为同族专利。

2)优先权

优先权原则源自1883年签订的《保护工业产权巴黎公约》，目的是便于缔约国国民在其本国提出专利或者商标申请后向其他缔约国提出申请。

优先权是指申请人在一个缔约国第一次提出申请后，可以在一定期限内就同一主题向其他缔约国申请保护，其在后申请可在某些方面被视为在第一次申请的申请日提出。换句话说，

在一定期限内，申请人提出的在后申请与其他人在其首次申请日之后就同一主题所提出的申请相比，享有优先权。

3）国际专利分类号（International Patent Classification，IPC）

国际专利分类法是国际通用的对专利文献进行分类的分类法。《国际专利分类表》按 A～H 分 8 个分册出版。《国际专利分类表》的缩写为 Int.Cl^n，上标 n 表示《国际专利分类表》出版版次。《国际专利分类表》由世界知识产权组织修订，国家知识产权局专利局翻译，共 9 个分册。

（1）第一分册 A 部：人类生活必需（Human Necessities）。分部含农业、食品、烟草、个人和家用物品、保健与娱乐。

（2）第二分册 B 部：作业与运输（Performing Operations Transporting）。分部含分离、混合、成型、印刷、交通运输。

（3）第三分册 C 部：化学与冶金（Chemistry and Metallurgy）。分部含化学、冶金。

（4）第四分册 D 部：纺织与造纸（Textiles and Paper）。分部含纺纱和未列入其他类的柔性材料、造纸。

（5）第五分册 E 部：固定建筑物（Fixed Constructions）。分部含建筑、钻井、采矿。

（6）第六分册 F 部：机械工程、照明、加热、采暖、武器、爆破。分部含发动机和泵、一般工程、照明、加热、武器、爆破。

（7）第七分册 G 部：物理（Physics）。分部含仪器、核子学。

（8）第八分册 H 部：电学（Electricity）。

（9）第九分册：使用指南。

4）专利申请号

专利申请号是国家知识产权局发给专利申请人的受理通知书上的一个重要著录项目，它由 8 位数字加一个小数点和一位数字（或英文字母 X）组成，前两位代表专利申请当年的年号，第三位数字表示申请专利的类别（1 表示发明专利，2 表示实用新型专利，3 表示外观设计专利），后五位数字代表当年度内某一种专利申请的顺序号，小数点后的一位数字或 X 是计算机的校验位。

5）专利号

这里所说的专利号是指专利申请授权后，各国专利局给该专利的文献专利号码。专利号由国别代码和序号构成。中国专利文献中专利号与公开（公告）号一致，如 CN 101275800。又如，US 45761178 A 为美国专利，GB 4761753 A 为英国专利。

值得注意的是，我国国家知识产权局在 2003 年 5 月 30 日公布的《专利标记和专利号标注的规定》中明确规定：在授予专利权之后的专利权有效期内，专利权人或者经专利权人同意享有专利号、专利标记标注权的专利实施许可合同的被许可人可以在其专利产品、依照专利方法直接获得的产品或者该产品的包装上标注专利标记和专利号；其中在产品上标注国家知识产权局授予专利权的专利号，用 ZL 表示"专利"，第一、二位数字表示提交专利申请的年代，第三位数字表示专利类别，第四位以后为流水号和计算机校验位。例如，专利产品"具有闪角图像的定向反光膜"包装上标注的专利号为 ZL 02 2 60204.6。可见，我国专利文献中的专利号与产品包装上的专利号是有区别的。

为了解决原 8 位专利申请号不能满足日益增长的专利申请量这一难题，更为我国知识产权行业标准与国际接轨，国家知识产权局标准化委员会于 2003 年对专利申请号标准作了修改，8 位专利申请号被新的 12 位申请号取代。经过修改的新专利申请号采用国际通行的 12

位阿拉伯数字表示，包括申请年号、申请种类号和申请流水号三部分。按照由左向右的次序，第1～4位数字表示受理专利申请的年号，第5位数字表示专利申请的种类，第6～12位数字（共7位）为申请流水号，表示受理专利申请的相对顺序。专利申请号中使用的每一位阿拉伯数字均为十进制，申请号中的年号采用公元纪年。未来20年内将存在新旧申请号并存的现象，只有当专利申请被授予专利权后，该专利申请号才成为专利号。

6. 专利检索类型

按照不同的检索目的，专利检索大致分为以下8种。

1）新颖性检索

新颖性检索是指专利申请人、专利审查员、专利代理人及有关人员在申请专利、审批专利及申报国家各类奖项等活动前，为判断该发明创造是否具有新颖性，对各种公开出版物上刊登的有关现有技术进行的检索。该类检索的目的是为判断该发明创造的新颖性提供依据。

2）创造性检索

创造性检索是指专利申请人、专利审查员、专利代理人及有关人员在申请专利、审批专利及申报国家各类奖项等活动前，为判断该发明创造是否具备创造性，对各种公开出版物上刊登的有关现有技术进行的检索。该类检索的目的是为判断该发明创造的创造性提供依据。

3）专利性检索

专利性检索是指相关人员为判断一项发明创造是否具备新颖性、创造性和实用性而进行的检索，即通过对发明创造的技术主题进行现有各种公开出版物的对比检索。

4）防止侵权检索

防止侵权检索是指为避免发生专利纠纷而主动对发明创造中的新技术、新产品进行的检索，其目的是找出可能受到其侵害的专利。

5）被动侵权检索

被动侵权检索是指被别人指控侵权时进行的专利检索，其目的是检索出对受到侵害的专利提供无效诉讼的依据。

6）专利法律状态检索

专利法律状态检索是指对专利的时间性和地域性进行的检索，又分为专利有效性检索和专利地域性检索。专利有效性检索是指对一项专利或专利申请当前所处的状态进行的检索，其目的是了解该项专利是否有效。专利地域性检索是指对一项发明创造在哪些国家和地区申请了专利进行的检索，其目的是确定该项专利申请的国家和地域范围。

7）同族专利检索

同族专利检索是指对一项专利或专利申请在其他国家申请专利并被公布等有关情况进行的检索，其目的是找出该专利或专利申请在其他国家公布的文献（专利）号。

8）专利信息检索

专利信息检索是指根据一项数据特征，从大量的专利文献或专利数据库中挑选符合某一特定要求的专利文献或信息的检索。

5.1.2　中国专利信息检索

1. 中华人民共和国国家知识产权局 (www.sipo.gov.cn)

1) 概况

中华人民共和国国家知识产权局的专利检索与服务体系包括专利检索与服务系统、中国专利查询系统、专利公布公告和专利查询。本节重点介绍专利检索与服务系统。

2) 检索功能

检索功能包括常规检索、表格检索、概要浏览、详细浏览、批量下载等。

数据包括 103 个国家、地区和组织的专利数据，涵盖中国、美国、日本、韩国、英国、法国、德国、瑞士、俄罗斯、欧洲专利局和世界知识产权组织等。

表格检索中有 3 个子系统选项：中外专利联合检索、中国专利检索和外国及港澳台专利检索，如图 5-1 所示。

图 5-1　中华人民共和国国家知识产权局表格检索

表格检索提供申请号、申请日、公开(公告)号、公开(公告)日、IPC 分类号、申请(专利权)人、发明人、优先权号、优先权日、申请人地址、申请人邮编等检索字段，如图 5-2 所示。

发明名称 —— 一种苹果手机与车载主机的连接系统及其连接方法	
申请号	CN201410649572
申请日	2014.11.14
公开（公告）号	CN104363344A
公开（公告）日	2015.02.18
IPC分类号	H04W4/00; H04M1/725
申请（专利权）人	深圳市航盛电子股份有限公司;
发明人	嵇春凡;杨洪坪;武凯;王浩;邱明海;
优先权号	
优先权日	
申请人地址	广东省深圳市宝安区福永街道和平居委福园一路航盛工业园;
申请人邮编	518000;

图 5-2　中华人民共和国国家知识产权局摘要信息

2. 中国知识产权网（www.cnipr.com）

1）概况

中国知识产权网的中外专利数据库服务平台提供中国专利和国外专利（美国、日本、英国、德国、法国、加拿大、EPO、WIPO、瑞士等98个国家、地区和组织）的检索，同时推出了手机版。

2）检索功能

该平台主要提供中国专利（发明专利、实用新型专利、外观设计专利和授权专利）和国外（美国、日本、英国、德国、法国、欧洲专利局、WIPO、瑞士）专利检索。

主要检索功能有简单检索、高级检索、智能检索等。

（1）简单检索。

简单检索位于平台的检索首页，如图5-3所示。简单检索提供的字段包括申请（专利）号、公开（公告）号、名称、申请（专利权）人、申请日、公开日等，如图5-4所示。检索范围包括中国专利、国外专利、全部专利等。

图5-3　中国知识产权网简单检索

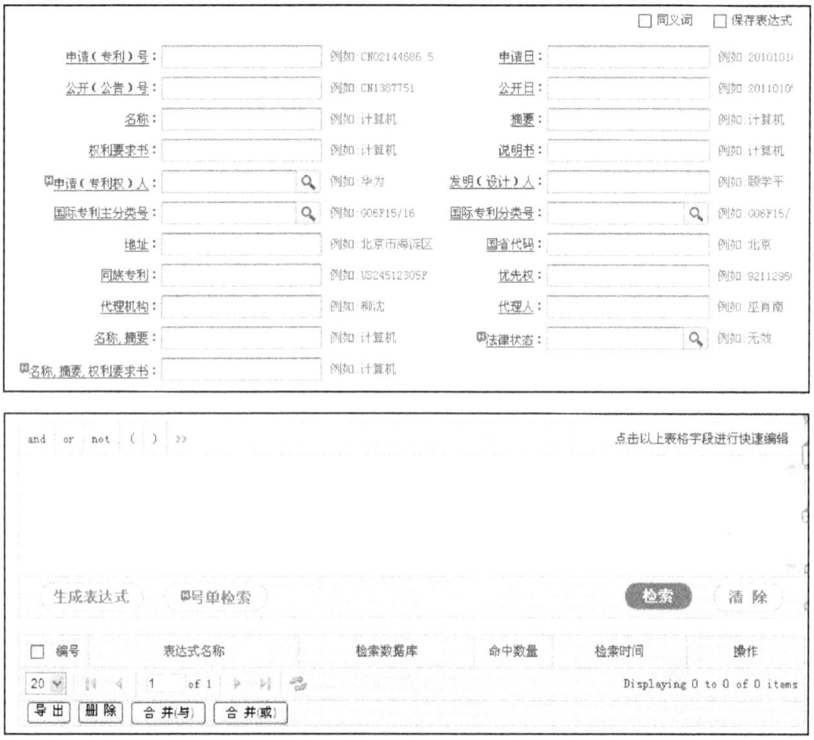

图5-4　中国知识产权网高级检索

(2) 高级检索。

高级检索包括 3 种功能：表格检索、逻辑检索和号单检索。

功能一：表格检索。表格检索字段主要包括发明名称、摘要、权利要求、名称,摘要、权利要求、申请号、公开号、法律状态、优先权号、主分类号、分类号、申请人、发明(设计)人、专利权人、申请(优先权)日、申请日、公开(公告)日等。其中，名称,摘要、权利要求、法律状态为新增字段。

数据范围：中国专利、主要国家和地区专利，以及其他国家和地区专利。其中，中国专利包括中国发明申请、中国实用新型、中国外观设计、中国发明授权、台湾专利、香港专利。默认的检索数据范围为中国发明申请和中国实用新型。

检索同时可进行同义词检索，并查询公司代码及 IPC 分类号。

同义词检索是指针对用户在名称或摘要中输入的关键词，系统从后台自动找到其同义词，二者联合起来进行检索，以扩大检索范围，提高查全率。

分类号查询可实现通过分类号查询相关内容，也可通过内容查询分类号。

公司代码查询即申请(专利权)人查询，通过对公司组织结构信息的加工，可更全面了解某个申请(专利权)人的专利。

功能二：逻辑检索。逻辑检索是一种高级检索方式，可输入一个复杂的表达式，用布尔算符组合连接各个检索选项，构建检索策略。单击表格检索中的检索字段可辅助快速的编辑表达式(当使用逻辑检索框时，表格检索框失效，所有检索结果以逻辑检索框里的输入为准)。

在表达式输入框的下方是历史表达式列表，它直接显示已保存过的检索表达式，用户可以对以前保存的历史表达式进行查看、删除、检索、导出、合并历史表达式等操作。

功能三：号单检索。号单检索是批量输入申请号或者公开(公告)号进行检索的方式。批量号单之间可以使用分号、逗号或者空格进行间隔，每次进行号单检索的上限为 2000 个。

(3) 手机客户端。

手机客户端(图 5-5)包括以下 5 方面。

图 5-5　中国知识产权网手机客户端

资讯浏览：提供知识产权业界最新资讯和动态，内容支持新浪微博等方式进行分享，支持微博内容编辑、位置共享、新闻图片分享。

PIAC 专区：专利信息年会，提供 PIAC 最新动态和日程等相关消息浏览和分享。

活动专区：提供其他知识产权业界活动消息浏览和分享。

专利检索：可根据名称、申请号、申请人、公开号等常用、使用频度较高的检索条件进行专利检索；提供检索结果的概览、细览并包括该专利最新法律状态信息。

每日知慧：微学习，知识产权专业知识，系统了解专利、商标及版权等知识。

3. 中国知网的中国专利数据库(www.cnki.net)

中国知网的中国专利数据库主要收录 1985 年 9 月以来所有的中国专利，有发明专利、实用新型专利和外观设计专利三个子库。国家知识产权局知识产权出版社提供数据。

检索字段有申请号、申请日、公开号、公开日、专利名称、摘要、分类号、申请人、发明人、地址、专利代理机构、代理人和优先权等检索项，提供专利说明书全文。

该数据库的特点是：每条专利集成与该专利相关的最新文献、科技成果和标准等信息，可完整地展现该专利产生的背景、最新发展动态和相关领域的发展趋势，并可浏览发明人和发明机构更多的论述以及在各种公开出版物上发表的信息。

4. 万方数据的中国专利全文数据库(www.wanfangdata.com.cn)

万方数据股份有限公司的中国专利全文数据库主要收录 1985 年以来的所有中国专利，包括发明专利、实用新型专利和外观设计专利。

检索字段有发明名称、发明人、申请人、主申请人地址、申请号、申请日期、审定公告号、审定公告日期、分类号、主分类号、摘要、主权项、代理机构和代理人等检索项。提供免费专利摘要信息，获取专利说明书需订购。

检索结果有申请(专利)号、申请日期、公开(公告)日、公开(公告)号、主分类号、申请(专利权)人和发明(设计)人等信息。

5.1.3　国外专利信息检索

1. 世界知识产权组织(www.wipo.int)

1)概况

世界知识产权组织官方网站提供网上免费数据库检索，通过该网站可以检索 PCT(Patent Cooperation Treaty，专利合作条约，它是专利领域的一项国际合作条约)申请公开、工业品外观设计、商标和版权的相关信息。

2)检索功能

该网站提供四种检索功能：简单检索、高级检索、结构化检索和浏览每周公布的专利文献。切换到 Options 选项卡进行四种检索方式的切换。

(1)简单检索(Simple Search)。简单检索方式仅提供一个检索输入框，在输入框输入检索的内容即可。

简单检索可实现多个词汇的检索，在输入框内输入多个检索词汇，在词汇与词汇之间以空格间隔，如图 5-6 所示。

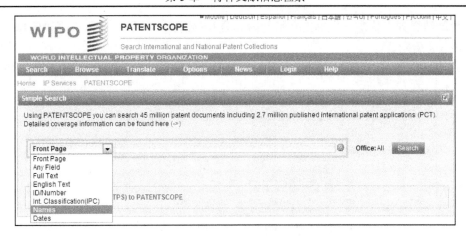

图 5-6 世界知识产权组织简单检索

（2）高级检索（Advanced Search）。高级检索允许在输入框内输入复杂的检索式。可通过单击右侧 SHORTCUTS 目录下的 Field Codes 按钮进入检索字段说明显示页面。在该页面还可通过逻辑算术符和括号构建复杂的布尔逻辑表达式来进行检索。在检索式中如果包含多种运算符号，有括号时括号中的内容优先；没有括号时依据从左到右的顺序进行检索。

（3）结构化检索（Structured Search）。结构化检索提供的检索字段共 28 个，输入栏有 12 个。检索时，首先选择检索字段，其次在右侧输入栏输入内容，之后在左侧下拉列表中选择检索字段之间的逻辑关系。

在结构化检索模式下，检索内容字母不区分大小写；短语检索以半角格式的" "进行限制；支持右截词符检索、邻近检索和布尔逻辑表达式检索。

（4）浏览每周公布的专利文献（Browsed by Week）。浏览每周公布的专利文献以简单列表方式显示最近一周公布的专利文献，如图 5-7 所示。

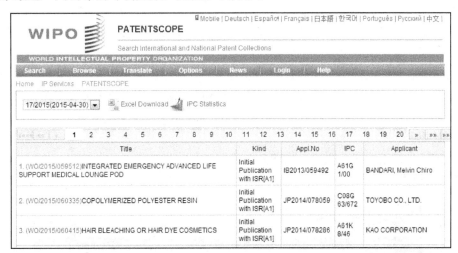

图 5-7 世界知识产权组织每周公布的专利文献

（5）检索结果显示。检索结果显示在"简单结果列表"上，显示该检索命中的文献数量，提示本页面仅显示前 25 件专利文献。单击 Next 25 Records 按钮可以显示另外 25 件专利文献概览。

在简单结果列表状态下，单击文献的国际公开(公告)号标题，进入"摘要信息"显示页面，如图 5-8 所示。

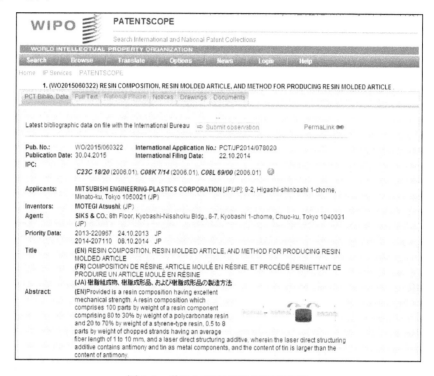

图 5-8　世界知识产权组织摘要信息

2. 欧洲专利局(ep.espacenet.com)

1)概述

欧洲专利局提供的专利数据涉及国家多，时间跨度大，收录自 1920 年以来世界上 50 多个国家和地区出版的专利文献。可检索欧洲专利组织成员国、欧洲专利局和世界知识产权组织公开的专利题录、文摘及全文等数据。数据类型包括题录、文摘、文本式说明书及权利要求、扫描图像存储的专利说明书首页、附图、权利要求及全文。检索界面有英、德、法和日四种语言。

2)检索功能

该系统提供快速检索、高级检索和分类检索三种检索功能。

(1)快速检索(Smart Search)。快速检索界面如图 5-9 所示。

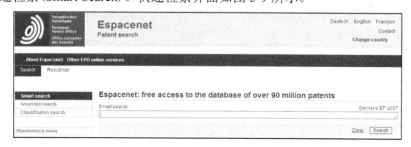

图 5-9　欧洲专利局快速检索

(2) 高级检索(Advanced Search)。

① Database：可选择三个数据库，分别是 worldwide、EP-esp@cenet 和 WIPO-esp@cenet。

② Search terms：可选择十多种检索术语，分别是发明名称中的关键词、发明名称或摘要中的关键词、ECLA 分类号、IPC 分类号、申请号、公开(公告)号、公开(公告)日、优先权号、申请人、发明人和欧洲分类(ECLA)。

(3) 分类检索(Search European Classification)。分类检索页面除列有国际专利分类体系的 8 个(A～H)检索外，还有一个为欧洲专利局使用欧洲分类检索专利号(Y)。

分类检索方式含两方面。

① Find classification(s) for keywords：输入关键词查找相应的分类号。

② Find description for a symbel：输入文字描述查找分类号。

(4) 检索结果显示。检索结果分简单结果列表和摘要信息两层。

单击"摘要信息"页面的 View INPADOC patent family 项可获得该专利的同族专利。单击 View list of citing documents 项可查看该专利的引用情况等。

3. 日本特许厅(www.jpo.go.jp)

1) 概况

日本特许厅将 1885 年以来公布的所有日本专利、实用新型和外观设计专利文献通过该网站上的工业产权数字图书馆(Industrial Property Digital Library，IPDL)免费提供给全世界的用户。该工业产权数字图书馆有日文版和英文版两种版面。日文版网页上包括外观设计数据，如图 5-10 所示；英文版网页上有日本专利、实用新型和商标等数据。

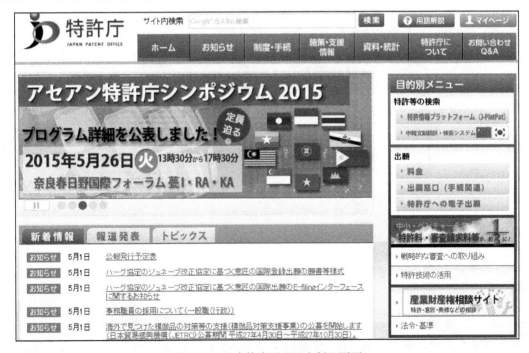

图 5-10　日本特许厅"日文版"页面

日文版主要介绍"特许.实用新案检索"、"意匠检索"、"经过情报检索"和"审判检索”。“特许.实用新案检索”主要检索发明、实用新型专利；“意匠检索”主要检索日本外观设计专利；“经过情报检索”主要检索日本专利的法律状态；“审判检索”主要内容是对一些有复审程序的专利申请所作判决的公报。

　　单击右上角的 English 项可完成日文版和英文版页面的转换。

　　2) 主要检索功能（英文版）

　　在“英文版”页面，IPDL（工业产权数字图书馆）主页有专利与实用新型、设计和商标三个栏目，如图 5-11 所示。

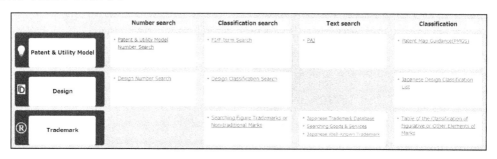

图 5-11　日本特许厅 IPDL 页面

　　下面重点介绍 Patent & Utility Model 检索功能。

　　（1）文本检索（Text Search）。

　　PAJ 的文本检索如图 5-12 所示，该页面设有三组检索式输入窗口：①Abstract、Title of Invention、Applicant（摘要、发明名称和申请人），三个字段均可进行布尔逻辑组配来提高检准率；②Publication Date（公布日期）；③IPC。

　　同样，上述三组检索式之间均可进行布尔逻辑组配。

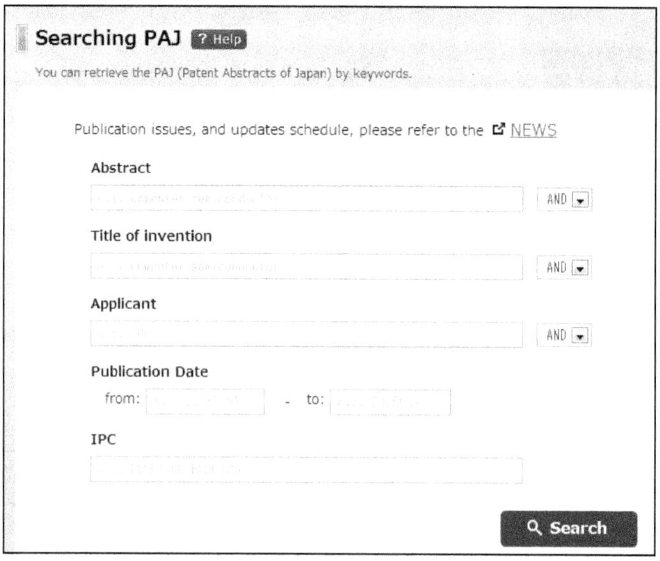

图 5-12　日本特许厅 PAJ 的文本检索页面

　　（2）号码检索（Number Search）。

　　PAJ 的号码检索提供四种检索式号码选项：Application Number（申请号）、Publication

Number（公布号）、Patent Number（专利号）、Appeal/Trial Number（审查员驳回决定诉讼案号）。

（3）检索结果显式。

检索结果先显示检索条数，当检索结果超过 1000 条时，系统不显示任何结果。检索结果在 1000 条以内，以列表方式显示，按照公开号的高低进行排序，每页显示 50 条记录。列表信息含有序号、公布号和专利名称。

单击公开号可显示该篇专利的英文摘要信息，如图 5-13 所示。

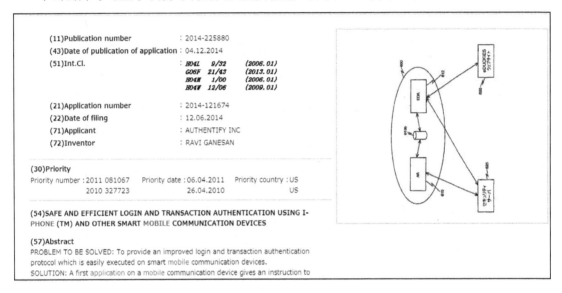

图 5-13　日本特许厅英文摘要信息

其页面上方有 MENU、SEARCH、INDEX、DETAIL、JAFONTESE 和 NEXT 等按钮，单击可打开菜单、进行检索页面的跳转、回到原始检索页面、回到索引界面、进入日文图像全文界面和浏览下一篇文献。

要查看文献的详细信息，可单击 DETAIL 按钮，分别浏览该专利文献的英文权利要求、英文说明书、英文背景技术等。

值得注意的是，该数据库中的英文文本由机器翻译而成，可能会出现某些翻译不当的情况，故翻译内容仅供参考。

4. 美国专利商标局（www.uspto.gov）

美国专利商标局提供的专利文献数据包括 1976 年以来到最近一周发布的美国专利全文，以及 1790～1975 年的专利全文扫描图像；可进行专利法律状态检索，即通过查找专利缴费情况确定专利是否失效；通过查找撤回的专利确定专利是否在授权的同时被撤回；通过查找专利保护期延长的具体时间确定专利的最终失效日期；通过查找继续数据确定专利是否有继续申请、部分继续申请、分案申请等相关联的情报；通过查看专利权人的变化情况确定专利权是否经过转移等。

单击 Search for Patents 项进入专利检索页面，可进行专利全文和图像检索，该页面提供快速检索、高级检索和专利号检索三种功能，如图 5-14 所示。

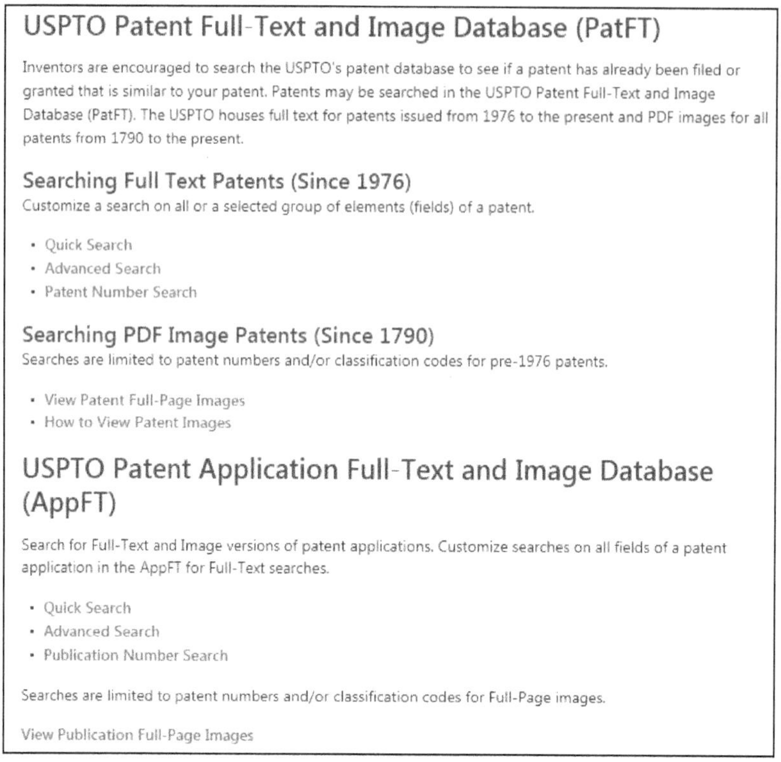

图 5-14　美国专利商标局专利检索页面

5.2　标准信息检索

标准文献又称为技术标准，它是技术上的法律和规范。标准与规范构成了科技合同、技术谈判、采购订货、技术验收、产品测试等活动中的主要技术依据。标准文献以正式书面语言行文编写，结构严谨、准确简练，无模棱两可之处，也不带任何感情色彩。因此，标准文献在生产、技术、科学管理、国民经济以及日常生活中起着重要作用。

标准信息检索是指运用各种载体形态的检索工具，按照一定的方法、步骤，利用各种检索途径，根据标准信息的内外部特征，如标准名称、标准号、关键词、摘要等，查找标准摘要信息和标准全文的过程。本节重点介绍标准文献及标准信息检索方法。

5.2.1　标准文献概述

1. 标准、标准化及标准文献的定义

1）标准的定义

标准是标准化活动的成果，也是标准化系统最基本的要素和标准化学科中最基本的概念。什么是标准？近百年来，各国标准工作者一直试图作出科学、正确的回答，其中具有代表性的有以下两个。

（1）中国标准定义。1983 年，我国在 GB 39.5.1《标准技术基本术语》中对标准的定义是：

标准是重复性事物或概念所作的统一规定，它以科学、技术和实践经验的综合成果为基础，经有关方面协商一致，由主管部门批准，以特定形式发布，作为共同遵守的准则和依据。

该定义有四层含义：①制定标准的对象是"重复性事物或概念"；②标准产生的客观基础是"科学、技术和实践经验的综合成果"；③标准在产生过程中要"经有关方面协商一致"；④标准的本质特征是"统一"。

(2) 国际标准定义。

1991 年，ISO 与 IEC 联合发布第 2 号指南《标准化与相关活动的基本术语及其定义》，该指南对标准的定义是：标准是由一个公认的机构制定和批准的文件，它对活动或活动的结果规定了规则、导则或特性值，供共同和反复使用，以实现在预定结果领域内最佳秩序的效益。

2) 标准化的定义

我国国家标准《标准化基本术语第一部分》中将"标准化"定义为"标准化是在经济、技术、科学及管理等社会实践中，以重复性事物和概念通过制定、发布和实施标准达到统一，以获得最佳秩序和社会效益"。

3) 标准文献的定义

标准文献是指由国际或国家专门的标准化组织所公布实施的正式规范文件，它对工农业产品和工程建设的质量、规格及其检验方法等方面作出了严格的技术规定。

具体地，标准文献是指按照规定程序制定并经权威机构批准的，在特定范围内执行的规格、规程、规则、要求等技术性文件。标准文献有狭义和广义之分，狭义的标准文献是指带有标准号的标准、规范和规程等技术文件；广义的标准文献除包括标准、规范和规程外，还包括标准检索工具、标准宣传手册以及各种档案资料等。

2. 标准的类型

1) 按使用范围划分

(1) 国际标准 (International Standard)：指由国际标准化或标准组织制定并公开发布的标准。国际标准在世界范围内具有适用性。对所有的国家来说，最终的统一状态是采用相同的标准。对促进国际贸易以及便利技术人员交换技术资料来说，国际标准有极大的价值，如国际标准化组织标准 (ISO)、国际电信联盟标准 (ITU)、国际电工委员会标准 (IEO)、国际乳制品联合会标准 (IDF)、联合国科教文组织标准 (UNESCO)、世界知识产权组织标准 (WIPO) 等。

又如，1964 年一个国际标准被 12 个国家采用，1967 年一个国际标准被 40 个国家采用。目前许多国家直接把国际标准作为该国标准使用。这是由于国际贸易广泛开展，产品在国际市场上的竞争越来越激烈，要求产品具有高的质量，好的性能，还要具有广泛的通用性、互换性；这就要求标准在各国间统一起来，按照国际上统一的标准生产，如果标准不一致，就会给国际贸易带来障碍，所以世界各国都积极采用国际标准。

(2) 区域标准 (Regional Standard)：指由某一区域标准或标准组织制定并公布开发布的标准。例如，欧洲标准化委员会 (CEN) 制定的欧洲标准 (EN)、欧洲电工标准委员会 (CENELEC) 制定的标准、欧洲广播联盟 (EBD) 制定的标准。

制定区域标准的主要目的是促进区域成员国之间的贸易，便于该地区科学、技术和经济的交流，协调该地区与国际标准化组织的关系。制定区域标准易造成贸易障碍，目前区域标准有减弱的趋势。

(3)国家标准(National Standard)：指由国家标准团体制定并公开发布的标准，它适用于一个国家统一采用的标准，如 ANSI、BS、NF、DIN、JIS 等是美、英、法、德、日等国家标准的代号；中华人民共和国国家标准代号为 GB，主要包括：①基本原料、材料标准；②有关人民生活的量大面广的、跨部门生产的重要工农业产品标准；③有关人民安全健康和环境保护标准；④互换配合，通用技术语言等基础标准；⑤通用的零件、部件、元件、器件、构件、通用的试验和检验方法标准；⑥采用的国际标准；⑦配件和工具、量具标准。

中国国家标准是由国务院标准化行政主管部门编制计划、组织草拟、统一审批、编号和发布的。中国国家标准是中国标准体系中的主体，国家标准一经批准发布实施，与国家标准相重复的行业标准、地方标准即行废止。《标准化法》中规定任何行业标准、地方标准或企业标准的内容不得与国家标准相抵触。

(4)行业标准：指由行业标准化团体或机构改革标准，发布在某行业的范围内统一实施的标准是行业标准，又称为团体标准，例如，石油学会标准(API)、机械工程师协会标准(ASME)、美国的材料与试验协会(ASTM)、英国的老氏船级社标准(LR)等都是国际上有权威性的团体标准，在各自的行业内享有很高的信誉。

我国的行业标准指对没有国家标准而又需要在全国某个行业范围内统一的技术要求所制定的标准。

(5)地方标准：指对没有国家标准和行业标准而又需要在省、自治区、直辖市范围内统一的产品安全、卫生要求、环境保护、食品卫生、节能等有关要求所制定的标准，它由省级标准化行政主管部门统一组织制定、审批、编号和发布。

ISO/IEC 第 2 号指南中这样描述地方标准：由一个国家的地方部门制定并公开发布的标准。

(6)企业标准：有些国家又称其为公司标准，指由企事业单位自行制定、发布的标准，也是对企业范围内需要协调统一的技术要求、管理要求和工作要求所制定的标准。例如，美国波音飞机公司、德国西门子电器公司、新日本钢铁公司等企业发布的企业标准都是国际上有影响的先进标准。又如，我国企业标准主要包括产品标准；原材料、半成品标准，零件、部件标准，工艺、工装标准，安全、卫生、环境保护标准等。此外，还有美国爱迪生照明公司协会标准、美国通用电气公司标准(SPO)等。

2)按内容划分

(1)产品标准：指对产品结构、规格方法所作的技术规定。我国的产品标准的内容主要包括：产品的适用范围、质量和检验，产品的品种、规格和结构形式，产品的主要性能，产品的试验、检验方法和验收规则，产品的包装、储存和运输等方面的要求等。

(2)基础标准：指在一定范围内作为其他标准的基础并普遍使用，具有广泛指导意义的标准。例如，术语标准，符号、代号、代码标准，量与单位标准等都是目前广泛使用的综合性基础标准。又如，我国常用的主要基础标准有通用科学技术语言标准；为发展产品系列化提供依据的标准；保护环境和安全、卫生标准；机械产品的零部件精度和互换性标准；标准化和技术工作的管理标准等。

(3)方法标准：指为提高工作效率，保证工作结果必要的准确一致，对生产、技术和组织管理活动中最佳的方法所作的统一规定。

(4)管理标准：指为合理组织、利用和发展生产力，正确处理生产、交换、分配和消费中的相互关系，以及行政和经济管理机构行使其计划、监督、指挥、协调、控制等管理职能而制定的标准。

3）按标准成熟程度划分

（1）法定标准：指完成标准全部审批过程、公开颁布执行的标准。这种标准具有法规性，有关部门必须执行。

（2）推荐标准：指正式审定、公开颁布执行的标准，但它不是强制性的标准，只是建议参照执行。

（3）试行标准：指内容不够成熟，有待在实践中进一步修订、充善的标准，修订后可成为推荐标准或法定标准。

（4）草案标准：指审批前由草案提出机构或草拟者拟订的供讨论并征求有关方面修改意见的标准。

4）按标准法规性划分

（1）强制性标准：指依靠国家法律、法规和行政手段保证执行的标准。

（2）非强制性标准：除强制性标准外，其他标准均属于非强制性标准。

3．标准文献的特点

标准文献与图书、期刊、专利文献等文献相比，其特点如下。

1）具有法规性、严肃性和权威性

各国都有自己的标准法规，它给各国的标准化工作提供了法律依据。标准文献从提出、草拟、讨论、审批、颁布等程序及其撰写、编排、结构、术语等形式都有严格的法规规定。因此标准文献是依法公布的法规性文件，具有法律约束力，必须遵守与执行。

不同级别的标准在不同适用范围内进行统一；不同类型的标准从不同侧面进行统一。此外，标准的编写格式是统一的，各类标准都有自己的统一等。标准的编写顺序、方法、印刷、幅面格式和编号方法的统一，既可保证标准的编写质量，又便于标准的使用和管理，同时体现出标准的严肃性和权威性。

2）实事求是，融可靠性、可行性和时效性于一体

标准文献中记录的数据是从实际出发，经过严格的科学验证、精确的数学计算，并以现代科学的综合成果和先进经验为基础而取得的。因此，它符合实际、符合相关法规政策，在科学上是可信的，在技术上是可行的，在经济上是合理的。

标准是以科学、技术和先进经验的综合成果为基础编制的，它所反映的水平只能是当时技术所能达到的水平。随着经济发展和科学技术水平的提高，现行标准日趋落后。为了保持标准的先进性，必须对标准进行修改、补充或废止，因此标准是不断更新换代的。

例如，我国制（修）订的标准，主要是在我国贯彻实施，就应该从我国的实际情况出发。具体地说，就是要结合我国的自然资源条件，适应我国的气候、地理自然条件环境条件，适合我国生产、使用、流通等方面的实际情况，还要符合我国政治、经济性法规政策以及我国人民群众的生活习惯等。

3）有明确的适用范围、用处和使用性质

标准文献是供国民经济多部门多次使用的技术文件；出版任何项标准，首先必须明确规定的适用范围、用途、对象及有效期限。

4)统一的产生过程、编制格式和发行方式

标准文献是根据既定的标准化计划，有组织、有步骤地进行标准化工作的具体成果。各国标准化机构对其出版的标准文献都有一定的格式要求，这就使标准文献具有体裁划一、逻辑严谨、编号统一等特点。标准文献是由各级标准化组织主持制定和颁布的，通常以单行本形式发行。

4. 国际标准文献分类法和中国标准文献分类法

1)国际标准文献分类

《国际标准文献分类法》(International Classfication for Standards，ICS）于 1991 年由国际标准化组织的信息系统和服务委员会(INFCO)编制。它主要用于建立国际标准、区域标准、国家标准及其他标准文献的目录结构，并作为国际标准、区域标准和国家标准的制定系统的基础，也可用作数据库和图书馆中标准及标准文献的分类。

ICS 采用数字分类法(表 5-1)，数字分类法与字母分类法和字母与数字混合分类法相比，具有扩充方便、计算机管理方便等优点，而且没有文种障碍，有利于交流与推广。ICS 类目设置有以下特点。

(1)有些类目设置比较新颖，如 37 成像技术(包括复印技术和印刷技术)。

(2)受欧洲传统分类思想影响较大，由于 ICS 与 DIN 的渊源关系，ICS 中某些类目的设置主要是围绕德国分类法思想来进行的。例如，39"精密机械、珠宝"类目下只有手表和珠宝，其他仪表、仪器没法收入。

(3)有些类分得过细；有些类目界定不明显；有些类目设置比较陈旧，难以入类等。

表 5-1　ICS 分类

01 综合、术语学、标准化、文献	27 能源和热传导工程	49 航空器和航天器工程	77 冶金
03 社会学、服务、公司(企业)的组织和管理、行政、运输	29 电气工程	53 材料储运设备	79 木材技术
07 数学、自然科学	31 电子学	55 货物的包装和调运	81 玻璃和陶瓷工业
11 医药卫生技术	33 电信、音频和视频工程	59 纺织和皮革技术	83 橡胶和塑料工业
13 环保、保健和安全	35 信息技术、办公机械	61 服装工业	85 造纸技术
17 计量学和测量、物理现象	37 成像技术	65 农业	87 涂料和颜料工业
19 试验	39 精密机械、珠宝	67 食品技术	91 建筑材料和建筑物
21 机械系统和通用件	43 道路车辆工程	71 化工技术	93 土木工程
23 流体系统和通用件	45 铁路工程	73 采矿和矿产品	95 军事工程
25 机械制造	47 造船和海上构筑物	75 石油及相关技术	97 家用和商用设备、文娱、体育

ICS 采用层累制分类法，ICS 采用三级分类，第一级由 41 个大类组成，第二级分为 405 个二级类目，第三级为 884 个三级类目。分类法采用数字编号，第一级和第三级采用双位数。第二级采用三位数表示，各级类目之间以实圆点(中文版采用短横线)相隔。

为满足标准信息的交换，实现我国标准文献分类工作与国际接轨，在我国国家标准和行业标准的封面上标注有 ICS。

2)中国标准文献分类法

中国标准文献分类法(China Classfication for Standards，CCS)于 1984 年由国家标准局编

制。CCS 采用字母与数字混合分类法，其类目的设置以专业为主，序列采用从总到分，从一般到具体的逻辑系统。类目采用二级编制形式，一级大类类目用拉丁字母表示，如表 5-2 所示。二级类目采用双位数表示。

表 5-2　CCS 一级大类类目

A 综合	J 机械	S 铁路
B 农业、林业	K 电工	T 车辆
C 医药、卫生、劳动保护	L 电子元件与信息技术	U 船舶
D 矿业	M 通信、广播	V 航空、航天
E 石油	N 仪器、仪表	W 纺织
F 能源、核技术	P 工程建设	X 食品
G 化工	Q 建材	Y 轻工、文化与生活用品
H 冶金	R 公路、水路运输	Z 环境保护

5. 我国标准编号

在标准封面中标准类别的右下方为标准编号，由标准的批准或发布部门分配。标准编号由标准代号、顺序号和年号三部分组成，各类标准的编号形式举例如下。

国家标准：　<u>GB/T</u>　<u>××××</u>—<u>××××</u>
　　　　　　　①　　　②　　　③

其中，① 推荐性国家标准代号；② 标准顺序；③ 年号。

行业标准：　<u>××/T</u>　<u>××××</u>—<u>××××</u>
　　　　　　①　　　　②　　　③

其中，① 推荐性行业标准代号；② 标准顺序号；③ 年号。

企业标准：　<u>Q/×××</u>　<u>××××</u>—<u>××××</u>
　　　　　　①　②　　　　③　　　　④

其中，① 企业标准代号；② 企业代号；③ 标准顺序号；④ 年号。

根据《国家标准管理办法》、《行业标准管理办法》、《地方标准管理办法》和《企业标准化管理办法》的规定，我国各类标准的代号如下。

1）国家标准号

国家标准的标准代号由标准代号、标准顺序号及年号组成。国家标准代号由"国家标准"中的"国标"二字大写拼音首字母组成，即 GB。我国国家标准代号如表 5-3 所示。

表 5-3　国家标准代号

序号	标准代号	含义	主管部门
1	GB	中华人民共和国强制性国家标准	国家标准化管理委员会
2	GB/T	中华人民共和国推荐性国家标准	
3	GB/Z	中华人民共和国国家标准化指导性技术文件	

2）行业标准号

我国行业标准的标准代号由行业标准代号、标准顺序号及年号组成。行业标准代号由两个代表行业的大写汉语拼音字母组成。行业标准代号如表 5-4 所示。

表 5-4 行业标准代号

序号	行业标准名称	行业标准代号	主管部门
1	农业	NY	农业部
2	水产	SC	农业部
3	水利	SL	水利部
4	林业	LY	国家林业局
5	轻工	QB	国家轻工业局
6	纺织	FZ	国家纺织工业局
7	医药	YY	国家药品监督管理局
8	民政	MZ	民政部
9	教育	JY	教育部
10	烟草	YC	国家烟草专卖局
11	黑色冶金	YB	国家冶金工业局
12	有色冶金	YS	国家有色金属工业局
13	石油天然气	SY	国家石油和化学工业局
14	化工	HG	国家石油和化学工业局
15	石油化工	SH	国家石油和化学工业局
16	建材	JC	国家建筑材料工业局
17	地质矿产	DZ	国土资源部
18	土地管理	TD	国土资源部
19	测绘	CH	国家测绘局
20	机械	JB	中国机械工业联合会
21	汽车	QC	全国汽车标准化技术委员会
22	民用航空	MH	中国民航管理总局
23	兵工民品	WJ	国防科工委
24	船舶	CB	国防科工委
25	航空	HB	国防科工委
26	航天	QJ	国防科工委
27	核工业	EJ	国防科工委
28	铁路运输	TB	铁道部
29	交通	JT	交通部
30	劳动和劳动安全	LD	劳动和社会保障部
31	电子	SJ	信息产业部
32	通信	YD	信息产业部
33	广播电影电视	GY	国家广播电影电视总局
34	电力	DL	国家经贸委
35	金融	JR	中国人民银行
36	海洋	HY	国家海洋局
37	档案	SA	国家档案局
38	商检	SN	国家出入境检验检疫局
39	文化	WH	文化部
40	体育	TY	国家体育总局
41	商业	SB	国家国内贸易局
42	物资管理	WB	国家国内贸易局
43	环境保护	HJ	国家环境保护局

序号	行业标准名称	行业标准代号	主管部门
44	稀土	XB	国家发展计划委员会稀土办公室
45	城镇建设	CJ	建设部
46	建筑工业	JG	建设部
47	新闻出版	CY	国家新闻出版总署
48	煤炭	MT	国家煤炭工业局
49	卫生	WS	卫生部
50	公共安全	GA	公安部
51	包装	BB	中国包装工业总公司
52	地震	DB	中国地震局
53	旅游	LB	中国旅游局
54	气象	QX	中国气象局
55	外经贸	WM	对外经济贸易合作部
56	海关	HS	海关总署
57	邮政	YZ	国家邮政局
58	中医药	ZY	国家中医药管理局

行业标准分为强制性标准和推荐性标准，表中给出的是强制性行业标准代号。推荐性行业标准代号是在强制性行业标准代号后面加"/T"。例如，旅游行业的推荐性行业标准代号是 LB/T。

3) 地方标准号

地方标准号由 DB、省市行政区代码前两位组成，如表 5-5 所示。

表 5-5　地方标准号

序号	代号	含义	管理部门
1	DB + 省级行政区划代码前两位	中华人民共和国强制性地方标准代号	省级质量技术监督局
2	DB + 省级行政区划代码前两位/T	中华人民共和国推荐性地方标准代号	省级质量技术监督局

4) 企业标准号

企业标准号由企业标准代号 Q、企业代号、标准顺序号和年号组成，如表 5-6 所示。

表 5-6　企业标准代号

序号	代号	含义	管理部门
1	Q + 企业代号	中华人民共和国企业产品标准	企业

5.2.2　中国标准信息检索

1. 中国知网的标准数据库 (www.cnki.net)

中国知网的中外标准数据库的数据来源于中国标准化研究院标准馆，提供标准号、中文标题、英文标题、中文关键词、英文关键词、发布单位、摘要、被代替标准、采用关系等检索字段进行检索。采用国际标准分类法和中国标准分类法，可根据各级分类导航进行分层浏览，数据每月更新。

中外标准数据库的特点是可检索与标准相关的文献、成果等信息，即每条标准集成了与该标准相关的最新文献、科技成果、专利等信息，可完整地展现该标准的产生背景、最新发展动态、相关领域的发展趋势，可浏览发布单位更多的论述以及在各种出版物上发表的信息等。

中国知网的标准数据库有 4 个。

1）国家标准全文数据库（SCSF）

该库收录 1950 年至今的国家标准，由中国标准出版社出版，国家标准化管理委员会发布的所有国家标准，占国家标准总量的 90% 以上，可通过标准号、中文标准名称、起草单位、起草人、采用标准、发布日期、中国标准分类号、国际标准分类号等检索项进行检索。

2）中国行业标准全文数据库（SCHF）

该库集成 1950 年至今的我国现行及废止的行业标准全文，内容持续更新，简称知网行标库或者 CNKI 行标库。

截至 2010 年 11 月，中国行业标准全文数据库收录了交通、轻工、黑色冶金、有色金属、稀土、中医药、文化、印刷工业、旅游共 9 个行业的标准。

3）中国标准数据库（SCSD）

该库收录 1957 年至今的所有国家标准、国家建设标准（GBJ）、中国行业标准的题录信息，标准的内容来源于中国标准化研究院国家标准馆，相关的文献、成果等信息来源于 CNKI 各大数据库。可以通过标准号、中文标题、英文标题、中文关键词、英文关键词、发布单位、摘要、被代替标准、采用关系等检索项进行检索。

该库的特色是数据收录齐全、完整，每一个条目后链接相关的标准、学术期刊文献、博硕士学位论文、会议论文、报纸、年鉴、专利和科技成果等，帮助研究者了解每条标准的产生背景、最新发展动态、相关领域的发展趋势，为研究每一条标准及其所处技术领域的发展动态提供信息集成。

4）国外标准数据库（SOSD）

该库收录 1919 年至今的国际标准（ISO）、国际电工标准（IEC）、欧洲标准（EN）、德国标准（DIN）、英国标准（BS）、法国标准（NF）、日本工业标准（JIS）、美国标准（ANSI）、美国部分协会标准（如 ASTM、IEEE、UL、ASME）等题录信息，标准的内容来源于中国标准化研究院标准馆，相关的文献、成果等信息来源于 CNKI 各大数据库。可以通过标准号、中文标题、英文标题、中文关键词、英文关键词、发布单位、摘要、被代替标准、采用关系等检索项进行检索。

该库的特色是实现国外标准、学术期刊、学位论文、专利、科技成果等数据库在同一平台上的跨库检索，在每一个标准条目的知网节细览页链接了相关的国内外标准、学术期刊、学位论文、会议论文、报纸、年鉴、专利和科技成果等。

上述 4 个数据库均按照中国标准分类法、国际标准分类法和 CNKI 168 学科分类法进行分类。

2. 万方数据的中外标准文献数据库（www.wanfangdata.com.cn）

1）概况

该数据库收录了国内外的标准文献，包括中国国家标准、行业标准以及电气和电子工程师技术标准；收录了部分国际标准和国外（如美、英、德等）的国家标准，以及某些国家的行业标准(如美国保险商实验所数据库、美国专业协会标准数据库、美国材料实验协会数据库、日本工业标准数据库等)。

2)检索功能

万方数据的标准文献检索功能提供标准编号、标准名称、发布单位、起草单位、发布日期、实施日期、中图分类号、中国标准分类号、国际标准分类号和关键词共 10 个检索入口,研究人员可根据不同的已知条件选择不同的检索入口。

检索结果分三层:概览信息、文摘信息和全文。

3. 国家科技图书文献中心的中国标准和国外标准(www.nstl.gov.cn)

国家科技图书文献中心网站上可检索的标准有中国标准和国外标准。

中国标准的内容涉及科学研究、社会管理以及工农业生产的各个领域;国外标准的内容涉及国际标准化组织数据库、国际电工委员会标准数据库、英国标准学会标准数据库、德国标准化学会标准数据库、法国标准化协会数据库、日本工业标准数据库、美国机械工程师协会标准数据库、美国电气电子工程师学会标准数据库、美国机动工程师协会标准数据库、美国保险商实验室标准数据库等。

国家科技图书文献中心提供国外标准、中国标准和计量检定规程检索,检索界面如图 5-15 所示。

图 5-15　国家科技图书文献中心标准检索界面

4. 国家标准频道(www.chinagb.org)

国家标准频道是国内最大的标准专业网站,提供中国国家标准、行业标准、地方标准、国际标准、外国标准的全方位咨询服务,包括标准信息的免费在线查询、标准有效性的确认、标准文献翻译、标准培训、企业立标等各种相关服务,如图 5-16 所示。

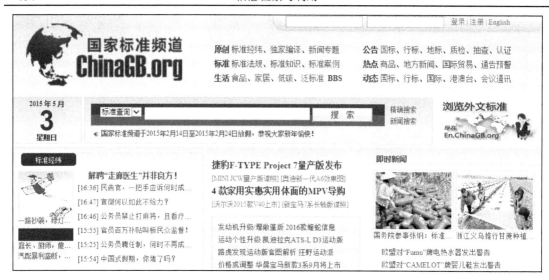

图 5-16　国家标准频道检索界面

5. 国家标准文献共享服务平台(www.cssn.net.cn)

1)概况

国家标准文献共享服务平台是面向全国服务的,提供标准动态跟踪、标准文献检索、标准文献全文传递和在线咨询等功能。

该平台在整合全国已有标准文献资源的基础上,形成标准文献题录数据库、全文数据库和专业数据库,涵盖国家标准、行业标准、地方标准、国际标准(70 多个国际和区域组织)、国外标准(60 多个国家)、专业学(协)会标准(450 多个)的数据库分 5 大类。

(1)标准文献数据库:有题录和全文数据库。

(2)法规数据库:收录美国 CFR、FCC、FCR、FFC 法规,欧盟 EEC/EC、ECE、Eur-Lex 法规,国内技术法规及日本技术法规等。

(3)术语库:收录国内标准文献中涉及的术语。

(4)译文数据库:收录国内外标准译文。

(5)药典库:收录中国、国际、欧洲、美国、英国、日本、马可代尔药典等。

2)检索功能

该网站提供资源检索和专类检索两方面功能。资源检索中可检索的资源包括标准文献、技术法规、期刊和专著;专类检索中资源分 ASTM 标准、内容指标和强制国标。

检索功能提供了简单检索、高级检索、专业检索(图 5-17)和分类检索(图 5-18)。

6. 中国国家标准化管理委员会网站(www.sac.gov.cn)

中国国家标准化管理委员会是国务院授权的履行行政管理职能,统一管理全国标准化工作的主管机构。该网站可获得有关标准的相关信息,如标准公告、行业标准备案公告、标准修改通知、国家标准目录和强标全文阅读等。图 5-19 所示为国家标准目录查询界面。

检索结果有所查检索内容的简单列表和详细信息,分别如图 5-20 和图 5-21 所示。

图 5-17　专业检索界面

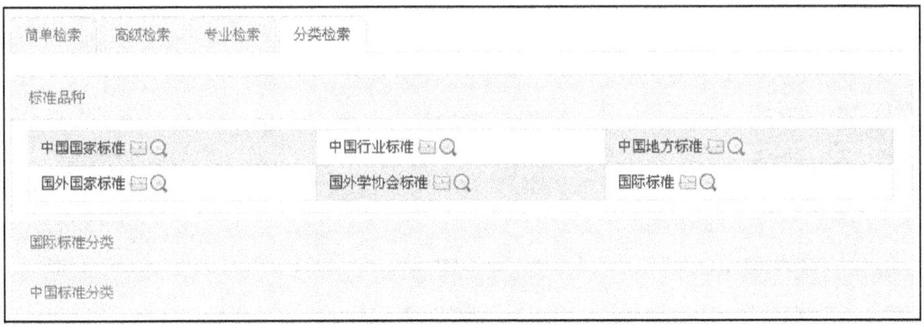

图 5-18　分类检索界面

图 5-19　中国国家标准化管理委员会国家标准目录查询界面

序号 Standard No.	标准号 Standard No.	中文标准名称 Standard Title in Chinese	英文标准名称 Standard Title in English	状态 State	备注 Remark
1	GB 1886-2008	食品添加剂 碳酸钠	Food additive - Sodium carbonate	现行	2009-01-01实施，代替GB 1886-1992
2	GB 12488-2008	食品添加剂 环己基氨基磺酸钠(甜蜜素)	Food additive - Sodium cyclamate	现行	2009-01-01实施，代替GB 12488-1995

图 5-20　中国国家标准化管理委员会简单列表

标准号 Standard No.	GB 1886-2008				
中文标准名称 Standard Title in Chinese	食品添加剂 碳酸钠				
英文标准名称 Standard Title in English	Food additive - Sodium carbonate				
发布日期 Issuance Date	2008-06-25	实施日期 Execute Date	2009-01-01	首次发布日期 First Issuance Date	
标准状态 Standard State	现行	复审确认日期 Review Affirmance Date		计划编号 Plan No.	20063180-Q-469
代替国标号 Replaced Standard	GB 1886-1992	被代替国标号 Replaced Standard		废止时间 Revocatory Date	
采用国际标准号 Adopted International Standard No.					
采标名称 Adopted International Standard Name					
采用程度 Application Degree				采用国际标准 Adopted International Standard	无
国际标准分类号 (ICS)	67.220.20			中国标准分类号 (CCS)	X42
标准类别 Standard Sort	产品	标准页码 Number of Pages	0	标准价格(元) Price(¥)	
主管部门 Governor	国家标准化管理委员会	标准修改单 Standard Amendment	点击查看		
归口单位 Technical Committees	食品添加剂				

图 5-21　中国国家标准化管理委员会详细信息

7. 其他国内标准参考网站

1) 开放标准网址(www.open-std.org)

该网站提供 ISO 和 IEC 的 JTC1(联合技术委员会)发布的信息技术相关标准(ISO/IEC JTC1)全文，内容涉及编码字符集、编程语言、操作系统、用户界面等，采用英语界面。

2) 中华人民共和国卫生部标准网站(www.nhfpc.gov.cn)

该网站提供目前已包括的 1000 余条卫生方面的国家标准(全文)和卫生行业标准(全文)及其更新信息，涵盖了环境卫生、食品卫生、职业卫生、血液卫生、放射卫生、化妆品卫生、传染病、地方病、职业病等各领域，可按发布时间、标准分类、标准号、标准名称等排序浏览，还可以进行智能速查和高级查询。标准全文有些是图片格式，有些是 PDF 格式。

3) 中国环境标准网(www.es.org.cn)

该网站提供免费查询、下载国家环境标准、环境保护标准的全文，包括水环境标准、大气环境标准、固废污染控制标准、移动源排放标准、环境噪声标准、土壤环境标准、放射性环境标准、生态保护标准、环境基础标准及其他环境标准。

5.2.3　国外标准信息检索

1. 国际标准化组织标准网站(www.iso.org)

1) 概况

国际标准化组织(International Organization for Standardization，ISO)是全球性的非政府组织，也是国际标准化领域十分重要的组织。许多人注意到国际标准化组织的全称与缩写之间存在差异。ISO 并不是英文单词首字母缩写，而是一些词，如 **iso**metric(尺寸相等)、**iso**nomy(法律平等)。它来源于希腊语，意为"相等"，从"相等"到"标准"，内涵上的联系使 ISO 成为国际标准化组织的简称。

ISO 的任务是促进全球范围内的标准化及其有关活动，以利于国际间产品与服务的交流以及在知识、科学、技术和经济活动中发展国际间的相互合作。

2) 检索功能

该网站提供该组织标准化活动的最新新闻、国际标准目录检索和其标准产品等内容。

2. 国际电工委员会标准网站(www.iec.ch)

1) 概况

国际电工委员会(International Electrotechnical Commission，IEC)起源于 1904 年在美国圣路易召开的一次电气大会上通过的一项决议。根据这项决议，1906 年成立了 IEC，它是世界上成立最早的标准化国际机构之一，其任务是负责有关电气工程和电子工程领域的国际标准化工作。目前 IEC 涉及的领域由单纯研究电气设备、电机的名词术语和功率等问题扩展到电子、电力、微电子及其应用、通信、视听、机器人、信息技术、新型医疗器械和核仪表等电工技术的各个方面。IEC 每年在世界各地召开 100 多次国际标准会议，世界各国的近 10 万名专家参与 IEC 的标准制定、修订工作。

IEC 与 ISO 有许多共同之处，它们都是制定国际标准的机构，使用共同的技术工作导则，遵循共同的工作程序。在信息技术方面，ISO 与 IEC 成立有联合技术委员会，负责制定信息技术领域的国际标准，秘书处工作由美国标准学会担任。该联合技术委员会是 ISO 和 IEC 中最大的技术委员会，发布的国际标准占 ISO 和 IEC 的 1/3，且更新更快。

2) 检索功能

该网站提供基础标准、原材料标准、一般安全、安装和操作标准、测量、控制和一般测试标准、电力的产生和利用标准、电力的传输和分配标准、电信和电子元件及组件标准、电信、电子系统和设备及信息技术标准等各类电工方面的国际标准目录查询以及最新出版的标准信息等。

5.3　科技报告信息检索

科技报告是继图书、期刊等文献后出现的一种文献类型，它是科技发展的产物，在科技信息传播和利用中起着越来越重要的作用，世界各国在科技文献信息交流中将它列于首位。简单地说，科技报告是在科技工作中，各种科学研究报告、技术研究报告、科技推广应用报告等的总称。报告的形式可以是研究项目的立项报告、试验中的中试报告或结题报告。许多最新的研究成果，尤其是尖端学科的最新探索往往出现在科技报告中。

科技报告信息检索是指运用各种载体形态的检索工具，按照一定的方法、步骤，利用各种检索途径，根据科技报告的内外部特征，如科技报告名称、报告号、关键词、摘要等，查找科技报告摘要信息和全文的过程。本节重点介绍科技报告及其检索方法。

5.3.1　科技报告概述

1.　科技报告的产生及含义

1) 科技报告的产生

在科技工作中，国内各级政府有关部门和国外科技部门为解决某些关键性技术问题或高科技尖端技术难题，都会提出基础理论研究、应用研究或开发研究等科研课题。

(1) 开题、立项科技报告的产生。国内外科研院所、高等院校和相关部门都会依据科研课题的任务和要求，提出研究方案，说明具备的研究条件，从而申请承担研究工作。于是产生了"开题报告"、"立项申请报告"、"可行性研究报告"等科技报告。

(2) 进展科技报告的产生。开题、立项等科技报告批准后，在研究过程中为使批准立项单位(资助单位)能及时了解研究进展，于是产生了"年度研究报告"、"中期进度报告"、"实验报告"。若是开发性应用研究课题，在理论研究之后还要进行"初试"、"中试"、"试生产"等阶段的运行过程，每个阶段都有相应的报告产生。

(3) 总结、成果科技报告的产生。研究任务完成后要向批准立项的部门或单位提交"终期报告"或"总结报告"。批准立项的政府部门或企事业单位依据提交的最终报告组织专家进行评估或验收。评估要撰写评估报告，验收要撰写验收报告。

因此，科技报告既是研究者与委托者、研究者与管理者、研究者与评价者之间沟通的科学技术文献，如实反映科学技术研究工作的经过和结果的陈述性的科技文献；也是在科研活动的各个阶段，由科技人员按照有关规定和格式撰写的以积累、传播和交流为目的，能完整而真实地反映其所从事科研活动的技术内容和经验的特种文献。它具有内容广泛、翔实、具体、完整，技术含量高，实用意义大，便于交流和时效性好等其他文献类型所无法比拟的特点和优势。参考科技报告的技术内容可以提高科研起点，大量减少科研工作的重复劳动，节省科研投入，加速科学技术转化为生产力。

以我国国防科技报告为例，早在 1964 年我国就提出了建立科技报告的设想，著名科学家钱学森曾明确提出"要建立中国的 AD 报告"。1984 年原国防科工委发布了《关于建立中国国防科技报告的暂行规定》，随着我国国防科学技术的发展和国防科技体制改革的深入，原国防科工委于 1993 年成立了调研小组，就国防科技报告工作的国内外现状进行了专题调研，并于 1995 年 12 月颁布了《中国国防科学技术报告管理规定》。

以美国为例，美国 DOE 报告的产生和收集是通过承担研究课题的单位从 DOE 的计划部门得到课题立项，经过一定时间的科研活动后产生科技报告上报 DOE，并按科技报告的书写格式向 DOE 的文献情报中心——橡树岭科技情报处(OSTI)上报一份科技报告，同时填写一份《科技文件处理意见书》，说明所报文件的密级、发行方式及范围等。其报告经文献分析专家检查，签署验收意见。对科技报告合格的项目，专家签署同意该项目结题的意见，该意见反馈到 DOE 项目管理部门。对科技报告不合格的项目，文献分析专家签署相反的意见，则该项目不能结题，由项目承包单位继续做工作。

又如，美国 PB、AD、NASA 和 DE 四大著名科技报告。

PB 报告：PB 报告是 1946 年美国为整理在第二次世界大战中从战败国缴获的大量内部科技资料，在商务部下成立了出版局（Office of the Publication Board，U.S. Department of Commerce，PB），负责整理、公布这批资料，因每件资料都冠以 PB 标识，所以称为 PB 报告。PB 报告的出版单位几经变化，从 1970 年 9 月起由美国商务部国家技术情报服务局（U.S. Department of Commerce National Technical Information Service，NTIS）负责收集、整理美国的研究报告，并继续沿用 PB 作为报告标志。

PB 报告的编号原来采用 PB 代码加上流水号，1979 年年底，PB 报告号编到 PB-301431，从 1980 年开始使用新的编号系统，即 PB+年代+顺序号，其中年代用公元年代后的末两位数字表示，如 PB95-232070。

AD 报告：AD 报告是 1951 年 5 月美国国防部将承担美国军事系统科技情报工作的中央航空文献局（Central Air Documents Office，CADO）和海军情报研究所（NRS）合并，成立美国武装部队技术情报局（Armed Services Technical Information Agency，ASTIA），由它来负责美国军事系统科技情报资料的搜集、整理和出版工作。在 1951～1963 年，它所整理的情报资料都编有带 AD 字头的顺序号，产生了 AD 报告。这时 AD 的含义即为 ASTIA 文献。1963 年 3 月 ASTIA 扩建为国防科学技术情报文献中心（Defense Document Center for Scientific and Technical Information，DDC），DDC 所收集整理的报告继续冠有 AD 字样，但其含义已经与前者不同，是 Accessioned Document 的缩写，意为"入藏文献"。DDC 于 1979 年更名为国防技术情报中心（Defense Technical Information Center，DTIC）。AD 报告的文献来源非常广，报告范围不仅包括与国防有关的各个领域，也涉及许多民用技术领域。

AD 报告的密级有 4 种：机密（Secret）、秘密（Confidential）、内部限制（Restricted or Limited）、非密公开发行（Unclassified）。AD 报告根据密级不同，编号也不同。1975 年以后，在编号前加不同的字母表示不同密级，A 表示公开，B 表示非密限制发行，C 表示秘密、机密，D 表示军事系统专利，E 表示共享书目输入试验，L 表示内部限制使用，P 表示专题丛书或会议论文集中的单行本，R 表示属于国防部和能源科技情报联合协调委员会提供的能源科学方面的保密文献，如 AD-A000023、AD-B000089。

NASA 报告：NASA 报告是美国国家航空和航天局（National Aeronautics and Space Administration，NASA）出版的科技报告。NASA 的前身是 NACA（National Advisory Committee for Aeronautics）。NASA 报告主要涉及航空航天领域。

NASA 报告的报告号采用"NASA+报告出版类型+顺序号"的表示方法。例如，NASA-CR-167298 表示一份合同用户报告。在 NASA 编号系统中，由 TR 表示技术报告，TN 表示技术札记，TM 表示技术备忘录，TP 表示技术论文，TT 表示技术译文，CR 表示合同用户报告，SP 表示特种出版物，CR 表示会议出版物，EP 表示教学用出版物，RP 表示参考性出版物。

DE 报告：DE 报告原称为 DOE 报告，该报告因出版单位多次变化，先后由美国原子能委员会（Atomic Energy Commission，AEC）、能源研究与发展署（Energy Research and

Development Administration，ERDA)和美国能源部(Department of Energy，DOE)出版，报告名称也从 AEC、ERDA、DOE 到 DE 多次变化，这套报告的报告号也较为混乱，从 1981 年开始，能源部发行报告都采用"DE+年代+顺序号"的形式，如 DE95009428 表示 1995 年第9428 号报告，而"DE+年代+500000"以上号码则表示从国外收集的科技报告，所以 DOE 报告在 1981 年以后又称 DE 报告。

2)含义

一般将科技报告定义为：描述一项科学技术研究的结果或进展，或一项技术研制试验和评价的结果，或是论述某项科学技术问题的现状和发展的文件。

具体来说，科技报告是对某一科学技术问题研究后写的正式研究结果，或仅就某一课题研究进展向主管部门写出的书面汇报材料，或就某一地区某一科学技术问题、研究、实验或考察后，向有关部门或单位写出的书面研究报告、实验报告或考察报告，一般有研究报告、进展报告和年度报告。

2. 特点

科技报告是一种特殊类型的科技文献，不像图书、期刊，它反映着科学研究的过程、进展和结果。由于科技报告在内容上一般具有保密性，不宜在科技期刊上发表，又要使其在一定范围内迅速传播、交流，故常以内部资料的形式出现，或在一定时期后公开发表。其特点如下。

1)全面、客观、准确

科技报告以科学和技术研究中的客观事实为内容，真实地陈述研究过程中的新情况、新认识、新动向、新进展和新成果，在事实基础上进行科学的推理或科学的抽象。无论陈述科研进展情况，调查得到的事实，还是观测、实验得到的数据以及列举搜集到的资料等都体现出全面、客观、准确无误的特点。

2)及时

科学技术成果若不及时发表就可能失去学术价值和现实意义。研究工作取得的进展以进展报告等形式及时、迅速向有关部门通报。这一方面是为了使科技成果取得领先权，另一方面也是为了避免研究成果失效。

3)实用价值高

科技报告与期刊、成果、档案、专利说明书相比独具优势。期刊受篇幅限制，且侧重于理论和新概念；成果偏重于对项目先进性的说明、鉴定材料、应用证明等；档案一般不能对外交流；专利说明书只有简要说明。而科技报告则是由科技人员按照有关规定和格式撰写，经过主管部门审定的特种文献，单独成册，不受篇幅限制，内容详尽、具体，包括大量的图表、数据以及科技工作成功的经验或失败的教训，可操作性强，极具实用价值。

4)内部交流，有一定密级，收集难度大

科技报告一般不公开发行，只作内部交流使用，一般分为保密报告、非密限制发行报告、解密报告等。我国科技报告分为内部、秘密、绝密三个保密级别。因科技报告大多不在公开出版物上发表，所以系统收集科技报告难度较大。

5.3.2　中国科技报告信息检索

1. 国务院发展研究中心信息网(drcnet.las.ac.cn)

1)概况

北京国研网信息有限公司创建于 2001 年 4 月,国务院发展研究中心信息网是该公司以国务院发展研究中心的信息资源和专家阵容为依托,整合中国宏观经济、金融研究和行业经济领域的专家资源及其研究成果,并与海内外众多著名的经济研究机构和经济资讯提供商合作,为中国各级政府部门和企业投资者经济决策而建设的经济类专业网服务平台。

　　2)主要栏目介绍

国研网的经济信息数据库包括:对国务院发展研究中心 1985 年以来的研究成果,国研网自主研发报告,与国内知名期刊、媒体、专家合作取得的信息资源进行数字化管理和开发的国研视点、宏观经济、金融中国、行业经济、区域经济、企业胜经、高校参考、基础教育等 60 多个文献类数据库;以及全面整合国内外权威机构提供的统计数据,采取先进的数据挖掘分析工具加工形成的宏观经济、对外贸易、工业统计、金融统计、财政税收、固定资产投资、国有资产管理等 40 多个统计类数据库。同时针对党政用户、高校用户、金融机构、企业用户的需求特点开发了党政版、教育版、金融版、企业版四个专版产品,并应市场需求变化推出了世经版以及经济·管理案例库、战略性新兴产业数据库、文化产业数据库、国务院发展研究中心行业景气监测平台、中国电子商务数据库几款专业化产品。可作为经济研究、管理决策过程中的辅助工具。国务院发展研究中心信息网首页如图 5-22所示。

图 5-22　国务院发展研究中心信息网首页

数据库分为国研视点、宏观经济、金融中国、行业经济、区域经济、国研网统计数据库、世经评论、企业胜经、高校参考、职业教育、基础教育、国研网系列研究报告等。

检索功能中的快速检索提供的检索字段包括标题、关键词、作者和全文 4 个字段。检索界面如图 5-23 所示。

图 5-23　国研网检索界面

2. 中国科学技术信息研究所(www.istic.ac.cn)

1)概况

中国科学技术信息研究所成立于 1956 年，是科技部直属的国家级公益类科技信息研究机构，主要从事以"科技决策支持"为特色的信息分析研究、科技信息服务、新技术研发推广和先进服务平台管理、科技信息领域高级人才培养和继续教育培训、社团管理、媒体出版等业务，负责国家工程技术图书馆建设。这里主要介绍国家工程技术图书馆，它是我国工程技术领域科技文献信息资源收藏、开发和服务的核心机构，系统收藏工程技术、高技术各个学科领域的科技文献，学科主要包括电子和自动化技术、计算机和网络技术、材料科学、环境科学、航空航天、生物工程、能源动力、交通运输、建筑、水利和一般工业技术等工程技术领域，兼有基础科学、农业科学、医药卫生、社会科学领域；文献类型包括学术期刊、 学术会议、学位论文、科技报告、院士著作、工具书和影视资料等，其中收藏有从 1958 年开始的美国政府四大科技报告。

2)检索功能

该网站有简单检索、按题名字顺检索和统一检索平台三个检索功能，如图 5-24 所示，提供题名、关键词、作者等检索字段。

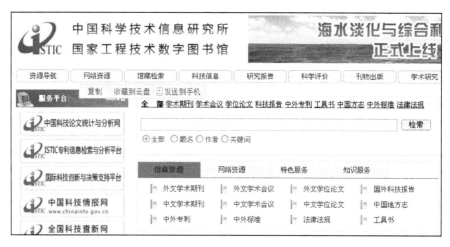

图 5-24　中国科学技术信息研究所国家工程技术数字图书馆简单检索

3. 国家科技图书文献中心(www.nstl.gov.cn)

国家科技图书文献中心的国外科技报告数据库主要收录 1978 年以来的美国政府四大科

技报告，以及少量其他国家学术机构的研究报告、进展报告和年度报告等。学科范围涉及工程技术和自然科学各专业领域，数据每月更新。

4. 国家科技报告服务系统(www.nstrs.cn)

国家科技报告服务系统(图 5-25)于 2014 年 3 月 1 日正式上线，系统针对社会公众、专业人员和管理人员服务。

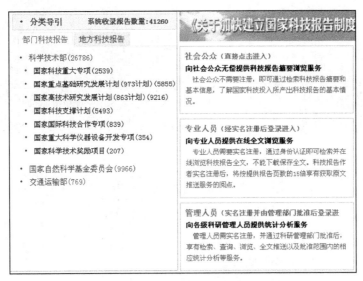

图 5-25 国家科技报告服务系统

社会公众入口：无偿提供科技报告摘要浏览服务，不需要注册，即可通过检索科技报告摘要和基本信息，了解国家科技投入所产出科技报告的基本情况。

专业人员入口：提供在线全文浏览服务，专业人员需实名注册，通过身份认证即可检索并在线浏览科技报告全文，但不能下载保存全文。科技报告作者实名注册后，将按提供报告页数的 15 倍享有获取原文推送服务的阅点。

管理人员入口：管理人员通过科研管理部门批准注册，免费享有批准范围内的检索、查询、浏览、全文推送以及相应统计分析等服务。

5.3.3 国外科技报告信息检索

1. 美国能源部信息之桥(www.osti.gov)

该数据库提供美国能源部的研究与发展报告全文，内容涉及物理、化学、材料、生物、环境、能源等领域，如图 5-26 所示。

图 5-26 美国能源部信息之桥检索界面

2. 国会研究服务中心报告数据库（www.ncseonline.org）

该数据库提供 2000 余篇环境领域的报告及相关专业资源，涵盖环境因素、生物因素、经济与贸易、能源、政策、立法、污染、废物管理、风险与改革、科技等多方面，国会研究服务中心报告首页如图 5-27 所示。

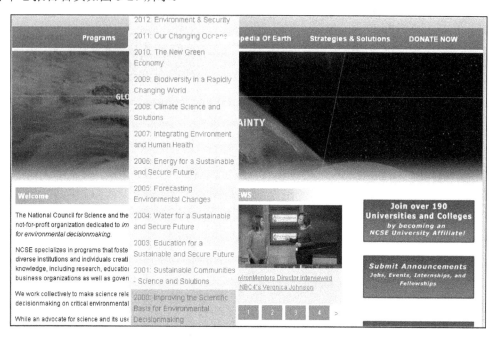

图 5-27　国会研究服务中心报告首页

第 6 章　数据、事实信息检索

数据、事实信息是指人名、疑难字词、科技术语、地名、机构及行业发展动态、重大事件、统计数据等信息。这类信息的检索工具在 18 世纪后就已出现，通常被人们称为参考工具书。

参考工具书是指汇集某一方面的知识、事实或资料，按照特定方法编排，供读者检索查考的图书，即专供读者查阅、寻求直接答案的图书。参考工具书与普通图书的根本区别在于具有检索性，即按一定排检次序汇编，易于查阅。根据其功用和内容的不同，主要有字典、词(辞)典、百科全书、表谱、图录、手册、语录、书目、索引、类书等。

参考工具书中每条信息由词目和释文组成。词目(又称词头)指参考工具书中汇集的每一个被注释的对象。充当词目的主要是词、固定词组、句子、术语、人名、地名、事件、事实等；释文指参考工具书中对词目所作的注释。释文有一定的程式，释文程式视参考工具书的性质、类型、规模和读者对象等特点而定。

随着网络技术的发展，参考工具书实现了数字化集成整合，不仅保留了参考工具书的知识性、检索性、概括性、科学性、权威性和内容特色，而且突破了参考工具书在检索方面的局限性，配置了全文检索系统。此外，有的数据库通过超文本技术，建立知识之间的链接和相关条目之间的跳转阅读，使读者能够方便地获取分散在不同参考工具书里的、具有相关性的知识信息。目前，人们把这类数字化集成的信息检索系统统称为数据和事实检索数据库。

因此，本书中所提到的数据与事实信息检索是指运用各种载体形态的检索工具，按照一定的方法、步骤，利用各种检索途径，查找读者所需相关数据和事实信息的过程。

6.1　字典、词(辞)典信息检索

6.1.1　典型印刷型字典、词(辞)典介绍

本节重点介绍国内印刷型字典、词(辞)典。

1. 字典

1)概念

字典是以字为单位，按某种检索方法编排，每个字注明其读音、意义和用法的参考工具书。

2)发展历史

我国古代字典中对字和词两个不同的概念不加区别，其中有不少既解释单字，也解释复词。古代将这一类书一律称为"字书"，直到清代《康熙字典》采用"字典"之名；近代出现了"词典"这一名词，字典和词典才有了相对的界限；现有的字典有时兼收词语；词典一般以单字为词头，两者之间有不可分割的关系，只是各自的侧重点不同。在英语中，字典和词

典是一个词，意思相同；英语词语参考工具书中没有类似汉语中的字典。日语词语参考工具书中的"字引"相当于汉语中的字典。

在公元 2 世纪初，我国就有许慎依据字的形体结构排列编著的《说文解字》，这是世界上最早的字典之一。以后从南朝至宋、元有了《玉篇》、《类篇》、《六书故》、《龙龛手镜》；明直至清朝鸦片战争前，有《字汇》、《正字通》、《康熙字典》，这些都是按《说文解字》体系发展的。其中最有代表性的字典是《康熙字典》，收字 47035 个，是当时以及以后很长一个时期内中国收字最多的一部字典。古代中国还有根据字的读音排列的字书，如魏李登的《声类》(已佚)。现存的以隋的《切韵》为最早，唐宋时期有《唐韵》、《广韵》、《集韵》，元、明、清时期有《古今韵会举要》、《洪武正韵》、《音韵阐微》，其中《集韵》是韵书中收字最多的一部。近现代的字典是在古代这一类工具书的基础上发展起来的，具有代表性的有陆费逵等编著的《中华大字典》，全书收 4.8 万字，稍多于《康熙字典》，纠正了《康熙字典》的错误 2000 多处。1986 年开始的湖北、四川两省辞书出版社合作编撰的《汉语大字典》又有了发展，收字 56000 个。

3) 分类

(1) 综合性字典，如《新华字典》，主要是为学习语文、解决阅读中单字方面的困难而编纂的。

(2) 专门性字典，如《经典释文》、《古汉语常用字字典》、《中国书法大字典》等，是专供研究字形、字音等而编纂的。

4) 典型字典介绍

根据汉字的特点，常用字典的排列法有三种，即音序、部首、四角号码，有的字典两种或三种排列法兼用。

近年来出版的典型字典有《通用汉字正形字典》、《古汉语常用通假字字典》、《中国汉字源流》、《历代避讳字汇典》、《先秦货币文字释读大字典》、《简化字、繁体字、异体字辨析手册》等。

2. 词(辞)典

1) 概念

词(辞)典是收录词语并附释义，以提供有关信息的工具书。

广义的词(辞)典包括语文词典和其他各种以词语为收录单位的工具书；狭义的词(辞)典仅指语文词典。在汉语中，词典有时也称辞典。在中国和日本，还常将以词典体例编成的工具书泛称辞书。词(辞)典的特点包括：①汇集词语或词语的某些成分；②以条目(词条)形式提供各个词语的有关信息，并构成词典的主体；③所收词语多按字顺方式编排。

2) 发展历史

我国最早的词典是西汉初成书的《尔雅》，清代以前的词典基本上是按《尔雅》体例编成的，如《小尔雅》、《释名》、《广雅》、《埤雅》、《尔雅翼》、《骈雅》、《通雅》、《别雅》、《叠雅》等，近代又出现了《辞源》、《辞海》、《汉语大词典》等著名词典。在西方，词典在相当长的时期内都未突破难词表的阶段。世界上现存最古老的词典是公元前 7 世纪亚述帝国时编成的苏美尔-阿卡德语双语难词表。第一部英语词典是 R·考德莱编的《字顺英语难词表》。1928 年成书的《牛津英语词典》是近代西方最大的词典，收词 41.4 万个。

3）分类

（1）语文词（辞）典，主要收录普通词语，兼收少量专科词语。其分类方法如下。

① 按用途划分：分为学习用词（辞）典、参考用词（辞）典和研究用词（辞）典。

② 按所采用的语种划分：分为单语词（辞）典和双语词（辞）典。

③ 按收录范围和释义项目的多寡划分：分为详解语文词（辞）典和特种语文词（辞）典。

第一，详解语文词（辞）典。该书全面收录普通词语并在词形（拼写）、读音、语义、用法等方面作了详细解释。大型详解语文词典可代表一个国家的科学文化发展水平。20 世纪已完成或正在编纂的大型详解语文词典有《牛津英语词典》、《韦氏第三版国际英语词典》、《法语宝库：18 世纪至 20 世纪（1789～1960）法语词典》、《格林兄弟德语词典》、《日本国语大辞典》、《汉语大词典》等。

第二，特种语文词（辞）典。特种语言词（辞）典又称专门语文词典，它按特定用途而只收某一类别的普通词语，或只就词语的形、声、义 3 方面的某一方面进行解释或提供信息，如成语词典、名句词典、典故词典、正音词典、同义词词典等均属于特种语文词典。

近年出版的典型词（辞）典有《古汉语实用词典》、《古汉语知识辞典》、《汉语近义词词典》、《中华歇后语词典》、《现代汉语正误辞典》、《现代汉语离合词用法词典》、《鲁迅著作的江浙方言》、《汉语方言大词典》、《实用合称词词典》、《写作措辞参考词典》、《中华名言警句大词典》、《逆序类聚古汉语词典》等。

④ 按规模划分：分为大型词典、中型词典、小型词典。

⑤ 按排检方法划分：分为形序词典、音序词典、义序词典。

⑥ 按所收词语性质划分：分为专名词典，包括人名词典、地名词典、书名词典、机构名词典等（来源：中国大百科全书）。

（2）专业性词（辞）典，是专收某一或若干学科的专业词汇、术语等的词（辞）典，它又分为百科词典（包括所有学科）、多科词典和单科词典，如《中国文学大辞典》、《简明艺术辞典》、《中国历史大辞典》、《二十六史精要辞典（上中下）》、《中国通史史论辞典》、《中国丝绸之路辞典》、《中华文化制度辞典》、《中华文化掌故辞典》、《中华金融辞典》、《投资大辞典》、《证券投资大辞典》、《中国银行家辞典》、《国际金融大辞典》、《当代国际贸易与金融大辞典》、《数学辞海》、《简明数学词典》、《数学词典》、《数学史辞典》、《数学家传略辞典》、《世界珠算通典》、《高等数学辞典》、《机械加工工艺辞典》、《自然科学学科辞典》等。

6.1.2　在线字典、词（辞）典介绍

1. 中国知网的 "CNKI 工具书馆"（gongjushu.cnki.net）

中国知网的 "CNKI 工具书馆" 是持续更新的百科知识库，集成近 200 家知名出版社的近 7000 册工具书，类型包括语文词典、双语词典、专科辞典、百科全书、图录、表谱、传记、语录、手册等，约 2000 万个条目，100 万张图片，所有条目均由专业人士撰写，内容涵盖哲学、文学艺术、社会科学、文化教育、自然科学、工程技术、医学等各个领域。

"CNKI 工具书馆" 按学科分为 10 大专辑 168 个专题，不但保留了纸本工具书的科学性、权威性和内容特色；而且配置了强大的全文检索系统，突破了传统工具书在检索方面的局限性；同时通过超文本技术建立了知识之间的链接和相关条目之间的跳转阅读，使读者在一个

平台上能够非常方便地获取分散在不同工具书里的、具有相关性的知识信息。除此之外，该库每一个条目后面还链接相关的学术期刊文献、博硕士学位论文、会议论文、报纸、年鉴、专利、知识元等，帮助读者了解最新进展，发现新知，开阔视野，是正规的学术性数据库。

　　CNKI 工具书馆主要功能如图 6-1 所示。

　　(1)检索入口：提供"词条"、"词目"、"书名"、"出版社"、"作者"和"辅文"等 6 种检索入口。

　　(2)匹配方式：提供"精确"、"模糊"、"通配符"3 种匹配方式。

　　(3)排序方式：检索结果按"文字量"、"相关度"、"出版时间"3 种方式排列。

　　(4)检索结果的分类筛选：当得到的检索结果太多时，可以选择按工具书分类、适用对象分类和学科分类三种方式筛选。

图 6-1　中国知网的 CNKI 工具书馆界面

2. 在线字典介绍

　　本节介绍的在线字典网站都是以词条形式呈现知识的，具有检索性、工具性和参考性。需要特别说明的是，下面介绍的在线字典、词典，得到的答案仅供读者参考，主要原因如下。

　　(1)在线字典(词典)大都免费，其每条信息来源有待考证。

　　(2)只能作一般性参考，如果是撰写学年报告、毕业论文、引用、正规学习、考试，必须使用正规学术性数据库。

　　1)语言类在线词典

　　(1)爱词霸(www.iciba.com)，是金山公司开发的专业在线词典，支持中、英、日、德、法五种语言查询，200 本词典，英汉条目 450 万条，汉英条目 340 万条，日汉条目 12 万条，汉日条目 2 万条，含条目 10 万条，中、英、日、德、法五种语言互译条目 26 万条，覆盖几十个专业领域，并且包含中英文真人发音和常用单词的视频讲解。

　　(2)百度词典(dict.baidu.com)，能翻译英语单词、词组、汉字词语和常见的成语并给出例句，百度词典搜索界面，直接使用英汉互译功能。

　　(3)美国传统英语词典(www.bartleby.com)，在线版本由 Bartleby 公司提供，共收录 20 万条词条。

　　(4)韦氏大学词典(www.merriam-webster.com)，在线词典是 1993 年出版的第 10 版，共收录词条 16 万余条，释义 20 万条，提供检索和截词检索，在检索框中输入英文单词即可。每条词条包含读音、释义、使用方法、语法功能及简短的语源说明。

(5) Onelook（www.onelook.com），类似于词典中的元搜索引擎，利用它可以同时查找超过 1000 个在线词典，词汇量达到 1900 余万，并提供在线翻译功能，支持截词检索。

(6) Longman Dictionary of Contemporary English（www.longmanwebdict.com），LDOCE 在线版提供在线查询单词，该词典的在线版本包含 20 万个单词、短语，以及 7000 余条有关地点、时间和组织的释义，如麦当娜、密尔沃基、曼彻斯特联队等。

(7) 牛津英语大词典（www.oed.com），牛津英语大词典在线版包含 60 万个词目、300 万条例证的巨型词典。收录 12 世纪中期以来见于文献记载的几乎全部英语词语。该词典必须注册付费才能使用。

2) 专业类在线词典

(1) 生物学词典（www.ucmp.berkeley.edu）。

(2) 医学词典（www.medical-dictionary.com）。

(3) 电子工程字典（www.autotrd.com）。

6.2　百科全书、年鉴信息检索

6.2.1　典型印刷型百科全书、年鉴介绍

1. 百科全书

"百科"指众多学科，"全"是系统完整之意，百科全书包括社会科学和自然各个领域最全面、最系统的知识，将各学科的知识按辞典的方式分别列条目，以综述概述的形式加以全面系统而客观简明的阐述，注重反映新研究成果，具有考查与教育双重作用。

1) 概念

百科全书是指概要记述人类一切门类知识或某一门类全部知识的完备的参考工具书。英文 Encyclopedia 一词来源于希腊文，词义为"一切知识尽在其中"；中文"百科全书"一词是 20 世纪初才出现的。百科全书的主要作用是供人们查检必要的知识和事实资料，其完备性在于它几乎包容了各种工具书的成分，囊括了各方面的知识。此外，百科全书还具有扩大读者知识视野和帮助人们系统求知的教育作用。

2) 发展历史

在我国，相传在西周时就已出现工具书，后来在汉代又经多人增补的《尔雅》（公元前 2 世纪)被视为中国最早的工具书。这部书包含 19 个门类，解释字和词的含义，解释天地、山川、草木、禽兽、牲畜、鱼虫、宫殿和亲属等名称，说明其内容，具备百科全书雏形。

我国有编纂类书的传统，类书也是百科全书型的著作。远在汉末三国魏文帝时就编出第一部完整的类书《皇览》（公元 220～226)，广集经传，随类相从，字数达 800 万。这种类书以后各代都有编纂，总计大小有三四百种，其中最大型的有明代永乐皇帝命解缙、姚广孝等编的《永乐大典》（成于 1408 年)，共 22937 卷，约 3.7 亿字，11095 册，被称为世界上最大的百科全书。

1840 年之后，素有编辑类书传统的中国学者认识到过去的类书只是摭拾已有书籍中的知识资料，分门别类地辑成不够完备的工具书，而且大多数是诗文章句、典故辞藻的摘录，很少涉及

科学知识，更没有外国的资料和最新科技成就的介绍，认为应编出新型的百科全书。清代末年有人编译日本中学教材，以《普通百科全书》之名出版，实际上是一种丛书。民国初年出过《日用百科全书》、《少年百科全书》，虽有百科全书之名，实际上也只是简单的常识性的文集。1936 年出版的《辞海》是既解释语词又提供各门学科知识的百科全书类型的辞书。1978 年，国务院成立了中国大百科全书总编辑委员会和中国大百科全书出版社，开始编纂《中国大百科全书》，这是中国编辑出版的第一部现代型百科全书。自 1980 年起，按学科分类分卷出版。

在欧洲古希腊，公元前 5～公元前 4 世纪已开始出现百科全书式的著作。德谟克利特(公元前 460～公元前 370)和亚里士多德(公元前 384～公元前 322)把当时所知道的各种科学知识写进他们的著作。这些著作都是为讲学用的，可见古希腊最初的百科全书类型的书是教育性质的。古罗马的 M·T·瓦洛(公元前 116～公元前 27)编写的《学科要义》和老普里尼(公元23～公元 79)编写的《自然史》也是古代百科全书类型的著作。

西方百科全书类型的著作有两个发展阶段：5～16 世纪和 16～18 世纪。前一阶段主要是僧侣在修道院为培养神职人员所编的课本，虽然涉及各种知识，但是偏重神学。这个时期的代表作有伊西多尔(560～636)的《词源》和文岑(1190～1264)的《大宝鉴》。后一阶段科学发明渐多，知识传播日广，课本式的著作已经不能适应客观的需要。

18 世纪中叶，在法国出现了启蒙运动，传播唯物主义思想。唯物主义哲学家 D·狄德罗(1713～1784)等主张在各学科各知识部门宣传新思想，介绍最新科技和生产知识，促进社会发展。当时以狄德罗为首编辑百科全书，形成了百科全书派。狄德罗等主编的百科全书是《百科全书，或科学、艺术与手工艺词典》，自 1751 年开始出版到 1772 年，共 28 卷。

英国从 1768 年开始出版《不列颠百科全书》，一再修订，到目前为止，最新的《不列颠百科全书》(国际中文版，2007)全书共 20 卷，1～18 卷为条目正文，19～20 卷为索引；共收条目 84300 余条，附有图片 15300 余幅，地图 250 余幅，内容涉及科技成就、政治变化、新的人物和事件等。

3) 分类

现代百科全书已形成完整的系列，以适应不同文化层次和不同专业的读者需要，可分为以下几大类。

(1)综合性百科全书。综合性百科全书是概述人类一切知识门类，供读者查阅基本知识和基本资料的参考工具书。按照读者的文化程度可再区分为高级成年人百科全书、普及的学生百科全书和少年儿童百科全书。高级成年人百科全书常为多卷本的大部头书，人们习惯称之为"大百科全书"，如《不列颠百科全书》、《中国大百科全书》、《麦克米伦百科全书》、《世界百科名著大辞典》、《世界百科著作辞典》等。

(2)专业性百科全书。专业性百科全书选收某一学科或某一门类知识，但选收范围宽狭悬殊，如美国的《科学技术百科全书》和《社会科学百科全书》；俄罗斯的《奥林匹克百科全书》、《古代科技百科全书》；我国的《中国证券百科全书》、《中国金融百科全书》、《中国 99昆明世界园艺博览会园艺百科全书》、《中国农业百科全书》、《中国食用菌百科》、《世界诗学百科全书》等。

(3)地域性百科全书。地域性百科全书也是综合性百科全书，但仅限于一个地区、一个国家或一个城市的知识，如《亚洲百科全书》、《南斯拉夫百科全书》、《伦敦百科全书》、《四川百科全书》等。

(4) 百科辞典。百科词典是兼具百科全书与词典性质的工具书，但仅收各科专业词汇并作简要解释，不收一般语词，如《百科合称辞典》、《誉称大辞典》、《现代学科大辞典》等。

上述各种系列的百科全书按规模均可区分为大型、中小型和单卷本。20 卷以上称为大型百科全书，20 卷以下的为中小型百科全书，单卷本又称案头百科全书。

4) 特点

百科全书在结构上的主要特点是以条目为主体，全面系统地介绍知识。其特点如下。

(1) 条目是百科全书的基本检索单元。

编纂者根据工具书检索性要求，对已有的知识进行整理和分解，即进行百科全书的框架设计，从而得到大小不同的知识主题。把这些主题按一定体例规范撰写成文，便是百科全书的条目。现代综合性大型百科全书有几万至十几万个条目。条目之间用参见系统互相联系，交叉而不重复，衔接而无疏漏。条目一般由条头、释文(包括必要的图表)和参考书目组成。

(2) 条目主要按字顺、分类编排。

全部内容按条头字顺、分类和分类与字顺相结合进行编排。字顺编排法是现代百科全书的主流；部分百科全书采用分类编排；大类分卷编排法属一种折中和过渡形式，如《中国大百科全书》采用此方式编排。

(3) 附属部分。

最主要的是索引和各种知识性与资料性附录，如大事记和地图集之类等(来源：中国大百科全书)。

2. 年鉴(Yearbook、Almanac、Annual)

1) 概念

年鉴是指汇辑一年内事物进展、新情况和统计资料，按年度连续出版的参考工具书。年鉴属信息密集型工具书，具有及时、翔实和连续出版等特点。主要作用是向读者提供一年内全面、真实和系统的事实资料，了解现状和发展趋势。

2) 发展历史

在我国，《宋史·艺文志》曾著录有《年鉴》，但原书早佚，无从知其内容。1913 年上海神州编译社出版的《世界年鉴》是中国最早的中文年鉴；1924 年由商务印书馆和申报印书馆分别出版的《中国年鉴》、《申报年鉴》是最早由中国人编纂的年鉴；1979 年以后，随着中国经济和政治改革，科学、文化、教育事业的发展，各类年鉴的出版量增长很快。

年鉴的编纂始于欧洲。英国哲学家培根在其 1267 年出版的《大著作》中已使用外国年鉴中有关天体运动的资料，这说明至少在 13 世纪中叶欧洲已有类似年鉴的出版物，德、英、法、意、美等国曾出版了各类年鉴，如《世界年鉴》、《咨询年鉴》、《惠特克年鉴》、《政治家年鉴》等。

Almanac 一词源于中世纪的阿拉伯语，在英语中被赋予日历、历书的含义。欧洲颇有影响力的年鉴是由德国数学家、天文学家雷格蒙塔努斯(1436～1476)于 1457 年编纂出版的，记载日历、天文、节气、宗教节日等，先是供农民使用，后为初兴的航海业服务，到 18 世纪，其内容才转为包含丰富知识的工具书；Yearbook/Annual 也译为年鉴，但与 Almanac 稍有区别，前者的内容围绕着一定的专题，逐年更新；后者往往包含相当部分的回溯性基本资料，不作逐年更新。前者以专科为主，后者以综合性为主，但这两者之间的区别已越来越小。1732年由美国文学家 B·富兰克林主编的《穷理查历书》比较著名。

3) 分类

年鉴一般可分为综合性年鉴和专业性年鉴两大类。

(1) 综合性年鉴。综合性年鉴内容广泛，反映政治、经济、文化、教育等各方面的进展情况，如《中国年鉴》、《中国百科年鉴》、《中国卫生年鉴》、《中国包装年鉴》、《广州年鉴》、《湖南年鉴》等。

(2) 专业性年鉴。专业性年鉴主要反映某一学科或某一行业，介绍与该学科或行业有关的各种情况，为专业工作者提供方便，如《中国出版年鉴》、《中国轻工业年鉴》、《中国历史学年鉴》、《中国出版年鉴》等。

目前，我国的年鉴多数按学科、部门和地区形成系列。从编纂形式来看，有记叙性的，如《中国哲学年鉴》、《中国文学研究年鉴》；有统计性的，如《中国统计年鉴》、《北京市统计年鉴》；有记述和统计相结合的，如《中国农业年鉴》、《中国教育年鉴》；也有图谱性的，如《中国摄影年鉴》、《中国版画年鉴》等。

6.2.2 在线百科全书、年鉴介绍

目前，在线百科全书和年鉴网站较多，有的是印刷型参考工具书数字化整合后的数据库，有的是开放型在线网站。前者称为正规学术型数据库，后者即工具书在线网站，因没有使用知名出版社的品牌工具书，内容的权威性、专业性受到一定限制，这里称其为开放型工具书在线网站，如较著名的维基百科。这些在线网站与正规学术性数据库的根本区别在于以下两点。

(1) 权威性不同。类似维基百科这样的网站是开放的、自由的百科全书，任何人都可以编写词目和释文，谁都可以修改内容；而正规学术性数据库的内容都是由出版社出版的参考工具书的数字化，词目和释文都由权威专家学者撰写。

(2) 参考性不同。在线百科全书或年鉴网站的词目和释文来源有待考证，仅供读者参考。例如，"维基百科"带有一定的娱乐性，它的某一个词条可能会有很多人改来改去。而正规学术型数据库，如"知网工具书库"里的词条大都是通过集体编纂者研讨后定稿的，参考价值大。

因此，本节按中文和英文文种顺序进行介绍，先介绍正规学术型数据库，后介绍开放型在线网站，此类网站仅供读者自己进行评估后作出是否参考的判断。

1. 在线百科全书

1) 方正阿帕比中国工具书资源全文数据库（www.apabi.cn）

方正阿帕比中国工具书资源全文数据库是正规学术型数据库，由北京大学图书馆、复旦大学图书馆、芝加哥大学图书馆、哈佛大学燕京图书馆、普林斯顿大学图书馆指导设计，中国大百科全书出版社、上海世纪出版集团、中华书局、中州古籍出版社、天津古籍出版社等出版社共同建设，它是一个以条目型数据为主体、检索为主要功能，以国内专业、权威工具书为主体的全文检索型数据库，不仅适用于各类专业人员对专业知识的检索与引证，同时适用于普通读者的学习与参考，数据库共有 3000 余种工具书。目前，收录了国内各大出版社出

版的精品工具书资源，包括《辞海》、《汉语大词典》、《中国大百科全书》等在国内公认的精品工具书。该数据库打破了印刷型参考工具书的限制，读者可通过热链接、知识关联等途径获得更多的信息与知识。

2）CNKI 工具书馆（gongjushu.cnki.net）

关于 CNKI 工具书馆的详细介绍见 6.1.2 节。

3）中国大百科全书（www.ecph.com.cn）

中国大百科全书网站是由中国大百科全书出版社主办的，该出版社以出版百科全书和其他工具书为主，同时出版各种学术著作和普及读物的国家级大型出版社，先后出版了《中国大百科全书》、《中国大百科全书(简明版)》、《不列颠百科全书(国际中文版)》、《中国百科大辞典》、《中国儿童百科全书》等系列。数据库内容为《中国大百科全书》第一版和第二版全部内容，以及数据库附加资源，收录近 16 万条目，80 余个学科，近 100 万个知识点。其首页的"百科在线"检索界面如图 6-2 所示，但获得相关内容需付费。

图 6-2　中国大百科全书的"百科在线"检索界面

4）商务印书馆"工具书在线"（refbook.cp.com.cn）

2006 年 7 月，商务印书馆发布"工具书在线"测试版。"工具书在线"以权威参考工具书为基础，以搜索引擎的形式实现电子图书和条目数据库的结合，是一个集文字、图像、声音、动画、视频于一体的多媒体数字出版平台，提供各种参考工具书的检索服务，如图 6-3 所示，获得相关内容需付费。

图 6-3　商务印书馆"工具书在线"

5）维基百科（www.wikipedia.org）

维基百科(图 6-4)是一个自由内容、公开编辑且多语言的网络百科全书协作项目，通过维基技术使得所有人都可以简单地使用网页浏览器修改其中的内容。该项目始于 2001 年，创始人是 Jimmy Wales、Larry Sanger 和几个英语参与者。与传统的百科全书相比，在互联网上运作的维基百科的文字和绝大部分图片使用 GNU 自由文件许可协议和知识共享署名-相同方式共享 3.0 协议来提供每个人自由且免费的信息,任何人都可以成为条目的作者,以及在遵守协议并标示来源后直接复制、使用以及发布这些内容。中文维基百科始于 2002 年 10 月,目前已有条目 80 余万篇,文件 37000 余个,页面总数 380 余万个。

图 6-4　维基百科

6)百度百科(baike.baidu.com)

百度百科(图 6-5)也是一个内容开放、自由、免费的百科在线网站。该网站提倡网络面前人人平等,所有人共同协作编写百科全书,在一定的技术规则和文化脉络下,让知识不断组合和拓展,目前已有 1100 余万个词条。

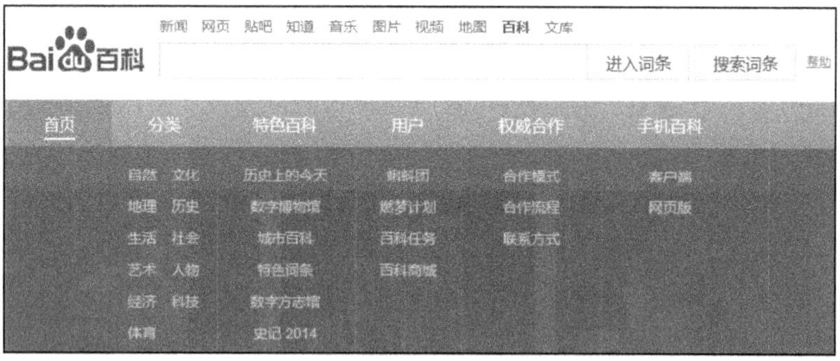

图 6-5　百度百科

7)不列颠百科全书网络版(www.britannica.com)

该网站以《不列颠百科全书》(大英百科全书 Encyclopedia Britannica)为主要资源,是正规学术型数据库,供全球读者免费查阅不列颠百科的全部内容,除提供包括印刷版 32 卷的全部内容外,还提供多种杂志和报纸全文、世界地图(World Atlas)、年度评论(Year in Review Browse)等,可以实现 Merriam-Webster 的在线词典(Online Dictionary)及在线叙词(Online Thesaurus)检索,在其页面上可双击单词查看词典和词表中的条目,提供功能强大的浏览、快速检索、高级检索和自然讲义检索功能,读者可以按照需要选择不同的浏览方式。

（1）分类检索：按历史（History）、艺术和音乐（Art and Music）、生物科学（Biological Sciences）、技术（Technology）、数学（Mathematics）、社会（Society）和化学（Chemistry）等主题检索。

（2）搜索工具：可按字序查找百科全书文章（A～Z Browse）、查找世界地图（World Atlas）、根据事件发生的时间搜寻（On This Day）、用图示和时间来追踪事物（按专题）的发展历史（Timelines）、世界各国的数据分析（World Data Analyst）、由特定的期刊来获取文章（Magazine Browse）等。

8）Credo 全球工具书大全（www.cinfo.net.cn）

英国 Credo Reference Ltd 是一家信息中心参考资源提供商，提供正规学术性数据库。Credo 工具书资源来自 70 多家出版社的 400 多种实用工具书的全文，如 Barron's、Blackwell、Cambridge University Press、Central Intelligence Agency（CIA）、Collins、Columbia University Press、Elsevier、H.W. Wilson、Harvard University Press、Library of Congress、Macmillan、McGraw-Hill、Merriam-Webster、MIT Press、Penguin、SAGE、Wiley 等。

Credo 全球工具书大全（图 6-6）的学科内容涉及艺术、传记、商业、字典、百科全书、食品、地理、历史、语言、法律、文学、医学、音乐、哲学、心理学、语录、宗教、社会科学、科学和技术等。目前共收录 300 万个条目，1 亿个链接，18 万个有声文件和 6 万幅图像，并计划每年新增工具书数十种。

图 6-6　Credo 全球工具书大全首页

9）Bartleby 参考网站（bartleby.com）

Bartleby 参考网站（图 6-7）是开放型在线网站,目前收录的内容包括 *Columbia Encyclopedia* 和 *American Heritage Dictionary* 等 30 多种工具书、莎士比亚作品全集、70 卷的哈佛经典集和小说、大量的引语数据、网络上的 1 万多篇诗歌作品还有大量的论文等。检索时可整库检索，也可分为参考、诗歌、小说、非小说四部分分门别类地检索，还可选定某一特定工具书检索。

10）电子参考工具书（Gale: Virtual Reference Library）

该数据库是一个综合性电子参考工具书图书馆，收录 Gale 出版社出版的权威参考工具书，涉及传记、商业、历史、文学、多元文化研究、宗教及社会科学等诸多领域的百科全书、手册、指南等参考资料，有以下特色。

图 6-7　Bartleby 参考网站首页

（1）在首页中提供以学科分类并直接单击主题进入的列表功能。

（2）每篇文章自带语音诵读，MP3 格式可以下载。

（3）提供 HTML 和 PDF 格式，并提供全球通用的 Citation 信息，方便读者下载和引用。

（4）页面中提供引文的导出（End Note、Pro Cite、Reference Manager）。

（5）引文的出处信息可以保存成多种格式（APA、MLA、Tagged Format）。

（6）可以通过下载、发送邮件或者打印的方式保存浏览的文章。

（7）On-demand 内容翻译功能，系统可以将任何一篇文章翻译成中文、西班牙文、法文、德文、日文、韩文、意大利文和葡萄牙文等 11 种语言。

（8）On-demand 界面翻译功能，用户根据自己的需要可以将整个检索界面翻译成英文、西班牙文、法文和葡萄牙文。

2．年鉴

1）方正阿帕比《中国年鉴资源全文数据库》（www.apabi.cn）

方正阿帕比《中国年鉴资源全文数据库》是正规学术型数据库，收录经新闻出版总署批准正式出版的各种年鉴约 1500 种，8000 多卷年鉴资源，以"条目+全文+原版"方式呈现。

2）中国知网的《中国年鉴网络出版总库》和中国经济与社会发展统计数据库（统计年鉴挖掘版）

CNKI 的《中国年鉴网络出版总库》和《中国经济与社会发展统计数据库》（统计年鉴挖掘版）两个数据库都是学术型数据库。

《中国年鉴网络出版总库》是动态的年鉴全文数据库，文献来源于中央、地方、行业和企业等各类年鉴的全文文献，共 2800 余种，23000 余部，2000 余万篇；收录年限为 1912 年至今；内容涉及基本国情、地理历史、政治军事外交、法律、经济、科学技术、教育、文化体育事业、医疗卫生、社会生活、人物、统计资料、文件标准与法律法规等各个领域。

《中国经济与社会发展统计数据库》也是动态的全文数据库，文献来源于中央、地方、行业和企业等正式出版的 1152 种 7200 余册各类统计年鉴资料，共 210 余万个数据条目。此外，本库还收录了国家统计局实时发布的各种经济运行进度数据累计达 1100 余万笔，弥补了统计年鉴资源出版滞后的缺点。该数据库将所收录的统计年鉴（资料）中的所有统计图表制成

Excel 表格,全面实现了纸质数据的电子化,为用户下载、分析、挖掘数据提供了便利,如图 6-8 所示。

图 6-8　CNKI 的中国经济与社会发展统计数据库检索界面

3) 中国国家统计局统计年鉴(www.stats.gov.cn)

该网站收录了全国和各省、自治区、直辖市 1996 年至今的经济、社会各方面的统计数据,以及多个重要历史年份的全国主要统计数据,全面反映了我国经济和社会发展情况,正文内容包括综合、人口、国民经济核算、就业和工资、价格、人民生活、财政、资源和环境、能源等 27 个篇章。图 6-9 所示为中华人民共和国国家统计局首页。

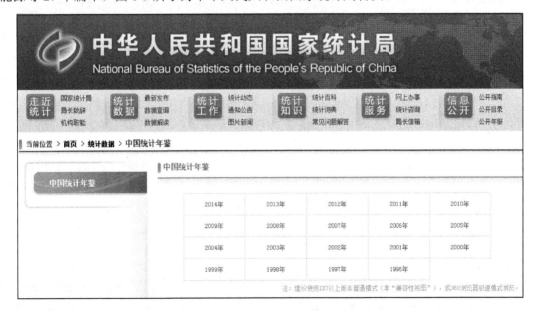

图 6-9　中华人民共和国国家统计局首页

6.3　手册、名录信息检索

6.3.1　典型印刷型手册、名录介绍

1. 手册(Handbook)

1)概念

手册是汇集某一或若干学科或专业领域的基本知识、参考资料或数据，供随时查检的参考工具书。一般主题明确，信息密集，资料可靠，携带方便，实用性强。在英语中，Handbook意为可拿在手里随时参考的小书；Manual意为指导人们如何做某件事(如修配汽车、烹调等)的操作型工具书。

手册与人们的生产、工作与生活关系密切，一些实用型参考工具书，如"指南"、"便览"、"顾问"、"大全"、"概况"、"要览"、"一览"、"全书"、"小百科"等虽未标明"手册"字样，但其性质多属于手册。

2)发展历史

手册有悠久的历史，在我国敦煌石室发现的9~10世纪的《随身宝》，15~16世纪的《万事不求人》等都是我国古代人使用的手册。

19世纪，在欧美各国由于受教育较少的工人想迅速找到与职业有关的工艺技术资料，各种类型的手册应运而生。直至当代，举凡产品设计、制造、施工、安装、修理、养护等许多技术问题仍需要借助技术手册解决。

3)分类

(1)综合性手册，如《中华人民共和国资料手册》、《科学技术要览》、《吉尼斯纪录全书》(Guinness Book of Records)、《世界政治手册》等。

(2)专业性手册，如《党的工作方法手册》、《中国审判案例要览》《西藏旅游探险手册》、《编辑工作手册》；《机械设计手册》、《调酒师手册》、《工业与民用配电施工质量验收与质量控制手册》、《机械设计与制造工艺简明手册》、《车工速查手册》；《计算机世界媒体手册》、《Java_(TM)语言学习手册》、《J2ME 技术手册》、《Cisco 路由器配置手册》；《实用钢结构工程安装技术手册》、《钢结构设计规范新旧对照手册》、《模板工小手册》、《桥梁工程施工便携手册》、《家庭装修设计资料手册》、《建筑设备安装工程施工技术手册》、《工程建设承包与发包实务手册》、《智能建筑设备招标技术文件编制手册》、《建筑电气、电梯与智能建筑工程质量监控与通病防治图表对照手册》、《工程建设项目监理实务手册》、《土木工程师标准手册》、《建筑工程控制与施工测量快速实施手册》、《给水排水工程施工便携手册》等。

2. 名录

1)概念

名录是介绍各种机构概况的参考工具书，又称机构名录、便览。商业、企业性的名录称为行名录，通常按字顺或分类排列，提供机构的地址、负责人、职能及其他有关信息。在英文工具书中，名录通常以 yearbook、manual、index 作为书名。

2)发展历史

1980 年后，我国名录出版逐年增多，如《中国图书馆名录》、《中国科研单位名录》、《中国工商企业名录》等。

英国的《末日审判书》是 1086 年英国国王威廉一世颁布的全国土地、财产、牲畜和农民人口的调查清册。第二次世界大战后，名录的数量日益增加，从政府机构、科研单位、商业、企业名录、基金会指南到一个市、县的电话簿，品种极多。英美著名名录有《学术世界》、《美国政府手册》、《出版商名录》等。

3)分类

(1)按地域划分：分为国际、国家和地区名录，如《国际组织年鉴》、《国际科学组织简介》、《中国出版发行机构和报刊名录》、《北京工商企业名录》等。

(2)按内容和性质划分：分为政府机构、事业单位和企业单位名录，如《世界跨国公司名录》、《美国国会便览》。

(3)按功能划分：分为名录、指南(或书目)、政府机构名录、学术性机构名录、职业和商业机构名录等。

6.3.2 在线手册、名录介绍

1. 在线手册

1)正规学术型数据库

(1)中国知网的工具书馆。CNKI 工具书馆中含有 2172 种各学科手册数据，如电工、焊接、钣金、五金、农机、机修、制粉、典当、养兔、暖通空调、食品添加剂等类手册供读者检索使用。

(2) *Handbooks in Economic*(www.sciencedirect.com)

Handbooks in Economics 目前共有 100 卷(其中某些卷细分又细分为 A、B、C 单卷)，涉及农业经济学、计算经济学、防御经济学、计量经济学、开发经济学、经济预测、经济增长、宏观经济学、环境经济、实验经济、健康经济、收入分配、货币经济学、公共经济、区域经济、社会经济、劳动经济、金融经济等经济学领域。

2)在线开放型手册

该类型网站有两种，专门的指南型网站和嵌入各网站、检索工具中的手册型栏目。

(1)专门指南型网站：①中文搜索引擎指南(www.sowang.com)提供学习利用中文搜索引擎相关知识的指导；②网站建设技术教程(www.w3school.com.cn)；③数码摄影完全手册(www.shortcourses.com)；④中国指南(www.chinavista.com)，主要介绍美国历史与社会生活，为留美人员提供指南。

(2)手册型栏目：①百度服务中心(help.baidu.com)；②方正阿帕比数字资源平台帮助页面(dlib.apabi.com)。

2. 在线名录

1)万方数据库的"机构"数据库(g.wanfangdata.com.cn)

在正规学术型数据库中，使用较多的是万方数据库的机构数据库，该库收录了企业、教育、科研和信息机构各类信息总计 20 万条。企业机构可按所属地区、行业、产品等分类浏览查询；教育机构可按所属地区、办学类型等分类浏览查询；科研机构可按所属地区、学科类别、机构级别等分类浏览查询；信息机构可按所属地区、机构类型和机构特色等分类浏览查询。

2) 学会组织名录(Gale: Association Unlimited)(infotrac.galegroup.com)

囊括国际上和美国国家的、地区的、州的及地方的各个领域近 50 万个非营利性组织成员的信息，其中包含 IRS 关于 U.S.501(c) 的非营利性组织的数据，涉及机构背景、通信联络方式、该机构举办会议的相关信息、会员信息及入会资格、机构出版物信息及得奖项目等。

3) 商业与公司资源中心(Gale: Business Insights:Global)(infotrac.galegroup.com)

全球 50 万家公司及 70000 家行业协会的详细信息，2200 多份公司年表，可以了解某一家公司的详细情况，而且可将该公司的数据与同等规模或同行业的公司进行对比；Gale 公司出版的众多著名商业参考书，如 *International Directory of Company Histories*、*Market Share Reporter*、*Business Rankings Annual* 等；超过 8300 多种商业信息来源，包括期刊、杂志、报纸、时事通信等，如 *Wall Street Journal*、*New York Times* 及 *Financial Times*，提供各种商业信息及公司、产品、市场和技术方面的全面内容；超过 200 万份的投资报告、投资经济报告和数千份详细的财务报告，包括基础数据和比较数据；超过 1000 份的 SWOT 报告(季度更新)；600 多个深度行业概况，提供相关内容和统计数据的深入链接；25000 份行业报告和 2500 多份市场研究报告；数千份经济和商业指标的互动图表，可获得不同国家、不同行业和不同公司间的比较数据，为研究和报告提供丰富的信息，如国内生产总值、失业率、人口增长率、进出口贸易额、公司员工构成、公司总收入和销售额等；193 个国家概况信息并提供相关内容和统计数据的深入链接；数百份国家经济报告；1000 多份全球商业的案例研究(Case Studies)；1200 多个商界管理人士的视频访谈。

4) Bankscope 全球银行与金融机构分析库(tinyurl.com)

Bankscope 是欧洲金融信息服务商 Bureau van Dijk(BvD) 与银行业权威评级机构 FitchRatings(惠誉)合作开发的银行业信息库。它详细提供了全球 34000 多家主要银行及世界重要金融机构与组织的经营与信用分析数据。Bankscope 是当今全球银行业最具权威性的分析库，也是国际金融研究领域的学术论文中参考、引用频率最高的银行专业分析库。Bankscope 中每一家银行的分析报告包含历年财务分层数据(Global Format、Raw Data、All Ratios)、各银行全球及本国排名、标普/穆迪/惠誉的银行个体评级(长短期、外汇、独立性、支持力、商业债券等评级)、国家主权与风险评级、各银行详细股东与分支机构、董监高管、评级报告、原始财务报表、新闻与并购记录等信息。

5) 在线开放式名录网站

在线开放式名录网站有名录网站、网站黄页栏目、名录搜索工具、名录数据库等形式。

(1) 机构名录。

① 一呼百应企业名录大全(qiye.youboy.com)：该网站提供直接检索各类企业的功能，也可按照企业所属行业，如安全防护、办公文教、电工电气、纺织皮革等进行分类浏览，也可按照企业所在地区进行查询。

② 阿维森纳医学名录(avicenna.ku.dk)：该名录由哥本哈根大学、世界卫生组织和世界医学教育联合会合作维护，包括 2007 年版的世界医学院校名录以及 2007 年以后哥本哈根大学收到的所有更新信息。

③ 普林斯顿评论(www.princetonreview.com)：普林斯顿评论每年对全美各大学从各种角度进行排名，如综合水平、管理水平、学术水平、校园美观、重视体育、学生体验等。

(2) 人名录。

① 中国美术家网(www.meishujia.cn)。

② The Nobel Prize Internet Archives(www.almaz.com)：该网站提供 1901 年至今诺贝尔各奖项得奖人生平及成就介绍。

③ Gale: Biography In Context(infotrac.galegroup.com)：综合性古今人物传记资料数据库，包括 50 多万个人物；涵盖文学、历史、政治、商业、娱乐、体育和艺术等领域的知名人物和重要事件。除文字资料外，还包含图片和音视频。

④ Biographical dictionary(www.s9.com)：该网站收录从古至今超过 2.8 万位世界名人，可通过生卒年月、职位、专业、文艺作品、成就和其他关键词进行检索。

⑤ Biography.com 数据库(www.biography.com)：该网站基于《剑桥传记百科全书》，收录各类人物的 2 万多个传记条目。

⑥ WHO 2(www.who2.com)：该网站收录世界著名作家、政治家、演员、皇室成员、典型罪犯、典型卡通人物等的传记资料，检索结果条目详细介绍人物的生日、出生地、生平事迹和相关网站链接。依据特定共同点查找人物，如同是某大学毕业的名人等。

(3) 在线黄页、白页。

黄页是工商企业电话号码簿，以刊登企业名称、地址、电话号码为主。

(1) 中国黄页在线(www.yp.net.cn)。

(2) 中国 114 黄页(www.114chn.com)。

(3) 中国 114(www.zhongguo114.cn)。

6.4　在线参考工具信息检索

6.4.1　中国在线参考工具数据库介绍

1. 中国资讯行(www.infobank.cn)

中国资讯行(China InfoBank)是香港专业收集、处理及传播中国商业信息的高科技企业。中国资讯行共有 14 个在线数据库，数据每日更新。14 个在线数据库分别是中国经济新闻库、中国商业报告库、中国法律法规库、中国统计数据库、中国医疗健康库、English Publications、INFOBANK 环球商讯库、中国上市公司文献库、香港上市公司文献库、中国企业产品库、中国人物库、中国中央及地方政府机构库和中国拟建在建项目数据库和名词解释库，内容涵盖实时财经新闻、经贸报告、法律法规、商业数据及证券消息等，目前拥有近 1000 万篇文献，并以每日逾 2000 万字的速度更新。每天通过对全国 1000 余家媒体、国外几十家媒体的实时监测，并和国家 60 余家官方和行业权威机构合作，提供 194 个行业的原始数据，如图 6-10 所示。

该库提供浏览和关键词两种方式，前者包括数据库浏览和行业浏览，后者包括简单检索与专业检索两种。

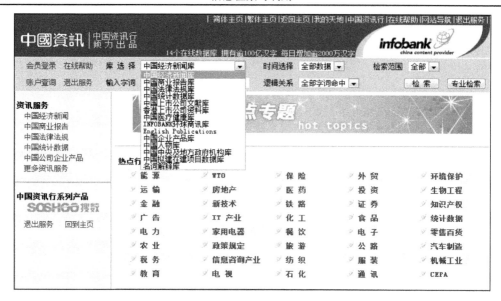

图 6-10　中国资讯行首页

（1）数据库选择，指定在某一数据库中进行检索，如中国经济新闻库。

（2）输入字词，根据检索内容输入一个或多个主题或关键词（主题或关键词之间用空格隔开），通过与、或、非三种逻辑关系组配即可进行检索。

（3）输入限制项进行检索控制或二次检索。

（4）检索结果处理。检索结果以时间为序，结果每页可以所选定的返回记录数显示，可以进行浏览和二次检索，利用浏览器的打印和保存功能进行记录输出。

2. 国务院发展研究中心信息网（www.drcnet.com.cn）

国务院发展研究中心信息网（简称国研网）是我国著名的大型经济类专业网站，是向领导者、投资者和学者提供经济决策支持的权威性信息平台。国研网拥有内容丰富、检索便捷、功能齐全的大型经济信息数据库集群，包括对国务院发展研究中心 1985 年以来的研究成果、国研网自主研发报告，以及与国内知名期刊、媒体、专家合作取得的信息资源进行数字化管理和开发而形成的国研视点、宏观经济等 60 多个文献类数据库；全面整合国内外权威机构提供的统计数据，采用先进的数据挖掘分析工具加工形成的宏观经济、工业统计、金融统计、国有资产管理等 40 多个统计类数据库。同时针对党政用户、高校用户、金融机构、企业用户的需求特点开发了党政版、教育版、金融版、企业版四个专版产品，如图 6-11 所示。

主页界面提供了标题、关键词和作者三个检索入口；检索中心提供 DRCNet 搜索和高级搜索两种方式。关键词检索和 DRCNet 搜索提供标题、作者、关键词和全文四个字段进行检索，可以在教育版、党政版等多个数据库进行跨库检索，也可以选择单库进行单库检索。

3. 中经专网（ibe.cei.gov.cn）

中经专网是国家信息中心中经网制作、全面反映我国经济运行态势和经济政策变动的海量信息平台。中经网分综合频道、宏观频道、金融频道、行业频道、区域频道、国际频道等六个版块，每日动态更新 800～1000 篇文章及 120 万个汉字。首页提供关键词按全部、动态、

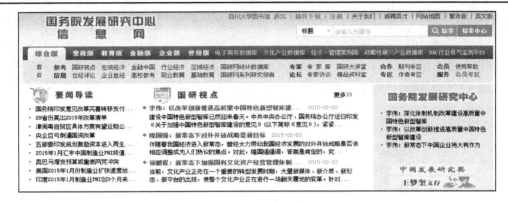

图 6-11　国务院发展研究中心信息网首页

数表和报告四种类型检索，高级检索中输入关键词，可选择在不同栏目中进行跨库和单库检索，并提供发布时间的限制条件，如图 6-12 所示。

图 6-12　中经专网首页

4. 中国国家统计局（www.stats.gov.cn）

中国国家统计局的官方网站提供全国和各省、自治区、直辖市的月度、季度、年度各项数据，包括价格指数、工业、国内贸易、对外经济、交通运输等指标，以及年度统计公报、经济普查公报、人口普查公报等统计公报。

5. EPS 全球统计数据/分析平台（www.epsnet.com.cn）

EPS 全球统计数据/分析平台（简称 EPS 数据平台）是集数值型数据资源和分析预测系统于一体的覆盖多学科、面向多领域的综合性信息服务平台与数据分析平台，如图 6-13 所示。EPS 数据平台目前上线有 44 个数值型数据库，涉及宏观经济、贸易、教育、卫生、能源、工业、农业、第三产业、金融、科技、房地产、区域经济、财政、税收等众多领域，数据量超过 40 亿条，并以时间序列形式存在，数据最早起始年份为 1949 年。可以为教育系统、科研机构、政府部门、金融系统的教学科研、实证投资提供强有力的数据支持。同时，所有数据均来自权威的官方统计部门，并按月、季、年及时更新。EPS 数据平台具有强大的资源整合能力，将各类型的数值型数据整合在同一平台中，为跨学科、跨领域的课题研究提供便利。其跨库检索功能和库内模糊检索功能能够帮助用户在众多数据库中高效、便捷地查询到需要的数据指标。同时为用户提供统计分析与多种数学建模方法。该平台上的 80/20 分析功能、分析预测功能和时间序列分析功能可以帮助用户对数据进行多维度、多视角的分析与预测，充分挖掘数据背后的意义。此外，为提高数据的实用性，EPS 数据平台提供了多样化的数据导出格式，包括 Excel、Word、PDF 以及直接打印。

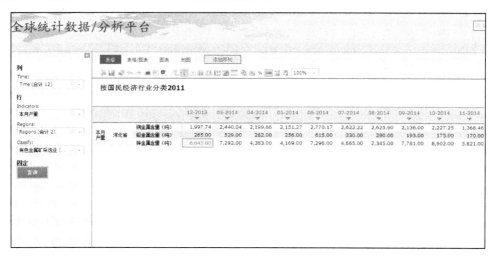

图 6-13　EPS 全球统计数据/分析平台

6. 中国进口商名录数据库(win.mofcom.gov.cn)

中国进口商名录数据库(图 6-14)由中华人民共和国商务部制作，该库内容包括 210 个国家及地区的 57 万多家进口商的基本数据(公司名称、地址、电话、进口商品)和辅助数据(负责人及职务、联系人及职务、成立时间、职员人数、进口额、传真、进口国家或地区、公司类型、资本额、因特网域名、电子邮件、银行、公司特点、对华贸易、驻华机构、更新时间等)，鉴于名录类数据的动态特点，为反映进口商的最新信息，进口商数据每 12 个月更新一次。

图 6-14　中国进口商名录数据库页面

7. 世界历史文化原始资料数据库集成(www.cinfo.net.cn)

世界历史文化原始资料数据库集成由英国著名的学术出版社 Adam Matthew Publications

制作，以出版原始手稿、珍稀图书及其他原始资料而著称，目前的出版项目超过 500 个，其资源主要来自欧洲、北美、非洲与澳大利亚的图书馆和档案馆，同时出版大量的历史文化原始资料数据库。

世界历史文化原始资料数据库集成由多个子数据库组成，如图 6-15 所示。

(1)美国西部：资料来源于芝加哥 Newberry 图书馆关于美国西部的 Everett D. Graff 收藏。美国西部故事对当代世界影响深远，它也影响着美国国内人们的流行观念并且渗入文艺与电影文化。这一收藏向学者提供了原始手稿、地图与珍稀印刷品等，将成为一种动态的教学与研究资源，适合于美国西部历史、南部历史、西北太平洋地区、西部文学、电影与文化的研究等。

(2)18 世纪期刊：分为三部分。18 世纪期刊Ⅰ来源于牛津 Bodleian 图书馆的 Hope 馆藏。收录了 76 种 1714～1799 年的珍稀纸本期刊，内容涵盖法律与治安、英殖民地财产、南海泡影、宗教、女性礼服、美国与法国革命、政治、婚姻与道德等。18 世纪期刊Ⅱ收录了仅存于得克萨斯大学 Harry Ransom 人文科学研究中心的各类报纸与期刊，内容包括英国与欧洲文学、剧院与大众娱乐、政治与宗教、美国与法国革命、普通道德与社会生活、浪漫主义的起源与发展、异国主义与帝国主义等。

(3)帝国在线：收录了大英图书馆等世界各大图书馆与档案馆大约 70000 幅原始手稿与印刷品的图像，如期刊、小说、传教团文件、探险日记与记录、信件誊录簿与信件、日记、政府官方文件、旅行札记、奴隶文件、回忆录、儿童冒险故事、传统民俗、民间传说、展览目录与指南、地图、海报、照片、插图等。时间跨越 1492～2007 年，是供探索英国历史、政治、文化与社会的新型电子资源，分为五个主题部分：Ⅰ-Cultural Contact，1492～1969；Ⅱ-Literature and Empire；Ⅲ-The Visible Empire；Ⅳ-Religion and Empire；Ⅴ-Race，Class，Imperialism and Colonialism，c.1607～2007。

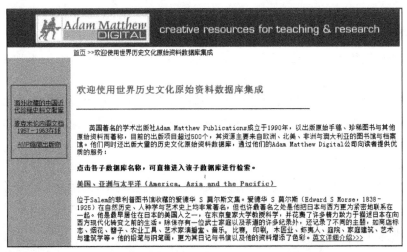

图 6-15　世界历史文化原始资料数据库集成首页

8. 中国产业经济信息网中国产经数据库(121.52.220.192)

中国产业经济信息网建立于 1997 年，是由中国报业协会行业报委员会发起，几十家国家级行业媒体共同组建的行业信息发布网站。该网站的"中国产经数据库"容纳了中国 54 家国家级行业媒体的信息数据 200 多万条，其内容涵盖金融、能源、通信、建筑、化工、食品、轻工、物流、医药、文化、农业、环保、生态和财经等方面。

该网站提供产经预警、市场环境、统计数据、政策动态、产经分析、调查频道、海外产经等栏目服务。

中国产经数据库按行业和来源进行划分并提供组合检索功能。中国产业经济信息网首页如图 6-16 所示。

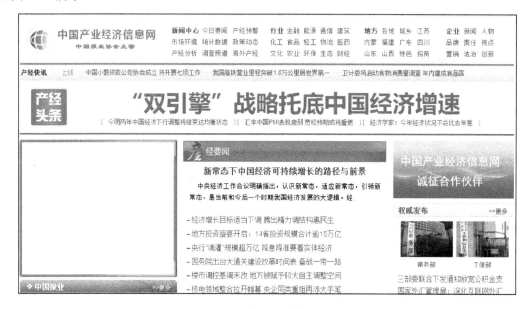

图 6-16　中国产业经济信息网首页

9. 中国共产党思想理论资源数据库(read.ccpph.com.cn)

中国共产党思想理论资源数据库目前收入图书 9000 多册，7000 多万个知识点，主要特色如下。

(1)完整系统地收入了党的思想理论主要著作文献，内容覆盖我国出版的所有马列经典著作、党和国家主要领导人所有著作、公开发表的所有中央文件文献、国家所有法律法规和党的思想理论领域所有知识点。

(2)开创了"知识点阅读"的新形式。人民出版社自主研发的语义查询、引文比对、概念关联、模糊找句等特色网络工具，实现了文献检索方式从传统的篇目、章节检索到知识点检索的飞跃，使文献内容可以完全以知识点的形式展现，以大海捞针的方式获取。这些工具可以将入库作品全部加以主题性碎片化，以连续的知识点(具有一定主题的语段)的形式提供给读者。

(3)图书内容规范性、权威性强，电子书达到引用标准。数据库以经典著作、重要文件文献、法律法规、学术名著为核心内容，图书主要由人民出版社等著名出版机构出版，编校质量高。图书数字化采用 1/30000 的差错率标准进行校对，保留了纸质图书的原版原式。

6.4.2　国外在线参考工具数据库介绍

1. Gale 系列数据库(infotrac.galegroup.com)

以下 6 个数据库均由美国 Gale 公司制作。

1) Gale: Archives Unbound(珍稀原始典藏档案)

该数据库提供大量珍稀、权威、确凿的原始典藏文献，其中包含大量不对外公布的机密文件，内容涉及多个领域和学科，如历史、政治、经济、宗教、哲学、法律、种族研究、女性研究、社会文化、女权主义、国家研究等。

2) Gale: Predicasts Overview of Markets and Technology(PROMT 市场与技术展望数据库)

该数据库从国际贸易和商业刊物、行业通信及报刊中广泛精选文摘和全文，内容包括公司活动、竞争机会、经济政策、新兴技术、设备和资源、财政业绩或分析、政府政策、行业动态、合资企业、许可证协议、市场规模和市场占有率、合并和收购、人事变动、产品发布、产品形态或消费模式、规章或法规、销售统计、税收、贸易商机等。

3) Gale: World History in Context(世界历史资源中心)

该数据库收录近 300 种学术期刊的全文文章，Primary Source Microfilm 的 1700 份一次文献，1600 多份经耶鲁大学权威专家精心挑选的历史地图、地图集及插图等。

4) Gale: Opposing Viewpoints In Context(相反论点资源中心)

该数据库收录了成千上万种相反论点及其相关资料出处文章、统计数据、报纸和杂志文章、图像资料、原始文献资料和网站资料，内容包含：9100 多个正反观点文章；将近 5000 个主题观点；300 多个原始资料文件；300 篇关于社会活动家和改革者的传记；775 篇关于诉讼案件的概述；334 篇关于政府机构和利益集团的简介；140 多本全文杂志、学术期刊和报纸；将近 6000 个统计表格、图表和图形；1800 多张照片，并与 Google Image Search 链接；2300 多个与评论性网站和主题索引网站的链接；上千个播客，包括每周总统演讲和最重要的 NPR 节目；收录 Greenhaven 出版社出版的备受赞誉的社会问题类系列丛书中的相关资料，还提供 Gale Group 独家拥有的 Information Plus 中的大量信息，包括统计数据、政府数据、法律及立法、政治地位、公共政策等。

5) Gale: Modern Language Association(MLA) International Bibliography(当代全球语言文学数据)

它是由美国 Modern Language Association of America 制作的重要学术研究工具，收录现代语言、文学、语言学、民俗学及其他相关主题的文献及期刊文章、出版社出版的图书以及会议论文集等，共 240 多万笔书目数据，并每年新增 65000 笔书籍和文章数据。

6) Gale: Literature Resource Center(文学资源中心)

该数据库收录来自近 400 种期刊的共 850000 篇全文文章的丰富信息，包括文学、语言学、作家介绍等；全球 14 万名作家的传记信息，每年增加超过 4000 名作家的信息；5000 多种当代作者的访谈音视频资料；3000 多张重要作者的照片；75000 多篇文学评论文章；5000 多篇文学作品概述、情节介绍和评论；近 28000 篇当代诗歌、短片小说和戏剧文章；10000 多条来自《韦氏文学大词典》的文学术语定义。

Gale 数据库首页如图 6-17 所示。

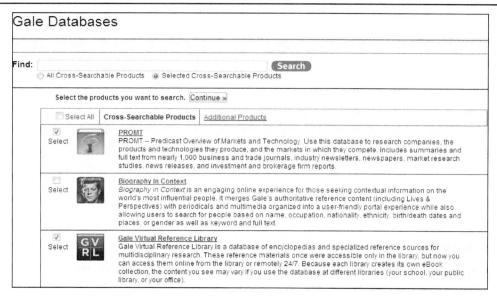

图 6-17　Gale 数据库首页

2. EIU Countrydata（eiu.bvdep.com）

EIU Countrydata 是全面获取全球各国宏观数据分析工具，提供全球 201 个国家与地区宏观经济历史与预测数据，每个国家 320 个指标系列，含年度、季度、月数值，数值从 1980 到 2035 年（提供 5～25 年预测值），同时提供全球 45 个地区和次地区的经济总量数据、各国近期经济展望综述报告。

EIU Countrydata 内每个国家的数据分人口统计和收入类、国内生产总值类、财政及货币指标类、国际支付类、外部债务存量、外贸与外债偿还类等。

EIU Countrydata 还提供全球 28 种大众商品的分析数据及 5 年价格预测，以及影响价格因素的预测分析，包括产量、消费量和库存水平。为帮助企业了解大众商品交易趋势，EIU Countrydata 还计算大宗商品价值指数，并定期更新，它是任何在国际商品市场拥有交易敞口的企业的重要参考信息。所覆盖的全球商品包括铝、煤、铜、棉花、铅、镍、天然橡胶、天然气、锌、原油、羊毛、钢铁、黄金、食品、饲料和饮料、可可、阿拉伯咖啡、罗巴斯塔咖啡、小麦、玉米、水稻、大豆、棕榈油、葵花籽油、菜籽油、棕榈油、大豆、糖、茶等。EIU Countrydata 首页如图 6-18 所示。

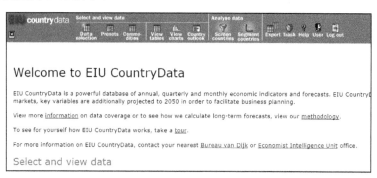

图 6-18　EIU Countrydata 首页

3. 国际货币基金组织电子图书馆(www.elibrary.imf.org)

该网站提供国家货币基金组织的超过 10400 种出版物，内容涵盖宏观经济、信息、观点、全球化、发展、贸易、援助、技术援助、人口统计、新兴市场、政策建议等，是一个重要的经济学研究和分析工具，包括以下内容。

统计：通过在线工具提供权威的国际货币基金组织的数据和研究资源，包括国际金融统计、收支统计、贸易方向统计、政府财政统计、统计年鉴、手册和指南等。

书籍以及分析论文：包括书籍、部门文件、国家报告、人员讨论记录、工作论文等。

期刊和报告：报道目前的全球经济，并预测包括世界经济展望、全球金融稳定报告、财政监督、区域经济展望报告、研究通报、IMF 调查和工作人员论文、外汇协议年度报告和外汇管制等。

网站提供分类浏览、快速检索和高级检索三种检索方式，如图 6-19 所示。

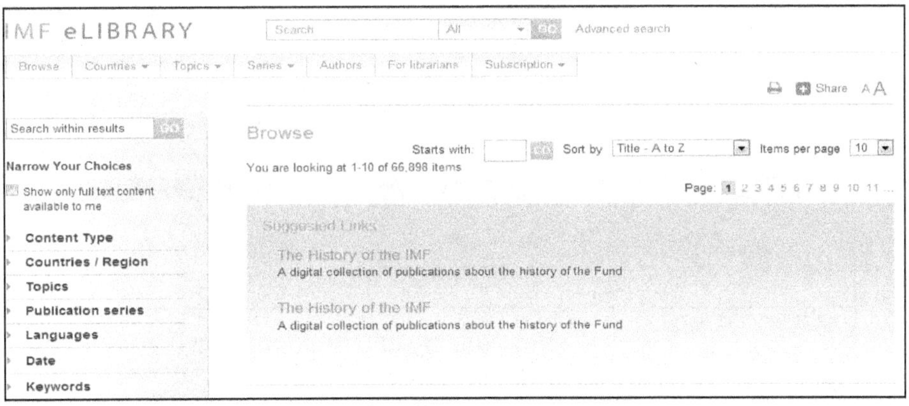

图 6-19　国际货币基金组织电子图书馆首页

4. 经济合作发展组织数据库(www.oecd-ilibrary.org)

经济合作发展组织(Organisation for Economic Co-operation and Development，OECD)简称经合组织，是由 30 多个市场经济国家组成的政府间国际经济组织，旨在共同应对全球化带来的经济、社会和政府治理等方面的挑战，并把握全球化带来的机遇，成立于 1961 年，目前成员国总数 34 个，总部设在巴黎。

经济合作发展组织数据库是经济合作发展组织的在线图书馆，提供书籍、论文、统计、经合组织的分析和数据等。该数据库还包含国际能源机构(IEA)、核能机构(NEA)、经合组织发展中心、国际学生评估计划(PISA)和国际运输论坛(ITF)公布的内容。该数据库截至 2014年 12 月，共收录 9800 余本电子图书，40000 余章，93500 个表格和图片，4280 篇论文等。其首页如图 6-20 所示。

5. 世界银行电子图书馆(elibrary.worldbank.org)

世界银行电子图书馆(World Bank e-Library)包含自 1990 年以来所有世界银行的书籍、期刊和论文，提供分类检索、快速检索和高级检索三种检索方式。分类检索提供区域、国家、主题和出版类型四种方式。世界银行电子图书馆首页如图 6-21 所示。

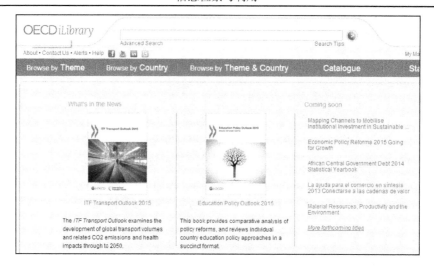

图 6-20　经济合作发展组织数据库首页

图 6-21　世界银行电子图书馆首页

6. 全球联合机构知识库(firstsearch.oclc.org)

全球联合机构知识库(OCLC/FirstSearch)是 2002 年密歇根大学在美国梅隆基金会的资助下开展的项目，目前已发展成全球最大的开放档案资料数据库，为研究者提供多学科数字资源。该库记录数量已达 2100 多万条，来自 1100 多家图书馆及研究机构，包括数字化图书与期刊文章、原生数字文献、音频文件、图像、电影资料、数据集、论文、技术报告、研究报告等。每条记录包括数字资源的全文链接，用户可以查看、下载和保存大量的图片及全文内容，数据库每三个月更新一次。全球联合机构知识库首页如图 6-22 所示。

7. Elsevier 电子参考工具书(www.sciencedirect.com)

Elsevier 电子参考工具书包括 149 种百科图书，学科涉及化学、物理、工程、能源、环境、材料、生命科学、心理学等。该数据库中有百科图书 600 多卷，文章 49000 多篇，图片 269000 多幅。全部图书经过同行评审并获得国际奖项。Elsevier 电子参考工具书首页如图 6-23 所示。

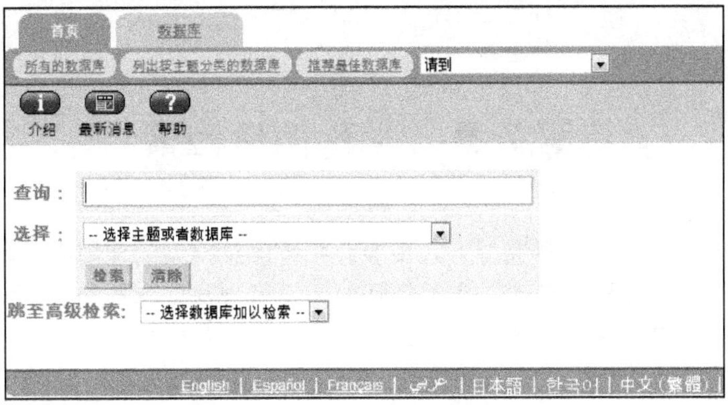

图 6-22 全球联合机构知识库首页

图 6-23 Elsevier 电子参考工具书首页

第7章　学科信息检索

前面章节中，按照文献信息类型方式主要介绍了信息检索的使用方法、功能和涉及的相关网络资源。本章主要从学科角度重点介绍和梳理学术型数据库和相关网络资源，便于检索者从获取学科信息的角度出发，检索与该学科相关的信息与知识。

7.1　社会科学类信息检索

7.1.1　社会科学类学术型数据库

1. 社会科学类典型学术型数据库

1) 中文社会科学引文索引 (cssci.nju.edu.cn)

中文社会科学引文索引数据库涉及参考型数据库的相关知识。参考型数据库通常是指针对原始文献信息而开发的二次文献数据库，包含各种数据、信息或知识的原始来源和属性的数据库。参考型数据库中的记录是通过对数据、信息或知识的再加工和过滤等形成的。这里所说的加工是指编目、索引、摘要、分类等。

目前，从记录形式和数据内容的角度将数据库分为如下两大类。

第一，参考型数据库 (Reference Database)，又称为书目型数据库，指为研究人员提供信息线索的"指示性"数据库，包括书目型数据库、指南型数据库等，主要指文摘、题录、目录等形式的二次文献数据库，提供基本信息以及原始文献的线索，指引研究人员根据文献信息线索查找原始文献。参考型数据库主要有两类：①文献型数据库，以图书、期刊论文、会议录、学位论文、研究报告和专利等文献信息资源为对象，浓缩基本信息，通过著录项目提供查找其原文的不同途径，揭示文献信息的数据库；②指示型数据库，利用提供的线索指引研究人员检索某一组织、个人或其他非文献型信息的数据库，如手册类数据库。

第二，源数据库 (Source Database)，指能够直接为研究人员提供原始文献信息或具体数据的数据库。它的显著特征是研究人员可直接获得原始文献资料或数据，主要包括以下5类：①全文数据库，它揭示一个完整信息的概念，如期刊中的一篇完整论文等；②数值型数据库，包括原始调查数据和经过统计处理的数据等；③文本-数值数据库，包括的数据有文本式和数值式，如字典、手册型数据库等；④图像数据库，是专门存储图像信息的数据库；⑤术语数据库，是专门存储名词、术语的数据库。

(1) 参考型数据库的特点及相关概念。

① 参考型数据库的特点如下。

a. 提供线索，目的是帮助读者快速和全面地获得某个学科主题的文献信息线索。

b. 提供各种统计数据，目的是帮助读者快速获取各种统计数据，如对个人或机构等的发文量统计、文章被转载和引证的情况统计、评估某期刊的影响力等。著名的国内检索工具中国科学引文数据库被很多机构和个人选用作为统计机构科研水平和个人论文成果的评价工具。国外的著名检索工具 SCI 检索工具，所收录的文献均选自各个学科领域最核心的期刊、最权威的国际会议或最权威的专著，该数据库不仅对所选中的来源文献进行索引，而且对这些文献中的参考文献进行索引。由于一篇文献的被引用次数可以在某种程度上说明该文献在某学科领域的重要性和学术价值，所以一般教学科研单位在教学科研、职称评定、基金申报、奖励等活动中，都把统计结果作为重要的指标和依据之一。

②　相关概念。

参考文献：指本文（来源文献）所引用的文献。

引证文献：指引用本文的文献。

相关文献：指与本文相关的文献，分为作者相关、关键词相关和参考文献相关。

作者相关：指与本文的作者共同发表的文献。

关键词相关：指与本文的关键词共同出现的文献。

参考文献相关：指与本文具有共同参考文献的文献。

耦合及耦合度：本文与其他文献具有共同参考文献之间的关系为文献耦合，其中共同参考文献的篇数为耦合度。

来源检索：指以本文作者、第一作者、题名、刊名、ISSN、文摘、机构、关键词、基金名称为检索词来查找文献的检索方法。

引文检索：指以参考文献的被引作者、被引第一作者、被引来源、被引机构、被引实验室、被引文献主编为检索词来查找文献的检索方法。

(2)中文社会科学引文索引概况。

中文社会科学引文索引（Chinese Social Sciences Citation Index，CSSCI）由南京大学制作。CSSCI 遵循文献计量学规律，采取定量与定性评价相结合的方法从全国 2700 余种中文人文社会科学学术性期刊中精选出学术性强、编辑规范的期刊作为来源期刊。它属于参考型数据库，是我国人文社会科学主要文献信息查询与评价的重要工具之一，是学术型数据库。

CSSCI 的作用如下。

因 SCI、SSCI、A&HCI（详见 8.2 节）不收录中文期刊，而我国科学工作者的学术论文绝大多数发表在我国出版的中文期刊上。

①　对于社会科学研究者而言，CSSCI 从来源文献和被引文献两方面向研究者提供相关研究领域的前沿信息和各学科学术研究发展的脉搏，通过不同学科、领域的相关逻辑组配检索，挖掘学科新的生长点，展示实现知识创新的途径。

②　对于社会科学管理者而言，CSSCI 提供地区、机构、学科、学者等多种类型的统计分析数据，从而为制定科学研究发展规划、科研政策提供科学合理的决策参考。对于期刊研究与管理者，CSSCI 提供多种定量数据：被引频次、影响因子、即年指标、期刊影响广度、地域分布、半衰期等，通过多种定量指标的分析统计，可为期刊评价、栏目设置、组稿选题等提供科学依据。

③　CSSCI 可为出版社与各学科著作的学术评价提供定量依据。

目前，教育部已将 CSSCI 数据作为全国高校机构与基地评估、成果评奖、项目立项、名优期刊的评估、人才培养等方面的重要指标。

(3)检索功能叙述如下。

CSSCI 常规检索功能分来源期刊导航、简单检索(来源检索和被引检索)和高级检索(来源检索和被引检索)。图 7-1 所示为 CSSCI 来源期刊导航和简单检索界面。

图 7-1　CSSCI 来源期刊导航和简单检索界面

① 来源文献检索,提供篇名、作者、作者(第一作者)、关键词、期刊名称、作者机构、中图分类号、基金细节和英文篇名共 9 个检索字段。

② 被引文献检索,提供被引作者、被引文献篇名、被引文献期刊、被引文献细节、被引文献年代共 5 个检索字段,如图 7-2 所示。

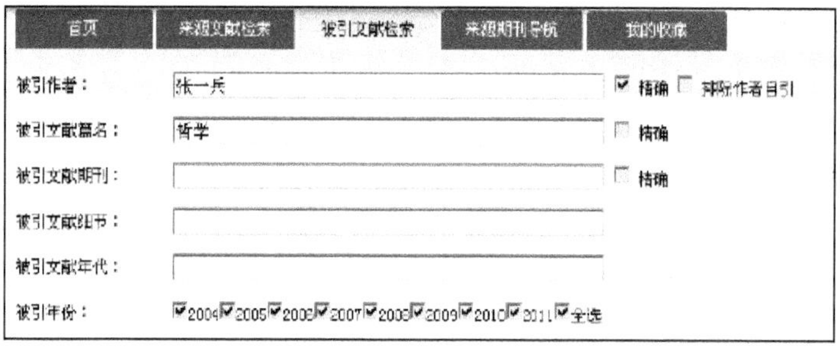

图 7-2　CSSCI 高级检索中的被引文献检索

(4)检索结果显示。

CSSCI 的检索结果分简单结果列表和详细信息显示两层。来源文献的简单结果列表中含来源作者、来源篇名、期刊、年代卷期和查看字段。被引文献的简单结果列表含被引作者、被引文献篇名、被引期刊、被引文献出处和被引次数、查看等字段。

2)CNKI 社会科学类期刊数据库、CNKI 学位论文数据库、CNKI 工具书馆(www.cnki.net)

前面对 CNKI 数据库检索方法作了详细介绍。 CNKI 数据库收录的所有文献(期刊和学位论文等),均按中国图书分类法分成 168 个学科和 3000 多个子专业,读者可根据自己的研究领域有选择性地进入某学科专业领域的子库。这里对 CNKI 所有资源中涉及社会科学的内容作进一步梳理。

哲学与人文方面:CNKI 资源含地理、文化、哲学、考古、美学、心理学、伦理学、逻辑学、宗教、世界文学、中国文学、史学理论、世界历史、中国通史、人物传记、文艺理论、中国古代史、中国近现代史、中国语言文字、外国语言文字、音乐舞蹈、戏剧电影与电视艺术、美术书法雕塑与摄影、中国民族与地方史志。

社会科学方面：CNKI 资源含军事、公安、宪法、刑法、经济法、民商法、国际法、中国共产党、马克思主义、法理、思想政治教育、政党及群众组织、政治学、行政法及地方法制、诉讼法与司法制度、中国政治与国际政治、行政学及国家行政法管理、民族学、学前教育、职业教育、初等教育、成人教育与特殊教育、中等教育、高等教育、体育、社会学及统计学、人口学与计划生育、人才学与劳动科学、社会科学理论与方法、教育理论与教育管理。

经济与管理科学方面：CNKI 资源含金融、证券、保险、投资、会计、审计、管理学、旅游、经济统计、农业经济、工业经济、企业经济、文化经济、贸易经济、服务业经济、财政与税收、科学研究管理、市场研究与信息、交通运输经济、经济体制改革、领导学与决策学、信息经济与邮政经济、经济理论及经济思想史、宏观经济管理与可持续发展等。

获取文献结果：全文。

获取年限：期刊全文为 1994 年至今，学位论文为 2000 年至今。

3) 中国人民大学书报资料中心（rdbk.clcn.net.cn:8080/cgrs）

中国人民大学书报资料中心有全文数据库、数字期刊库、报刊摘要库、报刊索引库、目录索引库、专题研究库共 6 类，是国内较著名的社会科学、人文科学专题学术型数据库。

4) 全国报刊索引数据库（社会科学部分）

这里强调，全国报刊索引数据库涵盖的学科范围包括社会科学、自然科学以及技术科学各个领域，内容包括我国各省市自治区党政军、人大、政协等重大政治活动、领导讲话、法规法令、方针政策、社会热点问题、各行各业的工作研究、学术研究、文学创作、评论综述以及国际、国内的重大科研成果。

5) 超星数字图书馆（www.sslibrary.com，www.duxiu.com）

该数据库是综合性图书数据库，学科涉及社会科学和自然科学的各个领域。

6) 中国高校人文社会科学文献中心（www.cashl.edu.cn）

中国高校人文社会科学文献中心（CASHL）主要提供期刊、图书、文章、数据库、大型特藏文献、学科特色资源文献查询；提供文献传递、图书借阅、代查代检、查看申请、订购推荐、邮件订阅服务。

7) CSA-Library & Information Science Abstracts（www.csa.com）

CSA-Library & Information Science Abstracts（LISA）是文摘数据库，是学术型数据库，是为图书馆工作人员和信息科学专家服务的国际性专业工具，收录来自 69 个国家、20 多种不同语言的 440 余种期刊，涵盖该数据库包含的文献从 1969 年至今。

8) EBSCO系列数据库（www.ebsco.com）

EBSCO 是一个具有 60 多年历史的大型文献服务专业公司，总部在美国，提供期刊、文献订购及出版等服务，所有数据库均是学术型的，学科涉及自然科学、社会科学、人文和艺术等多种学术领域。主要数据库介绍如下。

(1)学术期刊数据库（Academic Source Premier）。

该数据库文献涉及社会科学、人文、教育、计算机科学、工程、物理、化学、艺术、医学等，提供近 4700 种出版物全文，包括 3600 多种同行评审期刊。

（2）商业资源数据库（Business Source Premier）。

该数据库文献涉及所有的商业经济领域，主要包括营销、经济管理、金融、会计、经济学、劳动人事、银行以及国际商务等，收录期刊近 9000 种，其中 1100 多种为同行评审期刊（Peer-reviewed Journals）。此外，还收录关于市场、行业、国家的研究报告。

（3）ERIC。

该数据库收录各级教育期刊等出版物，包括近 1000 种教育或与教育相关的期刊和摘要。

（4）History Reference Center。

该数据库收录涉及历史的多种出版物，包括百科全书、传记、历史方面的期刊、历史资料、历史人物及他们的照片和影像资料等。

（5）MasterFILE Premier。

该数据库是专门为公共图书馆而设计的多学科数据库，主要收录 2000 多种出版物，包括参考工具书、原始文献、传记、图像、地图、国旗等。

（6）Newspaper Source。

该数据库收录近 30 种美国及世界性的报纸全文，收录来自广播电视的 200 种地区性的报纸全文内容。

（7）Professional Development Collection。

该数据库专为教育工作者而设计，收录 550 多种高质量的教育方面的期刊及教育研究报告。

（8）Regional Business News。

该数据库收录美国主要的地区性的商业出版物，包括商业期刊、报纸及通信等。

（9）Vocational and Career Collection。

该数据库专门为职业教育者而设计，收录职业发展、教育、培训方面的出版物，主要是与贸易与行业相关的期刊。

（10）Library，Information Science & Technology Abstracts（LISTA）。

该数据库收录 20 世纪 60 年代以来的图书馆学、情报学方面的期刊、图书、研究报告等文献。

（11）Teacher Reference Center。

该数据库为专业教育者提供帮助，可检索 270 多种教师、管理者期刊和杂志的文摘。

9）Encyclopedia Britannica Online（search.eb.com）

该数据库起源于 1768 年的 Encyclopædia Britannica（中文译名为不列颠百科全书，又称大英百科全书），历经 200 多年修订和再版，发展成当今享有盛誉的 32 册百科巨著。《不列颠百科全书》由世界各国、各学术领域的著名专家学者（包括众多诺贝尔奖得主）为其撰写条目，囊括对人类知识各重要学科的详尽介绍和对历史及当代重要人物、事件的详细叙述，其学术性和权威性为世人所公认。

大英百科全书公司 1994 年推出了 Britannica Online（不列颠百科全书网络版），除收录印刷版的全部内容外，不列颠百科全书网络版还收录最新的修订和大量印刷版中没有的文字，可检索词条 100000 多条、24000 多幅图例、2600 多幅地图、3300 多段多媒体动画音像等。

学科涉及人文与社会科学、数学、自动化、材料科学、物理、计算机、化学与化工、天文、地理、医学、综合、生物、航空航天、电子、工程技术、环境科学、矿业、能源、农业、通信与信息科学、地质等。

10) Gale 文学资源中心&人物传记资源中心(www.gale.cengage.com)

美国 Gale 集团是一家著名的参考工具书出版商,以出版人文和社科工具书著称,为大学、学术研究机构、图书馆咨询机构提供工具书资料,尤其是文学及传记等人文社科类工具书颇具权威性,主要有以下数据库。

(1)Biography Resource Center(BRC,人物传记资料中心)。

BRC 是综合性古今人物传记资料数据库,包括超过 34 万个人物;涵盖文学、历史、政治、商业、娱乐、体育和艺术等领域的知名人物和重要事件。这些人物的信息来自 Gale 集团出版的 135 个传记出版物(共 1000 多卷)、300 多种刊物。可通过人物的生卒年、国别、种族、职业和性别等入口来检索。

(2)Literature Resource Center(LRC,文学传记资料中心)。

LRC 收录活跃在小说、散文、诗歌、戏剧等文学领域的超过 12 万个人物的传记、著述及评论性资料信息。

(3)Biography and Genealogy Master Index(BGMI,传记和家谱总索引)。

BGMI 提供被传人条目的线索,这些条目散落在 1000 多种重要的当代和回溯性传记资料中。该索引包括近 500 万个被传人的 1500 万条传记信息,既有在世人物也有去世人物,来自不同历史时期、不同国家和不同领域。

(4)Gale Business & Company Resources Center(商务与公司资料中心)。

收录全球 50 万家公司及 8000 个行业协会的详细信息,包括公司的介绍性资料、产品和商标、价格、企业排名、投资报告、企业历史记录和大事记等信息,同时整合了 Predicast 市场与技术展望数据库,还包括 4400 多份期刊。

(5)Predicast Overview of Markets and Technology(PROMT,市场与技术展望数据库)。

PROMT 提供公司的产品和技术及其市场情况。这些信息来源于约 1000 种商贸期刊、企业通信、报纸、市场研究、新闻发布、投资和经纪人公司报告。

(6)Opposing Viewpoints Resource Center(OVRC,相反论点资料中心)。

OVRC 资料来自 Gale Group 独家拥有的著名参考书品牌:Greenhaven Press 出版的社会问题系列,Gale and Macmillan Reference USA 及选自 Bioethics for Students 的丰富参考信息。它提供当今热点问题或事件的事实信息及支持与反对者的各种观点,其 Topic Overviews 使研究人员能够深入了解社会问题的各个层面,从而更加精确地组织研究工作,并与取自 30 多种期刊和报纸的全文实现无缝整合。

(7)Eighteenth Century Collections Online(ECCO,18 世纪作品在线)。

ECCO 收录 1700～1799 年所有在英国出版的图书和所有在美国和英联邦出版的非英文书籍,共约 13.8 万种 15 万卷,内容超过 3000 万页,涵盖历史、地理、法律、文学、语言、参考书、宗教哲学、社会科学及艺术、科学技术及医学等多个领域,可进行全文检索。

(8)The Times Digital Archive(泰晤士报数字档案,1785～1985 年)。

该库是著名的英国泰晤士报的电子版,可访问 1785～1985 年的内容。该报重视国际、国内和议会消息的报道和评论,除专版刊载社论、国际、国内和议会消息外,还刊登特稿和读者来信。特稿作者多为各方面的专家和权威人士,读者来信也多为国内外社会名流和其他有影响力的人物,每日还辟有"商业新闻"、"金融"、"投资"和"体育"等专栏。

(9) Gale's Ready Reference Shelf (综合参考工具便览)。

从 Gale 的 14 个著名参考指南数据库中精选出 335000 条记录，内容主要涉及组织/协会、出版商/出版物/广播媒介数据库。

2. 经济、管理类典型学术型数据库

CNKI 系列数据库、全国报刊索引数据库、超星数字图书馆均包括经济、管理类信息。

1) 国务院发展研究中心信息网 (www.drcnet.com.cn)

国务院发展研究中心信息网 (简称国研网) 创建于 1998 年，由国务院发展研究中心信息中心主办，是专业性经济信息服务网站。第 6 章作过简单介绍，下面侧重从经济、管理类学科角度介绍核心栏目和信息。

国研网的大型经济信息数据库集群有十个：国研视点、宏观经济、金融中国、行业经济、世经评论、国研数据、区域经济、企业胜经、高校参考、基础教育。同时针对综合部门、金融机构、高校用户、企业用户和党政用户的需求特点开发了党政版、综合版、教育版、金融版、企业版、世经版 6 个专版。

这里强调该数据库的检索方法。

(1) 选择版本。为节省检索和阅读时间，检索者可首先选择搜索版块来提高查找精确度，如选择教育版、综合版等。

(2) 选择范围。选择关键词所在的位置，可更加准确地查找所需要的内容。例如，可把关键词限制在"标题"、"作者"、"关键词"和"全文"四种不同字段中查找。

2) 中国资讯行 (www.infobank.cn)

中国资讯行是一家专门从事中国商业经济资讯网站，主要包括中国商业报告库、中国法律法规数据库、中国统计数据库、中文媒体库、中国医疗健康库、English Publications、INFOBANK 环球商讯库、中国上市公司文献库、香港上市公司文献库、中国企业产品库、中国人物库、中国中央及地方政府机构库、中国拟建在建项目数据库、名词解释库等。信息来源于报纸、期刊、杂志、公开出版物、年鉴及工具书、近百家合作伙伴提供的信息。

3) 中国经济信息网 (www.cei.gov.cn)

中国经济信息网简称中经网，由国家信息中心主办，覆盖宏观、金融、行业、区域、企业、国际、视频等多个频道的中文经济信息库，是监测和研究中国经济的权威网站群，主要产品有如下。

基础数据库："文献与信息集成数据库"包括中经专网、中经网金融专版、中国权威经济论文库、中国环境保护数据库；"经济统计数据库"主要包括中经网统计数据库、中经网产业数据库、世界经济月度库。

经济研究报告："行业经济"主要包括中国行业发展报告、行业监测月报、行业周报；"区域经济"的中国区域经济分析报告；"金融、宏观经济"主要包括固定资产投资季报、宏观金融专题研究报告、上市银行竞争力分析报告 (季报)、宏观经济形势分析预测报告等。

经济分析平台：宏观经济监测预测系统、中国区域经济监测评价系统、信贷评审支持平台、经济情报预警平台。

财经视频：通用版、党政版、院校版、企管课程库。

中国经济信息网的检索系统有快速检索和高级检索，如图 7-3 所示。

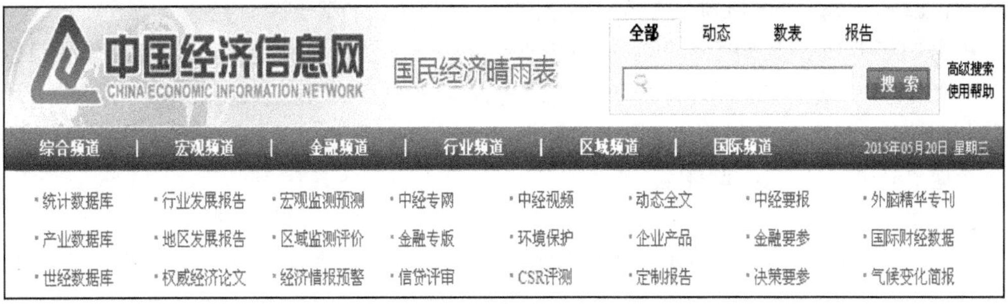

图 7-3   中国经济信息网检索系统

4) 中融网（www.jrjg.com）

中融网是由全国人大财经委、中国人民银行、银监会、四大国有商业银行总行的数十位金融专家共同组建，成立于 2003 年，是一家以银行业信息数据库、银行业务咨询、银行期刊报告、金融培训和展会为主业的集权威性、专业性、时效性、前瞻性于一体的综合性银行信息咨询服务专业网站。其特色如下。

(1) 金融信息监测平台。

对国内外各政府职能部门的最新信息，国内各金融机构和国际各知名金融机构在政策指引、组织人事、经营方略、资产管理、综合业务、国际业务、投行业务、风险管理、消费信贷、投资理财、市场营销、业务创新等各方面的信息进行追踪、整理，让检索者能及时、全面地监测各金融机构在各领域的最新动态。

(2) 金融业务和金融机构平台。

金融业务为核心，不仅包括国内各银行、证券公司、保险公司的各种业务、三方合作业务的介绍与综合比较，而且包括全球知名金融机构的各种业务、最新金融产品的介绍以及在华布局，还包括高端个人客户和企业对金融业务与产品的现实需求与解决方案。

(3) 信息来源广泛、各领域均有金融专家指导。

聚集几百名主要在金融机构或政府权威部门工作多年的金融专家与学者，涉及机构包括国务院、社科院、发改委、国家经贸委、商务部、财政部、海关总署、中国人民银行、中国工商银行、中国建设银行、中国银行、中国农业银行、交通银行、中信实业银行、招商银行、华夏银行、民生银行、上海浦发银行、华夏证券、银河证券、新疆证券、国泰君安、北京大学、南开大学、复旦大学等几乎所有金融机构、研究院所及重点院校。

中融网的主要数字产品和纸质刊物如下。

(1) 信息数据库。

《银行经营管理》信息数据库：包括宏观经济金融信息、银行情报监测中心、银行业务分析研究、银行管理分析研究、经济金融分析研究等。

《财富管理中心》信息数据库：包括经济形势、市场资讯、金融产品、参考研究、知识宝典等。

《区域经济中心》信息数据库：包括长三角区域中心、珠三角区域中心、环渤海区域中心、东北振兴区域中心、西部大开发区域中心、中部崛起区域中心等。

《金融数据统计》信息数据库：包括宏观经济数据、金融市场运行数据、金融机构财务数据、行业统计数据、区域统计数据、对外贸易及利用外资数据等。

《中融电子刊物》数据库：包括日刊(2个)《银行高管每日要览》、《宏观经济日报》；周刊(4个)《银行信息情报》、《公司业务专刊》、《客户经理专刊》、《财富管理专刊》；半月刊(3个)《城市商业银行专刊》、《金融风险管理专刊》、《小微金融简报》；月刊(2个)《金融新产品》、《金融视点》。

(2)专题研究报告。

年度研究报告：包括商业银行出国金融业务研究报告、商业银行信用卡业务发展研究报告、商业银行借记卡业务发展研究报告、商业银行金融创新研究报告、商业银行风险管理研究报告、外资银行在华发展研究报告等。

月度研究报告：包括新兴战略产业月度分析报告、现代服务业月度分析报告、战略调控产业月度分析报告、互联网金融动态月度分析研究报告、社区银行发展分析及对银行建议、"一带一路"战略之金融观察等。

双月度研究报告：新型城镇化经济战略及金融服务研究报告。

季度研究报告：行业热点焦点季度分析研究报告。

(3)专项定制刊物。

半周刊：环保监测信息。

周刊：包括经济监测快报、私人银行高端理财监测周报、私人银行业务风险监测、商业银行服务创新周刊、区域经济动态监测快报之一东北振兴版、区域经济动态监测快报之一珠三角版周刊、区域经济动态监测快报之一环渤海周刊、区域经济动态监测快报之一长三角周刊、区域经济动态监测快报之一中部崛起周刊、区域经济动态监测快报之一西部大开发海周刊等。

半月刊：包括中小企业金融服务专刊、银行同业深度观察、海南省经济金融市场动态。

月刊：亚非拉三洲经济金融观察、银行结算与现金管理专刊、金融机构经营热点观察、绿色金融观察与思考、私人银行业务风险案例月度解析等。

半年度：《银行风险案例汇编与评析》。

(4)纸质刊物。

纸质刊物主要包括《金融风险管理专刊》、《城市商业银行专刊》、《中国村镇银行》、《小微金融简报》。

数据库提供快速检索方法，如图7-4所示。

图7-4　中融网首页

5)中国权威经济论文库(thesis.cei.gov.cn)

中国权威经济论文库是国家信息中心中国经济信息网利用其独特的信息资源和技术优

势，为政府部门、教育科研机构和大中型企事业单位开发的具有检索、馆藏、自定义等功能的经济论文资料库。其特点如下。

（1）论文权威，来源广泛。该网站全面汇聚国内外 300 多位顶尖经济学者、40 多家权威机构、10 余所著名高校的学术论文和研究报告，以及经济学、管理学类 30 余份核心期刊、20 余份报纸和杂志的精髓文章。

（2）内容全面，分类清晰。论文库涉及宏观经济、财政金融、区域经济、产业经济、世界经济、企业经济、经济理论等 7 大类 37 个子类的经济主题，涵盖 35 个经济学科和 12 个管理学科，既反映了当前经济学、管理学理论研究的最前沿，也反映了当前经济运行、企业管理的最新动态。

（3）积淀深厚，更新及时。论文库汇集国内外各学者、研究机构、高校的研究成果，摘录经济、管理类核心期刊、杂志和报纸的精华文章，目前已有近 7 万篇，每日更新 50 余篇，年更新上万篇。

中国权威经济论文库全部信息内容均来自海内外权威机构、著名经济学刊和专家学者的最新研究成果，有 5 个子论文库。

（1）"国内论文子库"收录国家发改委宏观经济研究院、中国社会科学院、国务院发展研究中心、国家信息中心等国内 20 多家著名经济研究机构，以及吴敬琏、樊纲、陈锡文、刘鹤、易刚、茅于轼、余永定、张维迎、刘世锦、李扬、陈东琪等 300 多位国内经济领域最有影响力的一流经济学家的最新研究成果。

（2）"国外论文子库"收录中经网独家翻译并整理的国际货币基金组织、欧洲央行、世界银行、摩根斯坦利、美林、国际能源组织等 40 多家国际权威机构、《金融时报》、《经济学人》、《远东经济评论》、《牛津分析》等 20 余份经济报刊以及斯蒂格利兹、克鲁格曼、张五常、青木昌彦、萨克斯、罗奇等 10 多位国外著名经济学者的核心研究成果和最新文章。

（3）"校内论文子库"由全国各大经济院校提供的经济论文构成，是专门为教育科研机构开发的个性化、可定制的自定义论文资料库。其方便灵活的文献维护机制实现了校际论文互动，并可用于建立学校图书馆的校内论文档案。

（4）"中经评论子库"以经济评论性文章为主，收录中经网独家选编的来自《宏观经济研究》、《中国经贸导刊》、国务院政策研究室出版物、《牛津分析》、《远东经济评论》、《经济学家》等近百家国内外著名经济、管理期刊、权威机构的评论类文章。

（5）"发改委成果子库"收录 1999 年以来获得国家发展和改革委员会科学技术进步奖的所有优秀研究成果。这些文章均从国家发改委及其系统单位大量的研究报告和研究成果中精心挑选，具有极高的学术和实用价值，是未公开发表的内部资料。

中国权威经济论文库全部论文页面如图 7-5 所示。

图 7-5　中国权威经济论文库全部论文页面

中国权威经济论文库的检索方法因子库性质不同略有差异，如图7-6和图7-7所示。

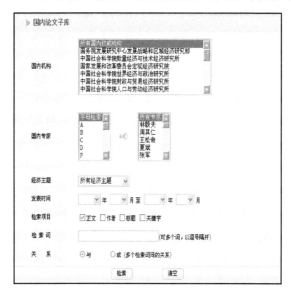 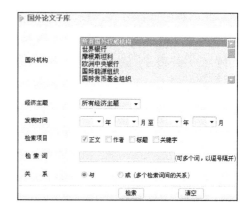

图7-6　中国权威经济论文库"国内论文子库"和"国外论文子库"的检索界面

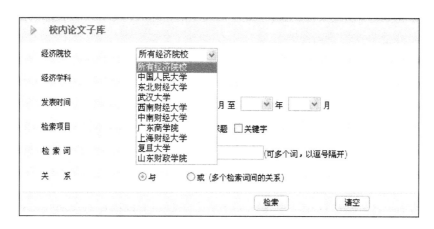

图7-7　中国权威经济论文库　"校内论文子库"的检索界面

6）国泰安（www.gtafe.com）

深圳国泰安教育技术股份有限公司是一家为教育与投资业提供综合解决方案的国家级高新技术企业。自2000年以来，国泰安为国内外教育和投资机构提供集"研究数据、专业实验、云平台建设、软硬件系统和 增值服务"为一体的综合性解决方案。产品主要包括为高等教育、职业教育、基础教育领域提供教研、教学、管理、资源、实验等。

（1）基础数据产品。

CSMAR经济金融研究数据库：是从学术研究需求出发，借鉴美国芝加哥大学CRSP、标准普尔Compustat等国际知名数据库的专业标准开发而成，具有准确性、权威性、全面性、及时性、中英双语等特点。内容有14个系列，92个子库，包含股票、公司、基金、债券、衍生品、经济、行业、货币市场、海外、版块、资讯、科技金融和专题等2000多张表上万个指标近4万个字段，数据时间可追溯到1949年，数据可进行CSMAR数据查询下载、绘图、统计，支持 Excel、DBF、纯文本等多种输出格式，可实现与 SAS、SPSS 等统计软件的无缝对接。

高频数据：其侧重于从微观角度研究各种金融市场的内部结构，进而发现市场的运作规律，抢先发现瞬时获利机会。在内容上涵盖国内各大交易所交易的所有品种信息，包括股票、基金、债券、期货和交易所发布的各种指数信息，同时提供这些品种的分笔行情数据与分时数据、分笔行情包括快照数据、逐笔成交明细，以及委托队列等深度行情，在数据字段方面除了包含交易品种的买卖报价以及相应的委托数量信息之外，还有买卖价差等衍生字段。用户在每天交易后即可获得当天的高频数据用于研究分析。

量化因子仓库：是服务于中国 A 股股票市场的量化因子仓库及风险控制模型数据库，是为量化投资策略研究服务的专业因子指标数据库，内含十大类因子，提供原始因子值与标准化因子值。因子仓库基于金融经济理论寻找市场有效影响因子，展现多维度的分析视角，是从事量化研究和投资相关工作人士的数据基础。

风险控制模型数据库：是风险评估与绩效分析数据库，包含风险因子、因子回报相关系数矩阵、特异回报波动率、因子回报四部分。风险控制模型数据库为基金经理、投资者、研究人员制定投资计划、量化选股、监控投资组合状态、进行绩效分析提供数据支持，可帮助投资者和用户有效规避风险，获取稳定的阿尔法收益。

量化舆情数据库：是支持新闻传媒、品牌管理和量化投资等研究，通过接收新闻站点、论坛、博客和微博等海量舆情数据的数据存储系统。库中覆盖沪深 300 家上市公司的财经新闻，涵盖网络、论坛、博客和微博四种类型的媒体，提供新闻来源、正文、时间等基本信息及新闻热度和调性指标等共计 36 个字段，新闻抓取覆盖境内外 30 万个内置站点源，全面监测沪深 300 所上市公司的新闻资讯，7×24 小时实时抓取新闻等。

(2) 数据应用产品。

CSMAR Solution：是基于国泰安 CSMAR 数据库之上的数据综合应用平台，包括数据中心和学术资源两大模块。数据中心模块主要提供 CSMAR 数据库的查询和下载功能，可对查询结果进行进一步的统计和绘图应用分析。学术资源模块可支持实证研究论文、学术会议、学术活动资料、课程资料、案例资料、考试认证资料等数据的查询和下载。此外，还提供用户学术热点数据推荐，发布最新的学术报告，分享最新的研究成果和最热的数据库下载情况等功能，为高校教师、研究生等科研人员提供全方位的实证研究数据。

经济金融模型实训平台：是集经济金融数理统计模型教学、建模、实训、交流、应用为一体的开放式教学实训平台。它以数据平台、计算平台及建模案例平台为基础，提供可视化建模与演示终端、模型教学管理系统、模型分享与互动交流系统以及开源的模型案例资源库，提供主流经济金融财会的模型，并采用步骤式建模的展示方式，将复杂模型分解为简单易懂的模型。平台接口与 CSMAR 数据库兼容，研究者能够方便地调取数据进行实战分析。经济金融模型实训平台在教学上可根据需要实现模型演示、修改模型、自建模型以及建模作业交流等各层次的应用。

数据可视化软件：Datawatch 是大数据应用软件，帮助使用者在实施分析的基础上，提供监控和快速分析能力，以得到精确到分钟的数据洞察力的商业决策。

分析师荐股平台：是动态分析师评价平台，该平台根据高校专业教学考评特点、证券分析师业务以及管理特征等需求进行设计，从证券分析师股票推荐、业务考核、业绩跟踪、全程绩效排名的理念出发，结合高校金融投资、金融工程等专业课程特点，培养学生证券投资方法、证券投资的理念以及能力。通过学生实际股票分析研究结论的输入，实现对其不同阶段的学习成果自动进行排名，并全程记录学生的整个学习生涯，最终出具权威性的评估报告，从而培育出符合业内需求的人才。

　　移动应用平台：是提供开放、全面、先进的智能手机和平板电脑移动应用开发平台，可帮助各种规模的企业高效开发、测试、集成、运行和管理移动和全渠道应用程序。以 IBM Worklight 为平台的实践课程，可补充移动应用开发类的理论课程。

　　国泰安中国教育服务版块如图 7-8 所示。

图 7-8　国泰安中国教育服务版块

7.1.2　社会科学类典型网络资源

1. 哲学、人文社会科学类网络资源

1) 马克思主义研究网（myy.cass.cn）

该网站设人才培养、课题研究、首发文章、经典语录、著作推荐、著名专家学、成果快递、马克思主义大讲堂、马克思主义基本原理、马克思主义发展史、马克思主义中国化、国外马克思主义、思想政治教育、中国近现代史基本问题与当代中国、经典导读、科学无神论理论动态、热点评论、思想争鸣、国际共产主义运动、中共党史与党建、马研院创新工程信息、国情调研、人物故事、期刊与年鉴、讲坛与论坛等栏目。

2) 中央编译局（www.cctb.net）

中央编译局是中共中央直属机构，其主要任务是编译和研究马克思主义经典著作，翻译党和国家重要文献和领导人著作；围绕中国特色社会主义的理论和实践，研究马克思主义基本理论及其在当代的发展，研究世界社会主义运动的历史和现状、理论和实践，研究世界发展战略；收集和整理马克思主义和社会主义研究领域的文献信息资料。

刊物有《经济社会体制比较》、《马克思主义与现实》、《当代世界与社会主义》、《国外理论动态》。

3）求是理论网（www.qstheory.cn）

求是理论网是中共中央机关刊《求是》主办的理论宣传研究平台。目前开设要闻、经济、政治、文化、社会、科教、生态、党建、国际、国防、杂谈、图书、专题等 13 个频道。

4）哲学中国网（www.philosophy.org.cn）

该网站由中国社会科学院哲学研究所主办，设哲学总论、哲学通史、哲学流派、分支学科、交叉研究、新兴领域、通俗读物、爱好者说、学者介绍、学者文集、学者访谈、新闻动态、回顾反思、书评书讯、学术批评、观点争鸣、学术刊物、哲学教育等栏目。

5）四川大学哲学研究所（www.scuphilosophy.org）

该研究所是四川大学校立学术机构，由来自四川大学文、史、哲、经、法等文科学院的教师组成，设有学术新闻、学术研究、学术文库等专版。

6）中国儒学网（www.confuchina.com）

该网站设有孔孟之道、性情之思、礼义之维、知行之辩、有无之境、风雅之篇、中西之交、古今之变、考据之学、春秋之志等栏目。

7）国学网（www.guoxue.com）

该网站由北京国学时代文化传播股份有限公司制作，主要从事古籍数字化研究、网络文献检索开发和网站建设，是一家在国学传播领域较有特色的文化网站，设有国学司南、国学论坛、新书推荐、今人新著、国学图库、国学产品等栏目。

8）心灵咖啡网（www.psycofe.com）

心灵咖啡网是国内生活心理门户网站，提供心理文章、心理测试、心理咨询，倡导的理念是"让用户做自己的心理咨询师"，特色频道有心理文章、心理测试、心灵氧吧。

9）中国宗教学术网（iwr.cass.cn）

该网站由中国社科院世界宗教研究所主办，设马克思主义宗教观研究、佛教研究、基督教研究、儒教研究、道教研究、伊斯兰教研究、宗教学理论、宗教艺术研究、当代宗教研究、宗教与政治、宗教与哲学、宗教与民族、宗教与经济、宗教与国际关系等栏目。

10）中国高校人文社会科学信息网（www.sinoss.net）

中国高校人文社会科学信息网是教育部社会科学司指导下建设的为人文社会科学服务的专业性门户网站，为检索者提供人文社会科学的资料信息、网络出版、信息发布、网络管理和咨询服务。

2. 经济、管理类典型网络资源

1）经济金融网（www.cenet.org.cn）

经济金融网的前身是中国经济学教育科研网，是在由北京大学原副校长、汇丰商学院院长海闻教授于 1998 年创办的中国经济学教育科研网（CEN）的基础上，扩版升级后建设的经济金融专业垂直门户和社交新媒体，也是中国经济学年会的官方网站，现在由北京大学汇丰商学院主办，主要特色版块如下。

财经新闻：新锐、新视角、新趋势、宏观、政经、金融、公司、产业、评论等。

金融观察：深入、深刻、接地气、业界、政策法规、商道、报告、人物等。

专业研究：专注、专业、专家范、学界、讲座、新论、讨论稿、书刊、方法。

职业发展：人为本、新知、生活。

人文科技：精致、潮流、新知、生活、逝者。

论坛：专业性的经济金融人士社区。

2) 世界经济网（www.world-economy.net）

该网站提供新经济、全球视野、经济时局、资本金融、产业企业、区域经济、国际商讯、经济纵横等信息。

3) 中国新农村网（www.cnagrinet.com.cn）

该网站提供新闻、三农政策、市场分析、食品、生物技术、种植、畜牧养殖、特养、蔬菜、园艺花卉、水产、病虫害、专家指导等信息。

4) 中国工业经济联合会（www.cfie.org.cn）

中国工业经济联合会（China Federation of Industrial Economics，CFIE）是经国务院批准成立、国家民政部注册登记的全国性社会团体，简称中国工经联。该网站提供经济团体、工业创新、调查研究、公平贸易、国际交流、法律服务、教育培训、工业可持续发展等信息。

5) 中国信息产业网（www.cnii.com.cn）

中国信息产业网创办于 2000 年 2 月，是我国通信行业唯一拥有国务院新闻办公室授予新闻发布权的新闻网站，是通信与信息化信息交互的权威平台，也是互联网上最大的行业网络媒体之一。目前，中国信息产业网设有运营、行管、产业、技术、信息化、物联网、宽带、无线、互联网、大数据、云计算、物联网、智慧城市、电子商务、应用平台、数码终端等 20 多个新闻频道。

6) 中国经济 50 人论坛（www.50forum.org.cn）

中国经济 50 人论坛是由中国著名经济学家于 1998 年 6 月在北京组成的非官方公益性学术组织。论坛聚集中国具有一流学术水准，享有较高社会声誉并致力于中国经济研究的近 50 位著名经济学家。论坛还与美国、英国、法国、德国、日本、新加坡、阿根廷、波兰等国家和地区的专家学者进行了广泛的学术交流。

7) 中国贸易网（www.cntrades.com）

该网站提供供应、求购、行情、公司、展会、资讯、人力资源、招商、品牌、人才、专题等信息。

8) 中华人民共和国财政部（www.mof.gov.cn）

该网站提供 3 大版块信息。

政务信息版块：财政新闻、图片报道、政策发布、政策解读、通知公告、财政数据、财经论坛、政府采购、人事管理、热点专题、建议提案、公开目录、经验交流、国际财讯、财经视点、财政文告、群众路线等。

在线服务版块：办事指南、在线申报、在线查询、下载中心、网上展厅、音频视频、报刊年鉴、网送文告。

公众参与版块：部长信箱、网上信访、图文直播、在线访谈、投诉举报、网上调查、意见征集、咨询反馈。

9) 国际认证协会财会中国官方网站（www.ipacnn.com）

国际认证协会（International Profession Certification Association，IPA）是一家资质齐全的驻京国际认证机构，是我国经美国国务院签印并由中国驻美国大使馆认证认可的国际认证协会。该协会与欧洲商业管理学院、哈佛大学、剑桥大学、耶鲁大学、斯坦福大学等近百家世界知名高等院校和认证机构建立了面向世界范围的专业等级认证考试，并已为 IBM、GE、Dell、国际金融管理集团等数百家跨国公司企业中的高级管理人员提供了专业的培训认证服务。该网站以市场认可为准则，在全国开展具有针对性的职业资格培训、考评和认证工作。

该网站特色是认证国际注册理财规划师(CFP)、国际注册财务管理师(IFM)、国际注册会计师(ICPA)、国际注册财务总监(CFO)、国际注册财务策划师(RFP)在财经行业已经成为国际公认的最高专业资质，培养具备国际理财专业水准的人才。

认证项目主要包含国际认证协会国际注册经营师、国际认证协会国际注册财务管理师、国际认证协会国际注册网络营销师、国际认证协会国际注册信息管理师、国际认证协会国际注册理财规划师、国际认证协会国际注册物业管理师、国际认证协会国际注册项目数据分析师、国际认证协会国际注册翻译、国际认证协会国际注册研究员等。

10) 世界经济学人网(economist.icxo.com)

该网站设有经济时评、公司治理、发展规划、书刊博览、名家随笔、经济学习、经济理论、学术论文、生活经济、经济杂谈等栏目。

11) 世界经理人网(www.icxo.com)

该网站是世界经理人集团旗下专为企业家和经理人而设的商人门户网站，既为高端商务人士提供管理实务、营销策略、经理文库等工具型的文章文案，又快速报道财经消息、企业动态、商业领袖等经过加工的商业资讯，特别是商人博客、管理社区、商务沙龙、电子名片等。

12) 中外管理(www.zwgl.com.cn)

该网站是期刊《中外管理》的官网。该期刊是国内最早推介海尔管理经验、彼得·杜拉克管理思想、彼得·圣吉《第五项修炼》、吉姆·柯林斯《从优秀到卓越》的财经媒体。

13) MBA 中国网(www.mbachina.net)

该网站是国内较前沿的 MBA 领域综合性门户媒体，服务内容涉及 MBA 联考、商学院、职业发展及继续教育等范畴，设有资讯、论坛、商学院、联考、调剂、职业发展、国际 MBA 等专版，较有特色的是 MBA 新闻、焦点专题、深度访谈、商学院招生和联考。

14) 中国 MBA 网(www.mba.org.cn)

中国 MBA 网是目前国内较知名的专业从事 MBA 及相关业务的综合性门户网站，设有MBA 新闻、视频专访、商学院、MBA 联考、管理实践、案例研讨、人才通道、创业天地、MBA 人物、网友交流、联考社区、媒体秀、经典课堂、活动专栏、远程辅导、图书中心、EMBA 教育、休闲广角等专版，其中的"案例研讨"较有特色。

15) 博锐管理在线(www.boraid.cn)

该网站目前拥有管理文库、管理专题、专家专栏、财经媒体、培训、调查、管理论坛、财经新闻、信息、企业关注、管理百科、管理图书推荐、行业报告、营商智囊、培训师同盟、专业机构同盟、WAP 频道等专业栏目。

16) EMBA 网(台湾)(www.emba.com.tw)

EMBA 网是一个个人企业网站，《世界经济文摘》是其核心，设有本期杂志、上期杂志、长河业书等专版，其中有特色的是精彩文章和管理佳言。

17) 仁达方略 (www.ren-manage.com)

仁达方略是国内管理研究与咨询机构之一，为企业、政府及非营利组织提供从发展战略、组织变革、运营改善到文化管理、品牌提升的专业服务，设有专业咨询、行业咨询、仁达观点、仁达培训等专版，较有特色的是仁达智库和标杆案例。

18) 中国人力资源管理网 (www.rlzygl.com)

该网站由人力资源管理杂志主办，提供焦点、人物、企业、论坛、案例、实务、学术、资讯、博客、综合等信息。

19) 中国市场学会网 (www.ecm.com.cn)

该网站由中国市场学会主办，提供市场学会、最新动态、新书推荐、营销实践、流通研究、人才培训、学会简讯、专家论坛等信息。

20) 中国大物流网 (www.all56.com)

中国大物流网是一家较有名的物流门户网站，于 2002 年经中国科学技术委员会批准，是一个集现代物流信息服务、物流专业咨询、物流教育培训、物流商务项目、物流传媒于一体的专业公共信息平台。它提供如下版块信息。

信息服务：以 ALL56 的信息数据库提供专业信息定制和信息检索服务。

物流资料：提供以数据库为支持的图书、杂志、论文的检索等数据服务。

企业推广：通过 ALL56 平台提供商务发布、品牌推广、招标公告、公关等推广活动。

人才市场：发布物流人才的供求信息。

教育研修：专业的物流培训教育项目。

专业展会：举办专题物流展览。

ALL56 传媒：是立体的媒体组合，杂志、网站、展会的全方位宣传。

物流咨询：提高物流系统开发、市场调查、经营规划、科技技术、教育等的咨询。

功能平台：向国内中小物流企业提供供应链、分销、连锁、配送信息和操作平台。

21) 工业工程论坛 (chinaie.net)

该网站设 IE 学堂、职场 IE 等特色栏目。

22) 中国行政管理研究网 (www.cpasonline.org.cn)

该网站由中国行政管理学会主办。该学会是研究行政管理的理论和实践，发展行政管理科学，为政府改进行政管理服务的全国性学术团体，提供学会概况、学会领导、新闻快讯、学术动态、国际交流、研究成果、中国行政管理、学会内刊、数据库、专业分会、地方学会、会员之家等信息。

3. 文化、新闻、教育类典型网络资源

文化、教育、新闻类学术型数据库在前面章节中已作介绍，如中国知网、人大报刊复印资料数据库等。本节重点介绍网络资源。

1) 中华人民共和国文化部 (www.mcprc.gov.cn)

该网站是文化部政府门户网站，由中华人民共和国文化部主办，文化部办公厅主管，面向文化管理部门和社会各界宣传文化政策，展示文化发展与建设成果，提供网络化在线服务。

该网站设有信息发布和信息资源两大版块，在信息发布中，分新闻中心、政务信息、政策法规、机构设置、文化统计、图片新闻、专项工作、互动交流、公众留言、文化论坛、网上调查、网上直播、在线访谈等类目；在信息资源中分政务资源、文化活动、文化人才、中国文化、网上图书馆(直接与国家图书馆链接)、网上博物馆、公共服务、服务大厅、演展大厅等类目。

2) 中华文化信息网(www.ccnt.com.cn)

中华文化信息网是文化部主管的行业性政府网站，既是中国数字图书馆的顶层设计，又是文化信息的基础服务体系，面向世界宣传、弘扬中华民族的灿烂文化，涵盖文化艺术的各个领域。其设有中华网络美术馆、智慧天地、网络图书馆、文化超市、飞龙文苑、音乐在线、时尚文化、北京纪事、蒲公英秀场、资讯中心、文化产业、文化法律、文化活动、文化博览、烟草文化等专版。

3) 国家文化网(www.nationculture.com)

国家文化网是国家级经营性网站，主要有中国文化、东方奇苑、个人画廊、藏珍阁、旅游连线、邮来邮往、星愿、民风民俗、教育在线、网络文学、单击名人等栏目。

4) 文化中国(cul.china.com.cn)

该网站于 2010 年创办，主要由"精品新闻"、"十大特色馆"和"百科中国"三大版块构成。

精品新闻：对话优秀文化人物，透视新文化生态现象，一系列新锐栏目，有深入解读文化热点，如深度观察、声音、文化风向标、文化沙龙。

十大特色馆：人物馆、文史馆、阅读馆、国学馆、民俗馆、戏剧馆、珍宝馆、遗产馆、建筑馆、展览馆，全景展示中国 10 个不同领域的文化。

百科中国：是专题搜索库，以中国文化为主的 16 个系列 2000 多个专题为主。专题和文章同步搜索，关键词和内容分类等多种方式搜索查询。

5) 国家公共文化网(httpwww.cpcss.org)

该网站由是中国文化传媒集团国家公共文化发展中心主办的，设群众文化、公共文化大讲堂等栏目。

6) 中国网视(www.chinacntv.com)

中国网视是由中国国情调查研究中心为主管单位，以中国艺术文化普及促进会为主办单位，并获得国家机关事业单位域名注册机构批准注册的中国网视、中国网视.中国、中国网视.网络、中国网视.公司、中国网视.政务.cn、中国网视.公益.cn 等系列中文域名使用权和信息产业部批准的因特网虚拟专用网络电信增值业务许可经营权。

中国网视的核心为内容集成、内容服务和新媒体传媒三大体系。通过中国网视音视频新媒体服务平台，提供包括音视频展示、咨询、沟通、交易、配送、培训、客服、论坛、全球视频通信、视频直播、视频点播、视频会议、视频监控、2D+3D 动漫视频、全球呼叫中心等业务服务；提供 GPSOne 全球全方位定位、第三方支付、建立企业虚拟专用网等服务；为 3G 手机、数字电视、GPSOne 全球卫星定位系统和 WiFi 城市各种无线终端等提供可视化、零距离、可参与、可仿真模拟现实服务；为特殊用户提供虚拟会展、虚拟社区、虚拟现实服务的全方面解决方案。

7) 中华人民共和国国家新闻出版广电总局(www.gapp.gov.cn)

该网站包含新闻资讯、政务信息、办事服务、阅读等信息。

8) 中国新闻网(www.chinanews.com)

中国新闻网由中新社主办，设有要闻、国内、地方、国际、社会、法治、港澳、台湾、华人、经济、金融、证券、房产、汽车、能源、信息技术文化、娱乐、体育、教育、健康、生活、图片、视频、报摘等栏目。

9) 中国教育和科研计算机网(www.edu.cn)

该网站是我国目前最大的教育门户网站，设有中国教育、教育资源、科研发展、教育信息、CERNET、教育博客、教育在线、教育服务等栏目。

10) 中国教育网(www.chinaedunet.com)

中国教育网由中国教育家协会主办，是获世界华人交流协会(香港)全球推荐的中国教育门户网站，设有新闻、博客、考研、高考、留学、外语、高等教育、幼儿教育、职教、民办教育、基础教育、自考成考、中外合作、资源中心、论坛、艺术、校长、校园、招生、培训、征稿、文学、商城、招聘、教育装备、比赛活动、教育书店等栏目。其中，特色栏目有幼儿教育、基础教育、高等教育、民办教育、职业教育、外语教育、教学教案、出国留学等。

11) 中国教育新闻网(www.jyb.cn)

中国教育新闻网是中国教育报刊社主办的以教育新闻为主的网络信息传播平台。目前设有新闻、资讯、资料和社区四大主体版块，设有教学、教育研究、高考、考研、就业、读书、图片等频道，并提供教育资料、在线调查等信息服务。

12) 中国教育在线(www.eol.cn)

该网站是综合教育门户网站，发布各类权威的招考、就业、辅导信息，设有以下栏目。

高考：自主招生、艺考、高职、自考、民校。

中考：学前、小学、小升初、初中、高中。

考研：商学院、MBA、在职硕士、公务员。

留学：外语、资格考试、信息技术培训、会计师。

新闻中心：舆情、论坛、博客、专题。

教师招聘：学术桥、教师资格证、就业。

培训：考试、百科、月历、视频、远程。

13) 中国学位与研究生教育信息网(www.chinadegrees.cn)

该网站由教育部学位与研究生教育发展中心主办，设有学位博览、工作动态、专业学位、在职硕士评估评审、学位认证、数据中心、国际合作、境外学位、学术园地等栏目。

14) 新职业(www.ncss.org.cn)

该网站是全国大学生就业公共服务立体化平台，由教育部主办，提供双向选择、网络招聘、远程见面、信息咨询、指导培训、弱势帮扶、政策发布、经验交流、研究监测、辅助管理等信息。

15) 人民网教育频道(edu.people.com.cn)

该网站设有图库、高考、公考、考研、留学、婴幼儿、中小学、大学、职场、培训、访谈等教育栏目。

16) 腾讯教育频道(edu.qq.com)

该网站教育频道设有新闻、图片、行业、中小学、高考、考研、公考、商学院、留学、外语、校园、教师、精品课、国内院校、海外院校等栏目。

17) 凤凰网教育频道(edu.ifeng.com)

该网站教育频道设有新闻评论、图文、中小学、高考、考研、国考、留学移民、外语、商学院、公开课、职业、育人者、教育周刊、教育沙龙、高校信息、培训机构等栏目。

18）全球教育网（www.earthedu.com）

该网站是出国留学的专业网站之一，分中文版和英文版，设有自助留学、留学指南、院校导航、留学直通车、留学中介、留学考试、教育展、论坛、出行、贴吧等栏目。

4. 语言、文学类典型网络资源

1）中国语言文字网（www.china-language.gov.cn）

语言文字应用研究所经国务院批准成立于 1984 年。该研究所面向教育部和国家语言文字工作委员会的中心工作，面向现代语言文字生活的需要，面向应用语言学的学科建设，研究语言文字应用的实际问题和理论问题，研究语言文字的规范化和标准化，研究语言政策和语言规划；开展国家通用语言文字培训、测试及有关的组织规划、教学与科研工作，指导各地的培训与测试工作；为社会各界提供有关语言文字的评测与咨询服务；编辑出版《语言文字应用》和《语文信息》，进行有关语言文字的网络建设和现代化的信息服务；培养研究生和其他相关人才。

该网站设有法规·标准、语文工作、科研工作、学术交流、培训测试、中文信息处理、语文博物馆、网上服务、百家论坛、图片·视频等栏目。

2）普通话语言规范网（www.pthyygf.org）

该网站由普通话审音委员会主办，设语言热点、语言调查、规范标准等特色栏目。

3）中国社会科学院"语言研究所"（ling.cass.cn）

该网站设有学科概览、学科之窗、研究生教育、新作推介等栏目。

4）北京大学语言学研究中心（ccl.pku.edu.cn）

2000 年 9 月该网站被教育部批准为全国普通高等学校人文社会科学重点研究基地，在语言学学术研究、数据库建设、交流互访、人才培养等各方面较有特色。

5）孔子学院总部/国家汉办（www.hanban.edu.cn）

国家汉办是中国教育部直属事业单位，为世界各国提供汉语言文化的教学资源和服务，可从该网站上获得汉语国际推广的方针政策和发展规划信息、各国各级各类教育机构开展汉语教学信息、国际汉语教学标准、汉语教材信息等，设有新闻、孔子学院、汉语教师、志愿者、教学资源、汉语考试、奖学金、汉语桥、交流合作、业务中心等栏目。

6）中国外语网（www.cflo.com.cn）

中国外语网由中国高等教育出版社主办，提供新闻、中国外语、国际汉语等信息。

7）人民网–日本（japan.people.com.cn）

该网站的日本频道中设有日语考试、双语新闻等栏目。

8）法语学习网（www.myfrfr.com）

该网站提供法语学习版块，包括入门、字母、词汇、会话、语法、听阅、听写、写作；法国留学版块，包括快讯、文书、院校、事件、TEF+、TCF+、签证、中介等信息。

9）德语德国网（www.dedecn.com）

该网站成立于 2003 年，为国内德语学习者，对德语、德国、德语文化感兴趣者，出国学习交流者提供德语学习资料、德语考试资料、德语国家国情信息，以德语俱乐部论坛为网络交流平台建立德语人才库，为德语人才提供者和需求者互相选择提供方便。

10) 人民网-俄罗斯 (ru.people.com.cn)

在人民网的俄罗斯频道可以获得用俄文版报道的中国新闻等信息。

11) 京师环宇 (www.dwhy.com.cn)

对外汉语教师网是京师环宇旗下网站，是一家依托北京师范大学的对外汉语教学资源专门从事汉语文化产业的教育服务机构，是国际认证协会官方正规授权在中国开展国际注册汉语教师资格证考前指导、组织考务的机构。从该网站主要可获得以下信息：对外汉语教师国内外劳务输出、对外汉语教师资格证考前辅导、对外汉语考研专业课辅导、对外汉语教师继续教育、出国前培训、汉语文化的国际交流活动、汉语文化的展览展出、对外汉语家教、国人到中国签证及续签等。

12) 国家对外汉语考试信息网 (www.dwhy123.com)

国家对外汉语考试信息网是在国家教育部门的指导下，由北京大学、北京师范大学、北京语言大学、华东师范大学、华中师范大学等相关院校及知名汉语教学专家共同创办的对外汉语考试服务平台，为对外汉语教师和相关人士提供权威帮助。

该网站的特色是整合国内外对外汉语的教育、培训、考试等学习领域的各种资源，为学习者提供一个全面的、具有权威指导性的网络资源。该网站设有网上课堂、名师介绍、免费试听、报考指导、考试大纲、历年试题、备考指南、购参考书、考试论坛、奖励措施、行业动态、就业广场、考试心得、问题集锦、在线测试、传统文化、普通话辅导、面试辅导、孔子学院、教学园地等栏目。

13) 国际认证协会对外汉语中国官网 (www.ipacn.com)

该网站设有协会动态、汉语教师、新闻报道、在线培训、在线报名、在线留言、留学指南、问题答疑等栏目，主要认证项目为国际认证协会国际注册教师。

14) 中国文学网 (www.literature.org.cn)

该网站由中国科学院文学研究所主办，提供学术社团、学术期刊、文学所、文学系、博士后、访问学者、文学评论网络版、文学遗产网络版、文学年鉴网络版、文学人类学通信、学界要闻、原创天地、世界文学、域外汉学、学者风采、学人访谈、论著评介、学术争鸣、专题研究、诗文鉴赏、古籍整理、书目文献等信息。

15) 中文在线 (www1.chineseall.com)

该网站含有基于移动电子设备开发的中国经典文学类图书数据库，涵盖名家名著、畅销小说、哲学心理、社会科学、历史地理、文学艺术、科普百科、德育读本等类别，以文本阅读、借阅管理、分享互动等呈现方式来满足不同人群的阅读需求。

16) 外国文学研究所 (foreignliterature.cass.cn)

外国文学研究所隶属中国社会科学院，是中国外国文学的最高研究机构，由原属文学研究所的苏联文学研究组、东欧文学研究组、亚洲文学研究组、拉美文学研究组、英美文学研究组、西欧文学研究组以及原属中国作家协会的世界文学编辑部组成，提供最新动态、学术要闻、科研成果、科研教育、当代作家作品、文学百科、论著评介、学术回溯、所办刊物、新书上架、热点关注、外国文学研究等信息。

17) 经典名著文库 (classics.mit.edu)

该网站是英文网站，由麻省理工学院于 1994 年创办，收录 59 位古希腊、罗马、波斯以及中国春秋时期有影响力的著名作家的经典著作。可在线阅读荷马史诗《伊里亚特》、《奥得赛》、柏拉图的《申辩篇》、亚里士多德的《修辞学》、老子的《道德经》、阿里斯托芬的喜剧和讽刺作品等 441 部。

18) 中国作家网 (www.chinawriter.com.cn)

中国作家网由中国作家协会制作，可查找新闻、作协机构、作家权益、文学奖项、作品扶持、交流信息、文学评论、作品在线、原创快览、新书快递、文学报刊社、博客、论坛等信息。

19) 中国诗歌网 (www.poetry-cn.com)

该网站由中国诗歌研究中心主办，提供信息、刊物、荐书、索引、观点、学者、博客、论坛、导航、网刊等频道。

20) 中国报告文学网 (www.zgbgwx.com)

该网站由中国纪实文学研究会报告文学创作委员会主办，提供纪实文学、报告文学、作家文集、校园频道、文学志、专题 、强媒精品、搜闻天下、纪实讲堂、纪实影坊、诗歌、散文、小说、影视、随笔、作家解读、文化评论、名家名作、商界故事、新书推荐、作家访谈等信息。

21) 中国散文网 (www.sanw.net)

该网站由西北大学现代学院中国散文研究所主办，设有专题、学术报告厅、美文欣赏、紫香槐网刊、散文档案、散文博客、艺术广角、散文书吧等栏目。

22) 中国民间故事网 (www.6mj.com)

中国民间故事网内容包括中国民间故事、神话传说故事、外国民间故事、历代名女故事、历代名妓故事、诗联趣话、机智故事、后宫故事、历代皇帝故事、将相传奇、短篇小说、传奇故事、爱情故事、武侠故事、寓言故事、成语故事、现代故事、荤故事、校园故事、童话故事、恐怖故事、悬疑推理故事、财富故事等。

23) 中国儿童文学网 (www.61w.cn)

该网站提供中国童话故事、外国童话故事、成语故事、中国寓言故事、外国寓言故事、中国神话传说故事、中国民间故事、儿童故事、百科知识、儿童诗歌、学前教育、谜语大全、名人名言、儿童小说散文、趣味智力问答、一千零一夜故事集、外国民间故事、儿童笑话等故事和信息。

24) 中国少数民族文学网 (iel.cass.cn)

该网站提供南方少数民族文学、北方少数民族文学、藏族民族文学、蒙古族民族文学等信息。

25) 冰心网 (www.bingxin.org)

通过该网站可获得冰心的生平、手稿、手迹等信息。

26) 中国民俗学网 (www.chinesefolklore.org.cn)

该网站由中国民俗学会制作，设有民生与民俗学、民俗与教育、民俗与文化、民俗学者等栏目。

27) 四川大学中国俗文化研究所 (www.zgswh.net)

四川大学中国俗文化研究所是依托国家重点学科中国古典文献学，以及中国古典文献学、中国古代文学、汉语言文字学三个博士点，按照科研体制改革的精神，重新规划研究方向，面向全国招聘人才而组建的研究机构。

四川大学的中国俗文化研究具有如下特色。

项楚的变文、歌辞、白话诗研究为国内外所公认；《敦煌文学丛考》获原国家教委首届人文社科一等奖，《王梵志诗校注》获教育部第二届人文社科一等奖。周裕锴的俗文学和禅宗偈颂研究在海内外学术界颇有影响，《宋代诗学通论》获教育部第二届人文社科二等奖、国家社科基金项目成果三等奖。俞理明、雷汉卿、张勇等曾获四川省政府优秀科研成果奖。此外，两个博士点的青年科研人员开拓了民间信仰研究领域。1999 年 6 月，由中国古典文献学、中国古代文学、汉语言文字学三个学科点对原有研究方向重新规划，建成了该研究所，并邀请国内名牌大学的杰出教授加盟，如清华大学的王小盾教授、浙江大学的张涌泉教授、南京师范大学的董志翘教授。

28）起点中文网（www.qidian.com）

该网站是原创文学门户网站，目前有女生网、文学网、手机网和读书 4 个频道。其特色是多以玄幻、魔幻、武侠、军文小说为主，通过与书友的直接沟通交流修改文稿。

该网站设有搜书、评吧、专题社区、俱乐部、作者专区、手机论坛、书库·精品、三江·全本、玄幻·奇幻、武侠·仙侠、都市·言情、历史·军事、游戏·竞技、科幻·灵异、同人·漫画、图书·合作等栏目。

29）榕树下（www.rongshuxia.com）

榕树下网站提供评价、试读、书评人、榜单、搜书、原创、名博/微博、群组/论坛、社团等信息。

30）红袖添香（www.hongxiu.com）

红袖添香网站建于 1999 年，是一家女性文学数字版权运营商，提供小说、散文、杂文、诗歌、歌词、剧本、日记等创作和阅读服务，在言情、职场小说等女性文学写作及出版领域较有特色。

该网站设有免费小说、全本小说、小说排行、文学日记、论坛、言情大赛、出版、影视新人、精彩评论、专题盘点小说库、言情小说、穿越时空、总裁豪门、都市情感、古典架空、青春校园、妖精幻情、白领职场、女尊王朝、免费小言、武侠·玄幻、惊悚·悬疑等栏目。

5. 艺术类典型网络资源

1）中国文化传媒网（www.ccdy.cn）

该网站由中国文化集团主办，设艺术、美术、演艺、娱乐、人物、历史、旅游、文化、新闻、要闻、环球、社会、公共文化、文化博览、中国节、中国馆等栏目。

2）中国艺术中心（www.cndaa.com）

该网站主要设有新闻专题、文化艺术、艺术创意、艺术市场、艺术访谈、艺术教育、艺术书刊、艺术品、影像艺术、网络城、论坛等栏目。

3）中国艺术研究院（www.zgysyjy.org.cn）

中国艺术研究院汇集了在各学科领域卓有建树的著名学者和艺术家，如梅兰芳、程砚秋、张庚、马彦祥、郭汉城、黄宾虹、王朝闻、蔡若虹、朱丹、王树村、杨荫浏、缪天瑞、黄翔鹏、葛一虹、郑雪莱、吴晓邦、侯宝林、沈彭年、冯其庸、李希凡、周汝昌、陆梅林、程代熙、林元等，在国内外享有极高的声誉。研究机构设有戏曲研究所、马克思主义文艺理论研究所、音乐研究所、中国文化研究所、美术研究所、摄影艺术研究所、电影电视艺术研究所、建筑艺术研究所、舞蹈研究所、文化发展战略研究中心、话剧研究所、文化政策研究中心、曲艺研究所、艺术人类学研究中心、红楼梦研究所、中国艺术研究推广中心、文学院、工艺美术研究所。该网站设有馆藏珍品、文物及特藏、音响音像、古籍善本、艺术专项收藏、学术研究、艺术创作、研究生院、非物质文化遗产、文化艺术、文化交流、图书馆等栏目。

4) 中国艺术批评网（www.zgyspp.com）

该网站创建于 2005 年，主要为国内外艺术家、作家、学者服务，目前设有动态、文学、美术、音乐、影像、文与事、翻译、80 后、论坛及博客 10 个栏目。

5) 中国国家博物馆（www.chnmuseum.cn）

该网站设有藏品欣赏、国博讲堂等栏目。

6) 亚洲艺术中心（www.asiaartcenter.org）

亚洲艺术中心成立于 1982 年，设有展览、艺术家、出版物等栏目。

7) 卢浮宫艺术博物馆（www.louvre.fr）

该网站是英文版网站，通过网站的"虚拟导游"，可使不同时间、不同的地点的人漫步在卢浮宫的庭院中和画廊里；徜徉在古希腊、古罗马及东方古代艺术的殿堂内，宛若身临其境。此外，还可获得卢浮宫的历史、藏品介绍、活动与展览信息、演讲、培训等相关信息。

8) 中国美术馆（www.namoc.org）

中国美术馆是以收藏、研究、展示中国近现代艺术家作品为重点的国家造型艺术博物馆。该网站设有新闻、展览、馆藏品、公共教育、出版物、视频、聚焦、信息资源等栏目。

9) 中国书法网（www.freehead.com）

该网站是中国书法的门户网站，设有展览区、年度大赛专区、新闻区、书法篆刻交流区、学术专题区、教育培训区、文房博物区、文艺区、自治区、休闲区等频道。

10) 中国篆刻网（www.zgzkw.com）

该网站由中国书法家协会篆刻专业委员会作为艺术指导，设有艺坛新闻、书法交流、历代经典、印学社团、旅游贴图、同城会友、篆刻创作、篆刻工、艺坛争鸣、篆刻临习、印学杂记、印友藏珍、专题展馆、综合展馆、美术区、西泠群星、印迷藏印、印坛点将、艺术随笔等频道。

11) 国画网（www.guohuawang.org）

该网站设国画展馆、国画交流等栏目。

12) 中国雕塑网（www.diaosu.cn）

该网站是中国雕塑门户网站，提供雕塑家、企业之窗、艺术资讯、作品展示、雕塑展厅、名家访谈、名家论坛、传统雕塑、学术沙龙、雕塑教学、网上书屋、排行榜、雕塑网艺委、雕塑大赛、招聘求职、雕刻家、雕塑论坛等频道。

13) 中国摄影网（www.cnphotos.net）

该网站是由金华光影网络科技有限公司主办的摄影行业专业网站，向摄影爱好者、专业摄影工作者及摄影行业用户提供信息和服务。其中包括网上购物、二手器材买卖、企业产品网上在线推广；提供尼康、佳能、美能达、索尼、富士、柯达、松下等全球知名摄影摄像器材的试用报告，器材点评，器材测评，外观展示，器材报价，中文使用说明书下载以及新产品的最新上市动态。该网站设有摄影教室、个人影展、网上影展、摄影导游、图片代理、摄影论坛、组织外拍活动、网上个人相册、摄影商城等信息。

14) 中国建筑艺术网 (www.aaart.com.cn)

该网站由北京三辰风广告有限公司制作，设有行业动态、人才招聘、招投标、建筑评论、理论精粹、叫好案例、建筑博客中心、林铭述之《边走边拍》、国际视野、人物、居住艺术、企业博客中心、《观念》网刊、人文建筑指标排行、专题报道、人文建筑地图、建筑摄影、艺术材料、AAART 搜索等频道。

15) 中国音乐网 (www.yyjy.com)

该网站由中音艺术学校创立，提供家教频道、艺术培训、音教资讯、音乐资讯、音乐欣赏、音乐百科、音乐教育、中音动态、星光大道、娱乐资讯、音乐商城、中音艺校、流行试听、古典试听、古典下载、乐谱下载、网友翻唱、笑话频道、动漫频道、娱乐图片、谜语测试、网络文学、网上留言、信息交流、音乐论坛等频道。

16) 中国舞蹈网 (www.chinadance.cn)

该网站设有舞蹈资讯、舞蹈教学、舞蹈知识、舞蹈之家、舞蹈论坛、舞蹈视频等频道。

17) 中国戏剧网 (www.xijucn.com)

该网站隶属于中国戏剧网协会，是一家专业的公益戏剧、戏曲门户网站团体，提供京剧、评剧、晋剧、豫剧、吕剧、沪剧、昆曲、秦腔、梆子、黄梅戏、二人转等热点新闻及演出信息。

18) 中国戏剧场 (www.zhongguoxijuchang.com)

该网站由中国戏剧文学学会主办，提供独家资讯、非名流、反思想、博客群、剧本库、演艺圈、实验场等信息。

19) 中国曲艺网 (www.cnquyi.com)

该网站提供资讯、演出动态、在线视听、曲艺名家、曲艺理论、曲艺杂志、曲艺商城、各地曲协、曲艺论坛、曲艺博客等信息。

20) 中国电影网 (www.chinafilm.com)

该网站是中国电影门户网站，提供图片、专题、宽频、影院、商城、影库、产业、社区等频道。

21) 中国电视网 (www.tv.cn)

该网站由中央数字电视传媒有限公司 (简称中数传媒) 制作，成立于 2003 年，是由中央电视台投资组建、经国家广播电影电视总局授权的中国付费电视集成运营中心，是我国第一家覆盖全国范围、从事数字付费频道集成及代理营销业务的运营机构，受中央电视台委托，负责中央电视台 14 个付费频道的集成、传输与营销，是中央电视台数字付费频道的管理和运营平台，提供 TV.频道、TV.直播、TV.点播、TV.节目单、TV.论坛、TV.开通等信息。

22) 国家京剧院 (www.cnpoc.cn)

该网站设有剧院之窗、剧院介绍、群英荟萃、当红隽秀、剧目集锦、新剧聚焦、演出资讯、梨园音画、音频播放、艺海钩沉、八面来风、新浪官网等内容。

23) 中国播音主持网 (www.byzc.com)

该网站是我国播音主持的门户网站，提供资讯、招聘、求职、中播网社区、网友来帮忙、艺考、简章、人物、日记、题库、院系、课程、观点 在职、文稿、名嘴、考试、创作、交流、学习、视听、基本功知识、测试、论文、金话筒之窗等信息。

24) 中国设计之窗 (www.333cn.com)

中国设计之窗创建于 2000 年，是国内较具影响力的创意设计专业门户网站，由信息资讯平台、服务平台及数字设计作品备案中心三大平台构成，下设综合资讯、平面设计、工业设计、CG 动漫、互动媒体、室内设计、建筑设计、创意博览、作品备案、设计教育、设计竞赛、求职招聘、设计书店、设计论坛等栏目。

25) 哈佛设计 (design.icxo.com)

该设计平台主要有平面设计、环境设计、工业设计、数码设计、综合设计、服装设计等内容。

7.2　自然科学、工程技术类信息检索

7.2.1　中国科学引文数据库

1. 概况

2002 年，中国科学院的知识创新工程建立。目前的网络版名称为中国科学文献服务系统。有"中国科学引文数据库"、"中国科学文献计量指标"和"中国科技期刊引文指标" 3 个版块。

中国科学引文数据库 (Chinese Science Citation Database，CSCD) 创建于 1989 年。1999 年出版基于 CSCD 和 SCI 数据，利用文献计量学原理制作《中国科学计量指标：论文与引文统计》，2003 年推出网络版，它属于参考型数据库。

中国科学引文数据库 (www.sciencechina.cn) 的学科范围涵盖数学、物理、化学、天文学、地学、生物学、农林科学、医药卫生、工程技术、环境科学和管理科学等领域出版的中英文科技核心期刊和优秀期刊千余种。目前，该系统除具备一般的检索功能外，还提供引文检索，通过引文检索可从引文中查询到某篇文献被引用的详细情况，还可从一篇早期的文献或著者姓名入手，检索到一批近期发表的相关文献，对交叉学科和新学科的发展研究具有重要的参考价值。

中国科学引文数据库已在我国科研院所、高等学校的课题查新、基金资助、项目评估、成果申报、人才选拔、文献计量与评价研究等多方面作为权威文献检索工具得到广泛应用。

2. 检索功能

中国科学引文数据库的检索功能有简单检索、高级检索和来源期刊浏览 3 种。

1) 简单检索

简单检索提供来源文献检索和引文检索两种。

(1) 来源文献检索。在来源文献检索中，提供的检索字段有来源文献的作者、第一作者、题名、刊名、ISSN、文摘、机构、关键词、基金名称共 9 个。

在限制条件选择中，可填入"论文发表"年份范围和"学科范围"，如图 7-9 所示。

(2) 引文检索。在引文检索中，提供的检索字段有被引作者、被引第一作者、被引来源、被引机构、被引实验室、被引文献主编共 6 个。

图 7-9　中国科学引文数据库简单检索的"来源文献检索"

在限制条件选择中，可填入"论文被引"年份范围和"论文发表"年份范围，如图 7-10 所示。

图 7-10　中国科学引文数据库简单检索的"引文检索"

2) 高级检索

高级检索提供来源文献检索和引文检索两种。

（1）来源文献检索。来源文献检索提供十个检索点。检索方式有二：①可在第一个检索框中直接输入字段名称、检索词和布尔连接符来构造检索策略；②可在第二个检索框列表中，根据已知条件分别在检索框填入已知条件的检索项，单击"增加"按钮，系统自动在第一个检索框中生成检索策略，如图 7-11 所示。

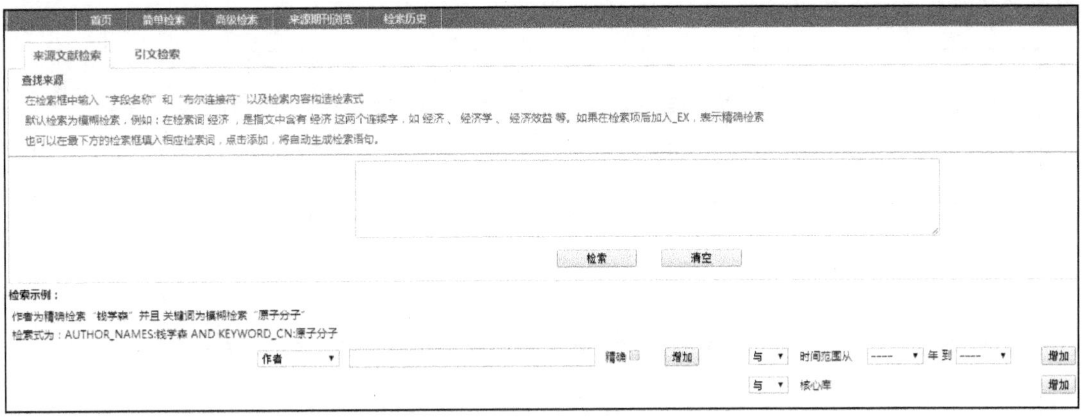

图 7-11　中国科学引文数据库高级检索的"来源文献检索"

(2)引文检索。引文检索提供七个检索点。检索方式有二：①可在第一个检索框中直接输入字段名称、检索词和布尔连接符来构造检索策略；②可在第二个检索框列表中，根据已知条件分别在检索框填入已知条件的检索项，单击"增加"按钮，系统自动在第一个检索框中生成检索策略，如图 7-12 所示。

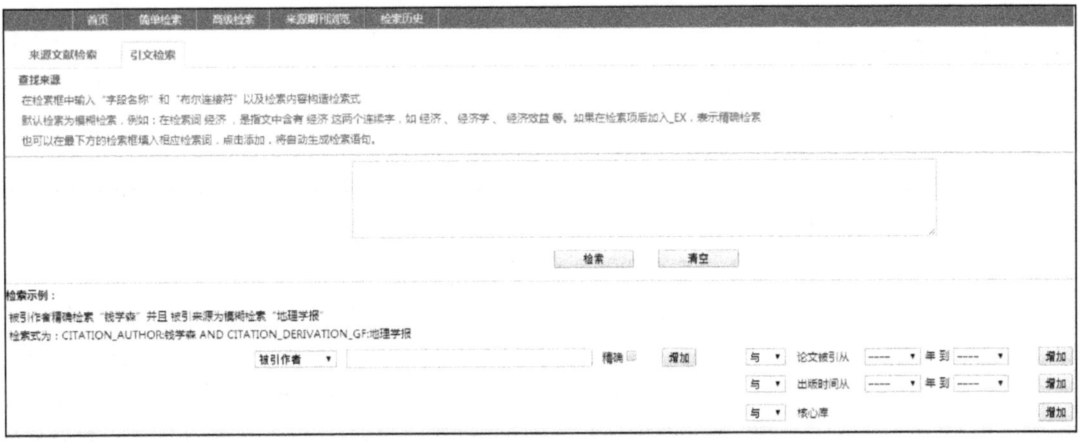

图 7-12　中国科学引文数据库高级检索的"引文检索"

3)来源期刊浏览

在来源期刊浏览中，英文期刊可按期刊名称首字母英文字顺进行浏览，中文期刊可按中文期刊刊名首字的拼音字顺浏览，还可输入期刊名称进行浏览。

该系统提供在检索结果中进行二次检索的功能，以提高检索精度，如图 7-13 所示。

3. 检索结果显示

该系统的检索结果分为两部分：一是检索结果分布；二是结果输出。

在检索结果分布项中，来源检索和引文检索的检索结果都可通过"结果限定"来限定检索结果。来源检索结果可选择来源、年代、作者和学科，这四项可单选，也可多选；引文检索结果可选择被引出处、年代和作者，这三项也可单选或多选。

在结果输出项中，来源检索的检索结果有题名、作者、来源和被引频次四个字段显示；引文检索的检索结果有作者、被引出处和被引频次三个字段显示。

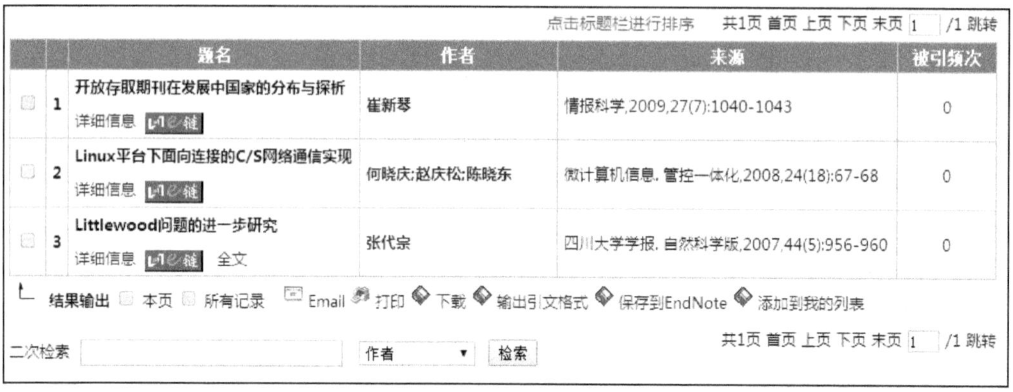

图 7-13　中国科学引文数据库二次检索

在结果输出中，可单击题名中有"详细信息"的提示来查看该条题名的详细信息。通过详细信息不仅可查看题名、作者、作者机构、文摘、来源、ISSN、关键词、学科、基金、参考文献等详细信息，其中，作者、关键词、基金和参考文献可进一步链接，而且可完成引文文献、相关文献和其他链接的查询。

7.2.2　Ei Compendex

1. 概述

《工程索引》(Engineering Index，Ei)创刊于 1884 年，由美国工程信息公司(Engineering Information，Inc.)编辑出版。1998 年，美国工程信息公司被荷兰爱思唯尔出版集团(Elsevier)收购。Ei Compendex 数据库是《工程索引》的网络版，是目前世界工程技术领域最全面的文摘索引数据库。Ei Compendex(www.engineering village2.org)收录 6000 余种工程类期刊中的论文及会议论文集中的论文和技术报告，含记录 1630 多万条，学科涵盖核技术、生物工程、交通运输、化学和工艺工程(约占 15%)、照明和光学技术、农业工程和食品技术、计算机和数据处理(约占 12%)、应用物理(约占 11%)、电子和通信(约占 12%)、控制工程、土木工程(约占 6%)、机械工程(约占 6%)、材料工程、石油、宇航、汽车工程等领域。数据库 90% 的文献语种为英文，每周更新，每年新增超过 80 万条记录。

Ei Compendex(以下简称 Ei)的检索平台为 2000 年推出的 Engineering Village 2(简称 EV 2)，对机构用户采用 IP 地址控制访问权限。Ei 首页如图 7-14 所示，中部是检索区，下方是检索历史区。

2. 检索技术

Ei 支持布尔、截词、精确和词位检索等检索技术，下面重点介绍词位检索。

(1)词位算符 NEAR。算符前后两词词序可以颠倒，可插入 0～9 个词，也可用 NEAR/n 限制前后两词之间插入 n 个词，如 wastewater NEAR treat、wastewater NEAR/5 treat。

图 7-14　Ei 首页

(2)词位算符 ONEAR。算符前后两词词序不能颠倒,可插入 0~9 个词,也可用 ONEAR/*n* 限制前后两词之间插入 *n* 个词,如 wastewater ONEAR treat、wastewater ONEAR/3 treat。

注意:词位算符不可与截词算符同用,如 wastewater NEAR treat*是错误的。

3. 检索方式

Ei 提供 3 种检索方式,分别是快速检索、专业检索和叙词检索,可通过检索区上方的检索方式标签进行切换。

1)快速检索(Quick Search)

Ei 首页即快速检索界面,如图 7-14 所示。系统提供 3 个检索行,单击下方的 Add search field 链接可增加检索行,检索行之间的逻辑关系可用行间下拉菜单指定。检索行之间按自然顺序运算,即先执行前两个检索行中的检索,再与第三个检索行执行逻辑运算。每一检索行的检索字段用右侧的下拉菜单选择,检索框内的检索词可以是单词、词组或用检索运算符连接的多个词(组)。

在检索区下方,系统提供 4 种检索范围限制选项(LIMIT TO)。

(1)文献类型(Document Types):指的是所检索的文献源自出版物的类型,包括全部文献类型(All Document Types,系统默认选项)、期刊论文(Journal Article)、会议论文(Conference Article)、会议论文集(Conference Proceeding)、专题论文(Monograph Chapter)、专题综述(Monograph Review)、专题报告(Report Chapter)、综述报告(Report Review)、学位论文(Dissertation)、专利(Patents)和先行在线论文(Article in Press)。限定文献类型后将检索不到 1985 年之前的文献。

(2) Ei 分类范畴 (Treatment Types)：指的是文献的研究方法及所探讨主题的类型，包括全部处理类型 (All Treatment Types，系统默认选项)、应用 (Application)、传记 (Biographical)、经济 (Economic)、实验 (Experimental)、一般性综述 (General Review)、历史 (Historical)、文献综述 (Literature Review)、管理方面 (Management Aspects)、数值 (Numerical) 和理论 (Theoretical)。一条记录可能有一种或几种处理类型，但是并不是每条记录都有处理类型。限定 Ei 分类范畴后将检索不到 1985 年之前的文献。

(3) 语种 (Language)：数据库中所有的摘要和索引均用英文编写，此处限定的是原文的语种，可选择的语种有全部语种 (All Languages，系统默认选项)、英语 (English)、汉语 (Chinese)、法语 (French)、德语 (German)、意大利语 (Italian)、日语 (Japanese)、俄语 (Russian) 和西班牙语 (Spanish)。

(4) 时间范围：第一项限制文献的出版年；第二项限制最近 1、2、3、4 周数据库更新的内容。

检索结果排序 (Sort by) 中提供两种排序方式，默认按相关度 (Relevance) 排序，也可选择按出版日期 (Date) 排序，最新出版的排在最前面。

系统提供自动截词功能，可以自动检索以输入词的词根为基础的所有派生词 (作者字段中的检索词除外)。例如，输入 management，检索结果中会出现 managing、managed、manage、manager、managers 等。

2) 专业检索 (Expert Search)

专业检索界面如图 7-15 所示，系统提供 1 个检索窗口，需要输入一个用检索词、检索算符、字段代码构造的具有完整逻辑关系的复合检索式，其构造语法为：(检索词 逻辑算符 检索词) wn 检索字段代码。wn 用于指定其前面的检索词在其后面的检索字段中检索；检索字段代码可以从检索区下方的字段代码表中找到。系统默认自动截词关闭，即精确检索。

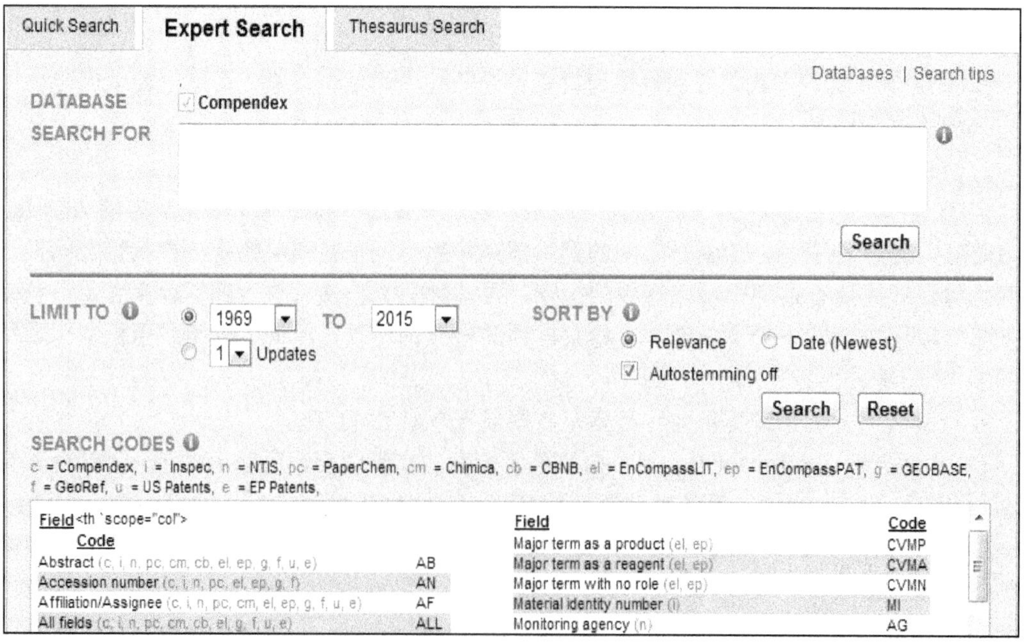

图 7-15　Ei 专业检索界面

3) 叙词检索（Thesaurus Search）

叙词检索用于检索某一主题的文献。叙词是经过规范化处理的主题词，它做到了词和概念的一一对应，可以提高查全率和查准率。叙词检索界面如图 7-16 所示，由叙词表和检索区上下两部分组成。系统提供了 3 种打开叙词表的方式：查找（Search）、准确词组（Exact Term）和浏览（Browse）。检索步骤为：在检索框中输入检索词，选择打开方式，单击 Submit 按钮，界面下方弹出叙词表及检索区。叙词表中提供与检索词相关的叙词，选择叙词后，叙词将被自动粘贴到检索区内的检索窗口（SEARCH BOX）中，单击 Search 按钮即可检索。如果在叙词表中选中了多个叙词，则这些叙词均将被自动粘贴到检索窗口，默认词间关系为逻辑或。

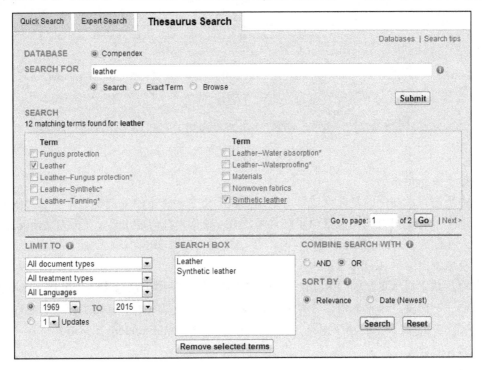

图 7-16　Ei 叙词检索界面

4. 检索结果的显示与处理

检索结果显示页如图 7-17 所示，首先显示命中记录总数和检索策略（包括检索数据库、时间跨度和检索式），左侧是精炼检索结果区，右侧是检索结果列表，默认每页按相关度排序显示 25 条记录。

1) 查看单条记录

系统默认按题录格式列表显示检索结果，每条记录包括文献题名、作者及第一作者单位、文献来源、来源数据库等信息。单击记录的 Abstract 或 Detailed 链接，进入文摘或全记录显示格式页面。全记录中 Ei 存取号（Accession Number）的前两位数字表示文献被 Ei 收录的年代，Ei 的收录时间一般滞后于文献的出版时间。单击记录的 Show preview 项可以在展开区立即查看文摘。如果用户所在机构订购的全文数据库恰好收录了某论文，则该条记录中会有 Full-text 链接，单击可通过后台链接至全文数据库获取论文全文。

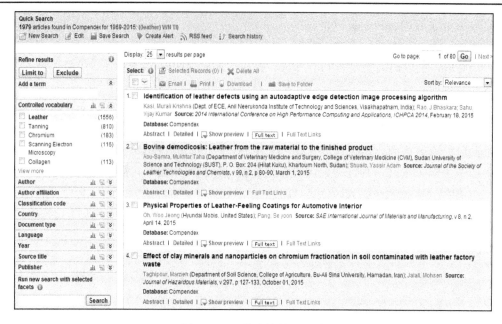

图 7-17　Ei 检索结果显示页

2）输出多条记录

选中所需记录左侧的复选框或单击结果列表上方 Select 下的复选框选中当前页的全部记录，可选择多种输出方式，包括电子邮件发送（E-mail）、打印（Print）、下载（Download）和保存至个人文件夹（Save to Folder）。

3）精炼检索结果（Refine Results）

在检索结果显示页左侧的 Refine Results 的工具栏，利用二次检索输入框（Add a term）或选中规范词、作者、作者机构、分类类名、国家、文献类型、语种、出版年、刊名和出版者等限定字段中的相应项目，使用限制（Include）按钮或者排除（Exclude）按钮达到优化和调整检索结果的目的。

4）检索历史（Search History）

检索历史区显示本次登录执行过的最近 50 次检索式，可对检索式进行组配检索（Combine Search）。如果已经注册登录，则单击检索式下方的 Create Alert 可设置最新信息通报服务，选中 Save Search 复选框可以保存该检索式，无论何时登录数据库均可在检索历史中查看或进行检索。

5. 个性化服务功能

系统提供的个性化服务需要预先免费注册账号并登录才可使用。

1）保存至个人文件夹（Save to Folder）

在检索结果显示页标记所需要的记录，单击上方的 Save to Folder 链接将其保存在 Ei 服务器的个人文件夹中。文件夹可自行创建，文件夹名应输入英文，若输入中文则不能正常显示。系统允许每个用户最多创建 3 个文件夹，每个文件夹中最多保存 50 条记录。

2）已选记录（Selected Records）

记录了用户在题录页面、文摘页面及详细记录页面选中的记录，以方便进行其他操作。

3）RSS 服务

RSS（Really Simple Syndication）是一种以 XML（eXtensible Markup Language）为格式的内容传送系统，是某一站点用来和其他站点共享内容的一种简易方式，也称内容聚合。用户可以在客户端借助支持 RSS 的新闻聚合工具软件（如 FeedDemon、RSSReader），在不打开网站页面的情况下阅读支持 RSS 输出的网站内容，包括标题、链接和全文。每个检索结果页面上方均有此链接。

4）设置（Settings）

在设置中提供 4 项服务：①设置首选项（My Preferences）；②信息通报和查看保存的检索式（Alerts ＆ Saved Searches）；③查看或修改个人文件夹（Folders）；④管理个人账户信息（Personal Details）。

7.2.3　IEEE/IET Electronic Library

1. 数据库简介

IEEE/IET Electronic Library（IEL）（www.ieee.org）数据库收录了 IEEE 和 IET 两个机构所有出版物的电子全文，包含 160 多种期刊、1200 多种科技会议录、3800 多种标准、1000 多本电子书和 300 多门课程，总计超过 360 万份全文文献，数据最早回溯至 1872 年，一般提供 1988 年以后的全文，部分期刊提供其预印本（Forthcoming Articles）全文。IEL 覆盖电气电子工程、通信工程、计算机科学、人工智能、机器人、空间技术、自动化控制、生物工程、遥感和核工业等多种学科领域，其中电气电子工程、通信工程、计算机科学的文献占当今世界的近 1/3。

美国电气电子工程师学会（Institute of Electrical ＆ Electronic Engineers，IEEE）创立于 1963 年，拥有分布于 160 多个国家的超过 42 万名会员，是航空系统、计算机科学、通信、生物医学工程、电力和消费电子等领域最权威的学会，也是世界上最大的非营利性专业技术学会。IEEE 致力于推动技术进步，全球电气与电子工程、计算机科学领域 30% 的文献，以及 900 多个现用行业标准都出自 IEEE。

国际工程和技术学会（Institution of Engineering ＆ Technology，IET）由英国电气工程师学会（IEE）和英国应用工程师学会（IIE）于 2006 年合并组建而成，拥有分布于 127 个国家的超过 16 万名会员，涉及科技领域广泛，覆盖 60 个专业和多个新型交叉学科。

IEEE Xplore 是访问 IEL 数据库的在线平台，首页如图 7-18 所示。任何用户均可访问并免费检索获取该数据库的文摘题录信息，正式用户方可下载全文，对于机构用户采用 IP 地址控制使用权限。IEL 数据库从 2012 年 4 月 1 日起不再支持 IE 6 及以下版本的访问。

2. 检索方法

IEL 提供浏览、基本检索和高级检索 3 种检索方式。

1）浏览（Browse）

IEL 首页右侧即浏览区，系统将文献分为五种类型提供浏览，分别是图书（Books ＆ eBook）、会议录（Conference Proceedings）、课程（Education ＆ Learning）、期刊（Journal ＆ Magazines）和标准（Standards）。

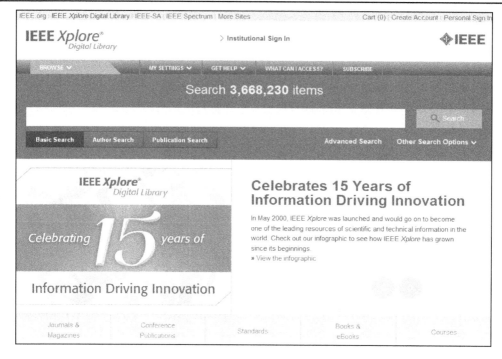

图 7-18　IEEE 数据库首页

以期刊为例具体说明。单击 Journal & Magazines 链接进入期刊浏览页面，如图 7-19 所示。用户可按刊名(By Title)、主题(By Topic)进行浏览。刊名浏览又分为按字顺浏览(BROWSE TITLES)和关键词检索(SEARCH BY KEYWORDS)两种途径。

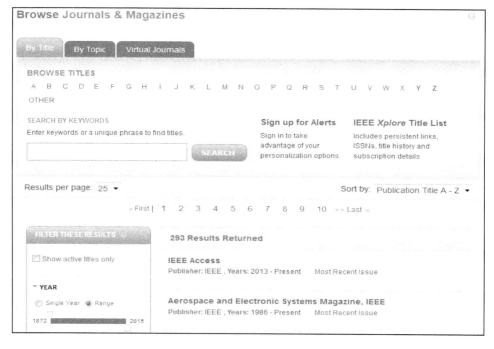

图 7-19　IEL 期刊浏览页面

需要注意是 IEEE Transactions 系列期刊的字顺浏览。例如，期刊 IEEE Transactions on Cable Television，在 IEL 数据库的字顺列表中被写为 Cable Television, IEEE Transactions on，因此该刊属于字母 C 开头的期刊。

2) 基本检索（Basic Search）

基本检索区出现在 IEL 任何一个操作页面的上方，系统提供 1 个检索行，默认为全部字段。检索框内的检索词可以是单词、词组或用检索算符连接的多个词（组）。

3) 高级检索（Advanced Search）

单击基本检索区下方的 Advanced Search 链接进入高级检索界面，如图 7-20 所示，分为以下 3 种检索途径。

（1）高级检索（Advanced Keyword/Phrases）：系统提供 3 个检索行，检索行之间的逻辑关系用行间下拉菜单指定，每一检索行的检索字段通过右侧的下拉菜单选择，可检字段包括主题（Metadata Only）（在该数据库中指标题、摘要和索引词）、标题（Document Title）、作者（Authors）、出版物名称（Publication Title）、摘要（Abstract）、索引词（Index Terms）、作者单位（Affiliation）、存取号（Accession Number）、文献号（Article Number）、作者关键词（Author Keywords）、主题（Topic）等。检索行上方有两个选项 Metadata Only 和 Full Text & Metadata，选择任何一个均可完全控制检索字段。检索框内的检索词可以是单词、词组或用检索算符连接的多个词（组）。

（2）命令检索（Command Search）：相当于专业检索方式，系统提供 1 个检索窗口，需输入用检索词、检索算符、字段代码构造的具有完整逻辑关系的复合检索式。检索式的基本语法形式为："字段：检索词"。

（3）引文检索（Citation Search）：可以通过 DOI 或出版物名称、题名、作者、卷、期等信息检索文献的引文情况。

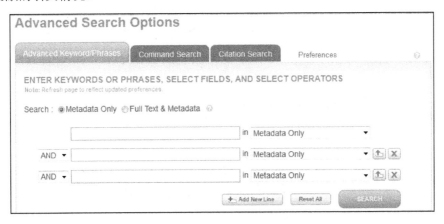

图 7-20　IEL 高级检索界面

3. 检索结果的显示与处理

IEL 检索结果显示页如图 7-21 所示，在检索结果区域，首先显示检索式和命中记录总数。在下方的记录列表中可查看每条记录的题名、作者、出处、文献 DOI 以及全记录与全文链接等信息。页面左侧为精炼检索结果区。

1) 查看单条记录

单击检索结果列表中单条记录下方的 Abstract 链接可以在展开区迅速查看该记录的文摘信息，单击展开区下方的 View more 链接打开详细信息页面，可以查看完整题录、文摘信息和参考文献(References)等信息。单击单条记录的 PDF 链接可下载该记录的 PDF 格式文献全文。

2) 输出多条记录

选中单条记录左侧的复选框，或单击检索结果列表上方 Select All on Page 链接选中该页所有记录后，可以以保存引文信息(Download Citations)方式输出记录。

3) 精炼检索结果

利用检索结果列表左侧的 Refine results by 工具栏可以进行二次检索(Search within results)，还可以将检索结果按文献类型(Content Type)、出版年(Year)、作者(Author)、作者单位(Affiliation)、出版物名称(Publication Title)、出版商(Publisher)和会议地点(Conference Location)等限定字段组成不同的集合进行聚类显示。

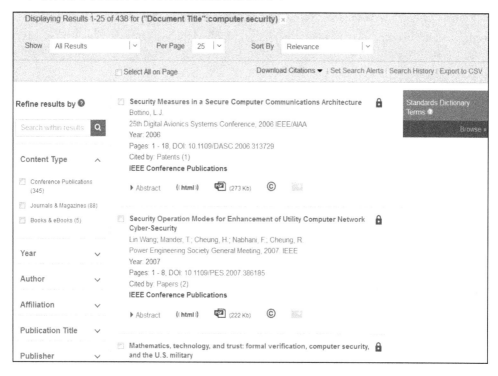

图 7-21　IEL 数据库检索结果显示页

4. 个性化服务功能

在 IEL 免费注册个人账号并登录后即可享受个性化服务。

(1)单击导航条 MY SETTINGS 中的 Contents Alerts 项，可以选择所关注研究领域的期刊、会议及标准，系统会及时将新信息发送至预置邮箱中。

(2)单击导航条 MY SETTINGS 中的 Preperences 项，可以根据自己的检索喜好设置如检索选项、显示检索结果选项、下载选项及邮件设置选项等内容。

(3) 单击检索结果显示页的 Set Search Alerts 按钮，在 Saved Search 对话框中保存当前检索式，方便以后直接调用。

7.2.4　SciFinder Web

1. 概述

化学文摘社 (Chemical Abstracts Service，CAS) 成立于 1956 年，是美国化学会 (ACS) 的一个分支机构，负责整理并发行化学文摘及其相关产品。1995 年 CAS 推出一站式化学信息检索系统 SciFinder，1998 年推出专供学术研究使用的 SciFinder 学术版——SciFinder Scholar，2008 年推出基于网络浏览器的 SciFinder——SciFinder Web。

SciFinder 文献收录始于 1907 年，占世界化学化工类总文献量的 98%，是全球最大的二次文献数据库、最大的物质数据库，可以检索全球最全面的有关生物化学、化学、化学工程、医药等化学相关学科的信息，数据库每日更新。SciFinder Scholar 的特色在于不仅可以获得丰富实用的文献信息 (标题、作者、来源、文摘等)，还可以获得源自 CAS 不同数据库的物质信息 (化学名称、CAS 登记号、分子式、结构图、序列信息、性质数据信息等) 和反应信息 (反应图，包括反应物、产物、试剂、催化剂、溶剂以及步骤注解等)，实现真正的一站式检索。

与 SciFinder 客户端相比，SciFinder Web 具备更多的特色功能：①详尽的化学反应操作步骤，加快合成研究决策进程；②物质相关度排序，有些查看最佳候选物质；③物质靶点和生物活性，迅速洞察前期生物研发内容；④Markush 检索，实现初步专利评估；⑤SciPlanner™，自由组合及设计反应路线。

与 SciFinder 客户端不同，SciFinder Web 必须免费注册、登录之后才能使用，对机构用户均采用 IP 地址控制使用权限，并有并发用户数限制。SciFinder Web (以下简称 SciFinder) 的访问网址为 scifinder.cas.org，登录后进入数据库首页，如图 7-22 所示。

图 7-22　SciFinder 数据库首页

在注册时，应特别注意 SciFinder 对用户名和密码的设置要求。用户名必须是唯一的，且包含 7～15 个字符，必须包含字母，可以包含数字和/或以下特殊字符："-"、"_"（下划线）、"."（句点）和"@"（表示 at 的符号）。密码要求 7～15 个字符，其中至少有两个未在用户名中出现过，另外还需满足以下 4 个条件中的 3 个：①必须包含字母；②必须有大小写字母混合；③必须包含数字；④包含至少一个非字母数字的字符。

SciFinder 集成了以下 6 个子数据库，以跨库方式实现检索，不能单库检索。

1）化学文摘数据库（CAplus）

美国化学文摘（Chemical Abstracts，CA）的网络版数据库涵盖有机化学、无机化学、物理化学、应用化学、药物化学、生物化学和分析化学等学科，数据摘自 10000 多种期刊文献、63 个主要专利发行机构的专利文献、会议录文献、学位论文、技术报告、图书等，包含 1907 年以来 CA 印刷版的所有内容，同时收录 1907 年以前的上万条记录，总计超过 3900 万条参考书目记录。数据库日更新 3000 多条记录。

2）生物医学文摘数据库（Medline）

世界上最权威的生物医学资料库涵盖主基础医学、临床医学、环境医学、营养卫生学、职业病学、卫生管理、卫生保健和信息科学等学科，收录了 1949 年以来 70 多个国家的 4780 多种期刊的生物医学信息，数据超过 2400 万条记录，每周更新 4 次。

3）化合物信息数据库（CAS Registry）

该数据库收录 1957 年以来在 CAS 登记的全部化学物质，每种化学物质有唯一对应的 CAS 注册号，是世界上最大的物质数据库。目前已有超过 8900 万个有机无机物质和 6500 万条生物序列，每日新增 12000 多个化学物质或生物序列。该数据库是查找结构图示、CAS 化学物质登记号和特定化学物质名称的工具，可以用化学名称、CAS 化学物质登记号或结构式检索。

4）化学反应数据库（CAS React）

该数据库收录 1840 年以来 CA 收录的源自 84 万篇期刊文献及专利中的单步或多步有机化学反应资料，是世界上最大的反应数据库。目前已有 5840 多万个单步或多步反应以及合成制备记录，记录内容包括反应物和产物的结构图，反应物、产物、试剂、溶剂、催化剂的化学物质登记号，反应产率，反应说明等信息，每周新增 30000～50000 条记录。用户可以用结构式、CAS 化学物质登记号、化学名称（包括商品名、俗名等同义词）和分子式进行检索。

5）化学品商业信息数据库（Chemcats）

该数据收录世界各国 6500 多万种化学物质提供商的联系信息，用于查询化学品提供商的联系信息、价格情况、运送方式，或了解物质的安全和操作注意事项等信息，记录内容还包括目录名称、订购号、化学名称和商品名、化学物质登记号、结构式、质量等级等。用户可以用结构式、CAS 化学物质登记号、化学名称（包括商品名、俗名等同义词）和分子式进行检索。

6）管控化学品信息数据库（Chmlist）

该数据库是查询全球重要市场被管控化学品信息的工具，可以查询物质的特征、详细目录、来源以及许可信息等。目前收录来自 13 个国家和国际性组织 1979 年至今的近 28 万种备案/被管控物质，每周新增约 50 条记录。用户可以用结构式、CAS 化学物质登记号、化学名称（包括商品名、俗名等同义词）和分子式进行检索。

2．检索方式

SciFinder 提供 3 种检索途径：文献检索、物质检索和反应检索。通过任何一个操作页面上方的功能导航栏均可进行切换。

1）文献检索（Explore Reference）

文献检索主要用于检索书目数据库 Caplus 和 Medline 中的期刊、专利、会议录、图书、技术报告和学位论文等多种出版类型的文献，是使用最广泛的检索方式，包括主题检索、作者姓名检索、机构名称检索、文献标识符检索、期刊检索和专利检索 6 种检索途径。

（1）主题检索（Research Topic）是登录后数据库默认的检索页面。在检索框中输入 2～3 个检索词（建议最多不超过 5 个），系统自动考虑其同义词或近义词以及不同词尾的情况，不必使用任何截词符。各检索词之间不需要使用布尔逻辑算符，而是使用介、冠词或者连词连接。执行检索后系统不是直接显示检索结果，而是对检索词（包括同义词或近义词，下同）自动执行精确匹配、逻辑"与"和逻辑"或"运算，返回多个备选检索结果供检索者根据需要取舍。在检索区下方，系统提供了多种检索范围限制选项，包括出版年、文献类型、出版语言、作者姓名、机构名称等。

图 7-23 为 SciFinder 主题检索备选结果页（Research Topic Candidates），系统通过分析记录与检索式的匹配程度，给出不同匹配程度的多个备选结果列表，备选结果包含匹配状态及记录数。在根据需要选择其中一个或多个备选结果后，单击 Get References 按钮可得到满足要求的检索结果集合。

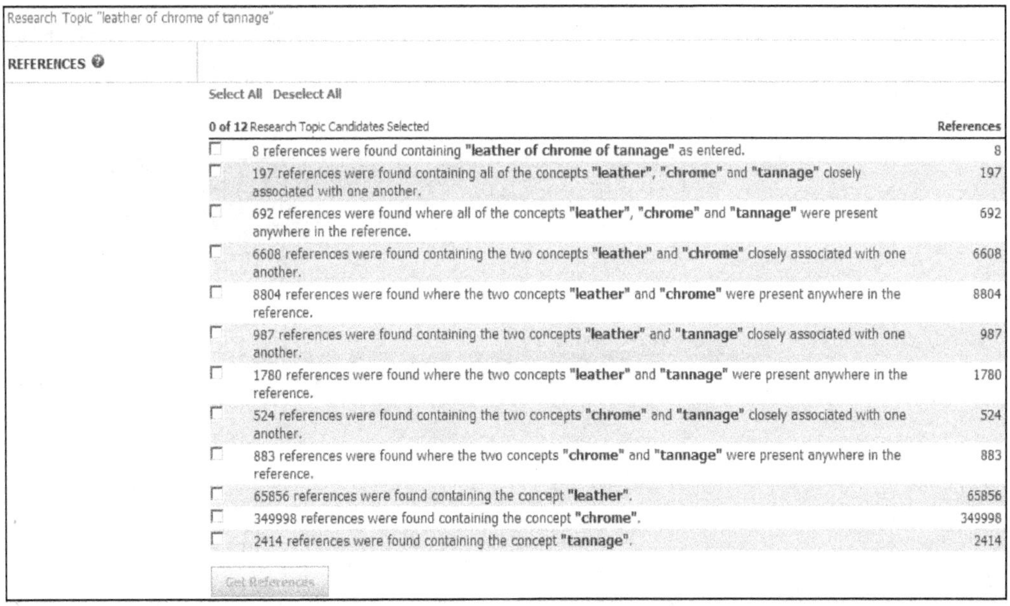

图 7-23　SciFinder 主题检索备选结果页

备选结果匹配状态包括以下几种情况。

① 含有 as entered 的选项：表示检索在文献中出现的情况与所输入的完全符合。

② 含有 closely associated with one another 的选项：表示输入的几个检索词同时出现在文献的同一个句子中。

③ 含有 present anywhere in the reference 的选项：表示输入的几个检索词同时出现在文献的某一段话中。

④ 含有 containing the concept 的选项：表示文献出现了某个检索词。

其中，Concept 表示作了同义词的扩展。

(2) 作者姓名检索(Author Name)时，"姓"(Last Name)是不可或缺的。对于复杂的人名不妨尝试各种可能的拼写形式，当不能区分作者的"姓"和"名"时，最好两种情况都尝试。选中 Look for alternative spelling of the last name 复选框，系统会给出备选检索结果，可以提高查全率。

(3) 机构名称检索(Company Name)时，系统会自动检索一系列有关词条，包括单词缩写、首字母缩写以及同义词等。例如，输入 company 和 Co、university 和 univ 得到的结果是一样的。

(4) 文献标识符检索(Document Identifier)可以通过任意可识别文献的号码查找某篇文献，如 CAS 入藏号(Accession Number)、文献号(Document Number)、专利号(Patent Number)、专利申请号(Patent Application Number)、专利优先申请号(Priority Application Number)、数字对象标识符(DOI)和 PubMed ID 等。

(5) 期刊检索(Journal)可以通过期刊的名称、卷/期/起始页码、题名、作者姓名来查找某篇文献。

(6) 专利检索(Patent)可以通过专利号(Patent Number)、专利权人姓名(Assignee Name)和发明人姓名(Inventor Name)进行检索。

2) 物质检索(Explore Substances)

物质检索主要用于检索化合物数据库 CAS Registry 中的化合物及相关信息。物质检索界面如图 7-24 所示，系统提供 4 种检索途径：化学结构检索、Markush 检索、分子式检索和物质识别号检索。

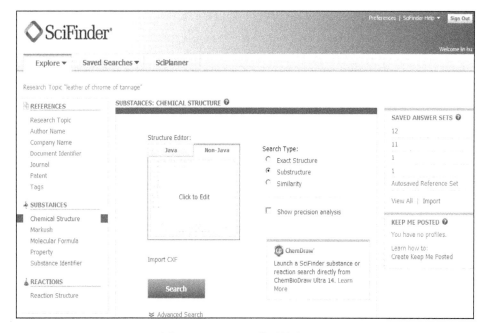

图 7-24　SciFinder 物质检索界面

　　(1)化学结构检索(Chemical Structure)。单击结构式画图面板缩略图,打开结构式编辑器,如图 7-25 所示,初次使用结构编辑器需要按照提示下载 Java 插件。在编辑器的顶端、左侧和底端提供了绘制和修改化学结构的工具。右上角有结构式画图面板(Structure)、反应式面板(Reaction)和 Markush 检索面板的切换。右下角提供精确结构检索(Exact Search)、亚结构检索(Substructure Search)、相似结构检索(Similarity Search)的选择项。精确结构检索可以得到物质的本身、同位素、盐、混合物及聚合物。亚结构检索可以得到特定母核结构的一类物质。相似结构检索可以得到与检索结构相似但不相同的物质。

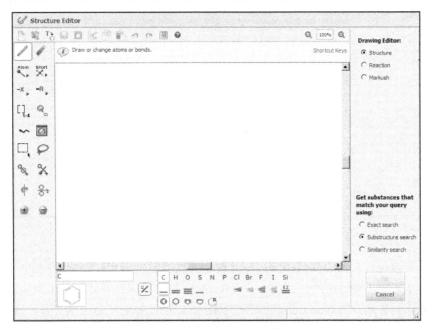

图 7-25　SciFinder 结构式编辑器

　　(2)Markush 检索。Markush 结构又称马库西结构,由一个新颖的母体基团和可变取代基组成,可变取代基的复杂性使得 Markush 结构的检索和匹配成为化学信息学领域的一个难题。Markush 检索可以通过结构查询包含与其匹配的通式结构的专利。

　　(3)分子式检索(Molecular Formula)。输入分子式即可检索到相匹配的文献和物质信息。分子式书写规则:同一组分中的元素必须有明确的分割符号,可以用数字和空格来分割;元素排序规则,含 C 物质,CH 写在前面,其他元素一般按照字母顺序表从 A 到 Z 进行排序;区分英文大小写。

　　(4)物质识别号检索(Substance Identifier)。使用化合物的名称或者 CAS 登记号检索一个特定物质或一组物质。

　　在物质检索结果集中,单击物质的 CAS 登记号和结构式可以显示物质的细节信息,包括物质的角色、计算性质、实验性质。单击下方的链接可以获取物质的商品来源信息、管制数据的详细信息、物质的相关反应信息、物质某方面的文献信息。结果集默认以 CAS 登记号排序,也可以选择按物质涉及的文献数目排序,相似结构检索默认以相似度排序。如果要获取一部分物质的文献、反应或商业品来源信息,可以在选中物质后分别单击页面上方的 Get References、Get Reactions Where Substance is a 或 Get Commercial Sources。

3）反应检索（Explore Reactions）

反应检索主要用于检索化学反应数据库 CAS React 中的化学反应及相关信息。反应检索界面如图 7-26 所示，系统提供 1 种检索途径。

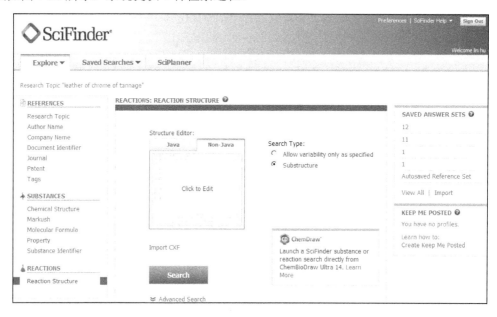

图 7-26　SciFinder 反应检索界面

单击反应结构式画图面板缩略图，打开结构式编辑器，直接绘制或调用已保存的化学结构式，指定各化学结构的角色（反应物、产物、试剂等），获得在特定位点上发生变化的反应。单击结果集页面右上方的 One Reaction Per Reference 项可将重复的记录合并。单击每条记录下方的 Overview 和 Experimental Procedure 可以分别查看反应详情和实验过程。Analyze 工具可以帮助分析反应中的溶剂、催化剂、产率等信息，还可以获得存在实验过程信息的反应。

3. 检索结果的显示与处理

SciFinder 主题检索结果显示页如图 7-27 所示，首先显示检索式和命中记录总数，默认按文献收录号（Accession Number）排序，以题录格式列表显示检索结果；左侧是结果集分析、精炼检索结果、检索结果分类等功能区。

1）查看单条记录

由于 SciFinder 中的 CA Plus 和 Medline 都是文摘数据库，如果想获取某篇文献的全文，只需要单击每篇文献题名右方的 Full Text。该功能是通过 Chemport 平台来链接全文的，如果使用者所在机构已经订购了该文章所属的全文数据库或者网络免费资源，则可以直接链接获得。除此之外的全文，Chemport 平台有时也会给出付费的途径，这个费用是在订购 SciFinder 使用年费之外的费用，需要另外单付。

文献结果集上方的 Get Related Substances 功能可以帮助用户获取文献中涉及的物质，这些物质是 CAS 在阅读完原文之后认为文章中比较重要的物质，也是每一篇文献物质索引中所包含的物质。Get Related Reactions 功能可以帮助用户获取反应数据库 CAS Reactions 中收录的文献中包含的化学反应。Get Cited References 功能可以获取文献结果集或者选择的部分文

图 7-27　SciFinder 文献检索的检索结果显示页

献所引用的文献，即被引文献；Get Citing Reference 功能可以获取文献结果集或者选择的部分文献的施引文献。

2) 输出多条记录

SciFinder 的保存功能不是把检索结果保存到用户的个人计算机，而是把检索结果保存到 CAS 的服务器上，最多可以保存 20000 条文献。单击页面右上角的 Save 按钮，在弹出的对话框中选择页面中所有的文献或是选中的部分文献，在 Title 文本框中输入保存的结果名称，单击 OK 按钮。如果要查看已保存的结果，单击页面右上角的 Saved Answer Sets 按钮。如果之前没有进行特别设置，则已保存的结果集中显示的就是该用户账号下保存的所有文献结果集。单击名称就可获取该名称所包含的所有文献，可以进行后处理，如分析、限定、系统分类等操作。单击 Edit 按钮可以编辑该结果的名称和描述。单击 Link 按钮可获取该名称包含所有文献的网址，该网址可保存或发送给其他有 SciFinder 账号的用户查看。页面上方的组合功能(Combine Answer Sets) 允许用户对多个已保存的文献结果集进行 OR、AND、NOT 组配检索。在弹出的对话框中 Combine 相当于 OR 操作，Intersect 相当于 AND 操作，Exclude 相当于 NOT 操作。

如果要将检索结果保存到个人计算机中，就需要使用页面右上方的导出(Export)功能。在弹出的对话框中选择导出所有文献结果集或是选中的部分文献。在 File Name 文本框中输入自己设定的英文文件名，File Type 列表框中有多种保存格式，常用的为 AKX、PDF、RTF 格式，选择之后单击 Export 按钮。AKX 为系统自带格式，需要再次进入 SciFinder 才能打开已保存的 AKX 文件，该格式最多保存 20000 条文献。打开已保存的 RTF 格式，不需要安装任何软件，打开后是一个类似 Word 的文档。RTF 格式和 PDF 格式如果选择 Format 中的 Summary，则最多保存 500 条文献；选择 Format 中的 Detail 项，最多保存 100 条文献。

3) 结果集分析

检索结果显示页左侧为结果集分析界面，系统提供 12 种分析选项：作者姓名 (Author Name)、CAS 登记号 (CAS Registry Number)、学科名称 (CA Section Title)、机构名称 (Company-Organization)、所属数据库 (Database)、文献类型 (Document Type)、索引词 (Index Term)、CA 概念术语 (CA Concept Heading)、期刊名称 (Journal Name)、出版语言 (Language)、出版年代 (Publication Year)、附加词 (Supplementary Terms)。默认的是作者姓名的分析结果，以条形图显示。图 7-27 右侧列出了前 10 位作者姓名的分析条目，其中每个条目表示一个分析子结果，在条目右侧显示了文献的数量。要改变分析类别，可以单击 Analyze by 下的下拉菜单，选择要分析的选项，即出现该项的分析结果。如果要查看更多的分析条目可以单击下方的 Show More 按钮。单击任一子条目会变成黄色，虽然检索文献的结果集没有改变，但可以显示该子条目的所有文献。此时以黄色条目信息提示显现在文献结果集的上方。单击 Keep Analysis 按钮可以查看选择的分析子条目的文献，单击 Clear Analysis 按钮可以返回分析前的文献结果集。

4) 精炼检索结果

精炼检索结果 (Refine) 功能选项卡在结果集分析 (Analysis) 的右侧，单击即可切换，界面如图 7-28 所示。系统可将检索结果按主题词 (Research Topic)、作者姓名 (Author)、机构名称 (Company Name)、文献类型 (Document Type)、出版年代 (Publication Year)、语言 (Language)、数据库 (Database) 等限定字段组成不同的集合进行聚类显示。由于精炼检索结果功能中的各种途径囊括了输入关键词页面下方的限制条件，所以可以在最初的检索不进行限制，先获取一个最全面的结果，再利用分析或限定功能来进行二次检索。精炼检索结果功能中的 Research Topic 允许用户在下方的检索框中再次输入关键词来进行限制。在检索词的前面可加上 NOT，意味着获取不包括该检索词的文献。

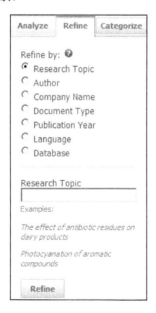

图 7-28　SciFinder 精炼检索结果界面

5) 检索结果分类

在文献检索结果显示页的右下角有 Categorize 功能按钮，该功能也是文献检索结果特有的一个后处理选项。单击 Categorize 按钮，弹出 Categorize 窗口，系统会把当前页面的文献结果(或者已选择的)分成几个学科类别罗列在 Category Heading 列表框中，如图 7-29 所示；单击某一个学科类别，系统会在 Category 列表框罗列出该学科下属的子学科，选择感兴趣的子学科，Index Terms 列表框中会出现该子学科下属的索引词或索引物质。 选择某一个或某几个索引词(索引物质)后，单击右下方的 OK 按钮可获取该索引词(索引物质)所涉及的文献。

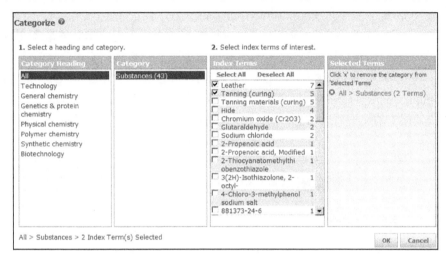

图 7-29　SciFinder 的 Categorize 功能界面

6) 检索历史

SciFinder 的检索结果有时候比较长，如果用户想要获取之前某一步的检索结果，不需要不断单击网页浏览器上的后退工具，只需要在 SciFinder 页面中的导航条选择想要退回的那一步就可以获取该步骤操作所有的文献。导航条中还简要写明了该步的基本操作以及所包含文献的数目。单击主页面右上角的 History 按钮，可下载获取最近 10 次的检索历程。

4. 个性化服务功能

定题服务(Keep Me Posted)在设置好之后，系统会自动每周检索数据库中有无符合已设置检索条件的新文献出现。首先在文献结果显示页的左上角单击 Add KMP Alert 按钮，在 Title 下面的空白框输入创建定题提醒服务的文件名，必须为英文，也可输入该文件的描述(可选)。该服务的默认有效期是从创建服务即日起一年内。定题服务的功能系统可记住最初的检索式以及通过 Refine 功能设置的检索式，但分析和系统分类的二次检索获取的文献结果无法设置定题服务。单击任一页面右上角的 Keep Me Posted Results 按钮，可以查看已建立的定题服务文件及检索结果。

7.2.5　ACS Publications

1. 概述

美国化学学会(American Chemical Society，ACS)成立于 1876 年，是世界上最大的科技协会之一，其成员数超过 17.3 万人。ACS 一直致力于为全球化学研究机构、企业及个人提供高品质的文献资讯及服务，在科学、教育、政策等领域提供了多方位的专业支持，成为享誉全球的科技出版机构。ACS 的期刊被 ISI 的期刊引证报告(JCR)评为"化学领域中被引用次数最多的期刊"。ACS 出版的文献类型有图书、期刊、会议文献及新闻等，其中期刊超过 40 种，最早的可回溯到 1879 年，涵盖生化研究方法、药物化学、有机化学、普通化学、环境科学、材料学、植物学、毒物学、食品科学、物理化学、环境工程学、工程化学、应用化学、分子生物化学、分析化学、无机与原子能化学、资料系统计算机科学、学科应用、科学训练、燃料与能源、药理与制药学、微生物应用生物科技、聚合物、农业学等 24 个主要的化学研究领域。

ACS 的检索平台为 ACS Publications(pubs.acs.org)，其主要特色：除具有一般的检索、浏览等功能外，还可在第一时间查阅到被作者授权发布、尚未正式出版的最新文章(Articles ASAPsm)；回溯年代长；用户可定制 E-mail 通知服务来了解最新的文章收录情况；具有增强图形功能，含 3D 彩色分子结构图、动画、图表等；全文具有 HTML 和 PDF 格式可供选择。

ACS Publications(以下简称 ACS)数据库首页如图 7-30 所示。任何用户均可访问并免费检索获取该数据库的文摘题录信息，正式用户才能下载全文，对于机构用户采用 IP 地址控制使用权限。

图 7-30　ACS 数据库首页

2. 检索方式

ACS 提供期刊浏览、快速检索和高级检索 3 种检索方式。

1) 期刊浏览(Publication A ~ Z)

在 ACS 首页左下方即是期刊浏览区域(Publication A～Z)，系统默认按首字母排序，也可选择按学科(CAS Section)浏览。

单击某一期刊的刊名链接进入该刊主页,如图 7-31 所示。系统提供该期刊的详细信息介绍,可获得该刊发表的所有论文的电子全文,还可以查看到先于印刷版发表的网络版文章(Articles ASAP)、最新一期印刷版期刊的目次(Current Issue)、被阅读最多的 20 篇文章(Most Read)。通过右侧 Browse By Issue 栏中对卷、期的限定可指定浏览某一期,单击 List of Issues 按钮可直接浏览该刊的其他卷期。

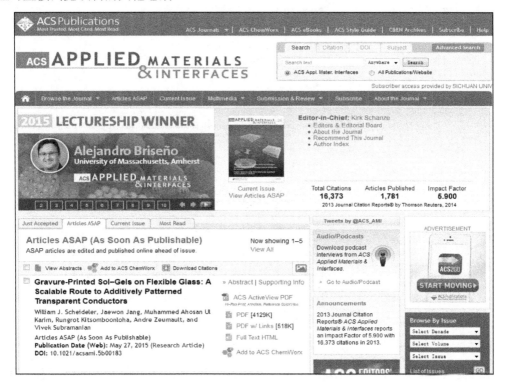

图 7-31　ACS 某期刊主页

2)快速检索

在 ACS 的任何一个操作界面,快速检索区始终会出现在页面的右上方,系统提供 1 个检索行。快速检索分为基本检索、引用检索、DOI 检索和主题检索 4 种途径。

(1)基本检索(Search)。系统提供的可检字段包括全文(Anywhere)、题名(Title)、作者(Author)和摘要(Abstract)。检索框内的检索词可以是单词、词组或用检索算符连接的多个词(组)。

(2)引用检索(Citation)。用于快速检索原文的引用信息。通过下拉菜单选择期刊名(缩写),再输入卷号和起始页码进行检索。

(3)DOI 检索。数字对象标识符(Digital Objects Identifier,DOI)是一组由数字、字母或其他符号组成的字符串,包括前缀和后缀两部分,中间用一道斜线区分。前缀由识别符管理机构指定,后缀由出版机构自行分配。在 DOI 检索时,检索框中已显示前缀部分,用户只需输入后缀进行检索。

(4)主题检索(Subject Search)。系统展开 ACS 的 5 个主要学科分类和 80 个研究主题的树状结构目录,单击研究主题可以浏览该研究主题下的文献题录,亦可在该研究主题范围内进行检索。

3）高级检索（Advanced Search）

单击快速检索区右侧的 Advanced Search 链接进入高级检索界面，如图 7-32 所示，左侧是检索区（Your Search），右侧是检索指南（Search Tips）。

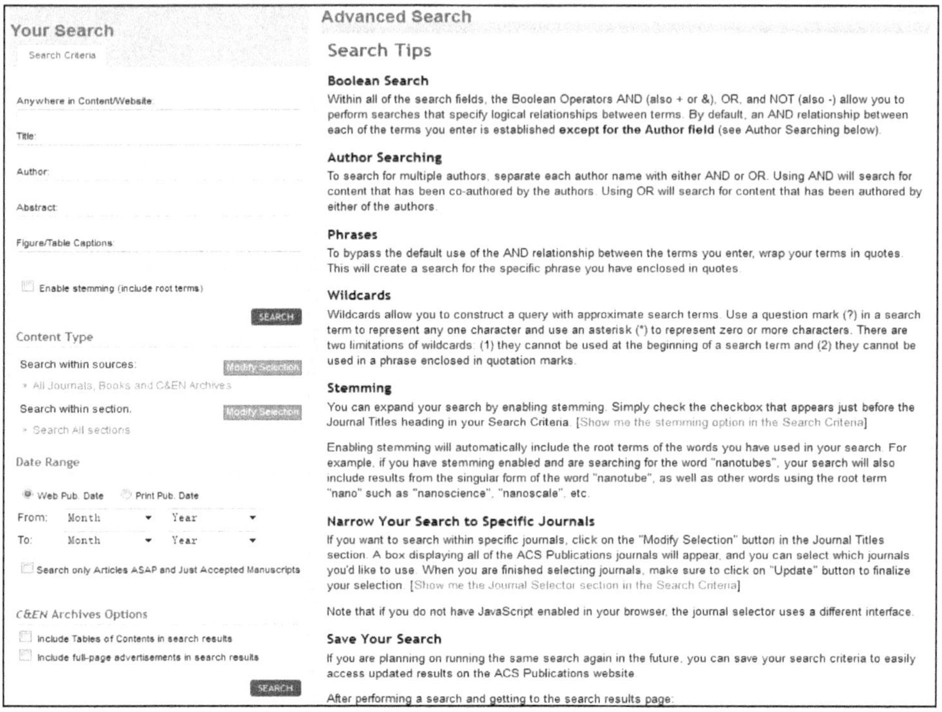

图 7-32　ACS 高级检索界面

系统提供 5 个检索行，分别对应全文、题名、作者、摘要和图标说明 5 个检索字段，检索行之间默认为逻辑"与"关系。检索框内的检索词可以是单词、词组或用检索算符连接的多个词（组）。进行作者检索时，可输入作者的名或姓或全名。两个作者之间用逻辑"与"关系的检索只能检索到合作文献。用双引号""可实现精确短语检索。系统默认支持词干和词根检索，选中 Enable stemming 复选框可取消词干和词根检索功能。

检索区下方是检索范围限制选项，包括期刊范围（系统默认为全部 ACS 期刊）、学科主题（系统默认为全部 ACS 学科主题）和期刊出版时间等。

3．检索结果的显示与处理

1）基本检索的检索结果

ACS 基本检索的检索结果显示页如图 7-33 所示，左侧为调整检索区，右侧为检索结果列表。检索结果列表中显示的记录数量细分为总计、研究论文数量、新闻与评论数量等标签页，可分别显示。默认的列表视图显示每条记录的题录信息，包括题名、作者、刊名、年/卷/期、页码、DOI、学科主题、摘要、PDF 格式全文、PDF w/links 格式全文（文献中参考文献提供超链接）、HTML 格式全文的链接。用户可以利用下拉菜单选择检索结果排序方式：相关度（Relevance）、出版日期（Publication Date）、手稿类型（Manuscripts Type）、刊名（Publication Name）、第一作者的姓（First Author's Last Name）。

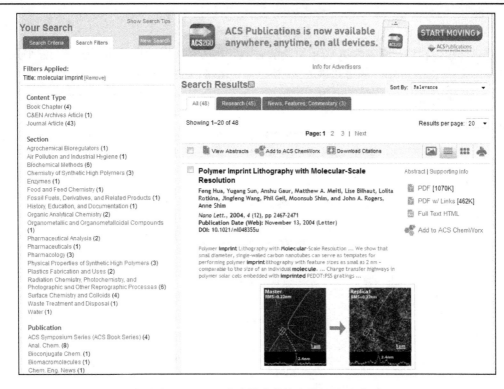

图 7-33 ACS 基本检索的检索结果显示页

(1) 查看单条记录。单击结果列表中的记录题名链接，进入单条记录的文摘页面。除了题录信息与全文下载等链接，系统还提供各种链接工具(Tools & Sharing)：将文献添加至收藏夹(Add to Favorites)、引文下载(Download Citation)、引用通报(Citation Alert)等。

(2) 输出多条记录。选中检索结果列表中单条记录左侧的单选按钮，或者选中列表上方的复选框(选中所有记录)之后，可以选择查看摘要(View Abstracts)、添加到 ACS 的文献管理工具(ACS ChemWorx)或下载引文(Download Citations)。

(3) 精炼检索结果。左侧调整检索区的检索过滤器(Search Filters)标签页中保留了检索条件，单击每个检索条件后面的 Remove 按钮可删除该条检索限制并重新检索。下方可将检索结果按内容类型(Content Type)、主题(Section)、出版物(Publication)、文献类型(Manuscript Type)、作者(Authour)和时间范围(Date Range)等限定字段组成不同的集合进行聚类显示。利用底端的 Save This Search 可进行保存检索式操作。单击与标签页平行的 New Search 按钮可以开始一个新检索。单击检索区中检索条件(Search Criteria)标签页返回高级检索页面，可开始新检索。

2) 引用检索的检索结果

如果输入的卷期页码准确，则显示单篇文献的文摘页；如果输入的页码不准确，则显示该刊指定卷的所有期，用户可进一步选择。

3) DOI 检索的检索结果

直接显示该篇文献的文摘页。

4) 主题检索的检索结果

检索结果显示页的上半部分有该主题的描述和最新出版的几篇文献的题录信息；右上方的检索区可实现在该学科主题范围内的检索；下半部分与基本检索的检索结果显示页相同。

4. 个性化服务功能

用户通过免费注册获得个人账号并登录后，单击 ACS 任何一个操作页面左上方个人用户注册登录区的 Your Profile 链接即进入 ACS 个性化服务界面，如图 7-34 所示。

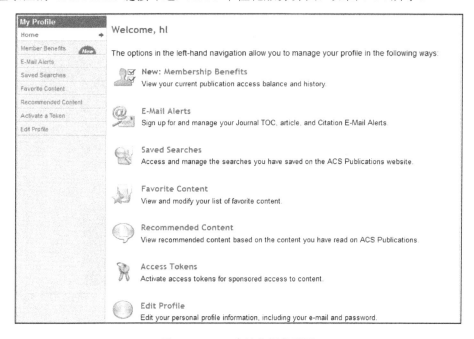

图 7-34　ACS 个性化服务页面

(1) 会员权益 (Member Benefits)：查看当前账户余额及使用记录。此项为个人付费会员账号登录及账号查询的功能。

(2) 电子邮件提醒服务 (E-Mail Alerts)：用户可以设置期刊电子邮件通报或修改现有的通报，也可以查看或修改引用通报设置。

(3) 保存检索式 (Saved Searches)：访问或管理用户已经保存在 ACS Publications 数据库中的检索式，可随时重新检索或删除已保存的检索式，亦可订阅 RSS。

(4) 最喜爱的内容 (Favorite Content)：用户可查看已设置的文章或书的章节列表。在单篇文献的文摘页，单击"链接工具"栏下的"添加至收藏夹"选项可将摘要或全文的 HTML 网页添加至此清单中。

(5) 推荐服务 (Recommended Content)：系统会根据用户在 ACS Publications 数据库中的阅读历史自动推荐相关论文。

(6) 登录动态口令 (Access a Token)：付费登录动态口令激活。此项为个人付费会员账号登录及账号查询的功能。

(7) 编辑个人资料 (Edit Profile)：修改用户的注册信息。

7.2.6　BIOSIS Previews

BIOSIS Previews (BP) 由美国生物科学信息服务社（Biosciences Information Service，BIOSIS）出版，是世界上最大的关于生命科学的文摘索引数据库。BP 对应的出版物包括《生物学文摘》(Biological Abstracts, BA)(1969 年至今)，《生物学文摘——综述、报告、会议》(Biological Abstracts/RRM)(1980 至今)以及《生物研究索引》(BioResearch Index)(1969~1979 年)。数据库学科覆盖范围广，从传统生物学领域(如植物学、动物学、微生物学)到与生物学相关的领域(如生物医学、农业、药理学、生态学等)，再到交叉学科领域(如医学、生物化学、生物物理、生物工程、生物技术等)，共收录了 1926 年以来的 1800 多万条记录，数据来源于 100 多个国家出版的 5500 多种期刊(其中 2100 种生物学和生命科学出版物是完全收录，另外 3000 种出版物由学科专家根据内容精选而收录)、1650 多种会议录，以及图书和专利说明书等出版物。数据库每周更新，每年新增记录约 50 万条。

目前 BP 数据库可在 ISI 和 Ovid 平台进行检索，在 ISI 平台的相关检索方法可参见 7.3.1 节。

7.2.7　自然科学、工程技术类典型网络资源

1. 自然科学类典型网络资源

1)国家自然科学基金委员会(www.nsfc.gov.cn)

国家自然科学基金委员会是管理国家自然科学基金的国务院直属事业单位，由研究项目、人才项目和环境条件项目三大系列组成资助格局。建立面上、重点、重大项目，重大研究计划，联合资助基金，实质性国际合作研究等的资助项目系列；通过实施科技人才战略，架构以国家基础科学人才培养基金、青年科学基金、地区科学基金、国家杰出青年科学基金、创新研究群体科学基金等较完整的人才培养资助体系；完善以科学仪器基础研究、国际合作交流项目、科普项目等专项构成的环境条件项目体系。

特色栏目有基金要闻、图片新闻、特别关注、科技快讯、国际合作、联络网园地、信息公开、政策法规、基金指南、项目资助、统计报告、出版物等。

2)世界自然基金会(www.wwfchina.org)

世界自然基金会(WWF)是一家非政府环境保护组织，致力于环保事业。WWF 在中国的领域包括大熊猫保护、物种保护、淡水和海洋生态系统保护与可持续利用、森林保护与可持续经营、可持续发展教育、气候变化与能源、野生物贸易、科学发展与国际政策等领域。

3)中国科学院自然科学史研究所(www.ihns.ac.cn)

该研究所主要从事科学与技术发展的历史和规律，科技与社会、经济、思想、文化的关系，以及相关的科技发展战略研究，是具自然科学与人文社会科学功能的研究实体之一，为国务院学位委员会确认的"科学技术史"一级学科学位授予点，在国内从事科学技术史及相关学科研究的机构中具有公认的核心地位，在国际科学史界有较大的影响，设有科学传播、研究生教育、文化活动、学术刊物栏目等。

4)自然出版社(www.nature.com)

英国著名期刊 *Nature* 是国际性科技期刊之一，报道和评论全球科技领域里最重要的突破。Nature 网站提供 1997 年以来出版的 *Nature* 期刊，还可查阅其姊妹刊物 Nature 出版集团(Nature Publishing Group)出版的 8 种研究月刊、6 种评论月刊，以及 3 种重要的物理与医学方面的参考工具书。

5）中国科学院数据云（www.csdb.cn）

该网站设科学数据服务、基础设施服务、技术支撑服务等栏目。

6）中国科技大学非线性科学研究所（nlsc.ustc.edu.cn）

通过该研究所可获得汪秉宏研究组学术成果、王文阁研究组学术成果、国内外最新进展、会议、合作机构等信息。

7）中国科学院数学与系统科学研究所（www.amss.ac.cn）

中国科学院数学与系统科学研究院是一个综合性学术研究机构，由中国科学院数学研究所、应用数学研究所、系统科学研究所及计算数学与科学工程计算研究所四个研究所整合而成。可获得数学与系统科学研究方向的学术信息。

8）中国科普博览（www.kepu.net.cn）

该网站设有图说科普、科普动态、科学活动、科学体验等栏目。

2. 数理科学类典型网络资源

1）中国数学资源网（www.mathrs.net）

该网站设有数学建模、数学实验、数学英语、分形几何、趣味数学、数学应用、美丽数学、数学文化、数学名言、数学幽默、数学游戏、数学科普、数学大奖、图形欣赏、难题研读、竞赛联赛、数学百科、古今数学史、走近大师、教案讲义、数学课件、练习测试、数学教育、课程建设、好书天天读、数学组织、数学刊物、数学网站、幻方大世界、图片视频、高考、考研、自考、MBA 数学、奥数、成人高考、高等数学、初等数学、数学研究、数论世界、论文集锦、数学文献、译林导读、数学拾零、数学名文、不等式大全、科学探索、名著在线、数学机械化、名题与猜想、数学软件等栏目。

2）数学中国（www.madio.net）

该网站的特色栏目有每日科技报告、前沿数学、趣味数学、学术期刊检索、考研、保研、留学、建模等。

3）中国大学生数学竞赛网（www.cmathc.com）

该网站由国防科技大学理学院承办，学习者可获得最新动态、试题下载、竞赛论坛等信息。

4）中国数学建模网（www.shumo.com）

该网站提供数模新闻、数模优秀论文下载、数模邮报、数模论坛等多项服务，同时可获得研究生竞赛、科技新闻、精华转载、MCM/ICM 全国赛、图书教材、数模问题、数模资讯等信息。

5）高等数学课程网站（math.fudan.edu.cn/gdsx）

该网站由复旦大学数学科学学院制作。学习者可获得数学问题解答、教学参考资料、教学大纲、答案与提示、真题等相关信息。

6）大学物理（www.dxwl.org）

该网站由华南理工大学制作，该校针对不同专业对同一门公共基础课的教学要求的参差不齐而进行大学物理教学。因而，学习者通过该网站可获得 6 个层次组成的系列课程和不同的教学计划、要求等信息。网站设有在线学习、电子资源、演示实验、知识问答、在线测试、辅助资料、趣味物理、视频资料、专题介绍等栏目。

3. 工业技术类典型网络资源

1) 工程类典型网络资源

(1) 中国工程院(www.cae.cn)。

中国工程院是我国工程技术界的最高荣誉性、咨询性学术机构，由院士组成，对国家重要工程科学与技术问题开展战略研究，提供决策咨询。

学习者可获得院士信息、院士大会、院士增选、咨询、研究、学术活动、国际交流合作、院地合作、院士行、院士建议、院士风采、出版工作、光华工程、科技奖、媒体报道、科学道德建设、科普知识等信息。

(2) 中国科研诚信网(www.sinori.cn)。

该网站由科学技术部科研诚信建设办公室制作，可供政府部门、高等学校、科研机构、科研人员和科研管理人员了解科研诚信相关的制度规范，还可了解其工作动态、实践经验、研究成果等信息，学习者可通过这一网站平台共享其工作、学习和研究相关的数据、资料和观点。

2) 金属学与金属工艺、机械类典型网络资源

(1) 中国热处理(www.ht.org.cn)。

该网站由热处理生产力促进中心承办，提供行业新闻、企业博览、产品、创新技术、供求信息、论文空间、科普知识等信息。

(2) 中国铸造协会(www.foundry.com.cn)。

该网站提供协会工作、会展信息、材料、企业大全、产品大全、行业服务、铸造论坛、政策法规、教育培训、行业资料、供求商讯、招聘求职等信息。

(3) 中国焊接网(www.chinaweld.com.cn)。

该网站由大连天远焊接自动化技术有限公司制作，可获得焊接、切割、钣金、冲锻技术和设备等相关信息。

(4) 国际金属加工网(www.mmsonline.com.cn)。

该网站提供国际最新技术与市场发展和产品信息。特色信息有 4 类：①切削机床，含车削机床、铣削机床、磨削机床、钻削机床、特种机床等；②切削刀具，含铣刀、车刀、镗刀、螺纹刀、孔加工、夹具、非标、对刀仪、涂层等；③工业测量，含坐标测量、长度仪器、影像仪器等；④工业润滑，含切削液、润滑油脂、表面处理剂等。

(5) 中国机床工具工业协会(www.cmtba.org.cn)。

中国机床工具工业协会(CMTBA)是经中华人民共和国民政部批准的具有社会团体法人资格的全国性社会团体。在该网站上可获得包括金属切削机床、特种加工机床、锻压机械、铸造机械、木工机床、量具、刃具、量仪、夹具、磨料磨具、涂附磨具、超硬材料及其制品、数控系统、数显装置、机床电器、机床附件、机床功能部件、机床辅机、机床零部件与维修、工业机器人等领域的内容。

(6) 中国模具工业协会网(www.cdmia.com.cn)。

通过该网站可获得模具的资料信息、行业动态、人才教育、国际交流等。

(7) 中国液压气动密封工业网(www.chpsa.org.cn)。

该网站由国务院国有资产监督管理委员会业务主管，提供液压、液力、气动、密封产品的研究、开发、生产制造、商贸企业、科研院所等信息。

(8) 机经网(www.mei.net.cn)。

该网站由中国机械工业联合会主办,是中国机械工业的门户网站。该网站提供的信息覆盖农业机械、工程机械、仪器仪表、石化通用、重型矿山、机床工具、电工电器、机械基础件、食品包装、汽车工业及其他民用等行业,涉及新闻、会展、供求、统计、分析、政策、价格、产品、材料、项目、贸易、管理、质量、技术、标准等方面,并提供大行业和系统内企业和产品数据库的在线查询。

(9) 机械英才网(www.mechr.com)。

机械英才网是国内较有权威性和专业性的分行业招聘网站,为机械、汽车、船舶、仪器仪表、电力电气等相关行业企业以及行业人才提供招聘、求职、人才测评、培训等服务。

3) 无线电电子学、电信技术类典型网络资源

(1) 中国电子学会(www.cie-info.org.cn)。

该网站由中国电子学会主办,主要频道有学会刊物、学会奖项、学会简报、成果展示、继续教育、资格认证等。

(2) 电子信息产业网(www.cena.com.cn)。

该网站由工业和信息化部主管,由中国电子报社主办,提供数字报纸、产业要闻、基础电子、消费电子、网络运营、软件服务、3D、LED、MCU、专题、PDF、会展、论坛等信息。

(3) 中国半导体行业协会(www.csia.net.cn)。

该协会是由全国半导体界从事集成电路、半导体分立器件、半导体材料和设备的生产、设计、科研、开发、经营、应用、教学的单位、专家及其他相关企事业单位自愿结成的行业性的、全国性的、非营利性社会组织,设有国际国内新闻、热点观察、产品与技术等特色栏目。

(4) 国家产业公共服务平台(www.csip.org.cn)。

该网站由中国电子工业科学技术交流中心(工业和信息化部软件与集成电路促进中心)承担国家软件与集成电路等公共服务平台的制作,设有在线服务、产业资源、展示交易、产业资讯等栏目。

(5) 中国电子元件行业协会(www.ic-ceca.org.cn)。

该网站的业务主管单位为工业和信息化部,该协会是由电子元件行业的企(事)业单位自愿组成的、行业性的、全国性的、非营利性的社会组织,提供行业新闻、元件百强、市场资讯、研究报告、统计分析、元协简报、考察培训、专业论坛等信息。

(6) 无线电设备型号核准行政许可受理网(www.srta.cn)。

该网站设政策法规、检测机构等栏目。

(7) C114 中国通信网(www.c114.net)。

该网站内容覆盖新闻、监管、运营、设备、终端、增值、财经、技术、市场、专题、会展、人物、访谈、移动、数据、接入、交换、电源、线缆、视频、终端、测试、光通信、FTTH、电信网、互联网 3G 、LTE、IPTV、IP 通信、NGN、WiMax、三网融合、物联网、卫星通信、企业专题等方面。

(8) 中国无线电管理网(www.srrc.org.cn)。

该网站由工业和信息化部无线电管理局制作,主要负责编制无线电频谱规划、无线电频率的划分、分配与指配、监督管理无线电台(站);卫星轨道位置协调和管理;协调处理军地间无线电管理;无线电监测、检测、干扰查处,协调处理电磁干扰,维护空中电波秩序;组

织实施无线电管制；涉外无线电管理工作。该网站提供机构、职责、政策法规、频谱管理、台站管理、无线电监测、设备检测、无线电管理、信息化、国际交流合作、业务培训等信息。

(9) 数字电视中文网(www.dvbcn.com)。

该网站覆盖有线电视、移动电视、数字产品增值业务手机电视、条件接收有线运营、地面电视、机房前端宽带运营、数字广播、运营支撑 IPTV 网视、手机方案、高清电视光通信、发射机、机顶盒 HFC+VoIP、3GTV+视频、中间件应用电视产业、广电观察、广电技术付费频道、广电总局、广电标准节目指南、广电财经、传输通信卫星电视、三网融合、码流复用数字电影、国际市场、视频技术媒体媒介、招标中标、信号测试摄录编播、展会、调谐遥控等内容。

(10) 飞象网(www.cctime.com)。

该网站设飞象科技、运营、制造、终端、三网融合、手机、互联网、云计算、IT、5G、光通信、LTE、芯片、物联网、技术、测试、会展、报告、周刊等栏目。

4) 自动化技术、计算机技术类典型网络资源

(1) 中国自动化网(www.ca800.com)。

该网站覆盖的行业领域有电力能源、交通、冶金、石油化工、机械制造、造纸印刷、纺织印染、智能建筑、物流、水工业、建材、塑胶、医药、汽车等；覆盖的产品种类有变频器、伺服系统、PLC、工业以太网、现场总线、机器视觉、传感器、仪器仪表、控制系统、控制元件、人机界面、自动化软件、工控机、远程测控通信、嵌入式系统、电机传动、电源、电力电子、工业电器、流体控制等。其特色有低压变频器、高压变频器、传感器、工业电器、人机界面、工控机、自动化软件、现场总线、机器视觉、流体控制、RTU、PLC、嵌入式系统、伺服系统、仪器仪表、电力电子、电机传动、控制系统、工业以太网、控制元件、工业安全等。

(2) 中国科学院计算技术研究所(www.ict.ac.cn)。

该研究所是中国一家专门从事计算机科学技术综合性研究的学术机构。该所曾研制成功了我国第一台通用数字电子计算机，并成为我国高性能计算机的研发基地，我国首枚通用 CPU 芯片也诞生在这里。该网站提供新闻动态、科研成果、研究队伍、国际交流、技术转移研究生教育、学术出版物、创新文化、科学传播等方面的信息。

(3) 中国计算机学会(www.ccf.org.cn)。

该学会是中国计算机及相关领域的学术团体，是为该领域专业人士的学术和职业发展提供服务；推动学术进步和技术成果的应用；进行学术评价，引领学术方向；对在学术和技术方面有突出成就的个人和单位给予认可和表彰的一级学会。该学会与 IEEE 计算机学会、ACM 等国际学术组织有密切的联系或合作。

其网站提供学术会议、优秀成果及人物评奖、学术刊物出版、科学普及、计算机专业工程教育认证、计算机术语审定等信息。

(4) 中南大学计算机理论与软件研究所(netlab.csu.edu.cn)。

该研究所是在中南大学信息科学与工程学院和计算机科学与技术系多年进行算法优化及应用研究的基础上建立的。目前，依托中南大学计算机应用技术博士点、计算机软件与理论博士点、计算机科学与技术硕士点开展研究工作，并对国内外开放，在信息科学领域享有一定知名度。

通过该研究所网站可了解该所主要研究方向包括计算理论与算法、网络优化理论、无

线通信系统、网络安全、生物信息学、软件工程和虚拟实验室等以及科研项目、科研成果等内容。

(5)中国软件网(www.soft6.com)。

该网站提供管理软件、财务管理、ERP、CRM、流程管理、商业智能、项目管理、行业应用、酒店餐饮、文化体育、科研院所、电信、金融保险、钢铁冶金、交通运输、医药保健、汽修汽配、机械五金、基础软件、操作系统、中间件、软件开发平台、网络管理、网络计费远程接入、存储备份等方面信息。

(6)中国信息技术实验室(c.chinaitlab.com)。

该网站涉及信息技术行业的技术、教育、人才三大领域,有3个网站:①信息技术实验室网(www.chinaitlab.com),提供信息技术职业服务链及海量信息技术学习资源,包括Cisco、Microsoft等国际认证频道;Java、DotNet、Oracle等软件开发及数据库频道;Windows、Linux等操作系统频道;网页设计、平面设计、多媒体等信息技术基础频道;电子书、教学视频等下载频道;技术专题以及论坛、博客等社区;②21世纪IT人才网(www.21itjob.com),涉及信息技术人才招聘、人才派遣、人事外包、猎头等人力资源服务;③中国 IDC 圈(www.idcquan.com),是国内 IDC 行业较权威的媒体平台、中国 IDC 产业发展调查暨年度大典官方网站。

有两种报纸:《IT实验室周报》涉及网络应用、系统集成、软件开发、互联网运营、信息技术管理等方面,对计算机专业学生、企业CTO、CIO、技术主管、网络工程师、系统管理员、软件工程师有较大帮助;《21世纪IT人才报》是专业信息技术人才招聘平面报纸。

(7)中国国际电子商务网(www.ec.com.cn)。

该网站由中国国际电子商务中心(CIECC)制作,该中心是中华人民共和国商务部信息化建设执行机构和技术支撑单位。该中心拥有两地四中心网络基础设施、专业技术服务团队、遍布全国的服务网络,以电子商务"国家队"品牌服务国内、国际各类企业与机构。

(8)inspur浪潮(www.inspur.com)。

该网站由浪潮集团制作,该集团是一家信息科技产品和领先解决方案服务商,在计算机、软件、移动通信、智能终端、半导体等方面的信息见长。

(9)嵌入式在线(www.mcuol.com)。

该网站主要提供嵌入式业内厂商、产品、技术、方案、应用、资料、商务、市场、培训、新闻等信息,特色有嵌入式系统与开发软件下载与应用、嵌入式处理器(MCU、DSP、FPGA等)应用方案、嵌入式模块与板卡开发、开发工具套件信息提供以及嵌入式模块与板卡的应用等。

(10)中国计算机技术职业资格网(www.ruankao.org.cn)。

该网站由工业和信息化部教育与考试中心主办。计算机技术与软件专业技术资格(水平)考试是在人力资源和社会保障部、工业和信息化部领导下的国家级考试。学习者通过该网站可获得考试介绍、政策法规、报考须知、考试指南、教材与试题下载、合格标准与证书、问题与解答等信息。

(11) 工业与信息化部教育与考试中心(www.ceiaec.org)。

该网站由工业和信息化部教育与考试中心制作。该中心是经中央机构编制委员会办公室批准设置的事业单位,承担工业、通信业和信息化系统专业人才培训及相关资格考试的有关工作。该网站主要包括教育培训与职业资格考试研究和专业人才需求预测;教育培训规划、计划的拟定及实施;计算机技术与软件专业技术资格(水平)考试;通信专业技术人员职业水平评价;委托开考的高等教育自学考试助学;电子行业特有工种职业技能鉴定;继续教育培训与咨询服务;职业教育的国际交流与合作等方面信息。

(12) IEEE 计算机协会(www.computer.org)。

通过该网站可获得出版物、会议、数字图书馆等新信息。

5) 建筑科学类典型网络资源

(1) 中国建筑文化网(www.chinaacsc.com)。

该网站是一家专业性的建筑文化网站,也是国家一级期刊《建筑与文化》指定的官方平台,提供新闻、资讯、关注、设计、地方、人物、生活、文化城市等信息。

(2) 中国建筑经济网(www.coneco.com.cn)。

该网站可为建设投融资、工程管理、工程施工、工程设计、房地产开发与经营、工程咨询、工程造价、工程招投标、工程监理等企事业单位、高等院校、设计院所和个人提供服务;内容覆盖行业发展论坛、建设投融资、工程管理、工程造价、招标投标、工程监理、研究探索、房地经济、道桥工程经济、水电工程经济、企业经营管理、国际市场、节能经济等方面。

(3) 中国建筑科学研究院(www.cabr.com.cn)。

该网站提供建筑结构、工程抗震、地基基础、建筑物理、住宅体系及产品、智能化建筑、建筑 CAD、建筑环境与节能、建筑机械与施工、新型化学建材、建筑防火、建筑装修等专业中的研究领域信息。

(4) 中国建筑设计研究院(www.cadreg.cn)。

通过该网站可获得前期咨询、规划、设计、工程管理、工程监理、工程总承包、专业承包、环评和节能评价等固定资产投资活动全过程等方面信息。该网站主要包括建筑工程设计与咨询、城市与小城镇规划、市政工程综合设计、城市燃气与工业煤气、污水与垃圾处理、道路桥梁设计、建筑智能化及系统工程设计、建筑标准设计、景观艺术设计、工程监理、工程总承包、居住工程、建筑标准、科技信息技术、建筑历史、建筑经济等业务及其相应科研工作等内容。

(5) 国家建筑标准设计网(www.chinabuilding.com.cn)。

中国建筑标准设计研究院是国内一家集国家建筑标准设计管理、工程设计与咨询、建筑设计软件开发、建筑产品信息服务等业务于一体的建筑设计企业。该网站主要提供建筑行业、建筑工程设计、甲级资质和建筑智能化、系统工程设计、专项甲级资质信息,涉及规划、建筑、结构、给水排水、暖通空调、电气、弱电、动力、预算、计算机软件等专业。

(6) 中国建设科技网(www.buildingstructure.com.cn)。

通过该网站可阅读《建筑结构》期刊,还可网上投稿,获得土木专家、工程档案、设计、招聘企业等信息。

（7）中国建材在线（www.jc.net.cn）。

该网站由中国建材市场协会和北京广迅通网络技术有限公司共同组建，并与北京造价管理处共同推出的综合服务网络平台，是建筑、建材领域的电子商务网站，提供钢筋、螺纹钢、钢管、线材、圆钢、电缆、沥青、水泥等方面的信息。

（8）中国建筑工程网（www.chinafa.net）

该网站提供的信息较全面。

一般栏目中含房建工程、市政工程、公路桥梁、铁路隧道、水利工程、火电工程、园林绿化、装饰装修、机电安装、施工监理、安全文件、合同文件、企业资质、常用表格、施工工艺、施工交底、地下室、宾馆酒店、娱乐建筑、建筑论文、住宅建筑、综合建筑、学校建筑、商业建筑、厂房建筑、公寓建筑、别墅建筑、科研建筑、医疗建筑、体育建筑、展厅建筑及其他建筑等方面的信息。

专项方案中含拆除工程方案、脚手架方案、模板工程方案、幕墙方案、应急处理方案、加固工程方案、改造工程方案、用电方案、管道方案、混凝土方案、智能化工程方案、钢结构工程方案、路面工程方案、锅炉方案、扩建工程方案、消防工程方案、爆破工程方案、游泳池方案等信息。

建筑图纸中含住宅建筑图纸、别墅建筑图纸、办公建筑图纸、商业建筑图纸、宾馆酒店建筑图纸、学校建筑图纸、医疗建筑图纸、交通建筑图纸、娱乐建筑图纸、公寓建筑图纸、体育建筑图纸、景观及古建图纸、厂房建筑图纸、毕业设计图纸、装修图纸、规划图纸、综合图纸等内容。

（9）中国建设工程招投标网（www.projectbidding.cn）。

中国建设工程招标网是为配合国家实施《中华人民共和国招标投标法》和规范建设工程项目公开招标市场，由常州中招工程咨询有限公司运营管理。该网站为各类项目业主、咨询评估机构、施工承包单位、设计单位、建材和机电供应商、招标代理机构提供在线信息交流；帮助项目业主找到施工承包单位和机电设备、建材供应商。

信息内容涉及环保、交通、水利水电、能源化工、市政、房产建筑、原材料、轻纺食品、机械电子、火电工程、建材、邮电通信、冶金矿产、文教旅游等行业。

（10）四川建设网-建筑施工专业服务频道（www.sccin.com.cn/AreaInfo/LaborArea）。

该频道提供政务信息、政策法规、重大项目、重建通道、立项信息、招标投标、项目建设、电子招标、专家库、动态、规范、勘察设计、建筑施工、行业中介、工程机械、建材物资、自主招标、信用档案、企业名录、房地产、招聘、培训、论坛等信息。

（11）同济大学地下建筑与工程系（geotec.tongji.edu.cn）。

通过该系网站可查找岩土及地下工程教育部重点实验室相关信息，同时可获得本科教育、硕博培养、科学研究、岩土中心等资讯。

（12）中国市政工程协会（www.zgsz.org.cn）。

该网站由中国市政工程协会主办，中国市政工程协会信息部承办，提供政策法规、协会工作、特别关注、行业动态、市政奖台、网络电视、行业风采、科技推广、国际交流、人文市政、市政英才、市政活动、行业培训、招标投标、供求市场、精品等信息。

（13）中国钢结构网（www.cncscs.com）。

该网站是由中国钢结构协会确定的电子商务网站，提供精品工程、会展、交流与合作、政策法规、资质评审、专家咨询、论文检索等信息资源和服务。

(14) 中国房地产信息网(www.crei.cn)。

该网站由国家信息中心主办。该网站的信息来源于国家发改委、国家统计局、建设部、中国人民银行、国土资源部、国家信息中心、新华社、中新社等国内外权威政府部门及研究机构。网站内容以房地产为中心,同时关注相关行业(如土地、金融、税收、城建、规划、建材等)。该网站有 5 个数据库。

房屋交易库:含全国 70 个大中城市的房屋供应与成交数据、市场运行监测报告等,包括各城市商品房与商品住宅每周和每月的可售套数、可售面积、成交套数、成交面积、成交均价、套均价格等数据。

统计数据库:含全国、各地区及主要城市房地产与宏观经济和人民生活统计数据。

① 宏观经济指标:全国及各地区宏观经济、工业、财政金融、贸易投资、价格指数等年度数据和月度数据。

② 固定资产投资与房地产开发指标:全国及各地区及主要城市的固定资产投资、房地产开发投资等年度数据和月度数据。

③ 人民生活指标:人口、就业、居民收支、居住状况等年度数据和月度数据。

④ 城市综合年度库:35 个大中城市的城市综合年度数据,包括房地产、宏观经济、土地资源、人口与人民生活等内容。

政策法规库:含与房地产相关的政策法律、行政法规等。

市场行情库:含 36 个大中城市房屋市场集中成交价格(经济适用房、普通商品住宅、高档商品住宅、非住宅商品房、存量房)、土地出让价格、100 多个城市建材市场价格(钢材、水泥、玻璃、木材)等信息。

信息资料库:含有关房地产市场的形势分析、调研报告和理论探讨等相关内容,包括行业资讯、市场走势、企业管理、地产金融、分析评论、调研报告、理论研究、精彩文章等栏目。

(15) 城市道桥与防洪网(www.roadbridgeflood.com)。

该网站是国内一个以新技术、新产品交互为主,集资讯、规范、论坛等于一体的市政公用行业专业网站,主要涉及业界要闻、行业标准、行业动态、管理施工、科技研究、成果运用、技术论坛等方面信息。

(16) 隧道网(www.stec.net)。

该网站由上海隧道工程股份有限公司制作,提供轨道交通、年会、隧道资料、TBM、隧道建设、两岸资讯、刀具、标准、通风、管片、衬砌、风险、钢模、翔安、图片、沉管、世博、鼎顺、摄影、上海城建、隧道股份、隧道视频、国际隧道、公路隧道、地铁隧道、铁路隧道、隧道科技、隧道招聘、隧道论文、盾构应用、隧道招标、隧道企业等信息。

(17) 中国建设工程造价信息网(www.cecn.gov.cn)。

该网站由住房和城乡建设部标准定额司主办,提供新闻、政策法规、行政许可、各地信息、计价依据、清单计价、造价信息等信息。

(18) 中国规划网(www.zgghw.org)。

该网站由中国国际新闻出版集团、中国新闻记者协会、中国规划杂志社联合主办,为规划、建筑、地产、园林等各界行业提供政策、资讯、媒体、会展、知识、技术、招标及商业信息,内容涉及最新资讯动态、政策法规、专业知识、专业设计和实践案例以及新闻时事、图片报道等栏目。

7.3　综合性学科信息检索

7.3.1　ISI Web of Science

1. 概况

位于费城的美国科学信息研究所(Institute for Scientific Information，ISI)由当代情报学家尤金·加菲尔德(Engene Garfield)于 1960 年创立。1963 年，他以私人身份出版了第一期多学科引文索引期刊——《科学引文索引》(SCI)，发明了量化评估期刊影响力的指标——影响因子(Impact Factor，IF)。1992 年，ISI 被全球著名的专业情报提供商汤姆森收购，之后与英国专利情报机构德温特公司(Derwent)、美国生物学文摘社等信息机构合并建立了隶属于汤姆森公司(Thomson Corporation)的汤姆森科技信息集团(Thomson Scientific)。2008 年 4 月 17 日，汤姆森公司收购英国路透集团，建立了汤姆森路透集团(Thomson Reuters)。

1997 年，ISI 建立了 Web of Science(wokinfo.com)，帮助用户通过国际互联网检索三大引文索引。2001 年 5 月 ISI 推出以 Web of Science 为核心的基于 Web 的信息资源整合平台 ISI Web of Knowledge，该平台将著名的三大引文数据库、会议录、德温特专利、BIOSIS Previews、JCR 等七大类数据库整合在同一平台内，从属关系如图 7-35 所示。该平台可以检索关于自然科学、工程技术、生物医学、社会科学、艺术与人文等多个领域中高质量、可靠性强的学术信息，堪称最全面的综合性多学科文献数据库。ISI Web of Knowledge 还建立了与其他出版公司的数据库、原始文献、图书馆 OPAC 以及日益增多的网页等信息资源之间的相互链接，实现了信息内容、分析工具和文献信息资源管理软件的无缝连接。

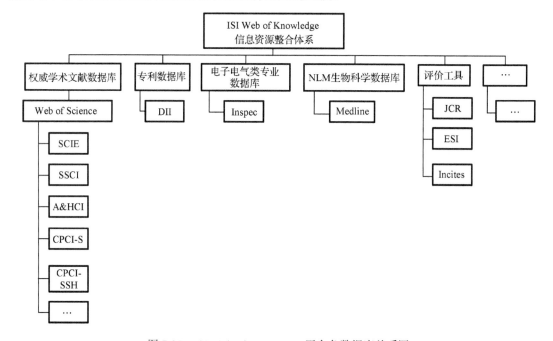

图 7-35　ISI Web of Knowledge 平台各数据库关系图

　　ISI Web of Knowledge 收录超过 23000 种期刊、2300 万个专利、11 万份会议录、9000 个网站、5000 部书籍、200 万个化学结构，以及一些学术网站内容，并可通过跨库检索一次性检索所有内容。

　　本节主要介绍 Web of Science 平台的检索方法，通过它可以直接访问 Thomson Reuters 的三大引文数据库，即科学引文索引扩展数据库、社会科学引文索引数据库、艺术人文引文索引数据库；两大国际会议录引文索引，即科技会议论文引文索引、社会科学及人文科学会议论文引文索引；两大化学信息数据库，即近期化学反应数据库和化合物索引。这一丰富的综合性信息覆盖 256 个学科，源自全球 12000 多种权威的、高影响力学术期刊和超过 16 万种会议录，数据最早回溯至 1900 年。

　　Web of Science 设置了独特的引文索引(Citation Index)，即通过先期的文献被当前文献引用，来说明文献之间的相关性及先前文献对当前文献的影响力，使其不仅成为一个文献检索工具，而且成为科研评价的重要依据。

　　Web of Science 通过独特的被引文献检索，可以用一篇文章、一个专利号、一篇会议文献或者一本书作为检索词，检索这些文献被引用的情况，了解引用这些文献的论文所做的研究工作；可以轻松地回溯课题或某一研究文献的起源与历史(Cited References)或者追踪其最新进展(Citing Articles)，既可以越查越旧，也可以越查越新，越查越深入。两个会议录数据库包括多种学科的重要会议、讨论会、研讨会、学术会、专题学术讨论会和大型会议出版的文献。使用这两个会议数据库可以在期刊文献尚未报道相关内容之前，跟踪特定学科领域内的新概念和新研究。两个化学库可以创建化学结构图来查找化合物和化学反应。

　　Web of Science 平台各数据库具体情况如下。

　　1)科学引文索引扩展数据库(Science Citation Index Expanded，SCIE)

　　SCIE 是科学引文索引的网络扩展版,是汤姆森公司原有 SCI 文摘在源刊(核心刊)基础上精选了另外的部分杂志形成的，期刊总计超过 8000 种。SCIE 收录 1900 年以来的数据，提供 1991 年以来的作者摘要信息，覆盖 150 多个领域的学科，主要包括农业、天文学、生物化学、生物学、生物工艺学、化学、计算机科学、材料科学、数学、内科学、神经系统科学、肿瘤学、小儿科、药理学、物理、植物学、精神病学、外科学、兽医学、动物学等。SCIE 已经成为当代世界最重要的大型数据库，被列在国际六大著名检索系统之首。

　　2)社会科学引文索引数据库(Social Sciences Citation Index，SSCI)

　　SSCI 为 SCI 的姊妹篇，是目前世界上可以用来对不同国家和地区的社会科学论文的数据进行统计分析的大型检索工具。SSCI 收录 2900 多种社会科学期刊，同时收录 SCIE 所收录的期刊当中涉及社会科学研究的论文，内容涵盖 50 多个学科领域，包括人类学、历史、行业关系、信息科学和图书馆科学、法律、语言学、哲学、心理学、精神病学、政治学、公共卫生学、社会问题、社会工作、社会学、药物滥用、城市研究、女性研究等。

　　3)艺术人文引文索引数据库(Arts & Humanities Citation Index，A&HCI)

　　A&HCI 是针对艺术和人文科学期刊文献的多学科索引，它收录了 1600 多种世界一流的艺术和人文期刊，提供 1975 年以来的数据和 2000 年以来的作者摘要信息，所涵盖的学科主要包括考古学、建筑学、艺术、亚洲研究、古典文学、舞蹈、民间传说、历史、语种、语言学、文学、音乐、哲学、诗歌、广播、电视和电影、宗教和戏剧等。

4）科技会议论文引文索引（Conference Proceedings Citation Index-Science，CPCI-S）

CPCI-S 是原科技会议录索引 ISTP 的新版本，提供 1990 年以来以专著、丛书、预印本、期刊、报告等形式出版的国际会议论文文摘及参考文献索引信息，涉及自然科学和工程技术的所有领域，包括农业、生物化学、生物学、生物工艺学、化学、计算机科学、工程、环境科学、内科学、物理等。

5）社会科学及人文科学会议论文引文索引（Conference Proceedings Citation Index - Social Sciences & Humanities，CPCI-SSH）

CPCI-SSH 是原社会科学及人文科学会议录索引 ISSHP 的新版本，提供 1990 年以来以专著、丛书、预印本、期刊、报告等形式出版的国际会议论文文摘及参考文献索引信息，涉及社会科学、艺术及人文科学的所有领域，包括艺术、经济学、历史、文学、管理学、哲学、心理学、公共卫生学和社会学等。

6）近期化学反应数据库（Current Chemical Reactions，CCR）

CCR 收集了 1840 年以来新的化学反应事实性的数据，包括从 39 个机构发行的一流期刊和专利中摘录的全新单步和多步合成方法。每种方法都提供总体反应流程以及每个反应步骤详细、准确的示意图。数据库除提供题名、关键词等常规的检索字段外，还可以用反应式、结构式等进行检索。检索结果包括完整的反应图示、重要的反应条件、生物数据和作者文摘。利用 CCR 可以了解最新的化学合成、药物合成和化合物及其生物活性方面的信息。

7）化合物索引（Index Chemicus，IC）

IC 收录了 1993 年以来新的化学物质事实性的数据，包括来自国际一流期刊的最新有机化合物的结构和关键支持数据，是有关生物活性化合物和天然产物最新信息的重要来源，许多记录显示了从原始材料到最终产物的反应流程，支持结构式检索。检索结果包括用结构图形式表示的化合物、重要的反应图示、完整的书目信息和作者文摘等。

ISI Web of Knowledge 的访问网址为 http://apps.webofknowledge.com，机构用户采用 IP 地址控制使用权限。系统默认为简体中文界面，在页面右上方可对语种进行转换。

ISI Web of Knowledge 首页系统默认为机构所购 ISI 平台下所有数据库的跨库检索界面，单击功能导航栏中的 Web of Science 标签可进入 Web of Science 核心合集首页，如图 7-36 所示。

2. 检索技术

1）布尔检索

使用布尔算符 AND、OR、NOT 实现逻辑"与"、"或"、"非"运算。

2）词位检索

Web of Science 中常用的词位算符为 NEAR 和 SAME。

使用 NEAR/x 可查找由该运算符连接的检索词之间相隔指定数量的单词的记录，该规则也适用于单词处于不同字段的情况。用数字取代 x 可指定将检索词分开的最大单词数。如果只使用 NEAR 而不使用/x，则系统将查找其中的检索词由 NEAR 连接且彼此相隔不到 15 个单词的记录。例如，以下检索式效果相同：salmon NEAR virus 和 salmon NEAR/15 virus。

SAME 通常用在地址检索中，可查找该运算符所分隔的检索词出现在同一个地址中的记录。注意需要使用括号来分组地址检索词，如 AD=（Portland SAME Oregon）。

图 7-36　Web of Science 首页

3) 截词检索

截词检索有三种，分别为后截词、中截词和前截词，后截词可得到该单词所提及的所有词形变化形式；中截词可找到该单词的所有变化形式或不同拼法；前截词可用于该单词的前缀形式。使用截词检索可提高查全率。Web of Science 常用的截词符有"*"、"$"和"?"。"*"截取零到多个字符，例如，输入检索词*carbon*，检索结果中会出现 carbon、hydrocarbon 和polycarbonate；"$"截取零或一个字符，例如，输入检索词 colo$r，检索结果中会出现 color和colour；"?"截取一个字符，如输入检索词 en?oblast，检索结果中会出现 entoblast 和 endoblast。

4) 精确检索

精确检索符号为双引号" "，可实现精确查找，提高查准率。引号中可套用截词符。如果不使用精确检索，则系统默认词组间各词是布尔逻辑"与"（AND）的关系，即中间可以间隔单词，不限词序。

5) 其他注意事项

(1) 在"主题"字段中可以使用 AND，但在"出版物名称"字段中不能使用。

(2) 可以在多数字段中使用 NEAR，但不要在"出版年"字段中使用。

(3) 当在除地址字段以外的其他字段（如"主题"和"标题"）中使用 SAME 时，如果检索词出现在同一记录中，则 SAME 与 AND 的作用完全相同。例如，TS=(cat SAME mouse)与 TS=(cat AND mouse) 将得到相同结果。

(4)美元符号($)对于查找同一单词的英国拼写和美国拼写非常有用。例如，flavo$r 可查找 flavor 和 flavour；问号(?)对于检索最后一个字符不确定的作者姓氏非常有用。 例如，Barthold?可查找 Bartholdi 和 Bartholdy，但不会查找 Barthod。

(5)撇号(')被视为空格，例如，Title=(Paget's or pagets)和 Title=(Paget s or pagets)返回相同数量的检索结果。

(6)如果输入以连字符、句号或逗号分隔的两个单词，则词语将被视为精确短语。

3. 检索方式

Web of Science 有基本检索、作者检索、被引参考文献检索、化学结构检索和高级检索等 5 种检索方式，通过检索框的检索方式下拉菜单可进行切换。

1)基本检索

Web of Science 首页即基本检索界面，系统默认提供 1 个检索行，每一检索行的检索字段通过右侧的下拉菜单选择。单击"添加另一字段"按钮可以增加检索行，检索行之间的逻辑关系通过左侧下拉菜单指定。检索框内的检索词可以是单词、词组或用检索算符连接的多个词(组)。检索区下方系统提供时间跨度和平台中 7 个子库的检索范围限制选项，还有"自动建议的出版物名称"和"默认情况下显示的检索字段数"设置。

系统提供 9 种检索字段，分别介绍如下。

(1)主题。把检索词放在主题字段表示在论文的题名、文摘或关键词中进行检索。在该字段中输入的检索词可以使用截词符、逻辑算符组配。

(2)标题。通过标题来查找文献，它仅在论文的题名中检索。

(3)作者。通过输入来源文献的作者姓名来检索该作者的论文被 Web of Science 平台数据库收录情况，进而了解该作者在一段时间内的科研动态。

(4)团体作者。输入团体作者的姓名，应考虑其各种写法，包括全称和缩写形式，也可利用 group author index 选择并添加到检索框中。

(5)编者。通过输入来源文献的编者姓名来查找文献，输入姓名方式与作者字段相同。

(6)出版物名称。在这个字段中应输入刊名的全称。如果记不全刊名的全称，可以输入刊名的前几个单词和截词符来检索，或者单击该字段右边的 🔍 标记，进入 Publication Name Index 查阅准确名称，选择并添加到检索输入框中。

(7)DOI。通过已知文献的数字对象标识符(Digital Object Identifier，DOI)进行检索。

(8)出版年。应输入论文出版的准确年份或发表论文的时间段。

(9)地址。在此字段中可以输入一个机构、一个城市、一个国家或一个邮编等以及它们的组合。机构名和通用地址通常采用缩写形式。可以单击该字段下方的"查看缩写列表"按钮查看缩写形式。各检索词之间可以使用 SAME、AND、OR、NOT 算符组配。一条地址相当于一句，若一条地址中包含两个或多个词汇，则检索时用 SAME 运算符连接多个词。

2)作者检索

使用作者检索功能可以简单方便地确认并检索出特定作者的所有作品。通过作者的研究领域和所属组织机构的相关信息，"作者检索"可将同名的不同作者所著的作品区分开来。作者检索界面如图 7-37 所示。

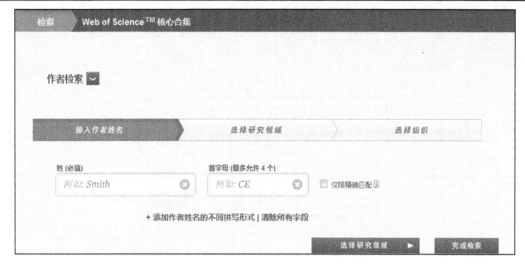

图 7-37　Web of Science 作者检索界面

在"输入作者姓名"选项卡左侧的检索框必须输入作者姓氏，右侧的检索框必须输入作者名的首字母，至少提供 1 个，最多允许输入 4 个。单击"添加作者姓名的不同拼写形式"链接可以显示另一行的"姓氏"和"姓名首字母"字段，系统允许检索作者姓名的最多 5 种不同拼写形式。检索框右侧的"仅限精确匹配"复选框，用于在检索作者姓名时扩大或缩小检索范围。系统默认取消选中该复选框，即自动使用内部通配符检索作者姓名的所有不同形式。例如，检索 Johnson T 将返回与该姓名所有不同形式相关的唯一作者集，如 Johnson T、Johnson TC、Johnson TR 等。此时单击"完成检索"按钮可直接转至检索结果页面，也可单击"选择研究领域"按钮转至研究领域页面，在该页面顶部，作者的姓名连同总记录数一起显示在"当前选择"字段中。在选中与作者关联的特定研究领域之后，可再次单击"完成检索"或单击"选择组织"按钮继续进入组织机构页面。在机构列表中选择与作者已发表著作关联的机构名称之后，单击"完成检索"按钮可获得最终检索结果。

　　3）被引参考文献检索

　　被引参考文献检索是检索某篇发表著作(论文、书籍、专利等)发表以来被引用情况的记录，可以以此了解著作的重要程度及对相关研究的影响等。被引参考文献检索界面如图 7-38 所示。

　　被引参考文献检索共分两个步骤，第 1 步是输入有关被引著作的信息。系统提供 3 个检索行，每一检索行的检索字段通过右侧的下拉菜单选择，检索行之间的逻辑关系固定为逻辑"与"。系统提供的可检字段包括被引作者、被引著作、被引年份、被引卷、被引期、被引页、被引标题。在输入相关信息单击检索按钮之后将返回包含所输入的被引作者/被引著作的被引参考文献索引条目，其中单条记录的"施引文献"项列出的数字就是相应文献的被引次数，单击每条记录后的"查看记录"链接，便可以看到该被引文献的详细题录信息，即全记录。那些不带"查看记录"链接的记录则表示该文献未被 Web of Science 收录，无法查看它的全记录信息。第 2 步是选择参考文献之后单击"完成检索"按钮转至检索结果页面，即获得该文献的引用文献信息，如图 7-39 所示。

图 7-38   Web of Science 被引参考文献检索界面

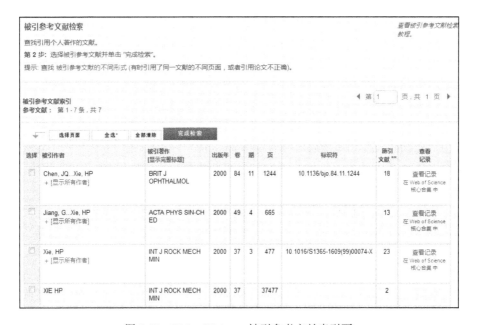

图 7-39   Web of Science 被引参考文献索引页

4) 化学结构检索

化学结构检索界面如图 7-40 所示，从上到下分为 3 部分：化学结构绘图、化合物数据和化学反应数据。

化学结构绘图部分可创建化学结构检索式(需安装 Java 运行环境才可应用系统提供的画图软件)检索相匹配的化合物和反应。绘图框左侧提供子结构和精确匹配两种限定功能。子结构查找可查找包含绘制的化学结构的化合物和反应，即检索结果中绘制的化学结构可作为片段出现；精确匹配可查找与绘制的化学结构精确匹配的化合物和反应，即绘制的化学结构精确出现，不带任何附加结构或基团。

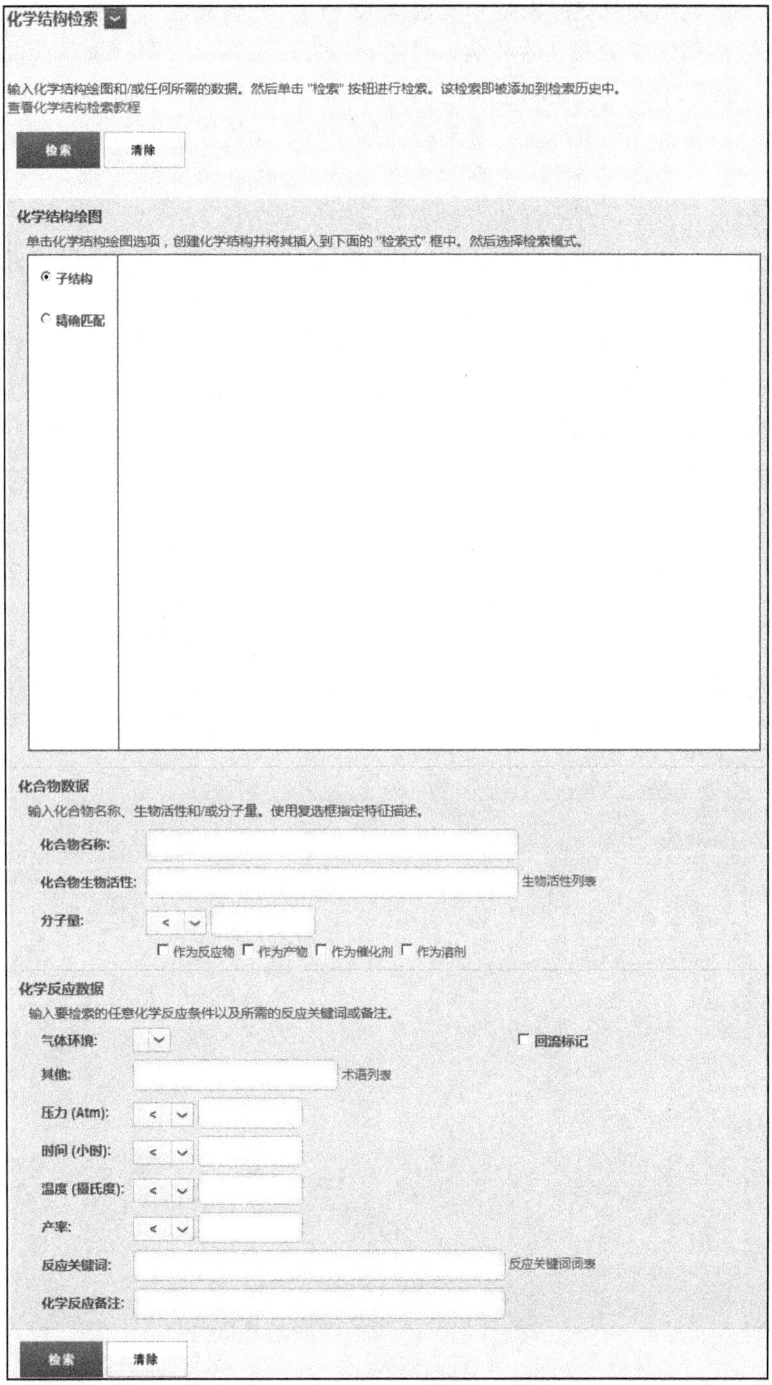

图 7-40 Web of Science 化学结构检索界面

化合物数据部分有 3 个检索行，分别对应化合物名称、化合物生物活性和分子量检索字段。其中化合物生物活性检索框右侧给出"生物活性列表"，可通过单击链接查看所需检索词；

分子量检索框右的侧下拉菜单有六个选项可供选择：>、<、≥、≤、=和 between。通过勾选检索框下方的复选框可以指定化合物在反应中的角色，包括作为反应物、产物、催化剂和溶剂。初始状态下系统默认自动检索每个复选框选项的反应信息。

化学反应数据部分可输入气体环境、时间、压力、温度、产率、反应关键词和化学反应备注等检索词。气体环境下拉菜单包含任意、空气、O_2、N_2、H_2、He、Ar、CO、CH_4 和 CO_2。气体环境选项框右侧有"回流标记"复选框，选中时表示检索标记为回流的反应。反应关键词标识以下内容：一般反应类别、命名的化学反应、新催化剂和试剂等。可通过单击检索框后方的反应关键字列表添加可检索的有意义的反应关键字。

以上 3 部分内容可互相结合进行检索，也可只针对其中一部分输入关键词进行检索。

5) 高级检索

高级检索界面如图 7-41 所示，系统提供 1 个检索窗口，需要输入一个用检索词、检索算符、字段标识符构造的具有完整逻辑关系的复合检索式。检索窗口右侧是字段标识符对照表，页面下方的检索历史区显示当前会话期间所有执行过的检索，并可对历史检索进行组配运算。

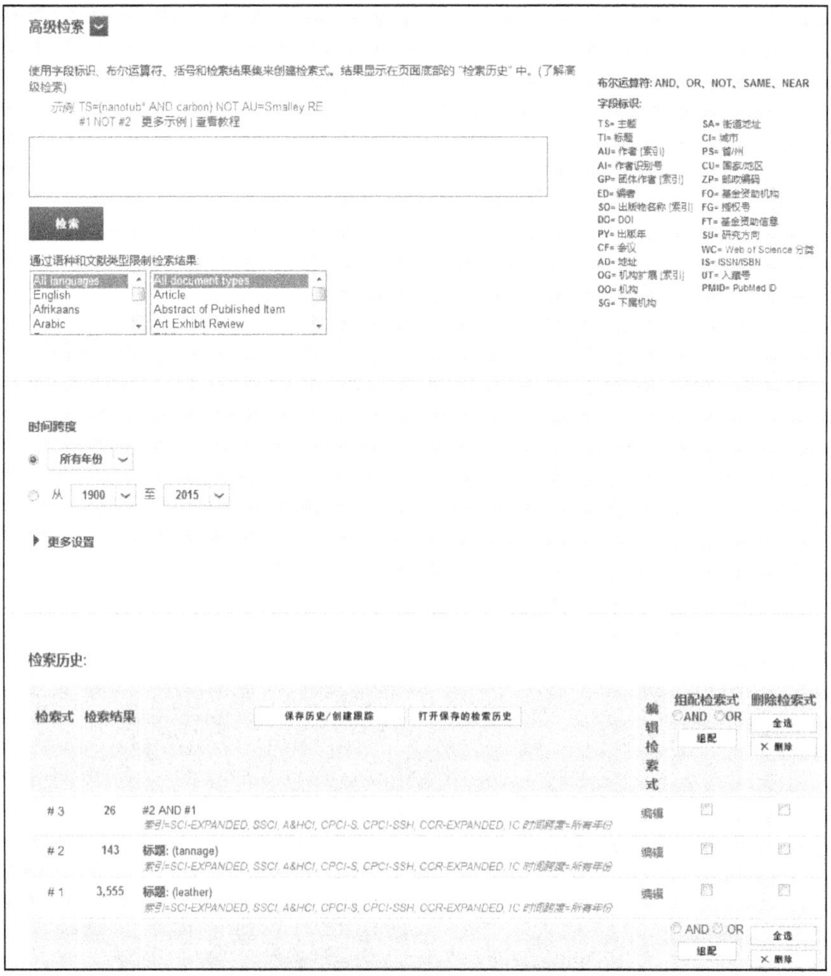

图 7-41　Web of Science 高级检索界面

4. 检索结果的显示与处理

基本检索及高级检索的检索结果显示页如图 7-42 所示，左上方显示检索策略(展开后包括检索式、时间跨度和所检索数据库)和命中记录总数，右侧列表显示每条记录的概要信息，左下方是精炼检索结果区。

图 7-42　Web of Science 检索结果显示页

1)结果排序

通过检索结果列表上方的排序方式下拉菜单可选择结果排序方式，包括出版时间、最近添加、被引频次、相关度、第一作者、来源出版物、会议标题等 12 种。

2)精炼检索结果

当检索结果数量较大，查准率不够高时可利用左侧的"精炼检索结果"工具栏将检索结果按 Web of Science 类别、文献类型、研究方向、作者、团体作者、编者、来源出版物名称、丛书名称、会议名称、出版年、机构扩展、基金资助机构、语种、国家/地区、ESI 高水平论文、开放获取等限定字段组成不同的集合进行聚类显示，也可以利用上方的"在如下结果集内检索"输入框进行二次检索，系统默认为主题字段。

3)查看单条记录

单击单条记录的标题链接进入该记录的详细信息页面，除显示题名、作者、原文出处、摘要等基本信息外，还可以查看该记录的参考文献数量和被引频次，更重要的是可通过单击这些数字链接获得相应的参考文献和施引文献的详细信息，从而实现"越查越旧"和"越查越新"，了解本课题之前和现在的研究状况，回顾和追溯学术发展渊源与发展趋势。

4) 输出多条记录

检索结果列表的上方和下方均有输出记录操作界面，操作步骤为：①标记记录，可多选结果列表中的记录，也可以选中"选择页面"全选该页所有记录；②选择输出或保存方式，可以设置为可供打印格式、通过电子邮件发送所选记录、保存至 EndNote 或 ResearcherID 文献管理软件等。

5) 分析检索结果

单击检索结果显示页右上方的"分析检索结果"按钮，可以从作者、丛书名称、会议名称、国家/地区、文献类型、编者、基金资助机构、授权号、团体作者、语种、出版年、来源出版物、学科类别、Web of Science 类别等方面对检索结果进行分析。

6) 创建引文报告

单击检索结果显示页右上方的"创建引文报告"按钮，可以查看检索结果中所有文献的被引用情况，如图 7-43 所示，包括被引用总次数、他引次数、施引文献数量等信息。

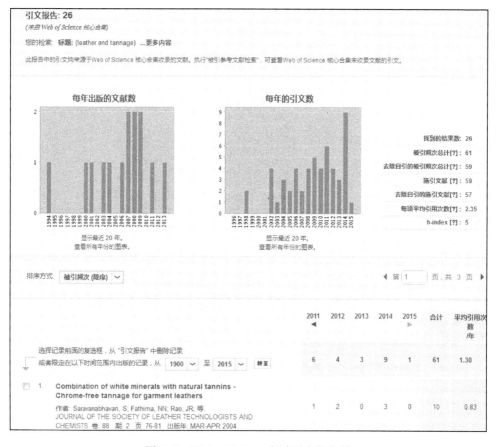

图 7-43   Web of Science 创建引文报告页

5.个性化服务功能

用户通过免费注册获得个人账号并登录后，可使用下列个性化服务功能。

1) 创建引文跟踪

单击单条记录详细信息页面右侧的"创建引文跟踪"按钮即可创建引文跟踪，所选文章被引用时将收到电子邮件提醒，还可以使用此功能制作一个感兴趣的论文列表，每当列表中有论文被引用时均会收到电子邮件提醒。

2）创建定题服务

可将自己感兴趣的课题保存到本地服务器或计算机上，需填写保存历史名称和电子邮箱等信息。定题服务可定期检索相关课题，并把最新结果发送到指定的邮箱中，使用户随时掌握课题最新进展。定题服务有效期为半年，到时间后可以续订。

7.3.2　ScienceDirect Online

1. 概况

荷兰爱思唯尔出版集团创立于 1880 年，是全球最大的科技与医学文献出版发行商之一，1999 年开始通过 ScienceDirect Online（SDOL）（www.elsevier.com）系统提供电子出版物全文的在线服务。SDOL 系统是爱思唯尔公司的核心产品，是全学科的全文数据库，提供包括爱思唯尔出版集团所属各出版社出版的 2500 多种同行评议期刊和 26000 多种系列丛书、手册及参考书等，目前数据库收录全文文章总数已超过 1339 万篇，涉及物理学与工程、生命科学、健康科学、社会科学与人文科学四大学科领域，涵盖以下学科：数学、物理学和天文学、地球与行星学、农业和生物学、材料科学、能源与动力、化学、生物化学、遗传学与分子生物学、化学工程学、计算机科学、工程与技术、环境科学、免疫学与微生物学、医学与牙科学、神经系统科学、护理与健康、药理学、毒理学与药物学、心理学、兽医学、社会科学、商业、管理与会计学、决策科学、经济学、计量经济学与金融、艺术与人文科学等。

任何用户均可访问并免费检索获取该数据库的文摘题录信息，正式用户可以下载全文，对于机构用户采用 IP 地址控制使用权限。

2. 检索方式

SDOL 提供了浏览（Browse）、快速检索（Quick Search）、高级检索（Advanced Search）和专业检索（Expert Search）4 种检索方式。

1）浏览

系统提供按学科主题（Browse Publications by Subject）和按题名英文字顺（Browse Publications by Title）两种出版物浏览方式。前者按照 4 大类共 24 个学科主题显示树状结构目录，单击某个学科可以查看该学科所包含所有出版物列表，后者按照题名的字母顺序列出所有的期刊和图书。每一种出版物记录中都有关于资源订购类型和文献类型的说明，单击题名链接即可查看出版物详情。

2）快速检索

在 SDOL 系统的任何一个操作界面，快速检索区始终会出现在页面上方，以方便用户操作。快速检索的可检字段包括所有字段（All Fields）或作者字段（Author Name）检索，也可检索期刊/图书的题名（Journal or Book Title）、卷（Volume）、期（Issue）和页码（Page），各检索框之间默认为逻辑"与"关系。快速检索方式既可用于检索某主题概念的全文信息，也可用于检索已知的特定全文信息。

3）高级检索

单击快速检索区右侧的 Advanced search 链接进入高级检索界面，如图 7-44 所示。检索区上方设置有检索范围切换卡，默认是所有资源（All），也可以只选择期刊（Journals）、图书（Books）或参考工具书（Reference Works）。

系统提供了两个检索行，每一检索行的检索字段用右侧的下拉菜单选择，检索行之间的逻辑关系用行通过下拉菜单指定。检索框内的检索词可以是单词、词组或用检索算符连接的多个词（组）。可检字段包括文摘/题名/关键词（Abstract，Title，Keywords）、作者（Authors）、来源出版物名（Source Title）、文章题名（Title）、作者单位（Affiliation）、全文（Full Text）等。检索区下方是检索范围限制选项，包括文献类型、OA 文献限制、学科领域、出版时间等。

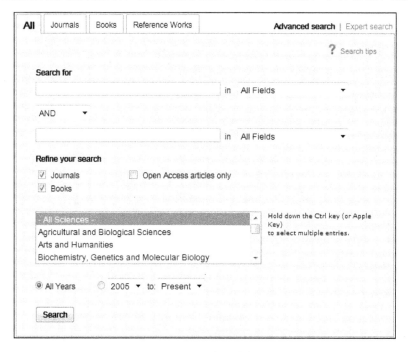

图 7-44　SDOL 高级检索界面

4）专业检索

单击高级检索界面右上方的 Expert search 链接进入专业检索界面，系统提供一个检索窗口，需要输入一个用检索词、检索算符、字段代码或其标识符构造的具有完整逻辑关系的复合检索式。

3．检索结果的显示与处理

首先显示命中记录总数和检索策略，下方默认按相关度（Relevance）排序显示检索结果的记录列表，也可选择按日期（Date）排序。

1）查看单条记录

对于已订购的期刊，单击题名下方的 PDF 链接即可下载 PDF 格式的文献全文。

2）输出多条记录

选中结果列表中记录左侧的复选框，可以将已选记录保存到 RefWorks 文献管理软件。

3) 精炼检索结果

系统提供了精炼结果功能 (Refine Filters)，可将检索结果按出版时间、出版物名称、主题、文献类型等限定字段组成不同的集合进行聚类显示。

7.3.3　EBSCOhost

1. 概况

EBSCO 创立于 1944 年，是目前世界上最大的提供学术文献服务的专业公司之一，提供数据库、期刊、文献订购及出版等服务，总部在美国，另外在全球 19 个国家设有办事处。EBSCO 开发了 500 多个在线文献数据库产品，涉及自然科学、社会科学、生物医学、人文艺术等多学科领域。EBSCOhost (search.ebscohost.com) 是 EBSCO 公司 1994 年开发的一个多数据库单引擎的在线数据库检索平台，目前运行的是 2008 年启用的 EBSCOhost 2.0 版本。在此平台上提供了多种 EBSCO 自己的全文数据库，其中最著名的是学术期刊全文数据库 (Academic Source Premier，ASP) 和商业资源数据库 (Business Source Premier，BSP)，另外也有其他著名信息提供商所提供的数据库 (如 ERIC、Medline 等)。

ASP 专为研究机构所设计，是当今全世界最大的多学科学术期刊全文数据库，提供丰富的学术类全文期刊资源。数据库收录期刊 12000 多种，包括 8700 多种全文期刊 (其中 7613 种为同行评审期刊)，553 种非期刊类全文出版物 (如图书、报告及会议论文等)，覆盖社会科学、教育、法律、医学、语言学、人文、工程技术、工商经济、信息科技、通信传播、生物科学、教育、公共管理、社会科学、历史学、计算机、科学、传播学、法律、军事、文化、健康卫生医疗、宗教与神学、生物科学、艺术、视觉传达、表演艺术、心理学、哲学、妇女研究、各国文学等学科领域，收录年限为 1887 年至今。

BSP 是世界上最大、行业中使用最多的商务期刊全文数据库之一，共收录 9200 多种全文期刊 (包括 1100 多种同行评审全文期刊) 及 10000 多种非期刊全文出版物 (如案例分析、专著、国家及产业报告等)，涉及所有商业学科，包括金融、银行、国际贸易、商业管理、市场行销、投资报告、房地产、产业报导、经济评论、经济学、企业经营、财务金融、能源管理、信息管理、知识管理、工业工程管理、保险、法律、税收、电信通信等领域。数据库独特的全文期刊，如 *Harvard Business Review*、*Administrative Science Quarterly*、*Academy of Management Journal*、*Academy of Management Review*、*Journal of Marketing*、*Journal of Marketing Research* (JMR)、*MIS Quarterly*、*Communications of the ACM*、*International Journal of Production Research* 等。同时收录 *Business Monitor International*、*CountryWatch Incorporated*，*Datamonitor Plc.*、*EIU: Economist Intelligence Unit*、*Global Insight Inc. ICON Group International*、*Inc. PRS Group*，*Inc.* (*Political Risk Yearbook*) 等 1400 种知名出版社的国家/地区报告 (全文)。此数据库通过 EBSCOhost 每日更新，收录年限为 1886 年至今。

2000 年，我国通过 CALIS 中心联合引进了 EBSCOhost，机构用户采用 IP 地址控制使用权限。EBSCOhost 首页如图 7-45 所示，为检索平台选择界面。

2. 检索方式

本节以 "EBSCO 一站式学术检索平台" (以下简称 EBSCOhost) 为重点介绍其检索方法，

其基本检索界面如图 7-46 所示，为简体中文操作界面。系统默认是对机构订购的所有数据库进行跨库检索，单击"显示全部"链接可以查看所有数据库清单；单击"选择数据库"链接可以添加或更改数据库。

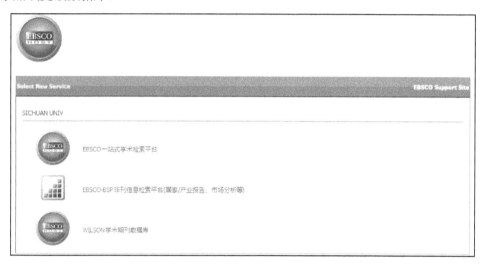

图 7-45　EBSCOhost 首页

图 7-46　EBSCOhost 基本检索界面

EBSCOhost 提供基本检索、高级检索两种检索方式。

1）基本检索

EBSCOhost 基本检索界面，系统提供 1 个检索行，没有检索字段的设置，属于模糊检索。单击检索框下方的"检索选项"链接，出现检索选项界面，如图 7-47 所示，可对检索模式、字词扩展、全文字段进行限定，还可以对结果的类型、出版日期等进行限制。检索模式下的"智能文本检索"采用了复杂算法来检查文本、重点突出检索词语并根据相关性返回结果列表，可以在查找字段中输入大量文本，甚至一段话或整页内容。在检索选项框下方还有更多针对不同子库特性的特殊限定条件选项。

2）高级检索

EBSCOhost 高级检索界面如图 7-48 所示，系统提供 3 个检索行，每一检索行的检索字段通过右侧的下拉菜单选择，检索行之间的逻辑关系通过左侧下拉菜单指定。检索框内的检索词可以是单词、词组或用检索算符连接的多个词（组）。可检字段包括全文、作者、题名、主题词、摘要等。

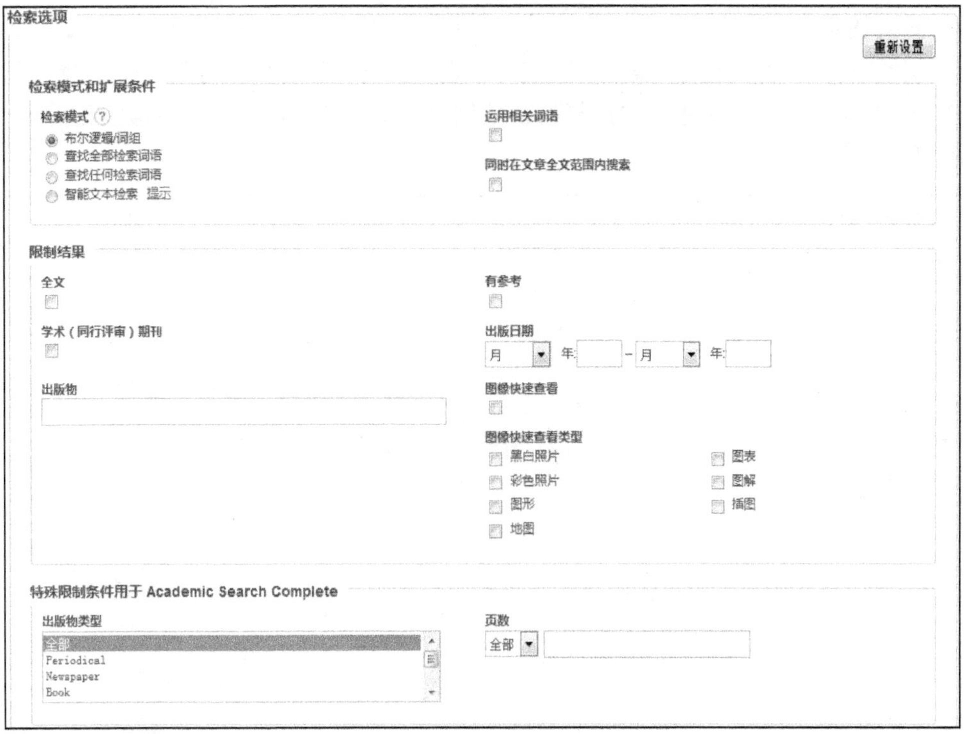

图 7-47　EBSCOhost 检索选项界面

图 7-48　EBSCOhost 高级检索界面

3) 检索结果的显示与处理

图 7-49 为检索结果显示页，系统默认按相关度排序显示检索结果，也可选择按日期或来源排列。

(1) 查看单条记录。

将鼠标指标悬停在结果列表单条记录题名右侧的放大镜图标上可预览文章的详细记录 (Detailed Record)，包括与文章有关的基本信息以及全文链接图标。单击记录题名链接，可进入记录的详细信息页面。系统提供全文的有一个 PDF 格式的全文下载链接；如果系统未提供全文，而用户所在机构订购了该文献的电子版，则用户可直接通过链接看到其全文。

(2) 精炼检索结果。

在结果列表的左侧，系统提供了精确检索结果功能，可以将检索结果限制在全文、有参考或学术(同行评审)期刊范围，也可以通过日期滑块更改检索结果的日期范围。此外，还可以将检索结果按文献类型、主题语或主题等限定字段组成不同的集合进行聚类显示。

(3)检索历史。

单击检索框下的"搜索历史记录"链接可以查看当前检索中所执行的检索记录,单击"编辑"链接可修改检索历史记录中对应栏的检索词语或限定条件,还可以对检索记录进行逻辑组配运算。

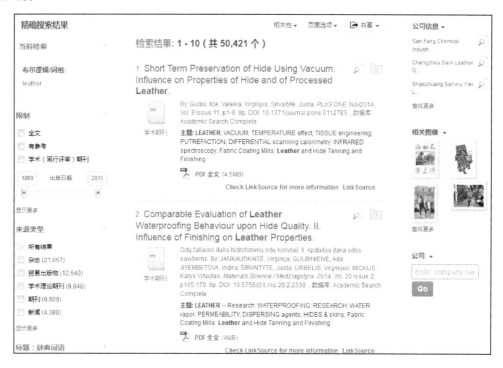

图 7-49　EBSCOhost 检索结果显示页

3. 个性化服务功能

在 EBSCOhost 系统的任何一个操作页面,登录入口都会出现在页面的最上方。在免费注册并登录后,可以扩展在 EBSCOhost 平台内建立的通报功能。每一个通报都可设置成一个 RSS 联合发布系统,让用户可以在 RSS 聚合器中直接阅读通报,或在 RSS 聚合器中直接建立 EBSCOhost 平台内的文章链接。用户通过新闻聚合阅读器(可免费下载)或是将其 URL 设置在网页内,就可定期收到最新设定的信息。

7.3.4　SpringerLink

1. 概况

德国施普林格出版社(Springer)创立于 1842 年。2004 年,Springer 与 Kluwer Academic Publishers 合并成立了新的 Springer 出版集团,是目前自然科学、工程技术和医学(STM)领域全球最大的图书出版商和顶尖学术期刊出版商。SpringerLink(springerlink.lib.tsinghua.edu.cn)是 Springer 于 1996 年推出的一个电子出版物在线服务平台,目前运行的是 2010 年推出的第 4 版新平台。SpringerLink 除包含 2700 多种全文学术期刊外,还包含丛书、图书、参考工具书以及回溯文档,全文文献超过 560 万篇,学科领域涉及建筑与设计、天文学、生物医学、商业与管理、化学、计算机科学、地球科学与地理、经济学、教育与语言、能量学、工程学、环境科学、食品科学与营养、法律、生命科学、材料学、数学、医学、哲学、物理、心理学、公共健康、社会科学、统计学用等 24 个学科大类。

SpringerLink 的网址为 http:// link.springer.com，任何用户均可访问并免费检索获取该数据库的文摘题录信息，正式用户可以下载全文，对于机构用户采用 IP 地址控制使用权限。图 7-50 所示为 SpringerLink 首页。

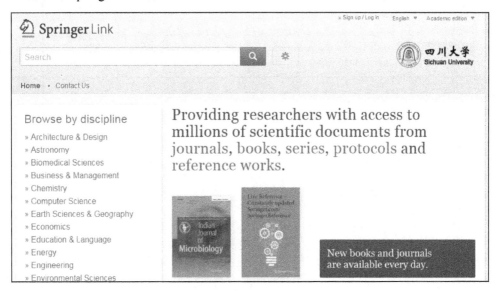

图 7-50　SpringerLink 首页

2.　检索方式

SpringerLink 提供快速检索和高级检索两种检索方式。

1）快速检索

在 SpringerLink 系统的任何一个操作界面，快速检索区始终出现在页面上方，以方便用户操作。系统提供 1 个检索输入框，默认采用全字段检索，检索框内的检索词可以是单词、词组或用检索算符连接的多个词(组)。

2）高级检索

单击快速检索区右侧的设置按钮可切换至高级检索界面，如图 7-51 所示。系统提供 6 个检索框，从上到下依次实现逻辑与运算(with all of the words)、短语检索(with the exact phrase)、逻辑或运算(with at least one of the words)、逻辑非运算(without the words)、篇名字段检索(where the title contains)、作者或编者字段检索(where the author / editor is)。此外，在检索区下方可以对出版时间进行限定，还可限定在该机构的访问权限内搜索(Include Preview-Only content)。

3.　检索结果的显示与处理

SpringerLink 检索结果上方列出了检索提问式和命中记录数，下方默认按相关度排序显示检索结果列表，也可选择按时间顺序由新到旧或由旧到新排序。

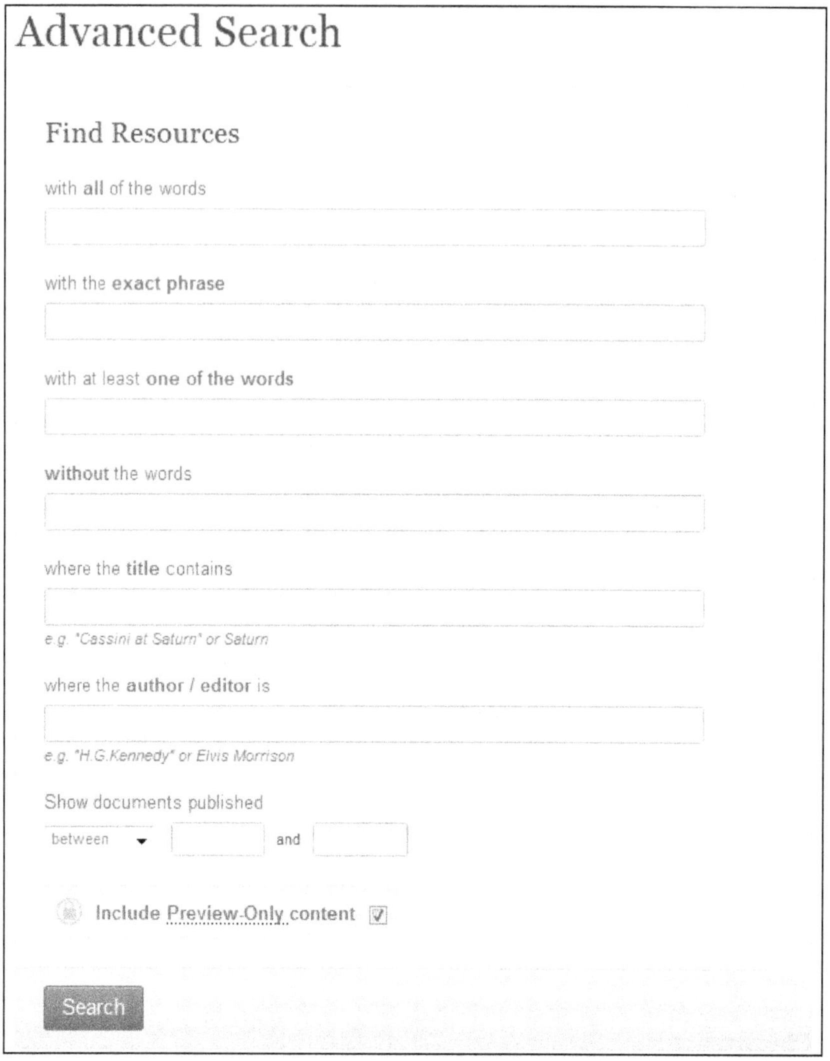

Advanced Search

Find Resources

with **all** of the words

with the **exact phrase**

with at least **one of the words**

without the words

where the **title** contains

e.g. "Cassini at Saturn" or Saturn

where the **author / editor** is

e.g. "H.G.Kennedy" or Elvis Morrison

Show documents published

between ▼ [   ] and [   ]

Include **Preview-Only** content ☑

Search

图 7-51　SpringerLink 高级检索界面

1) 查看单条记录

单击结果列表中单条记录题名链接进入文摘显示页面，单击记录下方的 Download PDF 链接打开该条记录的 PDF 格式全文。

2) 精炼检索结果

在检索结果显示页左侧，系统提供了精炼结果功能，可将检索结果按文献类型、学科、子学科和语言等限定字段组成不同的集合进行聚类显示。

4. 个性化服务功能

在 SpringerLink 系统的任何一个操作界面，登录框都会出现在快速检索区的右侧。在免费注册并登录后，用户通过 MY SPRINGERLINK 栏目可以设置和管理个人喜欢文献（Favorites）、检索式（Searchs）和专题通报（Alerts），还可以查看订单历史记录（Order History）和管理个人账户（Account Details）。

7.3.5 Wiley Online Library

1. 概况

约翰威立国际出版公司(John Wiley & Sons Inc.)于 1807 年创建于美国,是全球历史最悠久、最知名的学术出版商之一,享有世界第一大独立的学术图书出版商和第三大学术期刊出版商的美誉,在化学、生命科学、医学以及工程技术等领域学术文献的出版方面颇具权威性。2007 年 Wiley 与 Blackwell 合并,两个出版社出版的期刊整合到 Wiley InterScience 平台。2010 年 8 月 9 日 Wiley 的新一代内容平台 Wiley Online Library(onlinelibrary.wiley.com)正式推出,新平台采用了最新的网络与数据库技术,页面设计简约美观、各个期刊或电子书的主页可以灵活地进行定制,搜索功能大大加强。数据库目前收录来自 1500 多种期刊、16000 多部书、数百部参考工具书的超过 600 万篇文献,涵盖农业、水产业与食品科学、兽医学、建筑与规划、商业、经济、金融与会计、数学与统计学、化学、计算机科学与信息科技、物理科学与工程、地球与环境科学、人文、法律与犯罪学、社会科学与行为学、生命科学、医学、护理、牙科与卫生保健、心理学等学科领域。

目前 Wiley Online Library 为中国高校 CALIS 集团用户提供超过 1200 种全文电子期刊,可访问期刊年限为 1997 年以来的期刊全文。

Wiley Online Library(以下简称 Wiley)的任何用户均可访问并免费检索获取该数据库的文摘题录信息及图像格式的全文首页,正式用户可以下载全文,对于机构用户采用 IP 地址控制使用权限。

2. 检索方式

Wiley 提供浏览、快速检索和高级检索 3 种检索方式。

1)浏览

在 Wiley 首页,系统提供了两种浏览途径:①按学科主题浏览,系统按照学科大类显示树状两级结构目录,单击每个二级学科链接可以查看到该学科所包含的所有出版物列表,单击题名链接即可查看文献详情;②按首字母浏览,系统按照出版物题名的首字母顺序列出所有期刊和图书。

2)快速检索

在 Wiley 系统的任何一个操作界面,快速检索区始终会出现在页面一侧,以方便用户操作。系统提供 1 个检索行,默认全字段检索,可以选择出版物题名字段。

3)高级检索

单击快速检索区下方的 Advanced Search 链接进入高级检索界面,如图 7-52 所示。系统提供 3 个检索行,每一检索行的检索字段通过右侧的下拉菜单选择,检索行之间的逻辑关系通过左侧下拉菜单指定。检索框内的检索词可以是单词、词组或用检索算符连接的多个词(组)。检索区有时间范围的限制选项。

3. 检索结果的显示与处理

Wiley 检索结果上方列出检索式和命中记录数,下方默认按相关度(Best Match)排序显示检索结果列表,也可选择按时间排序。

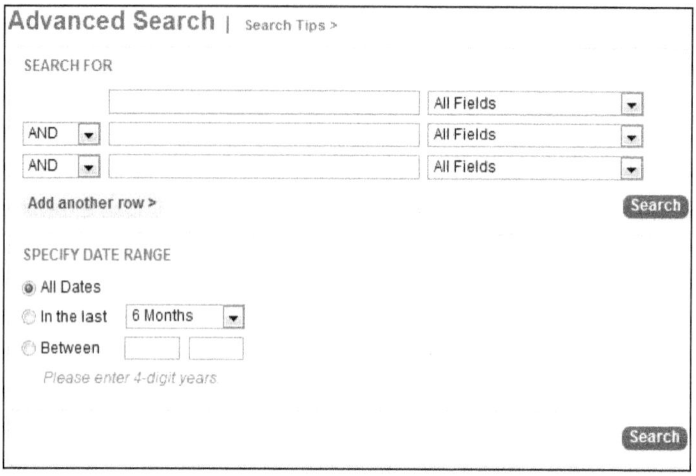

图 7-52　Wiley 高级检索界面

1) 查看单条记录

单击结果列表中单条记录题名链接或其下方的 Abstract 链接进入文摘显示页面，可查看来源刊、摘要、参考文献和引文等信息。单击单条记录下方 PDF 链接可下载该条记录的 PDF 格式全文。

2) 输出多条记录

选中结果列表中记录左侧的复选框或选中列表上方的 Select All 复选框选择页面上所有记录，单击 Save to Profile（需提前注册登录）和 Export Citation 链接可分别将所选记录保存至系统个人文档和输出引文。

3) 精炼检索结果

在结果列表右侧可将检索结果按文献类型组成不同的集合进行聚类显示。

4. 个性化服务功能

在 Wiley 系统的任何一个操作界面，登录框都会出现在页面上方。在免费注册登录后，用户可以保存和编辑文章或检索式，设置和管理专题通报（Alert），还可以管理个人账户。

第8章 毕业论文(设计)写作

本章从学术论文的特点及写作方法的角度重点阐述科学研究方法,旨在强调科学研究能力的重要性;同时,本章针对我国高等教育中,如何撰写毕业论文(设计),以及大学生在科学方法的指导下撰写毕业论文应该遵循的学术规范与学术道德进行了详细介绍,为今后的学术交流和应用奠定基础。

8.1 学术论文与科学研究方法

8.1.1 学术论文的定义、特点及写作方法

1. 定义

学术论文是学者记录某一专业领域科学理论与应用方法的科学记录,或是对学科的发展状况的回顾总结与展望,发源于古希腊时期,历经历史各个时期逐渐声势壮大,现已成为知识分子交流学术信息的重要媒介。

本书定义的学术论文是指某一学术课题在实验性、理论性或预测性上具有新的科学研究成果或创新见解和知识的科学记录,或是某种已知原理应用于实际上已经取得新进展的科学总结,用以提供学术会议上宣读、交流、讨论或学术刊物上发表,或用作其他用途的书面文件。

学术论文是对某个科学领域的学术问题进行研究后表述科学研究成果的理论文章。学术论文的写作是非常重要的,它是衡量一个人学术水平和科研能力的重要标志。

2. 特点

学术论文根据内容的不同可以分为理论研究论文和应用研究论文;按发表形式可分为期刊论文、学位论文、会议论文等。虽然内容不同,形式各异,但它们都有共同的内部特征:科学性、创造性、实践性。

1)科学性

学术论文的科学性要求作者站在客观公正的第三方进行不带个人主观臆造的研究写作,必须切实地从客观实际出发,引导出符合实际的研究结论。在论据上,论文中的每一个结论都应当有理可循,尽可能多地占有资料,以最充分、确凿有力的论据作为立论依据。在论证时,必须经过科学严谨的周密思考,进行逻辑缜密的论证。

2)创造性

创造性是学术论文的生命,一篇学术论文没有创新之处也就没有阅读的价值。学术论文贵在创新,即学术论文的创造性在于论文要有新意。凡发现和利用新资料,提供新的实验方法或计算方法,提出新观点、新视角、新结论,或者补充、修正前人陈说等,只要言之成理,持之有据,都是一种学术创新。

3) 实践性

学术论文价值的具体体现即其实践性。一是学术论文要根据不同的学科领域和实际岗位能力培养来组织内容；二是学术论文要发表。学术论文如果不发表就没有任何学术价值，文章得不到他人的批评指正，作者的学术水平就得不到提高，而真正蕴涵在其中的真知灼见也会因为别人无法采纳而消逝于无形。

3. 写作方法

学术论文写作是一项相当耗费心力的工作，但并非没有写作技巧和内在规律可循。学术论文按内容可以分为综述性论文、批判性论文和实证研究论文，前两者的数量不是很多，而且多以实证研究论文为研究对象。一般学术论文宏观上的写作步骤可以概括如下。

1) 确定方向与目标

写作的第一步是确定方向与目标，有的放矢。选题的范围不能太大也不能太小，太大了论文就会流于泛泛之谈，关键问题往往没能解决；太小了会缺少探讨的价值。一般情况下容易出现选题太大的问题，因为大的选题包含了更多的学术价值，但相应的写作难度也会增加。如果发现一个选题难以驾驭，就可以从这个选题所包含的子选题入手。选题研究范围太小则要考虑增加它的外延。一个合适的选题是进行有价值的学术论文写作的前提条件。

2) 明确自己的观点与假设

确定题目后接下来需要做的就是明确自己的观点或假设。论点要清晰明了，研究内容要有亮点。一个有价值的令人信服的论点也就是中心思想的确立是一个艰难的过程，通常从一般的思想与问题出发，逐渐产生关于研究目标更准确的想法，这是一个提出问题并思考如何解决问题的过程。

3) 撰写论文

在确立了选题、自己的观点与假设之后，就可以开始动笔写作学术论文。写作时需要说明想要达到的目标和解决方法，也就是第一步和第二步的内容。将总命题划分成若干分命题以便分别阐述，用简洁准确的总结性语句介绍每个部分所要探讨的内容，各个部分之间要有逻辑上的关联，以便读者顺畅地阅读。

4) 修改润色

最后一项内容是修改和润色。反复地修改是让论文变得犀利的关键因素。修改的内容包括论述内容、表达方式、错别字、论文格式等。关于学术论文的格式与写作规范，本章最后将会作详细介绍，在修改的过程中必须时刻注意规范的表达和格式表现。

一般学术论文的写作就是一个"选题—思考—研究—写作—修改"的过程，进程呈螺旋式推进，糟糕的思考会导致糟糕的写作，所以在学术论文写作之前必须进行严谨的思考。

8.1.2　科学研究的概念、类型及方法

1. 概念

科学研究是运用严密的科学方法，从事有目的、有计划、有系统的认识客观世界，探索客观真理的活动过程，是对研究变量或指标的共同的本质的概括。科学研究的基本要素主要

有研究者、研究范围对象、研究方法、研究机构、物质的辅助手段、科学研究的已有成果、社会背景等七个自变量。

科学研究是人类探索未知领域的一种认识活动,是对自然现象和规律的探究由不知到知之较少,再由知之不多到知之较多,进而逐步深化,直至发现其本质规律,并按照自己的意志改造自然的一种创造性的智力活动,是创造、修改、综合知识的探索行为。

科学研究工作是科学领域的探索与应用,它包含整理知识和创造知识两部分。整理知识是对已经产生知识的分析、鉴别和整理,使知识系统化,是知识的继承、借鉴。创造知识是发展,是创新,是发现、发明,是解决未知的问题。因此,科学研究是一个继承与创新的过程,是从现象的发现到技术发明的过程,是一个从基础研究到应用、开发或推广、发展研究的过程。

2. 类型

科学研究的分类方式因划分标准不同而异,根据研究工作的目的、任务和方法不同,即按照研究过程划分,科学研究包含基础研究、应用研究和开发研究三种类型;根据研究目的可以划分为探索性研究、描述性研究和解释性研究。

1)按研究过程划分

(1)基础研究。基础研究主要属于理论研究,是为获得关于现象和可观察事实的基本原理及新知识而进行的实验性和理论性工作,是对新理论、新原理的探讨,目的在于发现新的科学领域,为新的技术发明和创造提供理论前提。它是应用研究的基础和理论依据,具有长远性和战略性的指导作用。

(2)应用研究。中国科学研究院将应用研究分为两类,即应用基础研究和应用(技术)研究,将应用基础研究定义为:针对具体实际目的或目标,主要为获得应用原理性新知识的独创性研究。也可以说应用基础研究是指那些方向已经比较明确、利用其成果可在较短期内取得工业技术突破的基础性研究,是应用研究中的理论性研究。例如,黄河治理的模拟实验研究、长江三峡水电工程可行性研究、农业区划研究等均属于应用基础研究。

应用研究是指获得新知识而进行的创造性研究。通常具有特定的实际目的或应用目标,它具有专门的性质,针对具体的领域、问题或情况,其成果形式以科学论文、专著、原理性模型或发明专利为主。杂交水稻研究、新型高性能材料(如增强纤维金属)试制、自动控制研究、遥感技术研究、新医术和新药品的研究、教学法研究等均是此例。

(3)开发研究。开发研究又称发展研究或推广研究,是把基础研究、应用研究应用于生产实践的研究,是科学转化为生产力的中心环节。例如,复杂多金属矿冶炼的中间试验研究、治河工程的大型试验研究等就属于这类研究。它是介于科研与生产之间的过渡阶段和中间环节,与生产的关系更加紧密,实质上是应用研究的延伸和拓展。

以上各类科学研究中,基础研究具有长远性、根本性,应用研究和开发研究是科学研究的主战场。科学是技术的先导,技术的重大发现依赖于科学的发现。各种类型的研究均有其独特的价值与作用,不宜偏废,应互相紧密配合,协调发展,更有效地发挥作用。

2)按照研究目的划分

(1)探索性研究。探索性研究是一种对所研究对象或问题进行初步了解,以获得初步印象和感性认识,并为日后更周密、深入的研究提供基础和方向的研究类型。这种研究通常用于对某些研究问题,在既缺乏前人研究经验又缺乏理论根据的情况下,避免出现顾此失彼或以偏概全、浪费时间、经费与人力等问题，如无结构式访问、查阅文献、分析个案等，常为小规模的研究活动。

(2)描述性研究。描述性研究又称为叙述性研究，是为正确描述某些总体或某种现象的特征或全貌的研究，任务是收集资料、发现情况、提供信息，和从杂乱的现象中描述出主要的规律和特征。重点不在于解答为什么会存在这样的分布状况，而是描述(叙述)分布情况的准确性和概括性。它是科学研究的基础。描述性研究与探索性研究的差别在于它的系统性、结构性和全面性，以及研究的样本规模大。收集资料主要采用封闭式问题为主的问卷调查，并采用统计方法处理资料数据，得出以数字为主的各种结果，并把它们推广到总体，用研究的样本资料说明总体情况。教育方面的很多研究都适于叙述性研究，如调查、个案研究、比较研究、相关研究、发展研究等。

(3)解释性研究。解释性研究也称为因果性研究。这种研究类型是建立在描述性研究基础上的，主要探索某种假设与条件因素之间的因果关系，即在认识到现象是什么以及其状况怎样的基础上，进一步弄清楚或弄明白事物和现象为什么是这样。它是探寻现象背后的原因，揭示现象发生或变化的内在规律，回答为什么的科学研究类型。它通常是从理论假设出发，涉及实验或深入到实地，收集资料，并通过对资料的统计分析来检验假设，最后达到对事物或问题进行理论解释的目的。在实验的设计上更加严谨和具有针对性。在分析方法上，往往要求进行双变量或多变量的统计分析。对于这种因果关系的研究有实验研究与非实验研究两种。实验研究还可分为实验室研究与现场(或称自然)实验研究。

3. 典型方法

1)逻辑方法

(1)归纳与演绎。归纳法也称培根法。它指通过一些个别的经验事实和感性材料进行概括和总结，从中抽象出一般的公式、原理和结论和一种科研方法。其特点是循序渐进，按有条不紊的步骤谨慎地观察、测试、分析、推理，直至瓜熟蒂落，水到渠成，使每项发现臻至完善。其结论是自然而然地得出来的。

演绎法也叫亚里士多德法。与归纳法相反，演绎法是指从已知的某些一般公理、原理、定理、法则、概念出发，从而推论出新结论的一种科研方法，使用演绎法推理得到正确的推理结论，有两个条件必须满足：①前提必须真实；②逻辑联系必须正确。其主要形式是三段论，即大前提——已知的一般原理、小前提——研究的特殊场合、结论。

(2)分析与综合。分析是研究者在思维活动中，把研究对象的整体分解为各个组成部分、侧面、属性，分别加以研究，从而揭示它们的属性和本质的科研方法，是认识事物整体的必要阶段。

综合是在分析的基础上，对已有的关于研究对象的各个组成部分、侧面、属性按内在联系有机地进行概括或总结，从整体上揭示与把握事物的本质和规律的科研方法。

分析与综合是互相渗透和转化的，在分析的基础上综合，在综合的指导下分析。分析与综合循环往复，推动认识的深化和发展。一切论断都是分析与综合的结果。

(3)抽象与具体。抽象是指研究者在思维过程中舍弃对研究对象影响不大的非本质因素，抽取其固有的本质特征，以达到对研究对象的规律性认识的科研方法。

具体是指研究者在将诸多的特征因素或规定进行结合，使之达到多样性统一的研究方法，即将高度抽象的规定"物化"为思维中具有某种特性的对象的逻辑方法。

2) 经验方法

(1) 观察。科学始于观察，观察为科研积累最初的原始资料。科学观察是指人们通过感官或借助精密仪器有计划、有目的地对在自然发生状态下和在人为发生的条件下的事物进行系统考察和描述的一种研究方法，是探索未知世界的窗口。

(2) 实验。科学实验是指根据一定的研究任务和目的，利用一定实验仪器、设备等物质手段，主动干预或控制研究对象发生、发展的过程，在特定的条件下或典型的环境中探索客观规律的一种研究方法。实验方法可以简化和纯化研究对象，起到加速或延缓研究对象变化的作用。它不仅可以提供各种信息，而且可以用来检验理论预测或假说的正确性。

(3) 类比。类比方法就是通过两个事物之间的相互比较，找出事物之间的相似之处，从中发现规律，进而产生新的设想。类比就是要异中求同，同中求异。

(4) 测量。测量是对所确定的研究内容或参量(指标)进行有效的观测与度量，属于定量研究方法。有效性是测量的基本要求，包括准确性、完备性和互斥性。另外，实施测量还需要建立相应的测量标准，即测量指标。指标是指被测量对象(自然的、社会的)某种特征的客观反映，与现象的质的方面密切相关。指标的建立是为了定量阐述现象的差异或变异，以便精确描述被测量对象的某一特征。由于被测量对象特征具有非单一性，一般需要构建指标体系(或综合指标)以精确描述其多种特征。

(5) 统计。统计方法是运用统计学原理，对研究所得的数据进行综合处理，以揭示事物内在规律的方法。统计方法具有数量性、技术性和条件性等特点，为社会科学研究向深度和广度发展提供了新的可能，是定量研究社会现象的一种重要手段。

3) 数理方法

理学是自然科学中研究物质内在规律的科学，数学则是研究自然科学最有力的工具。这里的数理方法不仅仅指数学和物理的科研方法，而是包括了与物理学密切相关的工学中的科研方法。以下是科研中几种典型的数理方法。

(1) 数学。数学方法是指将研究对象进行提炼，构建出数学模型，使科学概念符号化、公理化，通过数学符号进行逻辑运算和推导，从而定量地揭示研究对象的客观规律的方法。它具有高度的抽象性、高度的精密性、严密的逻辑性、辩证性、随机性等特点。因此，数学是一种简明精确的形式化语言，数学方法是定量描述客观规律的精确方法，也是科研工作者首要掌握的科研方法。

(2) 模拟。首先，根据相似理论，模拟前首先设计并制作一个与研究对象及其发展过程(原型)相似的模型；其次，通过对模型的实验和研究，间接地对原型的性质进行研究，并探索其规律性，这就是模拟方法。

(3) 理想化。理想化方法是根据科学抽象原则有意识地突出研究对象的主要因素，弱化次要因素，剔除无关因素，将实际研究对象加以合理的推论和外延，在思维中构建出理想模型和理想实验，进而对研究对象进行规律性探索的方法。这是一种对问题本质高度抽象的研究方法。

(4) 假说。在科学探索过程中，当人们还没有深刻地认识其规律之前，往往先以一定的经验材料和已知的科学事实为基础，以已经掌握了的科学知识或经验为依据，对未知的研究对象的内在本质及其运动、变化和发展规律作出程度不同的猜测和推断，这种研究方法称为科学假说。因此，从一定意义上讲，科学假说是科学研究理论的先导。

4）现代科研方法

（1）系统方法。系统是由相互联系、相互依赖和相互作用的若干部分（或要素）按一定规则组成的、具有确定功能的有机整体。系统论作为一门科学（一般系统论），是由加拿大籍奥地利生物学家贝塔朗菲（von Bertalanffy，1901～1972）于20世纪30年代创立的。

（2）控制方法。控制是指自然形成的和人工研制的"有组织的调控系统"。控制的目的在于通过系统内外部的信息对其运行状态进行有效调控，使之保持某种稳定状态。美国科学家维纳（Wiener，1894～1964）在1943年与合作者创立了控制论，成为控制论的奠基者。中国著名物理学家、世界著名火箭专家钱学森于1945年首创了工程控制方法，将控制论应用于工程技术领域。

（3）信息方法。信息方法是指运用信息的观点，把系统的运动过程视为信息的传递和转换过程，通过对信息流程的分析和处理，实现对某个复杂系统运动过程内部规律性的认识。

8.2　毕业论文（设计）写作

本节从我国现阶段的高等教育出发，理论联系实际阐述毕业论文（设计）的概念、分类、特点、目的、作用以及怎么撰写毕业论文（设计），如何利用信息检索完成毕业论文（设计）写作前的需求表达与课题分析。要说明这些问题，首先从毕业论文（设计）的概念开始介绍。

8.2.1　毕业论文（设计）的概念和分类

1. 毕业论文（设计）与学位论文的概念

1）毕业论文（设计）

毕业论文（设计）是指根据专业的教学计划规定的培养目标，在教师的指导下，由学生自主地开展课题研究和项目实践，并以课题论文和项目成果的形式展示理论水平和实践能力的一种教学活动。这一教学活动属于实践教学范围。毕业论文（设计）的成绩合格将是大学生毕业的必要条件。

毕业论文是高等学校应届毕业生针对某一问题，综合运用自己所学专业的基础理论、基本知识和基本技能（包括课堂学到的，查阅文献资料、社会调查和科学实验中获取的），进行探讨和研究后写出的阐述解决某一问题、发表自己学术见解、有一定学术价值的文章。它是应届毕业生在教师指导下通过实践锻炼所取得的科研成果的文字记录，也是检验大学生掌握知识的程度和分析问题、解决问题等基本能力的一份综合答卷，还可以说是应届毕业生在校期间学习成果的综合性总结、从事科学研究的最初尝试，是教学或科研活动中不可缺少的重要环节。

毕业设计是高等学校有关技术科学专业的应届毕业生教学过程的最后阶段采用的一种总结性的实践教学环节。它针对某一课题，综合运用本专业有关课程的理论和技术给出解决实际问题的设计，相当于一般高等学校的毕业论文。一个正规的毕业设计通常由设计方案、设计方案说明书和工作图三部分组成。

这里所说的毕业论文主要指本科毕业论文（学士学位毕业论文）。从原则上讲，本科毕业论文需要参加所在学校的答辩考核，考核合格后，才能取得高等教育毕业文凭。

2)学位论文

毕业论文(设计)同时可以是学位论文,即同一论文既可以是毕业论文,也可以是学位论文。例如,倘若规定的外语级别没过,但其他专业课程的学分都完成了,可以毕业,所写的论文就只是毕业论文,而不能称为学位论文。换言之,学位论文和毕业论文在重合的情况下是一回事,在不重合的情况下则是两回事。那么什么是学位论文呢?

学位论文是指为了获得所修学位,按要求被授予学位的人所撰写的论文。《中华人民共和国学位条例》规定,学位论文分为学士论文、硕士论文、博士论文三种。

2. 毕业论文(设计)的分类

按研究的学科内容不同,毕业论文(设计)分为社会科学类和自然科学类两大类。

(1)社会科学类毕业论文:包含社会意识形态的各个方面,如哲学、社会学、经济学、政治学、法学、伦理学、宗教学、历史学、教育学等学科。

(2)自然科学类毕业论文:凡是研究自然界各种物质和现象的科学,如物理学、化学、生物学、动物学、植物学、矿物学、生理学、数学等学科内容,均属于自然科学的范畴。

按研究的层次不同,分为本科生毕业论文(设计)(又称学士毕业论文)、硕士研究生毕业论文(设计)(又称硕士毕业论文)、博士研究生毕业论文(设计)(又称博士毕业论文)三种。

(1)学士毕业论文。

在本科阶段申请学士学位的毕业论文(设计)称为学士毕业论文(设计)。它是本科毕业生在限定时间内,在教师的指导下进行的首次科学研究的实践总结。它要求较好地掌握本专业、本学科的基础理论、基础知识和基本技能,具有从事科研工作承担专门技术工作的初步能力。也就是说,学士毕业论文用以反映大学本科阶段所学的本专业基础知识,并运用本专业所学知识及理论进行初步的科学研究尝试,对自己所熟悉、感兴趣的研究课题展开较深入讨论的能力。

因此,对学士毕业论文(设计)的要求不宜太高,论文题目的范围不宜宽泛,一般选择本学科中带有基本性质的某个重要问题的某一侧面或某一有研究意义的侧重点,要求有一定的新意。其篇幅一般为 5000～10000 字,能较好地分析和解决学科领域某个不太复杂的问题,而且可以着重谈某一点。对于申请学士学位的学生来说,论文的选题、题材、篇幅都可以有相对的弹性空间,可以写成工程(工艺)设计、调查报告等体式。

(2)硕士毕业论文。

攻读硕士学位的研究生所撰写的毕业论文称为硕士毕业论文。根据《国家学位条例暂行实施办法》的规定:硕士学位论文对所研究的课题应当有新的见解,表现作者具有从事科学研究工作或独立担负专门技术工作的能力。其学术水平要求比学士论文高。它要求作者在本专业、本学科中掌握坚实的理论基础和比较系统的专门知识,全面了解相关的学术成就和发展动态,具有独立思考和研究的能力,对所研究的课题有深入细致的查证、检阅和钻研,能反映广泛而深入的基础知识及相关领域的理论知识,所撰论文具有较深的学术功力、独到的学术见解和较大的学术价值。篇幅一般在 3 万字左右。另外,硕士论文的写作虽然也有指导教师的指导,但教师的指导是画龙点睛式的,更多的是要求学生独立思考。

(3)博士毕业论文。

博士毕业论文是攻读博士学位研究生的毕业论文,是毕业论文中最高层次的学术论文。《国家学位条例暂行实施办法》规定:对博士研究生的要求是:①必须具有坚实而广阔的基础理论知识和系统深入的专门知识，具有独立从事科学研究工作的能力；②在理论实践上能够超前提出见解，具有独创性的成果，或纠正别人的不妥之处，对人们在认识与改革客观世界中有重要指导作用；③应有较高的学术水平和学术价值，能对别人进行同类性质课题的研究及其他问题的探讨有启发性、引导性，在某一学科领域起先导、开拓的作用。它要求作者能够根据所学专业的学术进展情况，选择有潜力、有深度的研究课题，开辟新的研究领域，获得创造性成果。这就需要掌握本学科及相关领域的新旧理论和方法，以深邃的洞察力和全面的说服力系统、完整地提出有创造性的论点，使论文走向本学科的前沿，有独到性的见解，取得充实的学术成果。所谓充实的学术成果，就不是一般的见识，而是有突破，有发现。这就需要有深厚的专业知识和娴熟的科研能力，识别人之未识，见他人之未见，全面、系统、深入地研究学术问题。博士论文的篇幅要求达到 10 万字以上。

8.2.2　毕业论文(设计)的选题和开题

1. 毕业论文(设计)的选题

1)选题的原则

(1)专业性和学术性原则。

首先，毕业论文的写作是整个教学的一个重要环节，它可以检验学生掌握知识的程度和分析问题、解决问题的能力。毕业论文的课题必须是本专业范围之内，这样可以直接反映出几年来的学习状况，反映出学生对基础知识的掌握程度和处理问题的能力。对于学生来说，在本专业中选题也可以充分利用所学知识进行毕业论文写作，得心应手。总之，无论从考核方面来看，还是从学生毕业论文的写作难易程度来看，选择本专业的课题都是有益无害的。

其次，毕业论文要选择有研究价值的课题，要有学术性。这就是说，毕业论文的选题不应该是常识性的课题，而是有研究价值的，从学科专业角度出发应该写，有必要写，必须写而且非写不可的课题。论文选题应该是以系统的学科知识和专业常识为基础，运用科学研究的方法对未知领域进行探索的挑战，对学科理论和专业实践具有指导意义。也就是说，毕业论文的选题应具有学术研究价值。

(2)开拓性和创新性原则。

写作论文是一种科学研究活动。科学的进步本身就是靠科研活动中新的思想、新的方法、新的理论、新的观点、新的论据、新的发明创造推动的。创新是学术论文的灵魂，也是写作论文、衡量论文研究价值的基本标准。它要求选题不是陈旧过时的题目，而是具有新颖的立意、独创的思想和开拓精神的课题，应能填补学科或专业领域的空白。课题的新颖性、独创性、开拓性、纠谬性和补充性等特点，是对毕业论文的学术研究价值的具体体现。简言之，就是论文要有开拓性和创新性。

选题的开拓性和创新性主要表现在两方面：一是选题要有一定难度，要有利于挖掘作者的潜力，发挥其创造精神，要求作者要有严肃的科学态度和高度责任感；二是要在前人的基础上有所突破，提出自己独到的见解。毕业论文的创新性应作广义的理解：或者是能敏锐地发现还未被人们注意的冷门和死角，即在前人没有探索过的新领域、前人没有做过的新题目上做出了成果；或者是在学科交叉领域做出成绩；或者是对旧主题独辟蹊径，选择新角度阐述问题；或者是在前人成果的基础上作进一步的研究，有了新的发现或新的看法，形成一家之言，这都算是具有创新性。

例如，潘吉星的《论日本造纸和印刷之始》，利用大量的中外文献，比较、分析了不同观点和论据，以及中国造纸术和印刷术对日本的影响和联系，较系统地得出了有关日本造纸之始和印刷之始的年代及其对后世影响的结论。此文在确定日本造纸之始和印刷之始的时间上具有创新的成分，填补了这一研究领域的空白，因此这篇论文的选题是有价值的，是创新的。

纠谬性选题和补充性选题是对选题创新的补充。创新不仅是以一种形式出现的，纠正通说，补充前说都包含了创新的成分，都是有价值的选题。纠正通说是对普遍认同但实际上不正确的观点或知识进行纠谬，使人们得到正确的认识。补充前说则是对已有的研究成果和学说的补充和完善，使其更丰富、完整和全面。一种新的知识、观点、理论或学说往往需要不断地补充和完善，才能最终确立和完整。

(3)适度性和量力性原则。

毕业论文选题要根据现有条件选择自己有能力完成的课题，这需要从主客观两方面来考量。

从主观方面来讲，要充分考虑自己是否有能力在规定的时间内完成选题的内容，把论文写好。一个选题无论多么好，如果无法实现，都是毫无意义的。完成毕业论文的主观条件是指学生的知识结构、对专业知识的掌握、研究能力、写作能力、兴趣爱好、精力和从事研究工作的毅力。选题既要考虑学科发展需求及其研究价值，又要考虑个人对知识掌握的深度和广度，达到专业需求与自己知识点的最佳结合。写毕业论文时一定要因势利导，因地制宜，在自己熟悉的领域，根据自己的可能性提出选题。重点应关注自己的专业兴趣。因为兴趣能够增添写作论文的积极性，激发从事科学研究的精力、毅力和研究能力，提高工作效率和质量。这样写作起来才会得心应手，收到事半功倍的效果。

从客观方面来讲，要根据现有条件来确定论文的难易程度、范畴大小、内容多少。这就是说确定选题之前，要考虑实际的调研环境、实验环境、参考资料的提供和对完成论文时限的规定。如果一个选题需要通过实地调查研究或室内实验来完成，而写作毕业论文期间这些条件并不具备，就应该考虑其他不需要这类条件的选题。如果某一选题的参考资料不具备，并且无法通过努力获得需要的参考资料，这个选题也得放弃，另外考虑其他易于获取资料的选题。

初次写作毕业论文，由于经验不足，容易出现好高骛远，眼高手低，选择难度过大、过难的题目等常见的失误。事实上，毕业论文选题范围应适当，宜小不宜大。选题小，材料翔实，说理充分，远胜过选题大，内容空洞，说理不够。选题范围小，比选题范围大更容易把握、展开，以便把道理说透，保证论文质量。因此，确定毕业论文的选题时，一定要估算毕业论文选题的难易程度和写作毕业论文的步骤和篇幅，确保以自己的能力和现有条件在规定的时间内按计划、高质量地完成论文写作。

(4)理论联系实际原则。

做研究和写论文，理论联系实际非常重要，尤其对应用学科或技术性较强的专业，所选课题应能回答和解决现实生活或学术研究领域的实际问题。选题应尽量从前沿课题和紧密联系社会需求、生产需求的方面产生。这就要求充分注意选题的现实价值。毕业论文的选题要着眼于社会效能和价值，正如古人所说：言不关世道不为，无益于世不列。选题时应该有一种社会责任感，如政治教育中的德育问题、法学中的法制观念问题、心理学中的智能培育问题、教育学中的教育体制问题、经济学中的经济体制改革问题等，都是迫切需要回答并解决的。

不同学科专业有不同的研究对象和研究内容，理论联系实际并不意味着所有的选题必须从狭义的现实需求中产生，绝非主张急功近利的实用主义，也绝非提倡选题必须有直接的效益作用。有些选题表面看来似乎没有什么现实意义，或者没有直接的实际研究价值，如典籍的考证、历史人物的研究等，与人们的现实思想和实践距离远一点，但从发展的眼光看，能够表示某种趋势，甚至在未来的某个时期会产生不可估量的作用，故具有一定的学术价值。尤其是在人文学科和基础理论领域，应该从人类社会发展的总趋势上加以把握。科学进步是一代又一代人知识和智慧积累的结果，不断在前人研究成果的基础上扩展认知领域，人类就会逐步获得从必然王国通往自由王国的钥匙。

　　2) 选题的途径

　　(1) 导师指导法。

　　毕业论文在导师的指导下进行，不仅是应该的，而且是必需的。毕业论文既有学术论文的性质，又有毕业作业的性质，理所当然地应该接受导师的指导。导师一般具有较高学历，担负教学、科研双重任务，视野开阔，知识面广，专业知识基础深厚，从事科学研究和撰写论文的经验丰富，熟悉前沿科研项目和课题。经过他们指导论文，可少走弯路，成功的概率较高。

　　需要引起注意的是，导师不要越俎代庖直接为学生拟定选题，而是要启发学生，让学生自己确定选题和写作论文。导师的职责是引导或指导学生如何做，而不是代替他们做，目的是教会学生科学研究和写作论文的方法。同时，导师要了解每个学生的具体情况，对学生的指导要有针对性，提供的意见应能适合学生的个性化需求。这就要求一个导师每次指导学生的数量不宜太多，以 4～6 人为宜，而且对每个学生的知识结构、研究能力、写作能力等都应有所了解。学生对于毕业论文选题，应听取导师的意见，把自己的想法同导师沟通，反复切磋，最后敲定；切忌不听导师的意见，或者过分依赖导师的意见。

　　(2) 材料提取法。

　　材料提取法就是通览所占有的文献资料，从中提取自己感兴趣的问题，从而确定选题。运用材料提取法选题，要多查阅书刊文献资料，充分利用前人研究成果，现今也包括网上查阅资料。查阅材料一定要全面，把到手的材料仔仔细细、认认真真地看一遍，不能看了一些材料，从中受到一点启发，有了自己的点滴看法，就急于确定选题。只有将所有材料全面彻底地通览一遍，并经过认真分析、反复思考以后才能确定选题。阅读材料时，一定要勤动手，勤思考，随时记下资料的纲目，记下资料给予自己印象最深刻的东西(观点、论证、方法、论据等)，记下随时涌上心头的点滴体会，而不能走马观花，流于形式。在全面了解某一学科专业或某一研究方向、研究课题的历史与现状，了解学科专业或某一研究方向、研究课题是怎样发展的；曾经开展过哪些方面的研究，取得了哪些成果，以及现阶段达到了怎样的程度；面临哪些问题，有哪些难点需要攻克之后，接下来的工作，就是将阅读所得到的方方面面的内容进行分类，看看哪些内容属于本学科目前亟待解决的问题，哪些问题属于本学科争论的焦点问题，然后从中提取自己体会最深的东西，经过反复琢磨形成自己的选题。全面地认识某一问题，可以带来更多选择，同时较容易触发选题的灵感。

　　(3) 实践调查法。

　　从社会实践和科学实践中选题也是一种有效途径，尤其是一些实践性或实验性较强的学科专业，应争取参与社会调查或参加实践的机会，了解社会，学以致用，从理论中获取知识，从实践中发现选题。

　　调查研究的方式是多种多样的，有通过书刊文献资料、网上资料取得材料的，有通过个人实地采访、咨询取得材料的，也有通过学校组织的调研活动取得材料的，有时调研的形式被综合应用。无论何种调研形式,都可能产生较好的论文选题。例如,学经济的可以从经济管理、商品营销、企业改制、产业结构的调整以及中国加入 WTO 后各行业面临的机遇和挑战的调查中获得选题;学法律的可以从社会转型产生的诸多案例的调研中获得选题;学文学艺术的可以从社会学和受众、文艺形式的演变,以及文学艺术的商业运作等调研中获得选题;学信息科学的可以从信息技术的应用程度、应用范畴和应用需求的调研中获得选题等。

自然科学由于理工科专业的性质,决定了这些学科的选题不是通过社会调查,而是通过科学实验、临床工作和在科研基地、生产单位的实习等方式获得的。把参加实验、实习获得的经验、数据、问题加以整理,从中可以提炼出有价值的选题。

(4)好学深思法。

好学深思,首先要好学,即多看一些书。有人说写诗的人"功夫在诗外",画画的人"功夫在画外"。写毕业论文的功夫,有时也在专业之外。尽早关注选题,在进行大量的课外阅读时也许会受到启发。像鲁迅所说:"爱看书的青年,大可以看看本分以外的书,即课外的书……譬如学理科的,偏看看文学书,学文学的,偏看看科学书,看看别个在那里研究的,究竟是怎么一回事。"在当今边缘学科、交叉学科层出不穷的情况下,学科专业之间的相互影响加强了,通过阅读,了解本专业以外的专业发展情况,不仅有开阔眼界的功用,有时触类旁通,还可能产生新的构想。例如,学习经济专业的人,能从《红楼梦》中了解中国封建时代的经济状况;学习军事专业的人,能从《三国演义》中分析战例。史学大师陈寅恪从古诗词中解读历史,从读杂书中记写历史,他的许多学术论文都是在详读诸书时,有所心得而写成的。又如,19 世纪,德国人谢里曼年幼时从民间传说中得知特洛伊城,成年后他从荷马的《伊利亚特》描述的蛛丝马迹中断定特洛伊城一定存在过,而不像人们通常认为的那样,仅仅是文学作品中虚构的地方,从而穷尽一生精力寻找特洛伊城,在考古史上造就了辉煌成就。

好学深思也强调要多想,把读到的、学到的东西加工、消化、转化为研究成果。胡适的《治学方法》一文中有这样一段话:三百年以前,培根说了句很聪明的话,他说,世上的治学的人可分为三种,第一种是蜘蛛式的,是靠自己肚子里分泌出丝来,把网作得很漂亮,也很有经纬,下点雨的时候,网上挂着雨丝,从侧面看过去,那种斜光也是很美。但是虽然好,那点学问却只是从它自己的肚子里造出来的。第二种是蚂蚁式的,只知道集聚,这里有一颗米,三三两两地抬了去,死了一个苍蝇,也把它抬了去,在地洞里堆起很多东西,能消化不能消化却不管,有用没用也是不管,这是勤力而理解不足。第三种是蜜蜂式的,这种最高,蜜蜂采了花去,更加上一度制造,取其精华而去其糟粕,是经过改造制造出新成绩的。孔子说过,学而不思则罔,思而不学则殆,蜜蜂的方法是又学又思,是理想的作学方法。一个有作为的学生,就是要采取蜜蜂式的工作方法,东采一点蜜,西采一点蜜,把自己阅读、学习、研究的东西,通过积累,通过偶然激发灵感得到的启发,通过联想和富于创造力的思考,通过严密的逻辑思维,最终选择好论文题目,为写好论文打下坚实的基础。

(5)另辟蹊径法。

① 在本学科领域的"空白处"寻找突破口。所谓"空白处",就是本学科领域别人尚未涉猎研究过的课题,如在经济体制改革中提出的各种新问题、新涌现的作家作品,新产品、新工艺的应用等。这类课题参考文献较少,甚至无所借鉴,但对于作者来说,发挥创造性的余地较大,作者可以在了解总体研究状况的基础上,运用联想、推理、演绎、判断等思维方式,达到对客观事物的主体认识。这种探索性的课题一方面可供研究的空间较大,有一定发

挥主观能动性的空间；另一方面具有一定的学术价值，对于发现新情况有一定的启发作用。

还可以从现实生活中选择"话题"加以研究，现实生活中提出的论题大部分是研究空白和薄弱环节，是他人没有涉足的领域，这种选题应用性、实效性很强。在美国，博士、研究生的论题大多选自公司的管理和生产中提出的问题，这种论文选题在书本上是很难找到现成答案的。

② 在学科领域的"空缺处"寻找突破口。所谓"空缺处"就是在本学科领域别人已经研究过，但还有科学探讨余地的课题。这类课题是对前人成果的发展性研究。例如，《论时空的现代认识》就是一个对前人成果发展性研究的课题。关于时空观，哲学史和教科书都有专论，然而对于现代时空观的探讨极少，此文简略考察牛顿、爱因斯坦和马克思主义时空观，把现代物理学和宇宙学时空观引入哲学领域，认为时空取决于物质分布和运动状态，是事物广延性、持续性的尺度，时空本质属性之一是它构成非线性单一的四维连续区，在客观上是融合在一起而相互制约的。这些观点无疑是对前人时空理论成果的继承和创新。

③ 在多学科发展的"交叉口"寻找突破口。科学发展表明，各学科的知识正在互相渗透、互相交叉、互相分化、互相综合，在学科与学科的交叉地带，不断涌现出一些新的学科门类，如文艺心理学、文艺信息学等，这就必然带来新问题，要求善于留心选择某些多学科交叉的新课题。这些交叉学科的课题往往容易从各个学科不同的特点入手，在综合和比较中发现问题，探讨出具有价值的规律。

④ 在学科领域的"热点"中寻找突破口。在学科领域，无论哪一门类哪一学科，总有一些讨论的热点。例如，最近教育部就制定《国家中长期教育改革和发展规划纲要》拟出 20 个热点问题在网上广泛征求网民意见。这对于教育相关专业的学生来说，就是一个很好的选题突破口，可以从中任选一个自己能够驾驭的问题发表自己的看法，这样的选题既有现实性又有研究价值。另外，随着社会的发展、人们观念的变化和知识水平的提高，往往许多以前已经有定论的问题又会引起人们的兴趣和争论。选择有争议的问题研究便于发表自己的主张，提出自己的观点，从批评别人的观点入手，逐渐引申发展，深化自己的思维，达到完善自己观点的目的。

2. 毕业论文(设计)的开题

毕业论文(设计)的开题是指毕业生以开题报告的形式对所写毕业论文(设计)的内容、思路等方面作出文字说明，并接受指导教师和论文指导委员会集体评定的活动。开题一旦被批准，选题便得以正式确立，它能够帮助作者进一步理清研究思路，对作者后续的论文写作工作产生直接影响，是论文写作的全程性指导，并成为论文修正时的重要依据。通常，毕业论文(设计)的开题要经过三个阶段：①作者撰写开题报告；②指导教师审查开题报告；③论文指导委员会审定开题报告。核心是围绕开题报告展开。

1) 开题报告的含义

开题报告是指当毕业论文选题方向确定之后，开题者在调查研究的基础上撰写的报请专家委员会通过的选题计划。它是对毕业论文选题的一种文字说明材料。这是一种新的应用文体，这种文字体裁是随着现代科学研究活动计划性的增强和科研选题程序化管理的需要应运而生的。开题报告一般为表格式，它把要报告的每一项内容转换成相应的栏目，这样做既便于开题报告按目填写，避免遗漏，又便于评审者一目了然，把握要点。

2) 开题报告的内容及撰写

(1)研究的目的及意义。即回答为什么要研究，研究它有什么价值的问题。一般先谈现实需要，由现实中存在的问题导出研究的题目，通过本研究会产生什么实际作用和意义。再谈理论及学术价值，要求具体、客观，且具有针对性，注重资料分析基础，注重时代、地区或单位发展的需要，切忌空洞无物的口号。

(2) 文献综述。在论文的写作过程中，文献资料是写作的理论基础和实践支撑，也是开展研究的依据。对文献资料的梳理和评述为后续的写作理清了思路，明确了方向，这就是文献综述。它是开题报告的重中之重。

文献综述是在确定了选题后，在对选题所涉及的研究领域的文献进行广泛阅读和理解的基础上，对该研究领域的研究现状(包括主要学术观点、前人研究成果、研究水平、争论焦点、存在的问题及可能的原因等)、新水平、新动态、新技术、新发现、发展前景等内容进行综合分析、归纳整理和评论，并提出自己的见解。它要求作者既要对所查阅资料的主要观点进行综合整理、陈述，又要根据自己的理解和认识，对综合整理后的文献进行比较专门的、全面的、深入的、系统的论述和相应的评价，是"述"和"评"的有机结合。

(3) 主要研究内容及创新点。根据研究目标全面、翔实、周密地表述出具体的研究内容，切忌大而空地罗列根本解决不了的问题。研究的创新点是相对于别人在此方面的研究而言的，只有别人没有的、自己总结提炼出来的新亮点才是自己的创新点，也是本研究的亮点。要突出重点，突出所选课题与同类其他研究的不同之处。

(4) 拟采用的研究方法(技术路线)及可行性分析。研究方法在前面已经提到过。本部分就是要介绍本研究中将要用到的研究方法。请注意，这里介绍研究方法时，不是对方法概念的解释，而是要介绍在本研究中如何使用某种研究方法，目的是什么。如采用问卷调查法，就是要阐述本研究中的问卷是如何产生的，是借用他人的问卷，还是自制问卷，如何展开问卷调查等。另外，一个课题中的研究方法不宜过多，主要提炼 2~3 种研究方法，侧重研究，有效利用就好。可行性分析是对本研究课题所具备的理论条件和现实条件的说明的分析。

(5) 研究思路。研究思路是开题报告的重要环节，通常以三级写作提纲的方式表现，即列出毕业论文的初步写作提纲，此提纲是论文框架结构的主要表现。要求能够清晰地看出论文的研究步骤和思路。

(6) 研究工作安排及进度。研究工作安排及进度即交代作者在一定时期内对研究工作预先作出安排和打算，便于审查者清楚地看到时间和内容上的安排，来判断能否如期保质保量地完成毕业论文(设计)。

(7) 参考文献等。参考文献是在学术研究过程中，对某一著作或论文的整体参考或借鉴，是开题报告和毕业论文(设计)的必要组成部分，体现科学的继承性，尊重知识产权。正确使用参考文献可以精练文字，缩短篇幅，提高效率；便于毕业论文(设计)指导委员会专家客观评价毕业论文(设计)的水平；做到信息资源共享，促进科学情报和文献计量学研究，起到推动学科发展的作用。

8.2.3　毕业论文(设计)写作前的信息需求表达与课题分析

毕业论文的文献资料，是指毕业生为完成毕业论文收集的或写入毕业论文之中的理论依据、数据、事实根据。"理论依据"是指前人总结出来并经实践证明是正确无误的道理、定理、原理等，这些的理论依据主要以专著、学术论文等形式呈现；数据、事实根据是指来自古今中外社会生活中的各种"事实"和科学实验的"数据"。

毕业论文的文献资料对毕业论文来说，既是形成观点的基础，又是证明论点的论据。虽然在选题过程中已掌握了一定的文献资料，但距离写出毕业论文还相差甚远，因此，选题之后要进一步进行文献检索，广泛地收集与选题密切相关的文献资料。

写作毕业论文（设计），应尽量利用两个渠道进行文献检索与利用：①图书馆的文献资料（包括印刷型和数字型两部分）；②互联网上的相关资料。这两个渠道是学术研究主要的资料来源，能够充分保证研究资料的供给。

1. 文献资料收集范围

文献资料的收集范围是指与选定毕业论文课题有关的各种文献类型中的文字参考资料以及实践中通过调查得出的直接资料和实验中的各种数据等，主要包括以下几种。

(1)经典著作中的有关论述。文献类型主要是图书。

(2)有关理论专著和学术论文。文献类型主要是图书、期刊论文、硕博士论文、会议论文等。

(3)各种工具书中的有关词条。文献类型主要是百科全书、字典、词典(辞典)、年鉴等。

(4)有关的统计数据和典型事例。文献类型主要是统计年鉴、手册、百科全书等。

(5)有关的国家标准、部颁标准或行业标准。文献类型主要是标准文献。

(6)有关的党政文件。文献类型主要是政府出版物和各级政府网站。

(7)现实的有关情况和问题(主要指部分典型网络信息)。

2. 文献资料收集思路

1)充分利用图书馆的文献资料(包括印刷型文献和数字文献)

目前，图书馆包括两层含义，一是物理图书馆，二是数字图书馆。物理图书馆主要是查找传统文献资料的地方，即印刷型资料的地方，文献资料主要集中于普通印刷型图书、期刊、硕博士论文、百科全书、字典、词典、年鉴、手册、技术标准、统计资料等，这些文献资料在图书馆里应如何查找？它们如何排列？只有掌握其中的规律，才能更好地利用。

(1)了解图书分类。上述文献资料绝大多数按照国家标准的分类法进行分类。图书分类是图书馆管理图书、排列图书、揭示馆藏、帮助读者查找文献资料的基本方法。无论印刷型文献还是数字图书馆中的电子文献，都要把文献资料进行分类，以此来满足读者"以类求书"的需求，使读者在查找到特定的类目后，能够对同一类目下的文献资料有充分的选择余地。

目前，我国对图书的分类采用《中国图书馆图书分类法》，简称《中图法》。《中图法》采用拉丁字母与阿拉伯数字相结合的混合制标记符号。用拉丁字母标记基本大类，例如，"K历史、地理"是一级类目，"K2 中国史"是二级类目，"K23 中国封建社会(公元前475~公元1840)"是三级类目，以此类推。查找时可以逐级向下找到自己特定需要的图书资料。表 8-1为《中国图书馆图书分类法》的基本类目。

同时根据大类的实际配号在种类繁多的类目再展开一位字母，用以标记二级类目。在字母段之后，使用阿拉伯数字标记各级类目。例如，"T工业技术"大类范围广泛，内容繁多，故在该类基础上采用双位拉丁字母标记其所属的 16 个二级类目。表8-2为"T 工业技术"基本大类下的二级类目。

表 8-1　《中国图书馆图书分类法》基本类目

字母	内容	字母	内容
A	马克思主义、列宁主义、毛泽东思想、邓小平理论	N	自然科学总论
B	哲学	O	数理科学和化学
C	社会科学总论	P	天文学、地球科学
D	政治、法律	Q	生物科学
E	军事	R	医药、卫生
F	经济	S	农业科学
G	文化、科学、教育、体育	T	工业技术
H	语言、文字	U	交通运输
I	文学	V	航空、航天
J	艺术	X	环境科学
K	历史、地理	Z	综合性图书

表 8-2　"T 工业技术"基本大类下的二级类目

字母	内容	字母	内容
TB	一般工业技术	TL	原子能技术
TD	矿业工程	TM	电工技术
TE	石油、天然气工业	TN	无线电电子学、电信技术
TF	冶金工业	TP	自动化技术、计算技术
TG	金属学、金属工艺	TQ	化学工业
TH	机械、仪表工业	TS	轻工业、手工业
TJ	武器工业	TU	建筑科学
TK	动力工程	TV	水利工程

(2)检索"馆藏目录",查找相关的印刷型论著、期刊、工具书、技术标准等。

(3)检索"数字文献",查找相关数字出版物的论著、期刊论文、硕博士论文、专利文献、技术标准、工具书中的相关词条等。

2)适当利用网络相关信息

在充分利用权威数据库的基础上,适当参考网络上的相关信息,补充文献资料收集的不足。

3)在实践、实验中获取相关资料

收集毕业论文资料光靠图书馆还不够,有时还要到实践中调查,在实验中测试,获得第一手资料。

3. 课题分析

明确文献资料收集思路是从宏观上把握毕业论文(设计)写作前的基础技巧和方法,而检索课题分析(主题分析)是检索策略制定的根本出发点,也是检索效率高低或成败的关键,目的在于明确课题所包含的概念成分及其相互关系。

课题分析中查阅文献是核心环节。通过泛阅形成知识的轮廓,知晓学科之中沉淀下来为研究者所共知的知识,避免已经被前人研究的课题;通过精读了解学科的发展情况与趋势,选择未被前人研究的新兴领域或者未被研究透彻的课题,再结合本地区本时代的特点得出粗选课题。之后就要针对选题进行分析,具体内容如下。

1) 课题分析的内容

检索课题的分析要明确以下内容。

(1) 分析课题的主要内容及其所涉及的学科范围。只有明确了所选课题涉及的学科范围，才能进一步确定检索要素。例如，选择综合性学科数据库还是专题性数据库。CNKI 中国期刊全文数据库是综合性学科数据库；中经专网是经济类学科专题数据库。

(2) 确定关键词(同义词、近义词、上位词)。根据自己所查主题，从本专业角度出发确定核心关键词。例如，课题"关羽形象研究"相关的关键词大致有关羽、关羽形象、人物形象、艺术形象、艺术塑造、三国演义、三国志、春秋大义、孔子、关公信仰、义绝、历史、文学、宗教等。

(3) 所需文献的类型、语种、年代及文献量的范围。例如，明确自己要检索的文献类型是专著还是期刊论文，议论文还是硕博士论文，是专利还是报告、网络相关文献等，是中文文献资料还是外文资料等，是检索最新、近几年等文献资料还是要进行回溯检索等，是查找全文还是摘要等，以及写作需要的参考文献的大致数量范围。

2) 课题分析

根据检索课题的类型和侧重点不同，课题可能不同。例如，若要了解科技的最新动态、学科的进展，了解前沿、探索未知，则强调一个"新"字；若要解决研究中的具体问题，则要强调一个"准"字；若要了解全过程，撰写综述、作鉴定、报成果，就要回溯大量文献，要求检索全面、详尽、系统，则要强调一个"全"字。

3) 主题概念分析方法

(1) 明确检索课题(信息需求)。进行简单的主题概念分析后，得到几个关键词。

(2) 从自己的信息环境中选择任何形式的信息源(课本、笔记、图书馆、数据库、参考工具书、网络、人)查阅资料，了解检索课题相关的一些知识与信息，找到准确、全面的主题概念(同义词、近义词、上位词、下位词、相关词等)，分析检索词间的逻辑关系，选择合适的数据库。

(3) 要边检索边评估。不断地明确自己的信息需求，对检索结果进行评价，适时调整检索策略。

(4) 分析检索的内容实质。例如，"从镀锌残渣中回收锌"分析其工艺流程，实际是从高品位镀锌残渣中分离铁，所以检索的实质内容是"从锌块中分离铁"。

(5) 注意隐性主题的处理：主题概念具体化。例如，"高温下使用的不锈钢"，其中"高温下使用的"即耐热钢。

(6) 找出核心概念，简化逻辑关系。并不是概念越多越好，抓住主题的核心，即最能表达检索课题内容而且具有实际检索意义的关键词。例如，"利用稻米皮糠提取天然食品色素"，可以分析出"稻米"、"皮糠"、"提取"、"天然"、"食品色素"，但实际上其核心主题概念就是"稻米"、"食品色素"。

(7) 排除检索意义不大的词，如展望、发展趋势、现状、近况、生产工艺、应用、利用、作用、方法、影响、制备、结果等。

4) 课题分析实例

(1) 网络资源的知识产权保护。课题分析为网络资源/网络信息资源/知识产权保护/版权/著作权限/合理使用。

(2)经济领域犯罪的心理分析。课题分析为经济犯罪/犯罪心理分析。

(3)关于经济领域诈骗行为心理剖析。课题分析为经济诈骗/诈骗心理/经济犯罪/犯罪心理分析。

(4)家庭、婚姻裂变和青少年犯罪的内在联系。课题分析为离婚/单亲/家庭/青少年犯罪/未成年人犯罪。

(5)国内外社会保障制度比较研究。课题分析为社会保障/社会救济/社会保险/失业保险/养老保险/医疗保险。

(6)食品添加剂。课题分析为壳聚糖/溴酸钾/柠檬酸。

(7)宁波高校会展物流人才培养对策研究。通过广泛查阅相关书籍、期刊论文(主要)、学位论文、会议论文、网络资源，分析选题背景与意义、国内外研究动态、研究内容、研究方法、论文难点与重点分析，得出课题分析结果：会展物流人才培养在促进区域会展物流发展中显得日益迫切，目前已受到国内外学者的广泛关注，本毕业设计能够结合当地实际进行选题，具有一定现实意义，而且选题范围、难度适中，可以预期完成。

8.2.4　毕业论文(设计)写作步骤

1. 确立题目

论文题目其实在选题阶段就已经确立好了，但是往往经过开题之后，在指导老师和毕业论文(设计)学术委员会专家的指导下，论文题目会有所变动，小的变动可能是措辞用语上，大的变动则会涉及题目的整个研究侧重点。因此，毕业论文(设计)写作的第一步便是确立题目，以便为后面的写作明确范围，指明方向。

2. 收集材料

毕业论文(设计)的论点必须建立在坚实的材料和论据的基础上，收集的材料也是引言部分的基础，收集的材料还是作为论据的材料。没有材料的观点不是学术结论，而是个人印象，它没有任何学术价值。

因此，充分占有资料是毕业论文(设计)写作的物质基础，此项工作贯穿毕业论文(设计)写作的全过程。需要注意的是，选题的收集材料和写作的收集材料有所不同，前者是为了确定题目，后者是为写作提供经验借鉴和理念、实践方面的支撑，也是毕业论文(设计)写作的重要依据。因此，在确立题目之后，应以题目为中心，制定一个收集资料的计划。在收集资料时要做到全面地、历史地占有资料，而且要尽可能占有第一手资料，反面的资料也要有，甚至一些有用的具体细节也不能放过。收集后不要忘了时刻围绕论题对资料认真思考钻研，鉴别真伪，审核主次，寻找缺漏，逐渐形成论文的观点，产生论文的主题。再进行分类，去其糟粕，取其精华。最后选择那些确实、有力、富有新意和易于理解的资料作为论文的论据支撑。

在收集材料的过程中，如何才能选取与自己研究有关的材料呢？应从以下方面考虑。

1)选取材料的种类

(1)就材料的内容而言，既要有理论材料，又要有实践(实验)材料。

(2)就材料的关系而言，既要有核心材料，又要有相关的一般材料。

(3)就材料的时间而言，既要有历史材料，又要有最新的现实材料。

(4)就材料的深度和广度而言，既要有概括的材料，又要有具体的材料。

(5)就材料的范围而言，既要有点上的材料，又要有面上的材料。

(6)就材料的性质而言，既要有正面材料，又要有反面材料。

(7)就材料的区域和专业而言，既要有本地区、本国和本专业的材料，又要有其他地区、国外和相关学科专业的材料。

通过多方面、多角度、多层次地选取文献资料，有利于拓宽创造性思维，再通过分析、比较、归纳等，提出新观点、新思路、新材料、新方法等。

2)选取材料的数量

与毕业论文(涉及)课题相关的文献资料很多，要最大限度地广泛收集，随时判断与论文课题研究的相关程度，选择有价值的材料。要尽量避免大量的排比材料，即"性质相同"应尽量避免。同时，由于时间、精力有限，还要最小限度地寻找与研究有关的充分的资料，以避免被材料淹没，做到博与精的统一。

就材料数量而言，材料一定要有"代表性"。材料太多不行，材料太少也不行，孤证不为定说。

3. 编写提纲

编写提纲是毕业论文(设计)写作中非常重要的一步，提纲是论文构成的蓝图和基本逻辑框架。编写提纲就是给论文搭一个骨架，即作者将自己的研究构想以简洁的语言符号形式记录下来形成论文框架结构。一般应包括：论文题目、总论点、各个分论点(也称为上位论点)、各个小论点(或称下位论点)、各个小论点从属的论据(如事实论据、理论、数据、图表等)、结论、建议(可略)。

总之，就是用目录的方式将论文的框架有层次地搭建出来，形成毕业论文(设计)写作的初步提纲。

编写提纲要有全局观念，要中心突出、层次分明、逻辑严密、主次详略得当。要从整体出发检查每一部分在论文中所占的地位和作用，看看各部分的比例分配是否恰当，篇幅的长短是否合适，每一部分能否为中心论点服务；要从中心论点出发，决定材料的取舍，把与主题无关或关系不大的材料毫不可惜地舍弃，尽管这些材料是费了不少劳动搜集来的。有所舍才能有所得，要考虑各部分之间的逻辑关系，必须有虚有实，有论点有例证，理论和实际相结合，论证过程有严密的逻辑性。切忌论点和论据没有必然联系，或者只限于反复阐述论点，而缺乏切实有力的论据；或者材料一大堆，论点不明确；或者各部分之间没有形成有机的逻辑关系，这样的毕业论文(设计)的提纲都是没有说服力的。

论文提纲的目录纲要是由章、节、条目、子目组成的一个逻辑图表。为了将章、节、条目、子目的逻辑关系固定下来，便于识别，根据《科学技术报告、学位论文和学术论文的编写格式》和其他相关标准的有关规定，采用阿拉伯数字分级编号。

4. 撰写初稿

根据编写好的毕业论文(设计)提纲，通常将论文按照提出问题、分析问题、解决问题的思路展开，形成毕业论文(设计)的绪论、本论和结论这样的三段式论文初稿。

(1)绪论是毕业论文(设计)的开场白，交代清楚写作的缘由，提出论证的问题，阐明写作的目的和意义。其作用在于提出问题，引出本论。但要注意提出的问题要明确具体、开门见山，不要离题万里、不着边际，这部分在文中所占比例要小。

(2)本论是毕业论文(设计)的主体，是展开论题、表达作者成果的部分，是内容最丰富、最集中的地方。毕业论文(设计)水平的高低，质量的好坏，就在这一部分得以体现。它要求材料丰富、典型、新颖，观点和材料要高度统一，论证要符合逻辑规律。条理清楚、层次分明是本论的写作要旨。

(3)结论是毕业论文(设计)通过严密论证得到的结果，是全文的收尾部分。它应是绪论中提出的、本论中分析论证的、水到渠成、瓜熟蒂落的必然结果。绪论的措词要严谨科学、恰如其分，既要与绪论中提出的、本论中论证的内容一致，又不能在文字上重复。

这种三段式的写作模式是最常用的，但不是一成不变的死板的公式，在实际写作中，可根据表达的内容和具体情况灵活变通处理。

5. 修改与定稿

初稿完成后，要多听取指导老师和其他同学的意见和建议，从观点、材料、结构、语言各方面寻找缺陷、遗漏或错误，进行多次反复修改，直到满意为止。最后才能形成定稿，并仔细校对。

8.3　学术规范与学术道德

遵照教育部《关于加强学术道德建设的若干意见》、《高等学校哲学社会科学研究学术规范(试行)》等，严谨治学。本节根据国家标准《文后参考文献著录规则》和《科学技术报告、学位论文和学术论文等编写格式》等，结合大学生学术写作过程中容易出现的学术不端行为，阐述在大学生毕业论文(设计)完成等过程中应当遵守的学术规范标准与学术道德，严禁抄袭、剽窃、作伪等学术不端行为。

8.3.1　文献引用与著录规则

1. 毕业论文(设计)的写作规范

参照国家标准 GB7713—1987《科学技术报告、学位论文和学术论文等编写格式》和 GB/T7714—2006 的规定，毕业论文(设计)一般包括两部分：第一部分是前置部分，包括题目、作者、摘要、关键词；第二部分是主体部分，包括引言、正文、结论、注释、参考文献和致谢；有附录的还需在论文后写明附录内容。

1)前置部分

(1)题目。要力求用最简洁、最准确的语言概括文章的内容，或者揭示文章的论点。

(2)作者。作者姓名，通常写在文章题目下面一行的中间位置。作者信息，如作者年级、专业等，写在作者姓名下面一行的中间位置，用圆括号括起来。

(3)摘要。摘要即内容提要，能使读者尽快了解全文的主要内容。摘要必须以高度概括且精确简练的陈述来反映全文的内容，一般 200～300 字。

(4)关键词。关键词是从文章中选取的最能代表文章中心内容或主题的词、词组、术语。

它是一种能表达文献要素特征且具有实际意义的检索语言，一般选用3~8个关键词，关键词之间用分号隔开。

2) 主体部分

(1) 前言。前言又称引言或序言，内容包括：本课题研究的渊源，国内外研究概况及最新进展情况，本课题研究的方法、目的、意义和价值，研究工作的大致过程及成果达到的预期效果等。

(2) 正文。正文是文章的主体和核心部分。毕业论文(设计)的"创新性"主要在正文里体现。正文的水平决定着整个毕业论文(设计)的水平。其写作要求由于学术研究所涉及的学科不同而不同，其选题、研究方法、结果和表述方式有很大差别，所以很难作出统一的具体规定。

(3) 结论。结论是全篇的总结。它不是前文的简单重复，而是更深一步的认识。也就是在研究结果的基础上，进一步得出科学的结论，使研究由感性认识上升到理性认识。结论的内容包括：简明地概括本文解决了什么问题，发现了什么规律，获得了什么结果；评价研究结果的理论意义和实用价值；简述研究工作还存在的缺欠和需要进一步研究的问题。要求措词严谨，逻辑性强，完整明晰。

(4) 参考文献。参考文献是向读者介绍引用的相关资料，要求包括：①能反映出论文写作的真实科学依据，说明课题研究的渊源；②体现严肃的科学态度；③尊重别人的成果，同时便于检索；毕业论文的撰写应本着严谨、求实的科学态度，凡有引用他人成果之处，均应按正文所引文献首次出现的次序，以阿拉伯数字为序数，并加方括号，标注在所引文字结尾处的右上角，然后按序数顺序排列在文章末尾。

(5) 致谢。在文章的结尾处，通常以简短的文字对毕业论文(设计)写作过程中给予帮助的老师、同学，甚至是引用文献资料的提供者、作者等表达谢意。

2. 参考文献引用与著录

1) 定义与概述

GB/T 7714—2005《文后参考文献著录规则》中定义参考文献为：撰写或编辑论文和著作而引用的有关文献信息资源。

参考文献引用要注意选择好的版本，经典文献的引用要用最新版本，引文要准确、适度。

凡参考文献引用，无论完整引用还是非完整引用，无论加引号的引用还是引其大意，包括引用观点、资料、数据、图表等，无论何种文献，皆应详细注明出处，用阿拉伯数字外加方括号标注其在文中的位置，其序号与所在文中序号一致，如图8-1所示。

参考文献引用要标明参考文献的详细出处：作者、题名、译者、出版社(含出版地)或报刊名、出版时间、版次、卷期、页码等。其他如数字文献、网页资料等非正式出版文献也应详细注明来源，参考文献著录格式要自觉执行国家标准《文后参考文献著录规则》。

2) 参考文献的作用

科学研究是"站在巨人的肩膀"的工作，而这个"巨人的肩膀"就是包含前人研究成果的学术文献。学术论文的写作中阅读和引用前人的学术文献已经成为一种范式。

参考文献是学术专著、论文的重要组成部分。参考文献反映研究工作的背景和依据，表明作者尊重他人研究成果的严肃态度，向读者提供有关信息的出处，参考文献还是对期刊论文引文进行统计和分析的重要信息源之一。

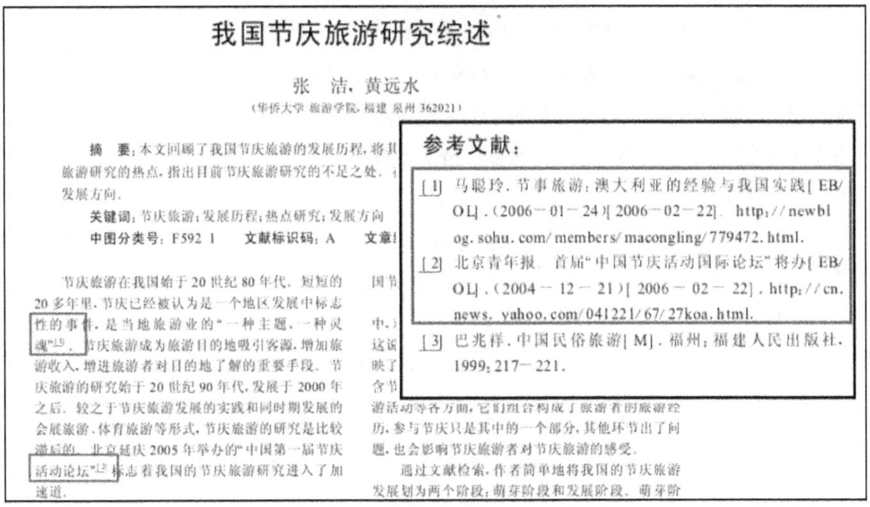
我国节庆旅游研究综述

张 洁，黄远水

(华侨大学 旅游学院，福建 泉州 362021)

摘 要：本文回顾了我国节庆旅游的发展历程，将其……旅游研究的热点，指出目前节庆旅游研究的不足之处，……发展方向。

关键词：节庆旅游；发展历程；热点研究；发展方向

中图分类号：F592.1 文献标识码：A 文章……

节庆旅游在我国始于 20 世纪 80 年代。短短的 20 多年里，节庆已经被认为是一个地区发展中标志性的事件，是当地旅游业的"一种主题、一种灵魂"[1]。节庆旅游成为旅游目的地吸引客源，增加旅游收入，增进旅游者对目的地了解的重要手段。节庆旅游的研究始于 20 世纪 90 年代，发展于 2000 年之后。较之于节庆旅游发展的实践和同时期发展的会展旅游、体育旅游等形式，节庆旅游的研究是比较滞后的。北京延庆 2005 年举办的"中国第一届节庆活动论坛"[2]标志着我国的节庆旅游研究进入了加速道。

……游活动等各方面，它们组合构成了旅游者的旅游经历，参与节庆只是其中的一个部分，其他环节出了问题，也会影响节庆旅游者对节庆旅游的感受。

通过文献检索，作者简单地将我国的节庆旅游发展划为两个阶段：萌芽阶段和发展阶段。萌芽阶……

参考文献：

[1] 马聪玲. 节事旅游：澳大利亚的经验与我国实践[EB/OL].(2006-01-24)[2006-02-22]. http://newblog.sohu.com/members/macongling/779472.html.

[2] 北京青年报. 首届"中国节庆活动国际论坛"将办[EB/OL].(2004-12-21)[2006-02-22]. http://cn.news.yahoo.com/041221/67/27koa.html.

[3] 巴兆祥. 中国民俗旅游[M]. 福州：福建人民出版社. 1999：217-221.

图 8-1 参考文献引用时标明出处示例

参考文献的引用反映了论著作者具有科学的态度，论著具有真实、广泛的科学依据，说明文章所引用的论点、资料和数据均有出处可查，以便读者核查，表明了作者对某一科学技术领域研究的深度和广度。著录引用参考文献在一定程度上为论著的审阅者、编者及读者评估论著的价值和水平提供了客观依据。

3) 参考文献著录规则

(1) 文献标识码。文献标识码(Document Code)是按照《中国学术期刊(光盘版)检索与评价数据规范》规定的分类码，作用在于对文章按其内容进行归类，以便于文献的统计、期刊评价、确定文献的检索范围，提高检索结果的适用性等。

参考文献通常包括专著、论文集、学位论文、报告、期刊、报纸文章等。据 GB3469 的规定，以单字母方式标识以下各种参考文献类型，如表 8-3 所示。

表 8-3 文献类型标识码

参考文献类型	专著	论文集	报纸文章	期刊文章	学位论文	报告	标准	专利
文献类型标识	M	C	N	J	D	R	S	P

对于专著、论文集中的析出文献，其文献类型标识建议采用单字母 A；对于其他未说明的文献类型，建议采用单字母 Z。

对于数据库(Database)、计算机程序(Computer Program)及电子公告(Electronic Bulletin Board)等数字文献类型的参考文献，建议采用下列双字母作为标识，如表 8-4 所示。

表 8-4 电子类型参考文献标识码

电子参考文献类型	数据库	计算机程序	电子公告
电子文献类型标识	DB	CP	EB

对于非纸张型载体的电子文献，当被引用为参考文献时需在参考文献类型标识同时标明其载体类型。该规范建议采用双字母表示电子文献载体类型：磁带(Magnetic Tape)-MT，磁盘(Disk)-DK，光盘(CD-ROM)-CD，联机网络(Online)-OL，并以下列格式表示包括文献载体类型的参考文献类型标识，例如：

[DB/OL]——联机网上数据库(Database Online)。

[DB/MT]——磁带数据库(Database on Magnetic Tape)。

[M/CD]——光盘图书(Monograph on CD-ROM)。

[CP/DK]——磁盘软件(Computer Program on Disk)。

[J/OL]——网上期刊(Serial Online)。

[EB/OL]——网上电子公告(Electronic Bulletin Board Online)。

以纸张为载体的传统文献在引作参考文献时不必注明其载体类型。

(2)著录规则及示例。

参考文献的著录应执行 GB7714—2005《文后参考文献著录规则》及《中国学术期刊(光盘版)检索与评价数据规范》规定，采用顺序编码制，在引文中引用文献出现的先后以阿拉伯数字连续编码，序号置于方括号内。一种文献在同一文中反复引用者，用同一序号标示，需要表明引文出处的，可在序号后加圆括号注明页码或章、节、篇名，采用小于正文的字号编排。

文后参考文献的著录项目要齐全，其排列顺序以在正文中出现的先后为准；参考文献列表时应以"参考文献："(左顶格)或"[参考文献]"(居中)作为标识；序号左顶格，用阿拉伯数字加方括号标示；每一条目的最后均以实心点结束。

参考文献类型及文献类型，根据 GB3469—1983《文献类型与文献载体代码》规定，以单字母方式标识。

关于参考文献中的起始页码，在正文内的引文后以"(P+起止页码)"标注。

① 专著。

格式：[序号] 主要责任者. 文献题名[文献类型标识[M]出版：出版者，出版年.起止页码.

示例：

[1]丁季华. 旅游资源学[M]. 上海:三联出版社, 2000: 139-142.

② 期刊文章。

格式：[序号]主要责任者. 文献题名[J]刊名，年卷，(期)：起页-止页.

作者姓名姓在前，名在后，名可用缩写(西文),作者在 3 名以下全部列出，3 名以上列出前 3 名，后加"等"。

示例：

[2]张伦书. 论节庆经济持续创新力与评价指标体系[J]. 桂海论丛, 2002, (3):85-88.

③ 报纸文章。

格式：[序号]主要责任者. 文献题名[N]. 报纸名，出版日期(版次).

示例：

[3]丁文祥. 数字革命与竞争国际化[N]. 中国青年报，2000-11-20(5).

④ 学位论文。

格式：[序号]主要责任者. 文献题名[D]. 出版地：出版者，出版年.

示例：

[4]李玉新. 节庆旅游理论及青岛市节庆旅游发展研究[D]. 青岛：青岛大学，2003.

⑤ 论文集、论文集中的析出文献。

格式：论文集：[序号]主要责任者. 文献题名[C]出版地：出版者，出版年，文献起页-止页.

论文集中的析出文献：[序号]析出文献主要责任者．析出文献题名[A]．原文献主要责任者．原文献题名[C]．出版地：出版者，出版年．析出文献起页-止页．

示例：

论文集：[5]陈送．五四前后东西方文化问题论战文选[C]．北京：中国社会科学出版社，1985.

论文集中析出的文献：[6]蔡继明．非劳动生产要素参与分配的价值基础[A]．中国经济热点问题探索（上）[C]，2001.

⑥ 国际、国家（技术）标准。

格式：[序号]标准编号，标准名称[S].

示例：

[7]GB7714-37，文后参考文献著录规则、标准编号和标准名称[S].

⑦ 专利文献。

格式：[序号]专利所有者．专利题名.专利国别：专利号，出版日期.

示例：

[8]姜锡洲．一种温热外敷药制备方案．中国专利：881056073，1989-07-26.

⑧ 科技报告。

格式：[序号]著者．报告题名[R].出版地：出版者，出版年.起止页码.

示例：

[9]白永秀，刘敢，任保平．西安金融、人才、技术三大要素市场培育与发展研究[R]．西安:陕西师范大学西北经济研究中心，1998.

⑨ 数字（电子）文献。

格式：[序号] 主要责任者.电子文献题名[电子文献及载体类型标识].电子文献的出处或可获得地址，年-月-日.

示例：

[10]万锦坤．中国大学学报论文文摘(1983～1993)．英文版[DB/CD]．北京：中国大百科全书出版社，1996.

[11]北京青年报.首届"中国节庆活动国际论坛"将办[EB/OL].（2004-12-21）[2006-02-22].http://cn.news.yahoo.com/041221/67/27koa.html.

⑩ 各种未定义类型的文献。

格式：[序号]主要责任者．文献题名[Z]．出版地：出版者，出版年.

示例：[11]黄华．论思维[Z]．北京：北京大学出版社，1999.

8.3.2 学术创新与学术道德

1. 学术创新

学术研究贵在创新。就撰写学术论文而言，就是要求论文有新意。凡发现和利用新资料，提供新的实验方法或计算方法，提出新观点、新视角、新结论，或者补充、修正前人陈说等，只要言之成理，持之有据，都是一种学术创新。

具体来说学术创新包含四个要素：一要创新，即要能找到创新的参考点，提出新的问题；二要达理，即言之有理，言之有据，言之有序，如实叙述，多方论证，有专业特点；三要科学，即参考文献真实、可靠、权威，对论文选题意义和研究现状要作必要说明，对论题尽可能进行深入周全的论证；四要规范，论文格式要规范，参考文献引用、著录要规范。

2. 学术道德

学术道德(或诚信)是指在从事科研工作和进行学术活动时所应遵守的道德规范，被认为是每所大学学术发展的根基，以便尊重个人的创造力以及个人对创新的拥有权。

信息素养作为大学生本科阶段必备素质之一，不仅要掌握信息检索的途径和学术论文写作的规范和方法，还要在一开始树立良好的学术道德，在此有必要了解抄袭和剽窃的区别，以避免在学术创作过程中产生学术不端行为。

我国《图书期刊保护试行条例实施细则》第十五条明确规定："引用非诗词类作品不得超过 2500 字或被引用作品的十分之一"；"凡引用一人或多人的作品，所引用的总量不得超过本人创作作品总量的十分之一"。目前，我国对自然科学的作品尚无引用量上的明确规定，考虑到一篇科学研究的论文在前言和结果分析部分会较多引用前人的作品。所以，建议在自然科学和工程技术学术论文中，引用部分一般不超过本人作品的 1/5。对于引用"质"，一般应掌握以下界限。

(1)作者利用另一部作品中所反映的主题、题材、观点、思想等再进行新的发展，使新作品区别于原作品，而且原作品的思想、观点不占新作品的主要部分或实质部分，这在法律上是允许的。

(2)对他人已发表作品所表述的研究背景、客观事实、统计数字等可以自由利用，但要注明出处，即使如此也不能大段照搬他人表述的文字。

(3)著作权法保护独创作品，但并不要求其是首创作品，作品虽然类似但如果系作者完全独立创作的，则不能认为是剽窃。

3. 学术不端行为

学术不端行为是这样一种行为：①声称别人的工作或劳动出现在自己的作品中，却没有给出原出处；②使用没经过授权的材料或在任何学术领域编造数据；③编造学术资料或记录；④故意损坏别人的学术工作；⑤涉及编造学生的学业表现；⑥协助他人参与上述活动。

学术不端行为包括但不限于：考试作弊；与别人合作完成作业，但不符合课程独自完成作业的要求；以自己的名义上交文章或作业，但事实上部分或全部的作业或文章是别人完成的；交了一篇文章或作业中含有别人的想法或研究，却没有注明来源的；偷考试题目或其他课程材料；上交一份在其他课程中的作业；修改其他学生的实验或计算机程序；有意帮助其他学生参与上述活动，包括替人做作业、替人在课堂发言、考试或替人参与其他活动。

在学术研究和创作的过程中，要自觉遵守教育部《关于加强学术道德建设的若干意见》、《高等学校哲学社会科学研究学术规范(试行)》等，严谨治学。

参 考 文 献

埃里克·布莱恩约弗森，安德鲁·麦卡菲. 2014. 第二次机器革命[M]. 蒋永军，译. 北京：中信出版社

卜炜玮，成昀. 2005. 信息的定义及哲学本质[J]. 思想战线，31（4）：129-131

陈光海，韩晋川，汪应. 2015. 网络教学中慕课、微课与翻转课堂的实质及应用[J]. 科技展望，（3）：172-174

陈农心，李雪冰，廖志刚. 2009. 大学生信息素养教程[M]. 广州：中山大学出版社

陈耀盛. 2004. 网络信息组织[M]. 北京：科技文献出版社

陈英，蔡书午，胡琳. 2009. 科技信息检索 [M]. 北京：科学出版社

陈英，王红兵，张月天. 2005. 科技信息检索[M]. 北京：科学出版社

戴晓玲. 2014. 电子报纸的版式设计与审美倾向[J]. 传媒，（20）：56-57

邓亚平. 2005. 计算机网络[M]. 北京：电子工业出版社

董春雨，姜璐. 2004. 从不变量看信息概念的定义[J]. 北京师范大学学报，（4）：109

董建成. 2009. 医学信息检索教程[M]. 南京：东南大学出版社

冯博琴，顾刚. 2009. 大学计算机基础（Windows XP+Office 2003）[M]. 北京：人民邮电出版社

冯博琴，等. 2004. 计算机网络[M]. 北京：高等教育出版社

符绍宏，雷菊霞，邓瑞丰. 2005. 因特网信息资源检索与利用[M]. 北京：清华大学出版社

关志英，郭依群. 2007. 网络学术资源应用导览（科技篇）[M]. 北京：中国水利水电出版社

郝志勇. 2015. 微课到底是什么[J]. 科技视界，（4）：303-304

何先刚，马跃，鲜思东，等. 2014 基于主成分分析的网络电子期刊模糊综合评价[J]. 重庆邮电大学学报（自然
    科学版），（6）：861-865

贺子岳，陈文倩，丁嘉佳. 2013. 数字教育出版模式综论[J]. 出版科学，（2）：77-80

胡良孔. 1999. 文献检索与科学研究方法[M]. 长沙：中南工业大学出版社

胡琳. 2012. 现代信息检索. 北京：科学出版社

黄如花. 2010. 信息检索[M]. 武汉：武汉大学出版社

黄亚男. 2009. 信息检索与利用[M]. 长沙：中南大学出版社

姜军. 2014. 从"温州模式"的失败浅探数字报纸的发展之道[J]. 科技传播，（10）：3-4

库兹韦尔. 2011. 奇点临近[M]. 李庆诚，董振华，田源，译. 北京：机械工业出版社

李德华. 2010. 学术规范与科技论文写作[M]. 成都：电子科技大学出版社

李宗耀，徐梅，李灵. 2005. 现代信息技术及应用基础教程[M]. 天津大学出版社

梁平. 2005. 网络参考信息源特点与类型研究[J]. 现代情报，（8）：47-52

林定夷. 1986. 科学研究方法概论[M]. 杭州：浙江人民出版社

刘青编. 2008. 信息法新论——平衡信息控制与获取的法律制度[M]. 北京：科学出版社

刘群娣，王晓元. 2015. 基于学习元平台的微课设计[J]. 电子技术与软件工程，（2）：13

罗素·罗丝. 2014. 设计搜索体验：搜索的艺术与科学[M]. CDC 翻客，译. 北京：机械工业出版社

马费成，等. 2002. 信息管理学基础[M]. 武汉：武汉大学出版社

潘登榆. 1989. 哲学基础教程[M]. 成都：四川大学出版社

任永宽，杨长平. 2008. 信息、知识在信息社会流通中存在的相关问题探讨[J]，现代情报，28(5)：9-11

茹科夫. 1981. 控制论的哲学原理[M]. 上海：上海译文出版社

沙莲香. 1990. 传播学[M]. 北京：中国人民大学出版社

苏沃罗夫. 1985. 唯物主义辩证论[M]. 北京：中国人民大学出版社

孙灵灵. 2013. 电子报纸的优势及其创新思维探究[J]. 中外企业家，(23)：24

孙微巍. 2014. 数字电子图书产品研究[J]. 中国出版，(11)：52-54

孙晓玲. 2006. 毕业论文写作方法精要[M]. 兰州：兰州大学出版社

童之磊. 2014. 在线教育，数字出版下一蓝海[J]. 出版发行研究，(11)：12-14

汪波. 2013. 信息道德的两种分析架构和四对基本范畴[J]. 广州社会主义学院学报，(3)：92-95

王保臣. 2009. 信息本质及信息经济化研究[D]. 北京：北京邮电大学硕士学位论文

王翠娟. 2014. 浅析数字出版之手机出版[J]. 印刷质量与标准化，(6)：19-21

王嘉陵. 2003. 毕业论文写作与答辩[M]. 成都：四川大学出版社

王静. 2013. 数字报纸的价值构成和收费策略[J]. 传媒，(7)：39-40

王娜，张璐. 2013. 泛在网络中基于用户的电子期刊订阅模式研究[J]. 图书馆学研究，(15)：35-40

王要武. 2003. 管理信息系统[M]. 北京：电子工业出版社

王勇安，赵小希. 2012. 论数字教育出版物的产品形态创新[J]. 中国出版，(3)：37-39

王豫. 2012. 满足个性化学习需求的数字教育出版模式研究[J]. 出版科学，(2)：83-85，92-95

王知津. 2009. 工程信息检索教程[M]. 北京：机械工业出版社

文南生. 2008. 大学生信息素质论纲[M]. 成都：西南财经大学出版社

邬焜. 1994. 信息世界的进化[M]. 西安：西北大学出版社

吴功宜. 2003. 计算机网络[M]. 北京：清华大学出版社

伍振华. 2003. 知识与信息的定义及其关系新探[J]. 图书情报工作，(10)：44-49

谢新洲. 2006. 电子出版技术[M]. 北京：北京大学出版社

徐明成. 2009. 计算机网络原理与应用技术[M]. 北京：电子工业出版社

徐天秀. 2006. 信息检索[M]. 北京：科学出版社

严励. 2007. 网络新闻编辑学[M]. 开封：河南大学出版社

杨梅，黄寿先，梁机. 2010. 以科研实践促进大学生创新能力的培养[J]. 科技创新导报，(17)：149-152

杨旭明. 2013. 数字报纸形态演变的人性化趋势[J]. 编辑之友，(6)：85-87

叶艳鸣. 2014. 慕课，撬动图书馆新变革的支点[J]. 国家图书馆学刊，(2)：3-9

仪富强，张晓华. 2009. 浅议高校大学生科研能力的培养[J]. 企业管理，(6)：79，80

余平静，张宇. 2010. 基于 Ovid 平台的 BIOSIS Preview 数据库检索应用初探[J]. 四川动物，29(3)：482-483

张厚生，袁曦临. 2007. 信息素养[M]. 南京：东南大学出版社

张女淑圆. 2013. 浅谈数字报纸在新媒体时代的发展现状[J]. 今传媒，(3)：49，50

张伟刚. 2009. 科研方法导论[M]. 北京：科学出版社

张文娟. 2007. 信息社会概念溯源——背景产生发展[J]. 情报科学，25(7)：1007-1010

赵静. 2008. 现代信息查询与利用[M]. 北京：科学出版社

中国大百科全书总编委会. 2009. 中国大百科全书[M]. 北京：中国大百科全书出版社

钟义信. 1996. 信息科学原理[M]. 北京：北京邮电大学出版社

朱俊波. 2007. 实用信息检索[M]. 成都：西南交通大学出版社

朱月明，潘一山，孙可明. 2003. 关于信息定义的讨论[J]. 辽宁工程技术大学学报(社会科学版)，(5)：4-6

邹广严，王红兵. 2011. 信息检索与利用[M]. 北京：科学出版社

Comer. D E. 2002. 计算机网络与互联网[M]. 徐良贤，等译. 北京：电子工业出版社

Stevens W R. 2002. Google 搜索帮助 TCP/IP 详解 卷1：协议(英文版)[M]. 北京：机械工业出版社

http://support. google. com/websearch/bin/answer. py?hl=zh-Hans&answer=136861&topic=1221265&ctx=topic

http://168. 160. 16. 198/umi

http://219. 235. 129. 58/welcome. do

http://baike. baidu. com/subview/45496/13358549. htm#3

http://baike. baidu. com/view/798036. htm

http://bartleby. com

http://blog. sina. com. cn/s/blog_4d0a697a0101678j. html，2013

http://cul. sohu. com/20140422/n398621885. shtml 中国经济网

http://ep. espacenet. com

http://gateway. ovid. com

http://ibe. cei. gov. cn

http://ieeexplore. ieee. org

http://il. las. ac. cn/index. php/信息道德

http://ipub. zlzx. org

http://lib. cam. ac. uk

http://lib. hyit. edu. cn/acs2009. ppt

http://lib. jnu. edu. cn/upfile/ppt/IEEE. ppt

http://media. people. com. cn/GB/22114/46419/235456/16348447. html

http://odp. nit. net. cn/xxjs/index. php

http://onlinelibrary. wiley. com

http://opac. calis. edu. cn/simpleSearch. do

http://pubs. acs. org

http://search. ebscohost. com

http://springerlink. metapress. com

http://wiki. mbalib. com/wiki/信息道德

http://WorldWideScience. org——跨语言科学信息门户

http://www. cnindex. fudan. edu. cn/zgsy/2011n3/11-liuxiaokun. htm

http://www. apabi. com

http://www. baidu. com/search/page_feature. html#09

http://www. britannica. com

http://www. britannica. com

http://www. cei. gov. cn

http://www. chinagb. org

http://www. cinfo. net. cn/index. htm

http://www. cnipr. com

http://www. cnki. net

http://www. cqvip. com

http://www. cssci. com. cn

http://www. cssn. net. cn

http://www. drcnet. com. cn

http://www. engineeringvillage. com

http://www. google. com/intl/zh-CN/about/corporate/company

http://www. gtafe. com

http://www. iec. ch

http://www. infobank. cn

http://www. isiknowledge. com

http://www. iso. org

http://www. istic. ac. cn

http://www. jpo. go. jp

http://www. jrjg. com

http://www. library. fudan. edu. cn/eresources/help/scifinder_client. htm

http://www. nstl. gov. cn

http://www. nstl. gov. cn

http://www. open-access. net. cn

http://www. opendoar. org

http://www. paper. edu. cn

http://www. pishu. com. cn/index. acl

http://www. qikan. com. cn

http://www. refbook. com. cn

http://www. sac. gov. cn

http://www. sciencechina. cn

http://www. sciencedirect. com

http://www. sipo. gov. cn

http://www. ssreader. com

http://www. uspto. gov

http://www. wanfangdata. com. cn

http://www. whlib. ac. cn/xuekefuwu/kejian/webfree. ppt

http://www. wipo. int/portal/index. html. en

http://www. yearbook. cn

http://zh. wikipedia. org/wiki/百度

http://zh. wikipedia. org/wiki/开放获取

http://zh. wikipedia. org/wiki/资讯检索

http://zh. wikipedia. org/zh/微软学术搜索

https://scifinder. cas. org